国家社科基金 2010 年度国家社科基金项目（应用经济学类）重点项目"我国农村集体经济发展的有效实现形式研究"（获准号 10AJY008）的最终成果

结题证书号：20131229

村域集体经济
历史变迁与现实发展

王景新 著

中国社会科学出版社

图书在版编目(CIP)数据

村域集体经济:历史变迁与现实发展/王景新 著.—北京:中国社会科学出版社,2013.9(2017.8 重印)
ISBN 978-7-5161-3345-3

Ⅰ.①村…　Ⅱ.①王…　Ⅲ.①农村经济-集体经济-研究-中国　Ⅳ.①F32

中国版本图书馆 CIP 数据核字(2013)第 233226 号

出 版 人	赵剑英
责任编辑	宫京蕾
责任校对	秦　艳
责任印制	李寡寡

出　　版	中国社会科学出版社
社　　址	北京鼓楼西大街甲 158 号
邮　　编	100720
网　　址	http://www.csspw.cn
发 行 部	010-84083685
门 市 部	010-84029450
经　　销	新华书店及其他书店
印　　刷	北京奥隆印刷厂
装　　订	北京市兴怀印刷厂
版　　次	2013 年 9 月第 1 版
印　　次	2017 年 8 月第 2 次印刷
开　　本	710×1000　1/16
印　　张	27
插　　页	2
字　　数	478 千字
定　　价	69.00 元

凡购买中国社会科学出版社图书,如有质量问题请与本社营销中心联系调换
电话:010-84083683
版权所有　侵权必究

主持人：
王景新，浙江师范大学农村研究中心主任、教授

主要参与者：
郭海霞，浙江师范大学农村研究中心助理研究员、博士
陈伟强，浙江师范大学基础教育研究中心副教授
贺军伟，农业部农村经济体制与经营管理司副司长
骆　鹏，浙江师范大学行知学院副教授
李金宁，浙江师范大学行知学院副教授
陈志新，浙江大学管理学院博士、浙江师范大学农村研究中心兼职副研究员

浙江师范大学农村研究中心研究生：赵旦、李玲、李琳琳、陈曦、王蕊、严海淼、陈敏、余勇亮、姜华荣、章艳涛、黄昊、罗来疆

目　录

引论　村域经济转型发展态势与中国经验 ……………………（1）
　一　村域经济的基本概念、研究方法与新进展 ……………（1）
　二　中国村域经济转型发展的基本态势 ……………………（11）
　三　村域经济转型发展的中国经验 …………………………（16）

第一章　村域集体经济发展的核心概念及研究框架 …………（22）
　一　重新认识村域集体经济的作用及研究价值 ……………（22）
　二　村域集体经济发展的核心概念和基本问题 ……………（26）
　三　村域集体经济发展研究目标、思路和框架 ……………（37）

第二章　集体经济历史演进：从血缘家族公社到农村公社 …（46）
　一　血缘家族公社是人类第一个集体经济组织形式 ………（46）
　二　氏族公社集体生活方式是史前社会主要经济组织形式 …（48）
　三　原始集体经济在上古社会中的发展演变 ………………（52）
　四　氏族家庭公社残留以及向伙有共耕、互助合作的演进 …（58）
　五　小结 ………………………………………………………（65）

第三章　马克思主义集体经济理论再认识 ……………………（67）
　一　合作经济、集体经济及其相互关系 ……………………（67）
　二　集体经济发展的历史必然性及其意义 …………………（74）
　三　小农向集体经济过渡的条件及其实现形式 ……………（78）
　四　小结 ………………………………………………………（80）

第四章　苏联集体农庄的历史演变及重新评价 ………………（84）
　一　苏联农业集体化的已有评价 ……………………………（84）

二　列宁时代农业集体化及集体农庄制度创立 …………… (94)
　　三　斯大林农业全盘集体化运动及再评价 ………………… (111)
　　四　后集体农庄时代改革发展、衰退瓦解及经验教训 …… (131)
　　五　小结 …………………………………………………… (140)

第五章　中共早期的互组合作运动及其制度探索 ………… (143)
　　一　互助合作运动兴起的原因及理论准备 ………………… (143)
　　二　中共早期的互助合作运动及名村印记 ………………… (152)
　　三　历史名村的互助合作制度探索与创新 ………………… (163)
　　四　小结 …………………………………………………… (174)

第六章　农业集体化时代镌刻在历史名村的印记 ………… (177)
　　一　农业集体化时代的运动历程和制度演变 ……………… (177)
　　二　互助合作运动及制度演变镌刻在名村的历史印记 …… (184)
　　三　人民公社运动及制度演变镌刻在名村的历史印记 …… (197)
　　四　小结 …………………………………………………… (219)

第七章　中国村域集体经济转型发展现状与趋势 ………… (223)
　　一　村集体经济和农户经济发展的总体状况 ……………… (223)
　　二　"中国名村"集体经济发展现状及实现形式 ………… (231)
　　三　长江三角洲村域集体经济转型发展现状及趋势 ……… (250)
　　四　小结 …………………………………………………… (264)

第八章　工业化进程中村集体经济结构演变
　　　　——浙江实证研究 ……………………………………… (269)
　　一　前言 …………………………………………………… (269)
　　二　工业化发达期的村级集体经济经营方式及走势 ……… (271)
　　三　村级集体经济经营方式及结构演变的阶段特征 ……… (279)
　　四　村级集体经济经营方式及结构转型的区域差异 ……… (284)
　　五　小结 …………………………………………………… (301)

第九章　民族自治地区村集体经济演变与发展
　　　　——广西案例研究 ……………………………………… (303)
　　一　村域集体经济历史发展——镌刻在万秀村的印记 …… (303)

二　村域集体经济现实发展——南宁、钦州调查报告 …………(322)

第十章　荒漠化地区村集体经济发展
　　　　——新疆和田调查报告 ………………………………(337)
　一　样本及其研究内容的阐释 ……………………………(337)
　二　和田地区村集体经济转型发展历程和现状 …………(339)
　三　和田地区村集体经济的经营方式 ……………………(347)
　四　需要研究和讨论的问题 ………………………………(355)

第十一章　粮食主产区村集体经济贫困与干预发展
　　　　——湖北、黑龙江调查报告 ……………………………(361)
　一　湖北省村级集体经济的贫困与干预发展 ……………(361)
　二　黑龙江省村级集体经济经营方式研究 ………………(376)

第十二章　山区和地震灾区村集体经济发展和重建
　　　　——云南、四川调查报告 ………………………………(385)
　一　云南腾冲：感受边境山区箐口村的绿色田园生活 …(385)
　二　四川理县：汶川地震灾区村级集体经济重建 ………(392)

第十三章　坚持和完善双层经营体制，推进村级集体经济发展 …(402)
　一　影响中国农村基本经营制度稳定的几个问题 ………(402)
　二　双层经营体制下农村微观经济主体转型发展态势 …(404)
　三　坚持和完善农村基本经营制度的建议 ………………(410)

后记 ……………………………………………………………(417)

引 论

村域经济转型发展态势与中国经验[①]

村域经济指行政村域内经济主体的经济活动与经济关系。村域内的农户经济、集体经济和新经济体，是村域经济的三大主体，村域经济转型发展的水平，取决于三大主体发育成长及经营方式转型程度。本著是针对村域经济三大主体之一的"集体经济"这一主体的专门研究。因此，在进入这一专题之前，有必要首先了解"村域经济"的基本理论、中国村域经济转型发展态势和基本经验，引论即为此而设。本章认为，中国村域经济转型正处在关键时期，凸显出结构多元化和非农化，类型、水平多样化和多级化的发展态势。村域经济转型发展过程中，最具借鉴意义和推广价值的中国经验包括：始终保持农业持续增长，保障农产品供给和社会稳定；采取农民首创试验、政府认可推广、上下互动、渐次推进的模式；坚持资源配置中的起点公平、经济民主原则；激励村域精英创业、创新，造就星罗棋布的小型经济文化中心。

一 村域经济的基本概念、研究方法与新进展

(一)"村域"概念提出

中国是一个农业古国，农耕社会的村落，是经济、社会和文化的综合地域，它有稳固的社区特性，有经济自助、互助与合作发展的社会基础，是基层治理与经济活动的载体和基本单元，因此，各学科的村落研究几乎都涉及了"村落经济"，其中具有代表性的成果：经济学研究成果有卜凯的《中国

[①] 本章部分内容已发表，详见王景新《村域经济转型发展态势与中国经验》，载《中国农村经济》2011年第12期；Wang Jing-Xin, China's Experience in Village-wide Economy through Collectivization and Reform after 1949, China Economist, Volume 7, Number 5, 2012 (10)。

农场经济》（1936）和《中国土地利用》（1941）[①]；人类学研究成果有明恩溥的《中国乡村生活》（2006）[②]和葛学溥的《华南的乡村生活：广东凤凰村的家族主义社会学研究》（2006）[③]；社会学研究成果有费孝通的《江村经济——中国农民的生活》（2001）[④]和陆学艺的《内发的村庄：行仁村》（2001）[⑤]等。

新中国成立后，传统的自然村落经历了互助组、合作社、人民公社等组织化的过程。人民公社（三级所有、队为基础）的体制框架内，生产队是农民生产、生活、分配核算的基本单元，自然村只是一个居住单元，其他功能弱化了。

农村改革时期，撤销人民公社、恢复重建乡（镇）人民政府，生产队、生产大队分别改组为村民小组和村民委员会，重构了"乡政村治"格局。这一格局下，村域资源配置、核算分配等权力快速向村民委员会集中，村民小组（原生产队）的职能也弱化了。随着改革深入，农民获得了时间和空间上的自由，逐渐富裕起来的农民追求舒适环境和自由空间，居落布局摆脱了村落边界的束缚，沿公路、山林、水系、集镇散开；加上乡村工业化、城镇化的冲击，政府推动农民向城镇和中心村集中，预示着传统自然村落的瓦解趋势。自然村落已失去作为一个经济单元来研究的价值。

与此相反，行政村的权力越来越集中，边界越来越清晰。村域面积及边界线不仅有精确的地图标识，而且其历史变迁的"线路图"也深深融化在村民的头脑中得以代际传承；村与村之间，集体资源、资产和资金的产权边界及归属泾渭分明，成员归属感强烈；村民自治、资源配置、生产组织、核算与分配、福利和公共服务等，都以行政村为独立单元；不同村域的经济运行自成体系，客观存在着、运行着，且呈多样性、差异化的发展趋势。

一切迹象都表明：尽管行政村不是一个完整的经济地理单元，但它却构成了以行政村为边界的地域经济共同体，是一个相对独立的经济单元。据此，笔者提出"村域"概念，以替代历史上的"村落"概念，或者只在行政村意义使用"村落"概念。

---

① ［美］明恩溥：《中国乡村生活》，陈午晴、唐军译，中华书局2006年版。
② 同上。
③ ［美］丹尼尔·哈里森·葛学溥：《华南的乡村生活：广东凤凰村的家族主义社会学研究》，周大鸣译，知识产权出版社2006年版。
④ 费孝通：《江村经济——中国农民的生活》，商务印书馆2001年版。
⑤ 陆学艺：《内发的村庄：行仁村》，社会科学文献出版社2001年版。

（二）村域经济及其转型

村域经济指行政村域内经济主体的经济活动与经济关系，属于行政区域经济中村级级别的经济类型。村域经济主体包括农户、村组集体和新经济体；村域经济活动涵盖了农林牧渔业、工业和建筑业、交通运输和仓储业、批发零售贸易业、住宿及餐饮业、金融保险及房地产业、教育卫生体育文化艺术广播和科学研究、社区管理和服务等门类和行业。

村域经济的研究对象是村域内经济主体的经济活动、经济关系及运行规律，是把"国民经济发展的地域组织规律"[1] 和"三农"问题下沉到村域层面来研究。它的研究内容是，村域经济主体、类型和特点，村域资源配置及村际流动与组合，村域产权制度安排及运行机制，村域产业组织模式、经济结构及分化，村域经济外部环境和内部响应机制（例如主体转型、精英培育、自我发展和核心竞争力提升），不同资源禀赋、经济条件下的村域经济转型发展比较等。

村域经济转型是国家和地域经济转型的重要组成部分。狭义的村域经济转型指行政村经济制度改革，村域市场主体及其生产、分配、交换和消费方式转型，村域经济类型和水平多极化发展。广义的村域经济转型指村域由传统农业经济社会转型为现代工业经济社会，包含所有权结构多元化、产业和就业结构非农化、经济社会结构现代化、农耕文化与工商业文化由冲突向融合转型、农民收入由贫穷向富裕转型，身份农民向职业农民转型等。当今时代，村域经济转型研究是村域经济研究的重点。

（三）村域经济主体及其相互关系

中国农村"以家庭承包经营为基础、统分结合的双层经营体制"，经历了创立、坚持和完善等不同发展阶段，已上升为国家的基本经济制度之一。"双层经营体制"的微观主体是村域农户经济和村组集体经济，此外，既不属于农户经济，也不属于村组集体经济的新经济体在越来越多的村域发展起来，彰显村域经济主体"三足鼎立"之势。

集体土地家庭承包经营制度的建立，恢复了家庭的生产功能，随着家庭积累增加，家庭经营拓展到工业、商业和服务业领域。中国的"家庭经营"内含着以家庭为单元经营第一第二第三产业的所有农户和个体户，但不包括私有民营的法人企业，我们将其称之为农户经济。

村组集体经济，即行政村范围内村组两级集体成员，以土地等资源的共

---

[1] 程必定：《区域和区域经济学的研究对象》，载《安徽财经学院学报》1989年第3期。

同占有为核心，以共同积累的资产和资金为支撑，采取家庭承包、统分结合等经营管理形式，实行按劳分配和按生产要素分配相结合的社区性公有制经济。它有两种基本类型：一是传承型村组集体经济，指资源、资产、资金分别属于原生产大队和生产队集体成员无差别所有，产权边界由人民公社"六十条"[①]所规定，传承至今，仍然由村组集体经济组织代理，或者由村民委员会和村民小组代理，统一经营管理，收益共享的社区集体经济；二是改制型村级股份合作经济，它是村域内农民共同创造和辛勤积累、凝聚着几代农民的贡献、代际传承下来的共有资源、资产和资金，经过股份合作制改革，由全村成员有差别（按股份）占有，多种形式经营管理，收益按劳动贡献分配和按股分红相结合的社区股份合作经济。

村域新经济体是，村域内既不属于农户经济，也不属于村组集体经济的新经济联合体，例如，农户经济联合体、农民专业合作经济组织、私人企业（不含个体户）、股份制企业、股份合作制企业等。其中，含有"部分劳动者共同所有"成分的新经济体，可视为村域新型集体经济。

村域经济转型发展的水平取决于农户经济、村组集体经济和新经济体发育成长及经营方式转型的程度。农户越早完成原始积累、采用先进科技和手段，就越早实现土地集约化经营，越早解放劳动力，进而促进村域农户创业、村域精英成长及新经济体发育。农户经济转型和新经济体的成长，又是村组集体经济增长的源泉。村组集体经济增强对农户经济及新经济体转型发展具有反作用。在这个关系链中，农户经济是基础，村组集体经济是保障，新经济体发育成长最关键。

（四）村域经济的基本类型及其变异

为了正确处理个案与整体、典型经验与普遍规律的关系，本书按费孝通在《农村调查》中提出的方法，即在采取抽样方法来做定量分析之前，必须先走一步分别类型的定性分析。笔者在调查时，将村域经济划分为现代农业型、传统农业（山区、少数民族聚居区）型、现代工业型、专业市场型、旅游型五种类型。其标准是：农林牧渔产值接近或超过30%、农户收入主要来源于农业的村域经济，属于农业型村域经济，其中，现代农业型村域比较富裕，传统农业型村域比较贫穷；将非农业产值比重超过80%，其中工业产值超过50%，农户收入主要来源于非农产业的村域经济，作为工业型

---

① 人民公社"六十条"是指1962年中共八届十中全会通过的《农村人民公社工作条例修正草案》，简称"六十条"。

村域经济；将产地和销售市场集聚为一体的村域经济，作为专业市场型村域经济；把保护与开发并重的古村落和"农家乐"集群式的村域经济，视为旅游型村域经济。这样划分仍有缺陷，但至少区分了类型，为分区聚类取样调研提供了框架。

但是，大多数的村域经济是多种经济类型混合在一起的。（1）传统农业村一般都是贫穷村，要么因自然环境险恶、经济资源贫乏，要么因制度和技术创新不足，工商业少有发展，这是贫穷的根源，也是贫穷的结果。（2）现代农业村、工业村和市场村可能重叠。一些现代农业村为工业化积累了资本，一些工业村反哺了现代农业，于是形成了村域工农业共同发展的局面；一些工业产业集聚的村域内，专业市场相当发达。（3）旅游村中有古村落、"农家乐"集群村落和"明星村"。

（五）村域经济研究的学科归属、框架与方法

村域经济研究是农业、农村经济及"三农"问题研究的新视点和具体化。2010年末，中国约有61.56万个行政村，它们是中国农业产业园区、农业现代化主阵地，是新农村建设的载体，也是农民的生活家园，村域经济的研究意义可见一斑。

村域经济研究是区域经济学的新拓展和独立分支。区域经济学家的兴趣都集中在大经济区、大都市带和大行政区域，县域经济研究者也较多，唯独村域经济研究严重缺失。村域经济既不是完整的区域经济类型，也没有完全的行政调控手段；村域经济空间狭小、结构单一、产业链条短、规模小，长期以来投入不足，基础脆弱。这些特点表明，不能用宏观区域经济理论解释村域经济现象，村域经济研究有独立的对象、方法。

村域经济转型研究是转型经济学的重要组成部分。村域变迁是国家和地区经济社会变迁的历史缩影，村域层面沉淀着融入了血缘和地缘关系的制度变迁、经济社会转型的丰富内容与痕迹，村域转型发展状况事关中国能否如期实现全面小康和"三农"现代化的目标。因此，村域经济转型应从广义上来理解。其研究内容是，村域经济转型的起点、初始条件、过程与路径、成就与问题、基本经验和规律，村域经济主体及其经营方式转型，村域经济历史进程及制度，村域经济转型发展的中国特色及世界意义，村域经济转型发展的国外经验和教训等。

村域经济学作为农业农村经济学、区域经济学、转型经济学的边缘交叉新学科，构建多学科参与研究的技术线路和框架是必要的（图0-1）。这个框架应特别重视村域内部响应机制对宏观环境和外部条件的适应和借重。

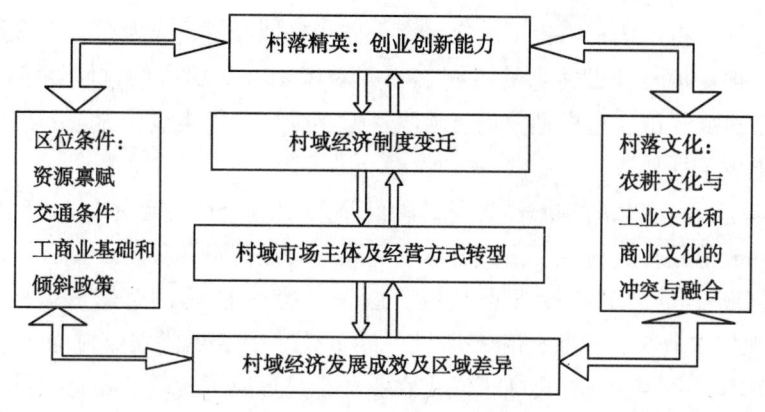

图 0-1 村域经济研究技术线路

当前中国"三农"研究方法上形成了两大趋势：第一个是"三农"研究热把经济学、社会学、政治学、历史学、人类学的专家学者等聚集到一种共同的兴趣之中，多学科参与"三农"研究对于克服单学科的"三农"研究偏颇大有好处，但各学科"自说自话"，增加了学科之间对话的困难。第二个趋势是，人类学的经济学化，经济学的人类学化。秦晖（1995）认为："原来意义上的人类学只以原始部落为研究对象。然而今天世界经济的扩张已经把甚至最原始的部落也纳入了文明的轨道，于是农民的经济与社会便日益成为人类学主义的焦点。这导致人类学的经济学化，即人类学向着比较经济制度及其发展变化的理论发展。"同时，"传统经济学中研究不发达经济的分支即发展经济学陷入了危机：它基本上沿用古典与新古典学派的分析方法，多数范畴出自'资本主义中人'的先验假定，因而'如果认真地反思，它没有什么东西是站得住脚的'。这导致经济学的人类学化，即理论上摒弃唯古典主义而趋于多元化，方法上改变纯文献的与客位的角度而采用人类学的'参与观察'、'主位研究'原则，力图搞出不发达社会'自己的'经济学理论，而不仅仅是向发达社会靠拢和'发展'的理论"[①]。在这样的大趋势下，我们坚持"经济人类学"和"经济社会史"相结合的方法，在村域经济研究方法上做了一些尝试。

第一，以区域经济学、农业农村经济学的一般理论为基础，汲取转型经济学、制度经济学、发展经济学的理念营养，引入社会人类学"四季观

---

① 参见秦晖《当代农民研究中的恰亚诺夫主义》，载恰亚诺夫《农民经济组织》（中文译本），中央编译出版社 1996 年版，（代中译序）第 20—21 页。

察"、"参与式"田野调查法和历史学口述史法,各种方法相互借鉴和补充;同时通过多学科参与和政府合作不断创新村域经济研究方法,以增强村域经济成果的转化能力。在数据利用上,一方面广泛运用各方面的统计数据,另一方面特别注意建立"村域经济"研究数据库,比如,本团队与浙江省减轻农民负担工作领导小组办公室和农业厅联合,建立农户经济和农民负担固定监测点和研究网络,覆盖浙江省的20个县、100个乡(镇)200个村、1000个农户、60个合作社(简称"21216工程")。

第二,实地调查解剖典型案例,入户问卷调查获取相关原始资料数据,二者紧密结合。村域调查样本分区聚类取样:分区强调的是样本村的地域空间分布趋于合理,通常情况下,本团队都是沿袭新中国初期六大区(东北、华北、西北、西南、中南、华东)的分布,在每个大区各选2省,有时也按中国东部、中部、西部和东北四个经济区域来取样;聚类强调的是村域经济类型多样化和代表性,一般情况下,按照每省按五种村域经济类型(工业型、市场型、现代农业型、传统农业型、旅游型)各选若干个村作为样本,同时保证粮食主产区、贫困山区、平原湖区、城中村和城郊村在样本中的代表性。入户问卷调查时,先招募,再培训大学生调查员,利用假期回乡问卷,"回乡"利于调查员尽快融入"熟人社会",实施实地考察和参与式调查。

第三,继承前人深入农村调查研究的传统,刻意选择历史上研究过的村落与现实研究对接。例如,把以毛泽东为代表的共产党人和以陈翰笙等为代表的"中国农村派"调研村落、民国乡村建设实验村落、日本"满铁调查"村落和江南古村落等,都纳入样本。这样一来,本团队的村域经济研究逐渐由主要关注村域经济现实发展研究,转向关注村域经济社会历史变迁研究,自21世纪初始至今,有组织、有计划的展开了"中国近现代典型村域经济社会变迁研究"。

(六)村域经济研究新进展

国际学术界一直十分重视对中国村落的研究。当今时代,"国际学术界相关学者在相关区域发展研究中,均十分强调村域的作用。众多宏观尺度的社会经济问题在村域尺度上得到广泛的精细调查、政策的落实与修缮及较多的理论印证"。对此,河南大学乔家君在《中国乡村地域经济论》一书中,对"村域经济研究的国际新动向"进行了专门分析,他认为"相对于国家宏观经济、县域经济甚至镇域经济,村域经济发展一直以来似乎不为人们所关注。虽有些国家政策层面上一再强调,但真正促使村域经济发展的措施却难以执行。人们在不经意间发现目前的村域经济今非昔比，尤其在发达国家农区、发展中国家，其地位和作用都是非常显赫的。某些传统的村域经济研究仍具有一定的研究空间，近来却出现了新的研究动向"①，村域经济研究逐渐成为国际学术界关注的重要领域。

国内学者及农村实际部门开始接受"村域经济"概念并重视和参与村域经济研究。比如，陕西省农村工作领导小组办公室、陕西省农业厅和中国农业科学院等部门共同主办的"陕西省首届村域经济发展研讨会"（2010）。"村域经济"概念越来越多地出现在地方党委和政府的文件中，越来越多的学者开始关注和参与这一领域的研究。

笔者及所带团队的一个重要进展是，经过10余年的研究实践，"典型村域"个案不断积累，形成了包含较长历史空间（近现代）、较大地域空间（全国六大片区）、类别齐全（不同经济类型和不同发展水平）的村域经济转型发展样本库，可分为两大类5个亚类（图0-2）。第一，中国历史名村，其中包含历史文化名村和中共历史名村2个亚类。历史文化名村在国家建设部和文物局联合审定公布的古村落，以及近现代中国乡村建设历史名村中选择样本，本团队研究过的如，浙江兰溪市诸葛亮后裔聚居的诸葛村，楠溪江流域的古村落群，开启乡村建设历史先河的河北定县翟城村等；中国共产党近百年历史中产生了重大影响、带有鲜明时代标志的著名村落（简称"中共历史名村"），本团队研究过的中共早期（1919—1949）"模范村"，比如"乡苏模范"——江西兴国县长岗乡长冈村、泗望村和福建上杭才溪乡的一些村落，抗日根据地"模范村"——被誉为"小莫斯科"的河北饶阳县五公村和被誉为"边区农民的方向"的山西平顺县西沟村；农业集体化时代（1949—1979）"样板村"——被誉为"整个国家形象"的河北遵化县"穷棒子社"西铺村，第一个农村人民公社河南遂平县嵖岈山卫星人民公社，"农业学大寨"样板村（大寨村、沙石峪村、石屋村）。

第二，发展中的特殊村域，包括富裕村和贫困村2个亚类。其中富裕村以"被城市化"的城中村、城郊村和乡村特色经济村为研究样本；贫困村以特殊类型地区（干旱地区、沙漠化地区、民族自治区、陆路边境地区）的贫困村为研究样本。

第三，自中国改革开放以来不断涌现出一批著名经济强村，这些村庄既是改革发展中的特殊村庄，是当今"明星村"，也是中国未来的"历史名

---

① 乔家君：《中国乡村地域经济论》，科学出版社2008年版，第15页。

引论　村域经济转型发展态势与中国经验

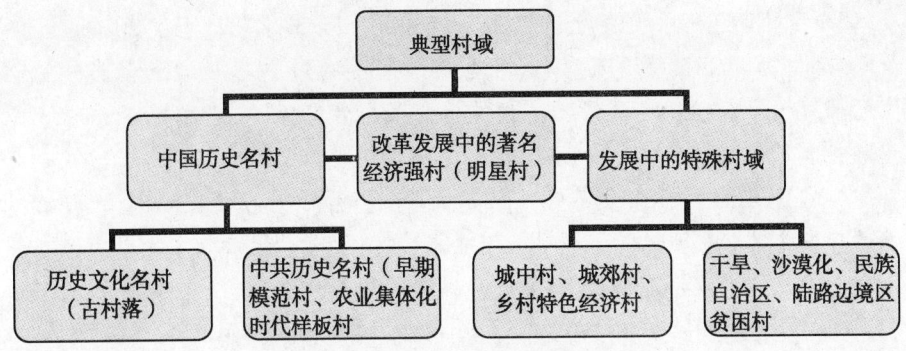

图 0-2　典型村域分类

村"。因此单独作为一个亚类来研究。本团队研究过的如，江苏江阴市华西村，河南新乡刘庄，山东邹平县西王村，浙江奉化市滕头村和萧山区航民村，等等。

典型村域样本的积累，致我们的研究成果逐渐形成系列（专栏 0-1）。这些成果，包含了村域经济基本理论、村域经济社会历史变迁、不同地域和不同类型的村域经济社会现实发展、村域工业化及其与农业互动发展、村域不同经济主体（农户、村组集体、新经济体）发育、发展和转型等领域，还涉及了村域金融、村域公共品供给、村域治理、村域文化保护与传承、村域规划等专题。

专栏 0-1　本团队的村域经济研究主要成果

1.《中国新乡村建设丛书》（中国经济出版社，2005），如：《村域经济转轨与发展——国内外田野调查》（王景新）；《乡村新型合作经济组织崛起》（王景新）；《现代化进程中的农地制度及其利益格局重构》（王景新）；《明日中国，走向城乡一体化》（王景新、李长江、曹荣庆等）……

2.《浙江典型村落经济社会变迁研究丛书》（中国社会科学出版社 2007，2009），如：《农村改革与长江三角洲村域经济转型》（王景新，2009）；《浙江山区村落经济社会变迁研究》（车裕斌，2007）；《浙江省现代工业型村落经济社会变迁研究》（朱华友，2007）；《浙江省现代市场型村落经济社会变迁研究》（陈修颖，2007）；《浙江省现代农业型村落经济社会变迁研究》（李长江，2007）；《村域工农业互动发展研究：苏南泰西村的经济转型》（方湖柳，2009）……

3. 古村落经济社会变迁研究系列（中国社会科学出版社，2010），如：《溪口古村落经济社变迁研究》（王景新、廖星成）；《蓬溪古村落经济社会变迁研究》（陈志文）；《诸葛：武侯后裔聚居古村落》（王景新，浙江大学出版社，2011）。

4. 《RCC农村研究系列丛书》（中国社会科学出版社），如：《村域发展管理研究》（陈凤荣、赵兴泉、王景新，2011）；《村落经济转型中的文化冲突与社会分化——楠溪江上游毛氏宗族村落个案分析》（车裕斌，2010）；《城乡社会基层组织发展与管理》（鲁可荣、王景新，2010）。

5. 公开发表的调研报告和论文，如：《我国村域经济初显"三足鼎立"新态势》（王景新，2005）；《协调发展：村域发展战略与政策》（王景新等，2005）；《长三角村域经济社会转型发展现状评估与展望》（王景新，2006）；《村域经济转型与乡村现代化——上海农村改革30年调研报告》（王景新等，2008.2）；《村域经济转型研究反思》（王景新，2008）；《典型村落经济社会转型及发展趋势》（车裕斌，2008）；《村落企业的技术创新与可持续发展》（黄劲松，2008）；《关于村域金融转型的思考》（姜新旺，2008）；《新中国60年：一个村域（泰西）工农业互动发展的典型案例》（方湖柳，2009）；《长江三角洲村域集体经济转型发展研究》（王景新等，2009）；《村域工业可持续发展理论初探》（倪建伟，2009）；《荒漠化地区绿色扶贫开发模式创新——中国—UNDP新疆和田红柳大芸产业开发案例研究》（王景新等，2011）；《农户融资需求与对策的静态博弈》（陈曦等，2011）；Chinese Experience in Village-wide Economy through Collectivization and Reform after 1949（WANG Jingxin，2012）；《村域转型与发展研究的基本理念、框架及路径》（鲁可荣，2012）；《公共品供给中的外部资源输入与农民合作——J村灌溉用水变迁的个案分析》（郭海霞，2012）；以及本研究项目发表的一组阶段成果。

6. 硕士研究生毕业论文，如：《诸葛古村落土地制度变迁研究》（詹静，2006）；《农民兼业化及其对家庭经营制度的影响》（王桂青，2006）；《村域工业可持续发展研究——以浙江发达工业型村域为例》（倪建伟，2007）；《浙江省村域经济现代化的地域差异研究》（薄成珍，2009）；《村域公共品社会化供给机制研究》（朱跃东，2010）；《长江三角洲村域集体经济转型发展研究》（赵旦，2011）；《苏浙地区农村资金互助合作组织的发展模式与运营机制研究》（李玲，2011）；《黑龙江省村级集体经济经营方式研究》（王蕊，2012）；《粮食产区的农地制度安排与现代农业发展——黑龙江垦区和浙江余姚比较研究》(陈曦，2012)。

但是，作为一门新兴边缘交叉学科，村域经济研究还处在起步阶段，有许多理论和实践问题亟须深入研究。比如：究竟如何构架村域经济研究的基本理论、方法和框架；村域经济持续发展的动力，村落精英（创业农民）的培养与支持，村域经济资源配置、环境变化和内部响应机制，村域经济主体培育及经营方式转型，村域文化（农耕文明、工业文明和商业文明）冲突与融合，村域集体经济如何实现"两个转变"，即"家庭经营要向采用先进科技和生产手段的方向转变……着力提高集约化水平；统一经营要向发展农户联合与合作，形成多元化、多层次、多形式经营服务体系的方向转变……着力提高组织化程度"[①]。本书就是专门针对村域集体经济转型发展的研究。

二 中国村域经济转型发展的基本态势

中国村域经济转型发展处在关键时期，呈现出所有制结构多元化、产业和就业结构非农化、经济类型多样化、发展水平多级化、社会结构现代化、新农村建设快速推进与城乡一体化新格局初露端倪的基本态势。

（一）村域所有制结构多元化

中国村域经济加速转型发展，用"双层经营体制"和"乡政村治"格局已经不能准确概括当今农村经济社会结构。本书根据农业部农村经济中心316个农村观察点数据，对村域生产性固定资产及经济收入结构按所有制分组比较（表0-1）。

表0-1 每个行政村平均固定资产和经营收入及构成（2002年） 单位：百元、%

指标名称	全国		东部		中部		西部	
	数量	比例	数量	比例	数量	比例	数量	比例
1. 生产性固定资产原值	84363	100	165757	100	30773	100	73406	100
集体所有	17198	20.4	41137	24.8	7575	24.6	7755	10.6
农户所有	34534	40.9	26483	16.0	18179	59.1	57650	78.5

---

① 《中共中央关于推进农村改革发展若干重大问题的决定》，2008年10月12日，中国共产党第十七届中央委员会第三次全体会议通过。

续表

指标名称	全国		东部		中部		西部	
	数量	比例	数量	比例	数量	比例	数量	比例
股份制企业所有	8522	10.1	28047	16.9	1249	4.1	236	0.3
合伙企业所有	1524	1.8	4222	2.5	706	2.3	181	0.2
私营企业所有	11948	14.2	35105	21.2	2538	8.2	2918	4.0
其他所有	10637	12.6	30763	18.6	526	1.7	4666	6.4
2. 村域经营总收入	261403	100	566290	100	81251	100	199129	100
集体经营收入	42947	16.4	112413	19.9	19185	23.6	11099	5.6
农户家庭经营收入	112643	43.1	137061	24.2	42180	51.9	164744	82.7
股份合作企业经营收入	18630	7.1	63792	11.2	1037	1.3	88	0.1
合作企业经营收入	2828	1.1	5251	0.9	2744	3.3	966	0.5
私营企业经营收入	38562	14.8	115531	20.4	5822	7.2	10035	5.0
其他经营收入	45793	17.5	132242	23.4	10283	12.7	12197	6.1

资料来源：中华人民共和国农业部：《2007中国农业发展报告》，中国农业出版社2007年版。原数据中村域经营总收入与分类收入合计不符，本书引用时根据各个单项收入，对村域经营总收入进行了修正。

如果将村域集体和农户以外所有经济成分都归入新经济体，那么，村域集体、农户和新经济体所有的生产性固定资产结构大体上为2∶4∶4；在收入结构上，东部、中部、西部差异明显（图0-3），农户经济收入比例东低西高，集体经济和新经济体收入比例东高西低，说明村域经济主体结构变动与区域经济差异相关联：农户经济比例越高的区域，经济水平越低；新经济体比例越高的区域，经济越发达。

（二）村域产业和就业结构非农化

全国村域产业结构总体上已由"农业—副业型"转变为以农业为基础、工业为主体、服务业为支撑，三次产业共同发展的新格局。农村收入结构变动的背后是产业结构和就业结构变动。表0-2显示了1978—2006年中国农村经济总收入及其按产业划分的收入，计算得出：农林牧渔业收入占农村经济总收入的比例由1978年的68.5%降低到2006年的15.9%；加总农林牧渔业以外的所有非农产业，全国农村非农产业收入已占农村经济总收入的比例由1978年的31.5%提升到2006年的84.1%。同期，农村劳动力非农就

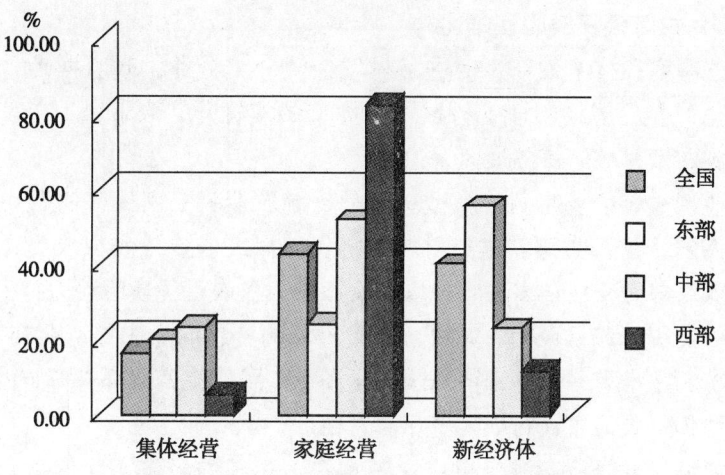

图 0-3 村域三大经济主体收入的区际比较

业的比例由 1978 年的 7.6% 提升到 2006 年的 32.%[①]，非农产业中较少的劳动力创造了较多的收入，表明农业劳动生产率低于非农业劳动生产率。

发达地区的农村劳动力非农就业的比例高许多，2006 年末，江苏省农村劳动力非农就业比例为 63.06%，浙江省农村劳动力非农就业比例为 68.19%，上海市农村劳动力非农就业比例为 80.03%[②]。

表 0-2　　　　　1978—2006 年农村经济收入及结构变化　　　　单位：亿元

	1978 年	1996 年	2000 年	2002 年	2004 年	2006 年
农村经济总收入	2039	88620.4	99721	116631	151172	200240
农林牧渔业总收入	1397	23428.7	22273	23524	27522	31896
农村工业总收入	397	48426.3	51553	63361	86592	119728
农村建筑业总收入	135	6178.4	6311	7103	8538	11434
农村运输业总收入	35	4408.2	4979	5409	6288	7538
农村商饮业总收入	75	6178.8	8947	10441	13838	18411
农村服务业总收入	—	—	2484	3182	3879	5583
其他收入	—	—	3174	3611	4515	5650

数据来源：历年《中国农村统计年鉴》和《2007 中国农业发展报告》；2000 年以前为总产值。

---

① 国家统计局农村社会经济调查司编：《中国农村统计年鉴 2010》，中国统计出版社 2010 年版。原书注明：这一年农村就业人员统计口径进行了调整，因此数据不同于往年版本。
② 《长三角年鉴（2008）》，河海大学出版社 2008 年版。

(三) 村域经济类型多样化

产权制度和技术创新，促进了村域经济分工分业，政府推动"一村一品"特色产业发展，加速了村域经济类型的多样化，农业型、工业型、市场型、旅游型村域经济各展风采。

农业型村域经济有两种类型。一是传统农业村，山区（少数民族聚居区）大多属于这一类型。这类村域经济仍然以纯农业户和以农为主打工为辅的兼业农户为支柱，多数农户以妇女和老人务农、优质劳动力打工，村域经济相对贫困；二是现代农业村，这类村域的特色农业主导产业初步形成，农业装备和技术有一定基础但离现代化尚有差距，工商业都有一定的发展但收入来源仍以农为主，村域经济相对富裕。

工业型村域经济起源于男耕女织和农工相辅的经济文化传承。在"社队企业→乡镇企业→改制后的中小企业"的发展历程中，完成了原始积累的村集体经济发展，带动了村域农户率先创业，集体经济和创业农户共同促进了村域工业经济发展，而后又通过利润分配形式反哺农业，形成了农业现代化、工业园区化、村落集镇化、社区公共服务和社会保障福利化、生活方式市民化的趋势。

市场型村域经济是地域专业化分工格局下的产物。一种路径是工业化催生了村域产业集聚进而推进专业市场形成，众多"前店后厂"式家族型企业的空间集聚形成了生产共同体；另一种路径是先有商品市场而后有加工工业集聚。于是，"工业—市场"复合型村域经济出现了。

旅游型村域经济是在拓展农业功能和修复农村生态和传承乡土文化的大背景下发展起来的。一是古村落的保护和适度开发中形成旅游型村域经济；二是新中国缔造者故居村、革命根据地村发展红色旅游经济村域；三是适应城市人口追求乡村生活，参与农业活动、体验农家生活的"农家乐"而发展起来；四是那些先富起来的"明星村"及各种各样的示范村，在视察者、取经者的迎来送往中成为旅游型村域经济。

(四) 村域经济水平多级化

富裕型、小康型、温饱型、贫困型村域经济并存，呈现差异化、多级化趋势。农户和集体的收入是观察村域经济水平的重要依据，本书根据长三角的经验研究制定分组标准（表0-3）。

表0-3　　　　　　　　　村域经济水平分组

村域经济水平	村集体可分配年收入	村域农民人均年纯收入
极端贫穷村	<1万元	<1200元
绝对贫穷村	1万—5万元	1200—2500元
相对贫穷村	5万—10万元	2500—4000元
温饱型村	10万—20万元	4000—5000元
总体小康村	20万—50万元	5000—8000元
全面小康村	50万—100万元	8000—10000元
富裕型村	100万—500万元	10000—15000元
巨富型村	≥500万元	≥15000元

注：2009年国家制定的扶贫线标准为1196元，低保标准为1210元。2011年中央决定将农民人均纯收入2300元作为新的国家扶贫线标准，更多低收入人口将纳入扶贫范围。

按照上述标准对村域经济进行评估，其大致结果是：农户温饱有余，富裕不足，增收困难；村组集体普遍贫穷；新经济体区域差异巨大，有的尚未发育，有的异常发达。2007年，笔者及所带团队调查了河北、黑龙江、浙江、云南、新疆五省（区）的9.46万个村域，当年，调查5省（区）村级集体可分配收入低于1万元的极端贫穷村占55.13%，绝对贫穷村占12.78%，相对贫穷占10.4%；村民小组一级集体绝大多数没有收入，村组集体普遍贫穷是一个不争的事实。

就村级集体经济状况而言，长江三角洲好于全国。2007年：浙江省绝对贫穷村占村庄总数的41.9%，相对贫穷村占村庄总数的9.3%，温饱型村占村庄总数的11.0%，总体小康村占村庄总数的16.0%，全面小康村占村庄总数的10.7%，富裕型村占村庄总数的9.9%，巨富型村占村庄总数的1.2%（其中1000万元以上的村占0.4%）；上海市（2005年）把村集体可分配收入低于50万元的作为经济薄弱村，占村庄总数的29.5%；全面小康村占19.1%；富裕型村占39.8%；巨富型村占11.6%。

村域经济类型与发展水平具有较强的相关性，工业型、市场型村域都比较富裕，山区和少数民族聚居村、传统农业村都比较贫穷。

（五）村域经济主体转型差异化

有关研究表明，村域区位条件、户均经营土地面积、家庭劳动力结构及素质、村域新经济体发育状况等因素，是影响农户经营行为分化转型的重要因素。

离经济中心越远、交通越闭塞、户均土地面积越大、劳动力素质越低、新经济体发展滞后的村域，农户越倾向于从事农业，且大多停留在传统农业阶段[①]。这类村域经济对土地资源和自然条件有极强依赖性，经济能力弱，进而制约欠发达区域经济发展。发达地区则相反，农户经营方式高度分化，农业专业大户、工商业和服务业个体户、农业为主的兼业户、非农为主的兼业户等，各自都有较好的发展。可见，农户经营方式分化转型既是村域非农化的条件，又是村域非农化的结果，农户经济的基础性作用可见一斑。

改革初期，各地的村组集体经济收入都是对集体土地、鱼塘、林木、企业等资源和资产的发包与管理，承包收入及村提留是其主要收入来源，因此，村域经济的区际差距不明显。从 20 世纪 90 年代开始，东部地区的许多村域，村组集体收入除企业和农户的承包费以外，增加了直接经营和投资经营收入，村域经济的区际差距出现了。2000 年后，土地征用补偿、房地产租赁和物业管理收入，成为发达地区村集体收入的新来源；而欠发达地区村组集体收入来源仍然依赖"机动地"、水库等资源发包，停留于传承型集体经济阶段。至此，村域经济的区际差距显著扩大了。随后，发达地区有更多的富裕型村组集体改组为村级股份合作制经济，制度变迁为下一个快速发展阶段的到来做好了准备，村域集体经济收入区际差距将继续扩大。

新经济体成长状况是观察村域经济发展水平的重要窗口。一般而言，村域新经济体尚未发育或发育缓慢的村域经济都比较贫困，村域新经济体有所发展的村域经济基本达到温饱，村域新经济体迅速崛起的村域经济都比较富裕。新经济体显然是村域经济发展的动力和源泉。

村域三大经济主体转型发展的上述差异，与区域经济差异高度相关。农户经济所占比重高、村组集体经济所占比重低、新经济体成长缓慢的区域，经济发展相对落后。本书图 0-3 很清楚地显示了这种关系。笔者还认为，东部发达地区村域经济主体的变化趋势，预示着中西部地区村域经济主体转型的未来走向。

三 村域经济转型发展的中国经验

（一）生产力发展、农产品增长和社会稳定，是村域经济成功转型的重要初始条件

转型初始条件是转型起点上的既有条件，包括经济社会发展状况、经济

[①] 浙江统计研究与信息发布中心：《浙江经济参考（分析篇）》2009 年 3 月 2 日。

体制基础等。转型初始条件不仅决定转型模式和路径选择，而且在很大程度上影响转型结果。从狭义上理解，1978年"包产到户"是中国农村改革的起点，显然，人民公社体制基础及1949年以来农村经济社会发展成就都是重要初始条件。

人民公社体制承前启后，因袭了土地改革、互助合作、高级社运动的成果，自身也经历了"人民公社所有"、"人民公社三级所有以生产大队所有为基础"、"人民公社三级所有以生产队所有为基础"三个阶段，从初创、成熟走向终结。1978年12月，中共十一届三中全会原则通过的《农村人民公社工作条例（试行草案）》表明，农村经济制度变迁是从"完善公社体制"起步的，公社体制将成为村域经济转型的重要路径依赖。

转型起点上的村域经济社会状况是：（1）1949—1978年，中国农业经济一直保持增长趋势[①]。农业经济增长在保障农民基本生活需求的同时，保障了城市粮食和副食品供应，维持了社会稳定。（2）村域经济低水平均衡发展，农民普遍贫困但绝对平均，人均纯收入从1949年的43.8元增长到1978年的133.6元，近30年间仅增收89.8元，2.5亿人吃不饱肚子，贫困发生率高达30%。（3）家庭生产功能基本消失，村组集体是村域经济的单一主体，村域集体资产和资金都有一定的积累，村组集体经济的区域差异不明显。（4）以农田水利为核心的农村基础设施建设成效显著，农业生产条件大为改善。1978年全国农田有效灌溉面积44965千公顷（占耕地总面积的45%），农机总动力11749.9万千瓦，农村用电量253.1亿千瓦小时，社队企业152.42家，企业从业劳动力占农村劳动力总数9.3%[②]。

上述初始条件，不仅是村域经济转型的重要物资基础与社会条件，而且是中国经济转型渐次推进、避免所谓"转型性衰退"，始终保持迅速增长态势的重要原因。

（二）农民首创试验、政府认可推广，诱致性、强制性与渐进性制度变迁相结合最具中国特色

农民首创试验、政府认可推广、上下互动、渐次推进，几乎是中国推进农村改革的不变程序，因此，国外学者把"创新和试验"当成《北京共识》

[①] 国家统计局农村社会经济统计司编：《中国农村统计年鉴1992》，中国统计出版社1992年版。

[②] 国家统计局农村社会经济统计司编：《中国农村统计年鉴1997》，中国统计出版社1997年版；国家统计局编：《新中国60年》，中国统计出版社2009年版。

的灵魂。转型起步阶段，因为人民公社体制下的"大呼隆"和平均主义制约了农业资源配置和利用效率，公社后期农产品产量增长缓慢、人口膨胀，贫困人口大量产生。因此，农民必然为"吃饱饭"冒险反复尝试"包产到户"，政府则亟须"发展生产，保障供给"，为农民创新试验、政府认可推广、自下而上和自上而下相结合、渐次推进改革奠定了基础。安徽小岗村的农民冒险"分田单干"，1982—1986年连续五个中央"一号文件"推进家庭联产承包责任制，诠释了诱致性（内生性）、强制性（外生性）与渐进性制度变迁相结合的模式和特色。当时流行的"上面放，下面望，中间有根顶门杠"的时政民谣，最好地解释了"创新和试验"的成果应用，对政府强制推进的依赖性。

中国村域经济制度变迁的路径依赖和渐进性特征明显。恢复农业生产责任制经过了"不联的小段包工包产→联产到组→包产到户→包干到户（大包干）"的渐进过程。土地制度变迁也经历了由延长土地承包期限（15年不变→30年不变→长期不变→长久不变），到拓展承包经营权能（明确所有权，稳定承包权，放活使用权，保障收益权、尊重处分权），再到确立"土地集体所有、家庭承包经营、长期稳定承包权、鼓励合法流转"的新型农村土地制度框架的过程。农村经济制度变迁引发政治体制改革，终结了人民公社体制，重构了"乡政村治"格局，进而引发农村综合改革，并逐步进入到构建"城乡经济社会发展一体化新格局"的新阶段。

（三）起点公平合理、经济民主，是中国村域经济资源配置与组合中的重要规则

农村改革是从恢复农业生产责任制开始的，承包土地显然是分解生产责任，其对象当然是劳动力，但又必须考虑那些无劳动力或少劳动力家庭的基本生活，因此第一轮土地承包采取"按劳动力分责任田，按人口平均分配口粮田"的制度安排就具有合理性。第二轮土地承包时实行"30年不变"而且宣传"30年后也没必要再变"，土地发包带有了财产权利分配的性质，因此，必须采取"按集体成员平均分配"无差别占有方式。

土地发包及其他资源配置，还要考虑地理区位、水源水利、土质及土壤肥力差别等情况，为保障资源配置的公平公正，农民创造的办法实用而合理：在耕地资源的配置中，一是"肥瘦搭配、组合抓阄"，二是多数决定（全体村民或村民代表的2/3同意）；在非耕地和其他资源的配置中，公开招标、竞标决定。经济民主还体现在农民可以自由抉择，是否参与或退出专业合作社等经济组织。

上述一套完整规则，有的是法定的，有的是村规民约，有的是潜规则。经济民主不仅化解了村域资源配置与组合、利益分配中的难题，而且为政治民主开辟了通途，保障了村域自治和经济转型的秩序。

（四）村域精英创业创新能力、经济行为偏好及不同的产业组织经营方式，决定村域经济差异

笔者的相关研究表明：国家层面的制度创新和政策供给以及区位和资源禀赋，是村域转型发展的外部条件；村落文化转型（农耕文化与工商业文化由冲突到融合）是村域经济转型发展的根基；转型起点上村域基础设施、集体财产积累与分割程度、农户收入和原始积累、村域工商业基础与所占市场份额等初始条件，对村域转型路径和目标实现有重要影响；村落精英创业创新能力、经济行为偏好及不同的产业组织经营方式，才是村域转型发展差异的决定性因素。

在传统中国，乡绅是村落治理的精英。计划经济时代，掌握着资源配置权力的基层组织负责人属于村域精英。市场经济时期，除基层组织负责人外，创业创新型农民成长为村域精英。创业创新型农民是一个庞大的群体，包括为数众多的农民企业家群体、合作社的领办创办者群体、带领村民共同发展的村级组织负责人群体等。不同村域精英的创业创新能力、经济行为偏好及其作用下的产业组织经营方式是有差别的。

改革初期，大多数村域农户的生产性固定资产快速增长，而集体经济弱化了。"先分土地再分屋，仓库机器有新主，机耕道路种萝卜"的时政民谣表达了这一趋势的普遍性。农村集体土地几乎全部承包给农户经营，社队企业的巨额（1985年末尚有750亿元）固定资产90%以上承包给企业厂长（经理）经营，或作价折股归还给生产队和农民；集体牲畜和大中型农机具经折价处理，实物流转归农户，许多地方的村集体财产特别是社队企业资本被彻底分割，到1985年末，据推算已流转到农户的资金在200亿元以上[①]。"一包到底"和"分光吃尽"在调动农户生产积极性的同时破坏了村组集体的生产力，最终导致村域经济不景气。

在另一些村域，一方面积极推进家庭联产承包责任制，调动农户的生产积极性，提升农业资源配置效率；另一方面"宜分则分、宜统则统"，保留了那些适合于统一经营而"一家一户办不好、办不了、办起来不经济"的公益事业和社队企业，改造了非农产业的组织经营方式，顺应和推进了村域

---

① 秦尊文、王景新：《当代中国所有制变革》，人民出版社1996年版。

生产力发展。乡镇企业就是在这类村域率先"异军突起"的,这类村域都发展为富裕型村域经济,有的则成为全国的"明星村"。

(五)无农不稳、无工不富、无商不活,是引导村域产业转型与融合最凝练的战略概括

在一定的条件下,村域工农业可能协调发展。村域工农业互动与协调发展,首先应该强调工业和农业的相互促进作用,其次应该防止工农业相互制约的局面,流行于全国的"无农不稳,无工不富,无商不活"的警句,是中国村域农耕文明、工业文明和商业文明由冲突走向融合的真实写照,也是引导村域产业转型与融合的凝练的战略概括。

苏南太仓市泰西村是江南典型的农耕村落,又是民族工业的发祥地之一,亦工亦农的村域经济历史悠久。2007年末,泰西村域拥有纺织、化工、电子、五金、机械、化纤、染色、塑胶等行业中小企业43家,非农业产值占村域总产值的88.7%,全村80%劳动力转移到工业为主的非农产业,但全村仍然保有4638亩(人均1.294亩)耕地,95%的农户承包经营土地,村落景观仍然保留着浓厚的江南村落气息,农耕文明与工商业文明交相辉映。

这样的案例在长江三角洲很多,在全国四大经济区域也并不少见。就现实而言:在那些工业型、专业市场型村域,关键在于通过节制农业经济资源的过度转移来调节工农业关系;在那些传统农业型、山区贫困型村域,首要任务是发展现代农业经济,并因地制宜发展非农产业。

(六)产业、人口、文化集聚相统一,造就星罗棋布的小型经济文化中心意义重大

改革之初,中国政府就认识到农村小型经济文化中心建设的重要性。1983年的中央"一号文件"就要求"改变农村的面貌,建设星罗棋布的小型经济文化中心,逐步缩小工农差别和城乡差别……"1984年的中央"一号文件"又说,"农村工业适当集中于城镇,可以节省能源、交通、仓库、给水、排污等方面的投资,并带动文化教育和其他服务事业发展,使集镇逐步成为农村区域性经济文化中心"。

长江三角洲有深厚的工商业文化根基,雄厚的民间资本与活跃的民间借贷市场,发育较早的社队企业,以及上海口岸大都市为龙头的城市群所拥有的工业装备及其技术辐射。这些有利条件促成了长三角乡镇企业迅速发展,促成了当地村域经济的非农化趋势,使得该地区有条件通过利润分配方式反哺现代农业发展。村域工农业互动发展推动了"土地向规模经营集中、工业向园区集中、农民向城镇集中",最终形成了产业、人口、信息、技术和文化集聚的合力,造就了"星罗棋布的小型经济文化中心"。

实践证明,小型经济文化中心对增强村域发展动力和提升自我发展能力、沟通城乡经济、传播城市文明、缩小工农和城乡差别、促进城乡一体化等意义重大。它开辟了乡村工业化、城镇化的新途径,对农业大国的工业化和发展中国家的现代化有重要的借鉴意义和推广价值。

本章参考文献

[1] 卜凯:《中国农家经济》,上海商务印书馆1936年版;《中国土地利用》,成城出版社1941年版。

[2] [美] 明恩溥:《中国乡村生活》,陈午晴、唐军译,中华书局2006年版。

[3] [美] 丹尼尔·哈里森·葛学溥:《华南的乡村生活:广东凤凰村的家族主义社会学研究》,周大鸣译,知识产权出版社2006年版。

[4] 费孝通:《江村经济——中国农民的生活》,商务印书馆2001年版。

[5] 陆学艺:《内发的村庄:行仁村》,社会科学文献出版社2001年版。

[6] 程必定:《区域和区域经济学的研究对象》,载《安徽财经学院学报》1989年第3期。

[7] 乔家君:《中国乡村地域经济论》,科学出版社2008年版。

[8] 王景新:《农村改革与长江三角洲村域经济转型》,中国社会科学出版社2009年版。

[9] 秦尊文、王景新:《当代中国所有制变革》,人民出版社1996年版。

第一章

村域集体经济发展的核心概念及研究框架

集体经济是生产资料归一部分劳动者共同所有的公有制经济。中国社会主义农村集体经济在初级农业合作社中萌芽，高级合作社中形成，农村人民公社时期"一统天下"，改革开放时期转型发展，至今，形成了乡（镇）、村、组三级农民集体分别共同所有、实行统一经营、承包经营与合作经营相结合，按劳分配与按生产要素分配相结合的社区性公有制经济。究竟如何认识和评价社会主义农村集体经济，深入研究村域集体经济有效发展？本章从人们对农村集体经济的责难说起，重新认识和评价了集体经济的重要作用及研究价值；进而分析了"集体经济"、"农村集体经济"、"村域集体经济"、"村域集体经济的性质和法律地位"、"双层经营体制下的农户经济和集体经济利益关系及分享机制"、"农村集体经济有效发展的实现形式及经营方式转型"等核心概念和基本问题。最后，阐述了村域集体经济发展研究的样本、思路和框架。

一 重新认识村域集体经济的作用及研究价值

（一）从人们对农村集体经济的责难说起

在当今中国社会思潮中，人们对农村集体经济的误解越来越深。不可否认，苏联和东欧社会主义国家的巨变，在大规模私有化进程中放弃了集体经济。中国自20世纪70年代末改革始，农村集体经济发展同样遇到了空前挑战，在许多地方，村、组集体经济发展步履维艰。时至今日，村组集体经济仍然普遍贫困。这些现象给西方经济学和国内许多研究者否定集体经济落下口实。

"西方承认合作经济，但不承认集体经济，认为集体经济是马列主义产物，是斯大林的发明创造。这是否定马克思主义、否定社会主义的意识形态所致。"① 用这种激烈、政治观点鲜明的语言批评西方经济学界的观点，显得过于意识形态化，但也难怪，西方一些学者确实对社会主义农村集体经济存有严重偏见。比如，西方经济学权威辞典——《新帕尔格雷夫经济学大辞典》在对"集体农业"作出解释后评价，"集体农业搞得并不好。中国的人民公社、苏联的集体农庄都受到批判"②。这一解释完全否定了社会主义国家曾经流行的农业集体经济，无视中国农村人民公社和苏联集体农庄曾经有过的成功，看不到今日中国农村集体经济逐渐恢复生机、加速发展的趋势。

在国内，有相当多的人把农村集体经济当成人民公社遗产，与"一大二公"、"大锅饭"、"产权不清"、"资源配置低效率"相提并论。有相当多的人怀疑"集体所有制"，认为这些概念是马克思主义、社会主义的说教，与市场经济天然相悖。有相当多的官员及官方研究人员，在区域经济发展中无视农村集体经济的地位和作用，认为农村集体经济大多数是"空壳"，"发展壮大村级集体经济"不过是一句空洞口号，因此在农村集体经济发展上畏缩不前，放弃甚至阻挠农村集体经济发展。总而言之，在当前中国社会思潮中"否定集体经济论时低时高，集体经济消亡论未曾间断"③。

中国社会思潮中关于农村集体经济发展的舆情并没有一边倒，执政的中国共产党始终坚持和鼓励农村集体经济发展。农村改革刚刚开始的时候，邓小平作了题为《坚持四项基本原则》④的讲话，坚持社会主义道路就必须坚持发展农村集体经济。第一个中央"一号文件"强调，"我国农业必须坚持社会主义集体化的道路，土地等基本生产资料公有制是长期不变的，集体经济要建立生产责任制也是长期不变的"⑤。在历年的中央"一号文件"中，从来没有忽视农村集体经济"双层经营体制"的完善。第十二个中央"一号文件"更加明确，"鼓励有条件的地方开展农村集体产权制度改革试点"。"推动家庭经营向采用先进科技和生产手段的方向转变，推动统一经营向发展农户联合与合作，形成多元化、多层次、多形式经营服务体系的方向转

---

① 张恒杰：《世界合作集体经济现状及发展趋势》，详见 http://www.ecmaya.com/article/sort06/sort019/info-20805.html。
② [英]约翰·伊特韦尔、[美]默里·米尔盖特、彼得·纽曼编：《新帕尔格雷夫经济学大辞典》（第一卷 A - D），经济科学出版社 1992 年版，第 519 页。
③ 韩元钦：《马克思学说中的"集体所有制"和"集体经济"概念》，载《上海集体经济》2006 年第 4 期。
④ 《邓小平文选》第二卷，人民出版社 1994 年版。
⑤ 中共中央批转《全国农村工作会议纪要》，1982 年 1 月 1 日。

变。壮大农村集体经济组织实力，为农民提供多种有效服务"[1]。在主导舆论和政策推动下，许多地区的农村集体经济迅速恢复、加速发展，一大批"明星村"（尤其是山西省昔阳县大寨村、江苏省华阴县华西村、河南省临颖县南街村）的集体经济超常发展。

（二）重新认识村域集体经济的重要作用

社会上重新普遍认识农村集体经济的重要性是在 21 世纪初。当人们的发展观由单纯的经济增长转变到"科学发展"、"改善民生"、"尊重人民主体地位和保障人民各项权利"时才恍然发现，构建社会主义和谐社会，逐步实现基本公共服务均等化，构建城乡经济社会发展一体化新格局，都需要发展农村集体经济。中国共产党十七大报告提出要"探索农村集体经济有效实现形式"。十七届三中全会通过的《关于推进农村改革发展若干重大问题的决定》进一步强调，"推进农业经营体制机制创新，加快农业经营方式转变。家庭经营要向采用先进科技和生产手段的方向转变，增加技术、资本等生产要素投入，着力提高集约化水平；统一经营要向发展农户联合与合作，形成多元化、多层次、多形式经营服务体系的方向转变，发展集体经济、增强集体组织服务功能，培育农民新型合作组织，发展各种农业社会化服务组织，鼓励龙头企业与农民建立紧密型利益联结机制，着力提高组织化程度"。农业经营方式"两个转变"的提出，吹响了"探索农村集体经济有效实现形式"的进军号角，具有划时代战略意义。"我国农村集体经济发展的有效实现形式研究"就是在这样的背景下提出来，并获准为 2010 年度国家社科基金重点项目。农村集体经济发展研究的普遍意义还表现在：

第一，集体（合作）生产缘起于"以群体力量和集体行动"来弥补个体力量的不足，是人类在生存法则下应对自然的理性抉择。在生产力高度发达的现代社会，人们仍然需要群体力量与合作，根源于"集体行动"的集体经济必将伴随人类始终。本书将在"集体经济历史发展——从家族公社到合作经济的自然演进"一章中证明："以群体力量和集体行动"来弥补个体力量不足，是人脱离动物状态后学会的第一个本领，是人类在生存法则下应对自然的理性抉择。马克思认为，"血缘家族是第一个社会组织形式"[2]。

---

[1] 《中共中央国务院关于加大统筹城乡发展力度，进一步夯实农业农村发展基础的若干意见》，2009 年 12 月 31 日。

[2] 马克思：《摩尔根〈古代社会〉一书摘要》，人民出版社 1965 年版，第 20 页。

"一个家族就是一个集团、一个公社、一个生产单位"[①],因此,血缘家族也是人类第一个集体经济组织形式。在史前社会,血缘家族原始共产制经济循着"母系氏族公社→父系氏族公社→农村公社"的路径演进;在成文历史领域里,原始共产制经济残余,自上古社会、中世纪至近现代从来没有消失过,例如,中国商、周时期的"井田制"以及近现代社会的村社公有、伙有共耕、邻里互助与合作。相对于人的欲望无限性,人类(尤其个体)认识和利用自然的能力永远弱小和不足,合作或者集体行动不会因为生产力高度发达而消失。本课题组的基本结论是:中国和苏联的社会主义集体经济与西方的合作经济,本质上都是利用"群体力量和集体行动"来弥补个体力量的不足,因此,"集体经济"与"合作经济"没有本质区别,都是人类共同创造的文明成果,集体经济与"主义"没有任何必然关系,集体经济是世界经济发展中客观存在的,探索农村集体经济有效发展问题,是农村发展理论研究中具有世界意义的课题。

第二,探索村域集体经济有效实现形式,是中国农村服务农民生产、生活,"逐步实现基本公共服务均等化"的现实需要。(1)本研究表明,村组集体经济收入能力的大小,直接影响着村域生产、生活及基本公共服务的水平,进而决定着农民的生存和发展。因此,在国家尚不富裕、公共财政尚不能完全覆盖农村的情况下,农民的生产、生活和基本公共服务,以及村域社区治理和村级组织运转,都特别需要村域集体经济实力的支撑。(2)农民共同创造、代际传承、辛勤积累下来的村、组集体成员共同所有的资源、资产和资金,凝聚了几代农民的贡献,是农民集体成员的共同财富,也是未来农村发展和实现农民共同富裕的重要物资基础,将其国有化、私有化都是不公正的,农村改革以来的历史已经证明,农村"三资"过度切割将导致资源配置低效率或者"三资"流失,农民集体成员共同所有的资源、资产和资金,仍然需要村组集体经济组织管理和经营。(3)一家一户办不了、办不好或者办起来不经济的项目,需要村组集体统一办理,"集中力量办大事"是中国农村发展的宝贵历史经验。(4)恢复和弘扬村社民主、互助合作精神,扶持弱势群体,也需要保持集体经济实力。

第三,毋庸讳言,中国农村集体经济发展的政治意义是十分明显的。中共中央一再强调,农村集体经济"以家庭承包经营为基础、统分结合的双层经营体制,是适应社会主义市场经济体制、符合农业生产特点的农村基本

[①] 白乐天、李凤飞:《世界通史(上)》,光明日报出版社2001年版。

经营制度,是党的农村政策的基石,必须毫不动摇地坚持"①。农村集体经济是中国特色社会主义的重要体现,是社会主义市场经济的微观基础,也是党的农村基层组织和国家的基层自治的经济基础。探索农村集体经济发展有效实现形式,不仅是彰显中国特色社会主义市场经济本质和完善双层经营体制的需要,也是夯实农村基层组织的经济基础和巩固执政党地位的需要。

(三) 村域集体经济发展研究的学术价值

从学术价值而言,村域集体经济发展研究,是区域经济学特别是农村区域经济学自身发展的内在逻辑延伸,村域经济和村域集体经济研究是被学术界长期忽视的问题。本课题的学术价值或创新点表现在:(1) 村域经济有三大主体,即农户经济、村组集体经济和村域新经济体,村域集体经济包含了村组集体经济和村域新经济体中具有"部分群众共同所有"、"联合生产"、"按一定规则分配剩余"的经济组织。通过比较系统的村域集体经济发展理论及体制变迁和政策演变研究,对国内外集体经济、合作经济发展的实践经验总结,将弥补本团队对村域经济三大主体尚未分专题深入研究的缺陷。毫无疑问,分专题研究农户经济(家庭承包经营)、村组集体经济的转型以及村域新经济体的发育发展,将推动村域经济加速转型发展,同时更加完善村域经济发展理论。(2) 村域集体经济发展研究,还将弥补学术界长期以来较多地关注"家庭承包经营"层面的研究,而忽视"集体统一经营"层面研究的缺陷。对"以家庭承包经营为主体、统分结合的双层经营体制"所涉及的微观经济主体全面研究,才能更加清楚地认识、长期坚持和不断完善中国农村基本经营制度。

二 村域集体经济发展的核心概念和基本问题

(一) 集体经济

英文文献中集体(collectively, en masse, community)是指由多人构成的一种群体性组织,任何这种群体性组织均可称为集体。如果把群体性组织称为集体,把集体经济定义为生产资料归群体共同所有、按照一定规则分配剩余的公有制经济。如本章前文所述:集体经济本质上都是利用"群体力量和集体行动"来弥补个体力量的不足;血缘家族公社就是人类发展史上

---

① 《中共中央关于推进农村改革发展若干重大问题的决定》,2008年10月12日,中国共产党第十七届中央委员会第三次全体会议通过。

第一个原始共产制集体经济组织形式；集体经济是世界经济发展中客观存在的，是人类共同创造的文明成果。但不可否认，"集体所有制"、"合作生产或集体生产"、"集体耕作"、"合作劳动"等集体经济的核心概念，确实是马克思主义吸收了空想社会主义合作经济思想而提出来的。

早期的空想社会主义者如英国的托马斯·莫尔（1478.2—1535.7）的"乌托邦"理想社会方案，设想实行有组织的"集体消费"、"在全体居民中均匀分配"；德国农民的杰出领袖闵采尔（1490—1525）提出"一切财产都共同分配、人人承担劳动义务"；意大利托马斯·康帕内拉（1568.9—1639.5）的"太阳城"，主张"彻底废除私有制、全部生产资料和一切生活资料归大家共同占有"，等等。这些思想，成为西方合作经济思想的萌芽[①]。19世纪初，三大空想社会主义者圣西门（1760.10—1825.5）、傅立叶（1772.4—1837.10）和罗伯特·欧文（1771.5—1858.11）把合作社思想发展到一个新阶段，并且领导和影响了西方早期的合作社运动。马克思吸收空想社会主义和合作社思想，提出了"集体所有制"概念，并在相同意义上使用了"合作生产或集体生产"、"集体耕作"、"合作劳动"等集体经济的核心概念，并把集体经济看成是"小土地个体耕作"的必然转化形式；马克思主义继承者列宁和毛泽东的"集体经济"思想及"集体农庄"和"农村人民公社"的实践也都始于合作社。因此，集体经济被当成社会经济理论的重要支点之一，也是社会主义国家公有制经济的重要组成部分，是社会主义经济制度的重要特征。本书"马克思主义集体经济理论再认识"一章将详细讨论这些问题。

简言之，集体经济是生产资料归一部分劳动者共同所有的一种公有制经济。按照中国《宪法》中的规定，"中华人民共和国的社会主义经济制度的基础是生产资料的社会主义公有制，即全民所有制和劳动群众集体所有制"。而集体经济则有两种基本类型：农村集体经济，即"农村中的生产、供销、信用、消费等各种形式的合作经济，是社会主义劳动群众集体所有制经济"；城市集体经济，即"城镇中的手工业、工业、建筑业、运输业、商业、服务业等行业的各种形式的合作经济，都是社会主义劳动群众集体所有制经济"。由此可见，中国集体经济实质也是生产资料归一部分劳动者共同所有、实行合作（包括劳动联合、资本联合）生产的公有制经济。

[①] 社会主义思想史编写组：《社会主义思想史》上册，中共中央党校出版社1984年版，第7—21页。

（二）农村集体经济

目前学术界对"农村集体经济"的内涵在认识上尚有较大的差异。近年来学术界将农村集体经济划分为传统农村集体经济和新型农村集体经济两种形式：前者是指区域性农村劳动群众占有生产资料的一种公有制形式，是农民按照自愿互利原则组织起来，实行某种程度的合作经营和按劳分配的集体所有制经济[1]；后者是针对计划经济条件下的传统集体所有制经济而言的[2]。还有学者认为，至少应该从三个层面来判断有无农村集体经济：其一，有无土地集体所有制；其二，有无除土地以外的其他集体资产；其三，有无统一经营[3]。

本课题组认为，之所以存在上述认识分歧，根本原因存在对农村集体经济中"集体"一词认识上的差异。集体是部分群众联合的群体性组织，集体经济则是生产资料归部分群体共同所有、实行多种形式经营（有无统一经营并不是判断集体经济的唯一标准），按劳动贡献和生产要素相结合分配剩余的公有制经济。显然，土地及其他资产共同所有、多种形式经营、按规则分配剩余，是集体经济的内核和本质。当前中国农村集体经济，是农村人民公社"三级所有"沿袭、传承下来，土地及其他资产分别属于乡（镇）、村、组三级农民集体共同所有，实行统一经营、承包经营与合作经营相结合，按劳分配与按生产要素分配相结合的社区性公有制经济。

本课题组预测（假设），目前中国农村三级分享的集体经济已经发生了变异，大多数地区乡（镇）级的集体经济已经不存在或者存在但已远离了农民群众。课题实施中大范围实地调查证实了这一假设：自农村人民公社解体、恢复和重建乡（镇）人民政府后，乡（镇）政府不再像农村人民公社那样既是"社会主义的集体经济组织"，"是我国社会主义社会在农村中的基层单位，又是我国社会主义政权在农村的基层单位"，"是政社合一的组织"[4]。因此，乡（镇）一级的集体经济失去了经营管理的组织载体，原属于乡（镇）集体所有的农场、林场、牧场等资源、资产和资金一部分演化为国家所有，一部分散失了；农村人民公社时期的社队企业在改革之初演化

---

[1] 贺军伟等：《推进农村集体经济组织产权制度改革》，载《农村经营管理》2008年第12期。

[2] 陆福兴：《浅议发展新型农村集体经济》，载《农村工作通讯》2008年第11期；《探索农村集体经济有效实现形式研究》，内部打印文稿，2008年。

[3] 陈水乡：《北京市农村集体经济有效实现的实践与探索》，中国农业出版社2011年版，第34页。

[4] 《农业集体化重要文件汇编》（1958—1981），中共中央党校出版社1981年版，第628页。

为乡镇企业，在后来改制和转型中进一步变异，有的流失了，有的演变为民营经济和股份制经济，其收入和分配都远离了乡（镇）农民集体；有些省（直辖市、自治区）的乡（镇）一级虽然还储存着大量集体资源（比如土地）、资产和资金，但其归属及收益大多纳入乡镇财政管理体系，成为政府"预算外"资本，同样远离了乡（镇）农民集体。

村、组集体经济不仅比较完整地保留、传承下来，获得了一定发展，而且，农民专业合作经济组织、股份制及股份合作制中小企业等新型集体经济，在村域内不断发育成长起来。由此，本课题组提出了"村域集体经济"概念，并将其确立为本团队研究农村集体经济发展的重点领域。

（三）村域集体经济

村域集体经济是农村集体经济的一个区域类型，即行政村域范围内不同社区（村组）、不同产业（专业合作社等）的集体成员分别共同所有、合作生产经营的集体经济。根据中国农村经济发展的实际，村域集体经济可划分为"村组集体经济"和"村域新型集体经济"两大类型。

村组集体经济是行政村范围内，村、组两级集体成员，以土地等资源的分别共同所有为核心，以共同积累的资产和资金为基础，采取家庭承包经营、统一经营相结合的多元化经营管理形式，按劳分配和按生产要素分配剩余的社区性公有制经济。它有两种亚类：一是传承型村组集体经济，指产权边界由农村人民公社"六十条"[①]所规定，分别属于原生产大队和生产队集体成员无差别所有，传承至今仍然由村组集体经济组织代理，或者由村民委员会和村民小组代理，统一经营管理，收益归成员共享的社区集体经济；二是改制型村组股份合作经济，它是村域内农民共同创造和辛勤积累、凝聚着几代农民贡献、代际传承下来的共有资源、资产和资金，经过股份合作制改革，由全村成员有差别（按股份）占有、多种形式经营、按劳动贡献分配和按股分红相结合的社区性股份合作经济。

村域新型集体经济是村域内除村组集体经济、农户经济、私有（独资）经济之外，凡是具有"部分群众共同所有"、"联合生产"、"按一定规则分配剩余"的经济组织，都属于村域新型集体经济。村组集体经济和村域新型集体经济的最大区别在于，前者必须承担支持村民委员会开展社区治理和公共服务的经济保障职能，而后者则不必承担这样的职能，或者以自愿捐助

---

① 1962年中共八届十中全会通过的《农村人民公社工作条例修正草案》（简称人民公社"六十条"）。

的形式协助村级社区治理和公共服务。

（四）村域集体经济的性质、职能和法律地位

中国农业社会主义改造借鉴了苏联模式，要求必须经过合作化道路，首先逐步发展互助合作，再逐步联合起来，"就是经过简单的共同劳动的临时互助组，和在共同劳动的基础上实行某些分工分业而有少量公共财产的常年互助组，到实行土地入股、统一经营而有较多公共财产的农业合作社，到实行完全社会主义的集体农民公有制的更高级的农业生产合作社（也就是集体农庄）"①；然后再"规模较小的农业生产合作社合并和改变为规模较大的、工农商学兵合一的、乡社合一的、集体化程度更高的人民公社"，并且认为"人民公社是加速社会主义建设和过渡到共产主义的一种最好的组织形式"②。新中国农业生产中的集体经济制度变迁就是沿着这样一条路径变迁的。因此，中国农村集体经济的性质及职能在不同历史阶段展现出不同的特色。

互助组阶段。互助组是传统农业社会中伙耕、伙种制度的延续。互助组由相邻的4—5个农户组成，土地及生产资料农户私有，自主（决策）经营，劳动力、农具及畜役在互助组内调节，或者串工换工，或者以人工换畜役力，土地收益归农户。新中国成立之初，互助组有临时互助组和常年互助组的分别，前者只是简单的共同劳动，后者在共同劳动的基础上实行某些分工分业而有少量公共财产。"他们农忙时将各自的劳动力、农具和牲畜集中起来。这种合作有的是临时的，有的是长期的。在这一方式下，资源所有制性质未变，作物决策仍由单个农户负责。"③ 临时互助组是季节性的，农忙时节，互助组成员之间协作生产，通过串工、换工等方式调节户际之间的劳动力、生产工具、耕畜等的此余彼缺，可见，临时互助组的实质是农户个体经济联合体，尚不具备集体经济的完整形态。常年互助组拥有少量公共财产，形成了劳动合作与分工，在集体成员中分配剩余，具备了集体经济的基本特征与核心内涵。常年互助的出现，标志着中国农业生产中的集体经济萌芽。

农业生产合作社经过了初级社和高级社两个阶段。《关于发展农业生产合作社的决议》（1953.12）颁布以后，初级农业生产合作社迅速发展。两

---

① 《农业集体化重要文件汇编》（1949—1957），中共中央党校出版社1981年版，第207页。
② 《农业集体化重要文件汇编》（1958—1981），中共中央党校出版社1981年版，第68页。
③ 林毅夫：《制度、技术与中国农业发展》，上海三联书店、上海人民出版社1994年版。

年后颁布了《农业生产合作社示范章程草案》（1955.11.9），高级农民生产合作社也迅速发展起来。《农业生产合作社示范章程草案》开宗明义指出了它的性质，"农业生产合作社是劳动人民的集体经济组织"。"初级阶段的合作社属于半社会主义性质。在这个阶段，合作社已经有一部分公有的生产资料；对于社员交来统一使用的土地和别的生产资料，在一定的期间还保留社员的所有权，并且给社员适当的报酬"；"高级阶段的合作社属于完全的社会主义的性质，在这种合作社里，社员的土地和合作社所需要的别的生产资料，都已经公有化了"[①]。特别需要指出，无论初级社还是高级社，社员的生活资料都不入社，1956年的《高级农业生产合作社示范章程》第十六条明确规定，"社员原有的坟地和房屋地基不必入社。社员新修房屋需用的地基和无坟地的社员需用的坟地，由合作社统筹解决……"[②]很明显，由初级农业合作社到高级农业合作社，村域集体经济制度安排发生了明显变化：（1）产权制度变化，初级农业生产合作社阶段，农民所有的土地和其他生产资料虽然入了社，但入社农户仍然以股份分红形式享受私有生产资料的财产收益；高级农业合作社阶段，农户入社的土地和其他生产资料所占股份及其分红被逐步取消，合作社收益和剩余按劳动分配。（2）村域集体成员公有财产（包括资源、资产和资金）的积累机制正式形成。土地资源和其他生产资料公有化后，成为村域社区的公共资源；统一经营、集中劳动，按劳分配劳动产品及剩余，分配之前的集体提留成为制度，这样一来，社区公有财产的积累机制正式形成了。（3）村域集体经济组织的公共服务职能被拓展出来。随着村域集体成员公有财产增长，经济组织的公共服务能力增强了，集体经济组织开始承担村域范围内的农业基础设施建设、公益活动、医疗和社会保障等基本公共服务职能。这一系列变化，标志着中国农业生产中的集体经济制度初步形成。

农村人民公社阶段。《关于在农村建立人民公社问题的决议》（1958.8）明确表述：农村人民公社"是社会主义的集体经济组织"，"……是政社合一的组织，是我国社会主义社会在农村中的基层单位，又是我国社会主义政权在农村的基层单位"。这一性质的表述在《农村人民公社工作条例》的多次修改中一直没有改变，只是对农村人民公社的职能、管理体制和核算单位

[①] 《农业集体化重要文件汇编》（1949—1957），中共中央党校出版社1981年版，第479—480页。

[②] 同上书，第568页。

等方面不断调整。比如：1961年3月出台的《农村人民公社工作条例（草案）》界定为"公社、生产大队和生产队三级。以生产大队所有制为基础的三级所有制"；"公社是各生产大队的联合组织，生产大队是基本核算单位，生产队是直接组织社员的生产和生活的单位"①。当年6月出台的《农村人民公社工作条例修正案》重申了这一定位，但对生产队职能的表述更加完善，"……生产队是直接组织生产和组织集体福利事业的单位"②。1962年9月，中共八届十中全会通过的《农村人民公社工作条例修正草案》又调整为"人民公社的基本核算单位是生产队"，还规定"人民公社的组织可以是两级，即公社和生产队，也可以是三级，即公社、生产大队和生产队"③。最后一个《农村人民公社工作条例（试行草案）》（1978.12）强调"……要继续稳定地实行公社、生产大队和生产队三级所有，以生产队为基本核算单位"④。前后四个《农村人民公社工作条例》，1962年的《农村人民公社工作条例修正草案》（简称"人民公社六十条"）执行时间最长，影响最大。人民公社"六十条"定格，标志着农业生产中的集体经济制度形成完整的体系框架，意味着农业集体经营制度成熟。直到今天，"人民公社六十条"仍然是处理农村土地、集体经济成员权利等问题的法律依据。综上，农村人民公社体制下，农村土地及其他生产资料归人民公社、生产大队、生产队三级所有，以生产队为生产和核算单位，实行各尽所能、按劳分配、多劳多得、不劳动者不得食的分配原则，村域公益事业和社员福利亦由生产大队和生产队直接组织。

"农村土地集体所有、家庭承包经营"阶段。改革开放30多年来，农村集体经济呈现多样化发展趋势。但无论怎样变化，中国农村集体经济的核心要素没有改变，即基本生产资料（如土地资源、水资源等）集体所有，集体积累的资产和资金成员共享，统一经营与家庭承包经营相结合，按劳动贡献和按生产要素分配剩余；中国农村社区性集体经济（尤其是村组集体经济）兼具的经济职能和社会职能的双重属性始终没有改变。这两点是最具中国特色社会主义农村集体经济的重要特征。（1）一是对本组织内农民集体所有的资源、资产和资金行使管理权，其中最重要的就是对本组织内农

---

① 《农业集体化重要文件汇编》（1958—1981），中共中央党校出版社1981年版，第455页。
② 同上书，第474页。
③ 同上书，第628页。
④ 同上书，第970页。

民集体所有的土地进行管理和经营,以不断满足集体成员的物质文化需求和提高生活质量。(2) 以集体经济收入和积累,为本组织内集体成员的生产提供服务,尤其是以小型农田水利建设为核心的现代农业基础设施建设,并提供良种、机耕、排灌、植保、栽培、技术、信息、产品销售和农资供应等方面的服务。(3) 为本组织内集体成员提供生活服务和基本社会保障:一是以向成员提供生产资料经营权的方式进行间接分配,保障成员的经济发展权利;二是以向成员家庭提供宅基地使用权的方式,保障成员的居住权;三是以提供自留地、自留山使用权的方式辅助成员的生活保障;四是提供孤寡老人养老、坟地使用权等方面的其他社会保障[①]。

农村集体经济组织的法律地位,《中华人民共和国宪法》等相关法律给予了明确规定(专栏1-1)。

专栏1-1 相关法律对于农村集体经济组织的规定

《宪法》第八条第一款规定:"农村集体经济组织实行家庭承包经营为基础、统分结合的双层经营体制。农村中的生产、供销、信用、消费等各种形式的合作经济,是社会主义劳动群众集体所有制经济。参加农村集体经济组织的劳动者,有权在法律规定的范围内经营自留地、自留山、家庭副业和饲养自留畜。"第三款规定:"国家保护城乡集体经济组织的合法的权利和利益,鼓励、指导和帮助集体经济的发展。"

《物权法》第六十条规定:"对于集体所有的土地和森林、山岭、草原、荒地、滩涂等,依照下列规定行使所有权:(一) 属于村农民集体所有的,由村集体经济组织或者村民委员会代表集体行使所有权;(二) 分别属于村内两个以上农民集体所有的,由村内各该集体经济组织或者村民小组代表集体行使所有权;(三) 属于乡镇农民集体所有的,由乡镇集体经济组织代表集体行使所有权。"

《土地管理法》第十条规定:"农民集体所有的土地依法属于村农民集体所有的,由村集体经济组织或者村民委员会经营、管理;已经分别属于村内两个以上农村集体经济组织的农民集体所有的,由村内各该农村集体经济组织或者村民小组经营、管理;已经属于乡(镇)农民集体所有的,由乡(镇)农村集体经济组织经营、管理。"

---

① 贺军伟等:《推进农村集体经济组织产权制度改革》,载《农村经营管理》2008年第12期。

《农村土地承包法》第十二条规定:"农民集体所有的土地依法属于村农民集体所有的,由村集体经济组织或者村民委员会发包;已经分别属于村内两个以上农村集体经济组织的农民集体所有的,由村内各该农村集体经济组织或者村民小组发包。村集体经济组织或者村民委员会发包的,不得改变村内各集体经济组织农民集体所有的土地的所有权。国家所有依法由农民集体使用的农村土地,由使用该土地的农村集体经济组织、村民委员会或者村民小组发包。"

《农业法》第十条第三款规定:"农村集体经济组织应当在家庭承包经营的基础上,依法管理集体资产,为其成员提供生产、技术、信息等服务,组织合理开发、利用集体资源,壮大经济实力。"

总而观之,我们对村组集体经济组织的法律地位有如下认识:(1)法律赋予了农村集体经济组织如前文所述的性质、职能、生产经营与管理方式、分配原则、乡(镇)村组三级分享的权限划分,以及依法享受国家法律赋予的鼓励、指导和帮助等方面的权利和利益。村组集体经济组织作为农村集体经济的一个区域类型,完全适用于上述相关规定。(2)村组集体经济组织虽然没有依法登记,但它依法设立,有自己的名称、组织机构和场所,并且拥有独立的财产和自主进行生产经营的能力,具有民事权利能力和民事行为能力。尤其是村组集体经济组织重合于农村自治组织,村级集体经济与村民委员会重叠,组级集体经济与村民小组重叠。到 2010 年末,中国 61.56 万个行政村中,有近 50% 的村集体经济组织与村民委员会是两块牌子、两枚印章、一套机构(俗称"两块牌子、一套班子"),职能相互重叠;有 50% 多的村由村民委员会代行村集体经济组织职能[①]。村民自治是国家《宪法》、《村民委员会组织法》等法律赋予村民集体的权力。本课题组据此认为,应该承认中国村组集体经济组织具有与法人(比如作为特殊企业法人)相似的民事主体资格,同时完善相关法律,化解当前村组集体经济组织遭遇的行使民事主体权利的困境,比如进入市场难、代码证申办难、银行开户难等方面。

村域新型集体经济组织的专业合作经济组织、农业公司等是具有"部分群众共同所有"性质的集体经济组织,分别履行《农民专业合作社法》、

---

① 农业部农村经济体制与经营管理司、农村合作经济经营管理总站:《2010 年全国农村经营管理统计资料》,第 1 页。

《公司法》等相关法律法规赋予的职能，履行其职责并享有其权利，不赘述。

（五）双层经营体制下的农户经济和集体经济利益关系及分享机制

"统分结合的双层经营体制"不仅是中国农村的基本经济制度，也是中国农村集体经济基本实现形式。据此，我们把家庭经营（农户经济）也作为村组集体经济有效实现的一种形式加以研究。双层经营体制下，农户经济和集体经济的利益关系及分配机制如下：

第一，集体的耕地资源，采用"家庭承包方式"，实行平均分配、无差别占有（公平优先）原则，从而形成了成员"按份共有"集体耕地使用权的格局。理论上，土地使用人应该向土地所有人交租，土地所有人向国家纳税。社会主义初级阶段要减轻农民负担，国家免除了农业税收，因此土地所有者不再向使用者摊派农业税；在现代化社会，村域社区所需公共服务支出逐渐向公共财政转移，因此也不再向土地使用者摊派"村提留"之类的负担，所以按份共有的土地产出和收益完全归土地使用权人。这一特点概括为：耕地资源按份共有、公有私营、收益归己。应该看到，农户从承包土地上所获得的收入，实质上是集体土地经营收益分配所得，不过分配的不是现金，而是土地经营和收益的权利。

第二，非耕地和其他经济资源（包括水资源、村组集体经济历代积累额固定资产、社队企业遗产、集体资本金等），采用"非家庭承包方式"，执行的是"效率优先原则"，集体经济组织代表全体成员，将这些资源通过竞标，寻找二级代理人，采用委托、承包、租赁或入股经营方式经营集体成员共有资源。因为是有差别占有，所以经营者必须向村域集体经济组织上交"承包金"，再由集体经济组织成员共享租金收益。这一特点概括为非耕地和其他资源、公有民营、成员共享资源经营剩余索取权。

综上所述，中国农村双层经营体制下已经形成了一套完整的集体经济组织及成员的利益分享机制，农户经济真正成为了集体经济的一个层次，一种实现形式，与土地私有化有本质的区别。应该指出，经过30多年的转型发展，农户经营方式发生了重要转变，土地经营收益所占比重越来越小，劳务输出成为农户经济的重要经营行为，相应地，工资性收入也就成为农户经济的支柱。这就是说，农户经济中的一大部分完全脱离了集体经济框架，因此需要在普遍意义上研究农户经济转型，比如：农户经济转型发展的一般理论和国际经验；中国农户经营方式转变的现状、特点、趋势和区域差异；农户经营方式转变的动力、制约因素、途径、激励机制和扶持政策。

(六) 农村集体经济发展、有效实现形式及经营方式转型

一般而言，农村集体经济发展应包含三层含义：一是农村集体经济（"三资"）存量及其经营收入量的增长；二是农村集体经济结构改进、优化以及经济经营方式转型；三是农村集体经济质量的改善和提高，从而达到有效发展——有效率、有增益、可持续的发展。

国内外学者关于农村集体经济有效实现形式是从有效实现的产权制度、组织形式和经营制度、监管制度等方面展开的，不赘述。本书认为：农村集体经济发展的有效实现形式，是指能够有效调动农村集体经济组织成员积极性、有效保护集体经济组织成员合法利益、有效增加集体经济发展能力和市场竞争能力、有效提升集体经济成员收入水平的一系列制度安排。集体经济发展有效实现形式的实质是集体经济组织成员之间的财产关系及制度安排。探索农村集体经济发展的有效实现形式，重点是探索集体经济产权制度安排或产权实现形式（共有共管共享）、生产组织和经营管理形式、成果公平享有和分配形式、资源合理配置持续利用和有效监管的形式；其目标是，能够极大地调动村域集体经济组织成员积极性、有效地保护成员合法权益、有效提高集体经济的市场竞争能力和收入水平，实现共同所有、双层经营、多元发展、持续高效、有效监管、成员受益的最终目标。

关于村域集体经济经营方式转型。本书将在三个层次上使用"村域集体经济经营方式"概念。（1）从农村集体产权制度安排看，村域集体经济经营方式是集体资源、资产和资金所有者及其经营者的相互关系的表现形式。比如：所有权与经营权合一的经营管理方式如直接（共同）经营；所有权与经营权分离的经营管理方式，如委托、承包、租赁、入股等。（2）从组织制度看，经营方式指经济组织在经营活动中所采取的企业组织方式和制度，如个体和私人经营、合伙（合作）经营、股份制、公司制等。（3）从经营对象看，经营方式是指经济组织的经营内容，如土地经营、资本（投资）经营、房地产经营、社区治理与公共服务。

村域集体经济经营方式转型，是指村域集体的资源、资产的产权制度安排、经营组织形式、经营对象和范围三个方面由传统向现代的全面转变。按照公共选择学派的委托代理理论，村域集体经济经营管理中存在着多层委托代理关系。终极所有权人（全体村民）是初始委托人，代表村集体行使所有者权利的是村民委员会或村级集体经济组织，是村民利益的代表，是农村集体资源和资本的初始代理人；村民委员会或村级集体经济组织还得继续委托其他代理人经营管理集体资源和资产（次级委托人）。我们把研究重点放

在次级委托代理关系中的遴选和委托经营者方式及其经营管理方式转型和有效发展上。

三 村域集体经济发展研究目标、思路和框架

(一) 研究目标和基本思路

研究"群体力量"和"集体行动"在人类社会发展不同阶段，以及社会主义制度下的有效实现形式，丰富农村集体经济发展的一般理论，创新并完善社会主义农村集体经济发展的理论体系。研究"集体经济在史前社会和成文历史领域里的自然演进路径、脉络和组织形式，阐明农村集体经济产生、长期存在和发展的必然性、必要性，丰富农村集体经济发展的一般理论；重读和再认识马克思主义的集体经济理论，系统回顾和总结沉淀在苏联集体农庄70多年历史演变过程中的成功经验和失败教训，挖掘中共早期互组合作运动及其制度探索经验，以及农业集体化时代镌刻在历史名村的印记，从而阐明社会主义农村集体经济产生、长期存在和发展的必然性、必要性和有效性（探讨集体主义教育、村域精英带动和生产责任制度的作用）等基本问题，完善社会主义农村集体经济发展理论的框架体系。

总结"村域集体经济"发展理论和中国经验。一是研究村域经济转型发展态势与中国经验；二是挖掘农业集体化运动镌刻在饶阳县五公村、平顺县西沟村、昔阳县大寨村、遵化市沙石峪村和儋州市石屋村等"历史名村"的印记，回顾历史名村在互助合作和人民公社等不同阶段，村域集体经济组织形式、产权制度和经营方式的发展变化，研究历史名村的粮食生产、集体经济和农民收入的发展与变化，总结农业集体化条件下村域经济持续发展的人文和制度因素及一般规律；三是研究当今"明星村"（著名经济强村）集体经济有效发展的实现形式。从而形成有中国特色村域集体经济发展基本理论、政策和实践经验，丰富本团队开创的"村域经济"研究体系。

调研"村域集体经济发展"的区域案例和典型经验，提出发展壮大村域集体经济的政策建议。选择工业化成熟地区（浙江）、粮食主产区（湖北、黑龙江），民族自治区（广西），荒漠化地区（新疆）、山区和特大地震灾区（云南、四川）深入调查，同时兼顾不同地区（六大片共17省区）的不同经济水平（著名经济强村、城中村和城郊村）的村域样本，通过实地

调查和入户问卷，形成不同区域村域集体经济发展调查报告，在总结村域集体经济发展现状、典型经验和区域差异的基础上，提出中国发展壮大村域集体经济的政策建议报告。

按照上述研究目标和基本思路，我们确立了本研究的重点对象和主要内容。首先，研究对象必须瞄准"村域集体经济"。中国农村集体经济继承了"人民公社三级所有"遗产：农村改革开放之初，人民公社、生产大队、生产队兴办的社队企业转变为承包经营，在经营方式转变过程中，有的社队企业衰落倒闭了，有的社队企业演变为后来的乡镇企业；20世纪90年代初中国乡（镇）企业大发展的年代，经历了"改制"后，乡（镇）集体经济进一步变异，有的演变为民营经济、股份制经济，其收入和分配都远离了乡（镇）农民集体；有的分化和重新组合，原有的乡镇企业基本散失了。尽管乡镇一级还存在着大量的集体资产、资源和资金，但其经营管理和收益分配都远离了农民集体，对其进行研究比较困难。行政村域内，村组集体经济沿袭、传承和不断发展，同时，农民专业合作社等新型集体经济发育并快速成长，村域内的集体经济仍然完整地保存了集体所有、集体经营或者农户承包经营等集体经济形态；而且，村域集体经济已经成为中国农村基层社区农民群众生产、生活和基本公共服务的重要支柱。显然，中国农村集体经济发展研究重点，应该下沉到村、组集体经济和村域新型集体经济。

其次，研究内容必须服从和服务于国家发展战略和区域经济社会发展的现实需要。中国《宪法》第八条规定，"农村集体经济组织实行家庭承包经营为基础、统分结合的双层经营体制"。表明"双层经营体制"不仅是中国农村的基本经济制度，也是中国农村集体经济基本实现形式。中国共产党的十七大报告提出要"探索农村集体经济有效实现形式"。十七届三中全会通过的《中共中央关于推进农村改革发展若干重大问题的决定》进一步强调，"推进农业经营体制机制创新，加快农业经营方式转变。家庭经营要向采用先进科技和生产手段的方向转变，增加技术、资本等生产要素投入，着力提高集约化水平；统一经营要向发展农户联合与合作，形成多元化、多层次、多形式经营服务体系的方向转变，发展集体经济、增强集体组织服务功能，培育农民新型合作组织，发展各种农业社会化服务组织，鼓励龙头企业与农民建立紧密型利益联结机制，着力提高组织化程度"。农业经营方式"两个转变"的提出，吹响了"探索农村集体经济有效实现形式"的进军号角，具有划时代战略意义。从逐步实现基本公共服务均等化的需要出发，加快发展村域集体经济最为紧迫。

这样做,顺应了当前中国农村集体经济转型发展大趋势及其以村域社区为单元的基本公共服务均等化发展需求。

(二) 研究样本

本研究把课题组成员实地调查和招募并培训大学生调查员进村入户问卷结合起来。实地调查分区聚类抽样,分别在东北、华北、西北、西南、中南、华东六大区各选 2 省,每省按五种村域经济类型(工业型、市场型、现代农业型、传统农业型含贫困村、旅游型含古村落)各选 5 村作为村级调研样本,同时了解样本村所在乡(镇)和县(市、区)的农村集体经济发展总状况。问卷调查随机取样,在作者所在大学招募大学生调查员,经过培训后利用假期回乡调查,理想状况下,希望问卷样本能够覆盖中国大陆 30 个省(市、自治区,西藏除外)的不同经济类型的村域和不同经济收入水平的农户。

在近 3 年(2010.6—2013.1)内,课题组成员完成的实地调查样本大大超过了课题设计要求,行政村域样本共 108 个,覆盖了中国六大区的 17 个省(直辖市、自治区)、55 个县或县级单位、68 个乡(镇)或乡级单位(表 1 – 1)。但是,进村入户问卷样本因为受到浙江师范大学生源分布的影响,未能覆盖中国大陆 30 个直辖市、自治区,共收回 900 份有效问卷中,村集体经济组织问卷 217 个村,农户问卷 679 户,有效问卷覆盖了中国大陆 20 个省、82 个县(市、区)124 个乡镇(见表 1 – 1)。

表 1 – 1 "村域集体经济历史变迁与现实发展研究"调研样本及其分布

大区	省级样本 (17)	县级样本 (55)	乡级样本 (68)	村级样本 (108)
华北	河北省	饶阳县	五公镇	五公村*
		遵化市	建明镇	西铺村*
			新店子镇	沙石峪村*
		定州市	东亭镇	翟城村*
	山西省	平顺县	西沟乡	西沟村*
		昔阳县	大寨镇	大寨村*
东北	黑龙江省	阿城区	双峰街办	胜祥村、爱民村、椴树村
		肇东市	昌五镇	一街村、二街村、福利村
		黑龙江农垦总局辖(县级农场):繁荣种畜场、查哈阳农场、富裕牧场			

续表

大区	省级样本（17）	县级样本（55）	乡级样本（68）	村级样本（108）
华东	上海市	金山区	漕泾镇	蒋庄村、金光村
		闵行区	虹桥镇	虹五村
		浦东新区	三林镇	联丰村、三民村
		松江区	车墩镇	香山村、高桥村、长溇村
	江苏省	北塘区	黄巷镇	陈巷村
		楚州区	席桥镇	浦马村
	浙江省	萧山区	瓜沥镇	航民村*
		余杭区	乔司镇	三角村、五星村
			五常街办	—
		嵊州市	三江街办	五里铺村
		嘉善县	惠民街办	新润村
			干窑镇	干窑村
			大云镇	缪家村
			西塘镇	星建村
		德清县	/	戈亭村、钟管村、东千村、舍西村、舍北村、沟里村
		永嘉县	瓯北镇	蔡桥村、罗浮村、江北岭村、芦黄村、珠江村、江边村、夹里村、风屿村
			东皋乡	西卢村
			岩头镇	埼里村
			大若岩镇	埭头村、大元下村
		婺城区	罗店镇	盘前村
		金东区	鞋塘街办	山早村
		义乌市	城西街办	何斯路村
		东阳市	南马镇	花园村*
		武义县	大田乡	徐村、上下仓村、宏阁村、瓦窑头村、五登村、山峰村
		定海区	马岙镇	马岙村、团结村
			小沙镇	光华村
		余姚市	三七市镇	胜利村、三七市村
			低塘街办	西郑巷村、芦城村、姆湖村
			黄家埠镇	横塘村、十六户村
		奉化市	萧王庙镇	滕头村*
		路桥区	路南街办	方林村*
		临海市	涌泉镇	忘不了柑橘合作社
		玉环县	玉环街办	九山资金互助社
			大麦屿街办	横坑村、西坑村、双峰村（中捷集团）

第一章 村域集体经济发展的核心概念及研究框架　　41

续表

大区	省级样本(17)	县级样本(55)	乡级样本(68)	村级样本(108)
华东	福建省	上杭县	才溪乡*	—
		漳浦县	大南坂镇	上埔村
		永安市	上坪乡	上坪村、龙共村、林丰合作社
	江西省	兴国县	长冈乡*	长冈村、泗望村
	山东省	邹平县	韩店镇	西王村*
中南	河南省	遂平县	嵖岈山卫星人民公社（现嵖岈山镇）*	
		新乡县	七里营镇	刘庄*
	湖北省	汉川市	马口镇	敖家村、高庙村
			刘家隔镇	码头村、西寺村、挂口村、刘姓塘村
		老河口市	仙人渡镇	白鹤岗村
			李楼镇	朱楼村
	广西壮族自治区	东兴市	江平镇	交东村、吒祖村
		钦南区	那丽镇	土地田村
		西乡塘区	北湖街办	万秀村
	海南省	儋州市	那大镇	桥南村、军屯村、石屋村*
			合庆镇	美万新村
			南丰镇、南洋镇	—
		乐东县	佛罗镇	福塘村
		海南农垦总局所辖农场（县级）：乐光农场		
西南	四川省	理县	甘堡乡	丘地村
	云南省	腾冲县	猴桥镇	箐口村
西北	新疆维吾尔自治区	皮山县	藏桂乡	亚博依村
		洛浦县	恰尔巴格乡	加依托格拉克村
		和田县	巴格其镇	巴格其村、恰喀尔村
	宁夏回族自治区	盐池县	花马池镇	城西滩基地
			青山乡	郝记台村
		沙坡头区	沙漠农业科技示范园（乡级）	

在108个行政村中，属于"中国历史名村"（包含两个模范乡和1个镇）16个单位，分别加注了*。

需要指出，"中共历史名村"是作者所带团队"典型村域经济社会变迁研究"的重要研究对象之一。本课题组在近3年（2010.6—2013.1）时间内完成的 108 个调查村中，属于"中共历史名村"的样本有 16 个：（1）中共早期的"乡苏模范"江西兴国长岗乡长冈村、泗望村，福建上杭才溪乡（现为才溪镇）；冀中抗日根据地被誉为"小莫斯科"的饶阳五公村，太行山区根据地被誉为"边区农民的方向"的山西平顺西沟村；（2）农业集体化时代，被誉为"整个国家形象"的河北遵化"穷棒子社"西铺村，第一个农村人民公社河南遂平嵖岈山卫星人民公社（嵖岈山镇），"农业学大寨"的样本昔阳大寨村，"北方农业的一面旗帜"遵化沙石峪村，"南方大寨"海南儋州石屋村；（3）农村改革开放时代崛起的著名经济强村河南新乡刘庄，山东省邹平西王村，浙江省奉化滕头村、萧山航民村、东阳花园村、台州方林村。

（三）研究框架

我们在申请国家社科基金 2010 年度重点项目时，将研究内容分解为 4 个专题 15 个基本问题，通过研究实践的不断补充和完善，形成了"村域集体经济发展"研究的现有框架（图 1-1）。

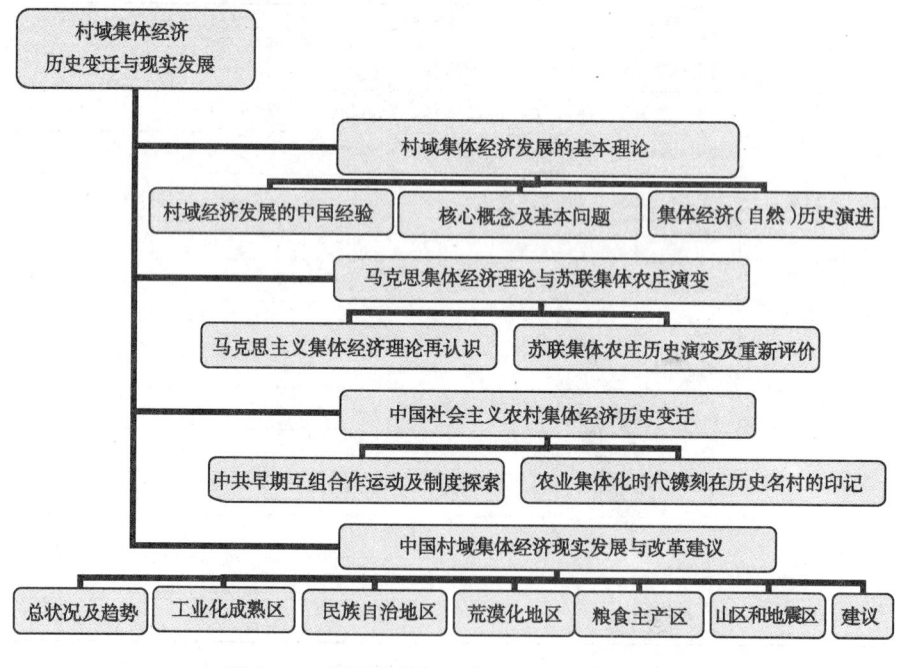

图 1-1 村域集体经济发展研究框架结构图

第一部分，村域集体经济发展的基本理论。"引论——村域经济转型发展态势与中国经验"。村域的农户经济、集体经济和新经济体，是村域经济的三大主体。本书是针对村域经济三大主体之一的"集体经济"主体的专门研究，因此有必要首先了解"村域经济"的基本理论、中国村域经济转型发展态势和基本经验，引论即为此而设。第一章，村域集体经济发展的核心概念及研究框架。本章重新认识村域集体经济的作用及研究价值，研究村域集体经济的核心概念，回答中国农村集体经济性质、职能、法律地位，双层经营体制下的家庭经营、村组统一经营、村域新型集体经济三者之间的关系等基本问题；阐述村域集体经济发展研究框架，解释村域集体经济发展研究的样本选择。第二章，集体经济历史演进：从血缘家族公社到农村公社。本章梳理了原始集体经济历史演进路径和脉络，研究了"群体力量"和"集体行动"在不同历史时期的实现形式，阐明了集体经济的产生和长期发展是人类遵循适者生存法则自然选择的结果，而不是人们的行为偏好抑或意识形态的强制，试图论证集体经济发展的历史必然性、必要性和有效性等基本理论问题。

第二部分，马克思集体经济理论与苏联集体农庄演变。第三章，马克思主义集体经济理论再认识。本章梳理马克思主义集体经济思想的发展脉络和基本理论，重新认识合作经济与集体经济的相互关系、集体经济发展的历史必然性及其意义、小农向集体经济过渡的条件及其实现形式，为研究"农村集体经济有效发展的制度创新和微观基础重构"奠定基础。第四章，苏联集体农庄的历史演变及重新评价。课题组重读《列宁全集》相关卷本、苏联科学院经济研究所编《苏联社会主义经济史》（1—7卷），利用课题负责人考察俄罗斯土地私有化时所获资料，参考先前的研究成果，系统回顾、梳理苏联集体农庄建设及其制度变迁的历程，重新评价苏联合作社集体农庄制度变迁的历史贡献、经验和教训，希望获取可借鉴的国外社会主义农村集体经济发展的经验和教训。

第三部分，中国社会主义农村集体经济历史变迁。选择中国共产党近百年历史进程中产生了重大影响、带有鲜明时代标志的著名村落（简称"中共历史名村）为研究样本，研究时限自五四运动至今。"中共历史名村"是近现代中国农村发展的不同阶段最典型的代表，时代特征特别明显，这些样本像一串串闪闪发光的明珠，编织出中国社会主义农村集体经济历史变迁的光辉足迹。"中共历史名村"因其社会关注度极高，历史资料及其各种报道和相关研究文献的保存相对完整，便于开展历史研究。把"中共历史名村"的调查和相关历史文献梳理结合起来，挖掘中国革命和建设大潮镌刻在村落的历史印记，用村域集体经济发展变迁，展现中国社会主义农村集体经济发展及制度变迁的历史轨迹是有意义的。"中共历史名村"研究按三个历史阶段展开，即中共早期①（1919—1949）"模范村"的互组合作运动及制度安排，农业集体化时代（1949—1979）"样板村"的集体经济演变，改革开放以来（1979年至今）著名经济强村的集体经济发展创新。前两个历史阶段涌现出来的"模范村"、"样板村"属于"历史名村"，其研究成果独立成章，即第五章、第六章；改革开放新时代涌现出来的著名经济强村属于当今"明星村"，它们无疑是中国未来的"历史名村"，历史"正在进行时"，许多问题尚不能下结论，加上篇幅局限，本书未对当今"明星村"30多年的改革发展历程进行描述，仅就"明星村"发展现状及其有效实现形式进行了研究，因此放在"中国村域集体经济发展现状、实现形式及未来趋势"一章的第二节。我们将在"中国名村历史变迁与农民发展研究"、"'明星村'乡村建设思想研究"等课题中再求深入。

　　第四部分，中国村域集体经济现实发展与改革建议。本部分共五章。第七章从三个维度研究中国村域经济转型发展现状及趋势。村集体经济和农户经济发展的总体状况，是全国217个村集体经济组织、679个农户问卷分析报告，试图从"面"上反映"整体"状况；"中国名村"集体经济发展现状及实现形式，一方面追踪中国历史名村的发展现状，另一方面调查研究当今"明星村"集体经济现状及其实现形式，希望从"点"上窥视"整体"状况；长江三角洲村域集体经济转型发展现状及趋势，借发达"区域"折射"整体"状况。第八章，以浙江省为样本，研究工业化进程中的村集体经济结构演变规律。其中包含发达期的村级集体经济经营方式及走势，村级集体经济经营方式及结构演变的阶段特征及其区域差异等内容。第九章，民族自治区村集体经济演变与发展（广西）案例研究，一是村域集体经济历史发展——镌刻在万秀村的印记，二是村域集体经济现实发展——南宁、钦州调查报告。第十章，荒漠化地区村集体经济发展（新疆）调查报告，主要描述和田地区村级集体经济转型发展过程、现状及经营方式，讨论村集体经济有效发展的重要作用，揭示"双层经营体制"下村集体经济组织与农户之间的三重关系，分析政府推进农村集体经济发展的作用。第十一章，是关于粮食主产区村集体经济贫困与干预发展问题的（湖北、黑龙江）两份

---

　　① 之所以将抗日战争和解放战争时期的互助合作运动都纳入"中共早期"范畴，一是因为这一时期以战争为中心，互助合作的政策思想及制度探索，仍然是土地革命时期政策思想及制度探索的延续；二是中国共产党肩负重大历史使命，如毛泽东所言"夺取全国胜利，这只是万里长征走完了第一步"，将自中国共产党创立至1949年新中国建立以前的历史都划入"中共早期"，更能适应中共党史的延续。

调查报告。第十二章，是关于山区（云南腾冲箐口村）村集体经济发展和地震灾区（四川理县）集体经济重建的调查报告。第十三章，坚持和完善双层经营体制，推进村级集体经济发展的建议。其是课题组在总结本课题主要研究成果基础上，向中共中央农村工作领导小组办公室、农业部提交的一份建议报告。该报告阐述了影响中国农村基本经营制度稳定的几个问题，分析了中国"双层经营体制"下的农村微观经济主体转型发展态势，在此基础上，提出了坚持和完善农村基本经营制度的建议。

本章参考文献

[1] 韩元钦：《马克思学说中的"集体所有制"和"集体经济"概念》，载《上海集体经济》2006年第4期。

[2] 白乐天、李凤飞：《世界通史（上）》，光明日报出版社2001年版。

[3] 贺军伟等：《推进农村集体经济组织产权制度改革》，载《农村经营管理》2008年第12期。

[4] 陆福兴：《浅议发展新型农村集体经济》，载《农村工作通讯》2008年第11期；《探索农村集体经济有效实现形式研究》，内部打印文稿，2008年。

[5] 陈永乡：《北京市农村集体经济有效实现的实践与探索》，中国农业出版社2011年版。

[6] 《农业集体化重要文件汇编》（1949—1957），中共中央党校出版社1981年版。

[7] 《农业集体化重要文件汇编》（1958—1981），中共中央党校出版社1981年版。

[8] 林毅夫：《制度、技术与中国农业发展》，上海三联书店、上海人民出版社1994年版。

第二章

集体经济历史演进：从血缘家族公社到农村公社[①]

集体经济的组织形式，在史前社会中循着"血缘家族公社→母系氏族公社→父系氏族公社→农村公社"的路径自然演进；在成文历史领域里，"以群体力量和集体行动弥补个体力量不足"的原始共产制经济思想和生产方式，自上古社会、中世纪至近现代社会从来没有消失过，中国的"井田制"、村社公有、亲族伙有共耕、邻里互助合作经济的沿袭和发展充分证明了这一点。本章梳理了原始集体经济历史演进路径和脉络，研究了"群体力量"和"集体行动"在不同历史时期的实现形式，阐明了集体经济的产生和长期发展是人类遵循适者生存法则自然选择的结果，而不是人们的行为偏好抑或意识形态的强制，试图论证集体经济发展的历史必然性、必要性和有效性等基本理论问题。

一 血缘家族公社是人类第一个集体经济组织形式

生产工具的出现，标志着从猿到人过渡阶段的结束。考古学家根据人类制造的工具，将人类发展划分为旧石器时代、中石器时代和新石器时代。中国学者把这一过程分为早期猿人、晚期猿人、早期智人和晚期智人。将这两种分期相对照，旧石器时代早期大致相当于早期猿人和晚期猿人阶段，旧石器时代中期相当于早期智人阶段，旧石器时代晚期相当于晚期智人阶段。随着完全成形的人类出现，人类社会也产生了。

美国考古学家路易斯·亨·摩尔根的《古代社会》，一直被认为是原始

[①] 本章部分内容已发表。参见王景新《集体经济的历史演进：从家族公社到合作经济》，载《古今农业》2012年第4期。

社会经济形态研究的经典著作，具有不容置疑的价值，恩格斯称其具有"伟大功绩"。恩格斯名著《家庭、私有制和国家的起源》①，是遵照马克思遗言，用他们两人共同创立的唯物主义历史研究所得出的结论来阐述摩尔根的研究成果而撰写的。按照摩尔根和恩格斯的观点，人类史前经历了"三个主要时代——蒙昧时代、野蛮时代和文明时代"。"蒙昧时代是以采集现成的天然产物为主的时期，人类制造品主要是用作这种采集的辅助工具。野蛮时代是学会经营畜牧业和农业的时期，是学会靠人类的活动来增加天然产物生产的方法的时期。文明时期是学会对天然产物进一步加工的时期，是真正的工业和艺术的时期。"②

摩尔根的蒙昧时代和野蛮时代都极为漫长，相当于原始社会整个历程。"按这一原则划分，原始社会分为血缘家族和氏族公社两个大阶段"（官杉，1996）③。血缘家族是由动物的"群"演化而来，恩格斯曾说，"群是由我们在动物中所能看到的最高的社会集团"④。马克思认为，人类完全成形后，"血缘家族是第一个社会组织形式"⑤。血缘家族存在的时间很长，相当于旧石器时代早期和中期阶段。在漫长的以采集和狩猎为主要内容的攫取经济时代，人类"为了在发展过程中脱离动物状态，实现自然界中最伟大的进步，还需要一种因素：以群体的力量和集体行动来弥补个体自卫能力的不足"⑥。"狩猎依靠集体进行，因此狩猎在很大程度上决定着原始人实行集体主义。"总之，"在血缘家族阶段，一个家族就是一个集团、一个公社、一个生产单位。从考古材料看，家族（即公社）内部已经有了两性分工。……大约男子从事狩猎，女子则从事采集和养育子女。当时，社会生产力十分低下，人们过着集体劳动、共同消费的生活"⑦。可见，血缘家族（公社）还是人类第一个集体经济组织形式，可视为原始共产制集体经济。

综上所述：（1）血缘家族不仅是人类第一个社会组织形式，还是人类第一个集体经济组织形式。如果从旧石器时代早期的血缘家族公社始至今，集体经济至少经历了100多万年的历史，它大大早于个体、私有经济的历

---

① 《马克思恩格斯选集》第4卷，人民出版社1972年版，第1—178页。
② 同上书，第17、23页。
③ 官杉：《人类远古的活迹——对残存在近现代中华大地的原始公社研究》，首都师范大学出版社1996年版，第23页。
④ 《马克思恩格斯选集》第4卷，人民出版社1972年版，第28页。
⑤ 马克思：《摩尔根〈古代社会〉一书摘要》，人民出版社1965年版，第20页。
⑥ 《马克思恩格斯选集》第4卷，人民出版社1972年版，第29页。
⑦ 白乐天、李凤飞：《世界通史（上）》，光明日报出版社2001年版，第18、22页。

史。(2) 原始共产制集体经济核心是"以群体的力量和集体行动来弥补个体能力的不足"。历史证明，早期人类选择集体生产、生活方式并不是个人偏好，更没有意识形态或政治强制，而是在残酷环境中求生存的自然抉择。如马克思《给维·伊·查苏利奇的复信草稿》中所言："……在较古的公社中，生产是共同进行的，只有产品才拿来分配。这种原始类型的合作生产或集体生产显然是单个人的力量太小的结果，而不是生产资料公有化的结果。"①

二　氏族公社集体生活方式是史前社会主要经济组织形式

　　技术进步和婚姻家庭的进化，是社会组织形式和经济形式变化的两大决定性因素。旧石器时代晚期，随着工具改进，狩猎和捕鱼发展起来。由于食物越来越丰富，人类便相对定居，开始建造房舍。这为农牧业发展创造了条件。到新石器时代，石器制造技术达到最高，并且发明了陶器和纺织技术。随着技术进步，采集经济演化为农业经济，狩猎经济演化为畜牧业经济，人类的经济活动从"攫取经济"过渡到"生产经济"。同时，人类繁衍促使其逐渐禁止血亲婚配，家庭组织也随之发生变化。"如果说家庭组织上的第一个进步在于排除了父母和子女之间相互的性关系，那么，第二个进步就在于对于兄弟姊妹之间也排除了这种关系。"经济的稳定和人类繁衍的优化，促进了人口较快增长，一部分人从母群中分离出来。分离出来的子群为了和母群保持联系，最好的方式便是结成婚姻集团，人类由"血缘家庭"进入到"普那路亚家庭"。恩格斯说，"一旦发生同母所生的子女之间不许有性关系的观念，这种观念就一定要影响到旧家庭公社的分裂和新家庭公社的建立（这种新的家庭公社这时不一定同家族集团相一致）。一列或者数列姊妹成为一个公社的核心，而她们的同胞兄弟则成为另一个公社的核心。摩尔根称之为普那路亚的家庭形式，便经过这样的或类似的途径由血缘家庭产生出来了"。这一进步的影响是多么强大，它使婚姻和家庭关系进一步向前发展，氏族出现了。恩格斯说，氏族就是由这一进步直接引起的，"氏族制度，在绝大多数场合下，都是从普那路亚家庭中直接发生的"②。

----

① 《马克思恩格斯全集》第 19 卷，人民出版社 1963 年版，第 434—436 页。
② 《马克思恩格斯选集》第 4 卷，人民出版社 1972 年版，第 33、34、36 页。

氏族制度经历了母系氏族和父系氏族阶段。人们认为,中石器、新石器时代是母系氏族公社的全盛时期。尽管当时已经出现了对偶制家庭,但还不足以产生家庭(个体)经济形式。恩格斯描写道,"这种对偶家庭,本身还很脆弱,还很不稳定,不能使人需要有或者愿意有自己的家庭经济,因此它根本没有使早期传下来的共产制家庭经济解体"①,社会基本经济单元还是母系氏族。"在共产制家庭经济中,全体成员或大多数妇女都属于同一氏族,而男子则属于不同的氏族,这种共产制家庭经济是原始时代到处通行的妇女统治的物质基础"②。《世界通史》第一卷描述:在母系氏族内部,除个人日常使用的工具之外,一切财产都归集体所有,生产和消费都建立在严格的集体原则上;年长的妇女担任氏族首领,氏族首领是社会公仆,受人尊敬,但没有强制权,如果她们不称职将被撤换;氏族的最高权力是氏族议事会,参加者是全体青年男女,他们都享有平等的表决权;每个氏族都有自己的名称,有共同的宗教信仰、共同的墓地,死者的财产(很少的一些日用品)转归同氏族人所有;氏族成员有相互援助的义务,在同氏族成员受到伤害时,全氏族人要帮助复仇③。这说明:在母系氏族制度下,不仅形成了一定的经济规范,如集体所有、集体生产、集体消费以及个人日用品的继承等;而且形成了一定的社会管理规范,如氏族首领选举、氏族议事会、平等的表决权等。随着时间推移,有些规范演化为习俗,有些规范演化为宗教信仰,日趋深入人心,有效发挥作用。恩格斯曾赞赏,"这种淳朴的氏族制度是一种多么美妙的制度啊!没有军队、宪兵和警察,没有贵族、国王、总督、地方官和法官,没有监狱,没有诉讼,而一切都是有条理的。……一切问题都由当事人自己解决,在大多数情况下,历来的习俗就把一切调整好了。不会有贫穷困苦的人,因为共产制的家庭经济和氏族都知道它们对于老年人、病人和战争残废者所负的义务。大家都是平等的、自由的,包括妇女在内"④。据此看来,原始集体经济已经具备了集体所有、集体生产和消费、防止贫困、赡养老病残等经济和社会的多方面功能。

新石器时代晚期,出现了金属工具(金石并用时代),生产力进一步发展,对偶家庭过渡到一夫一妻制家庭,家庭内部关系发生了变化,丈夫在家

---

① 《马克思恩格斯选集》第 4 卷,人民出版社 1972 年版,第 43 页。
② 同上书,第 44 页。
③ 白乐天、李凤飞:《世界通史(上)》,光明日报出版社 2001 年版,第 25 页。
④ 《马克思恩格斯选集》第 4 卷,人民出版社 1972 年版,第 92—93 页。

庭中也掌握了权柄，而妻子则被贬低，被奴隶。"一夫一妻制家庭的出现，乃是'父权制'的必然结果。"① 家长制家庭公社的出现，标志着母系氏族社会已经过渡到父系氏族社会。恩格斯说，"随着家长制家庭的出现，我们便进入到成文历史的领域"②。

父系氏族家长制家庭公社中的集体生产、生活方式是怎样的呢？恩格斯根据塞尔维亚人和保加利亚人中还可以见到的扎德鲁加（大意为大家庭和胞族社）的状况描写道："南方斯拉夫的扎德鲁加是这种家庭公社的现存的最好的例子。它包括一个父亲所生的数代子孙和他们的妻子，他们住在一起，共同耕种自己的田地，衣食都出自共同的储存，共同占有剩余产品。公社处于一个家长的最高管理之下，家长对外代表公社，有权出让小物品，管理账目，并对账目和对整个家务的正常经营负责。他是选举产生的，不一定是最年长者……最高权力集中在家庭会议，即全体成年男女会议。家长向这个会议作报告，会议通过各项最后决议。"③ 这便是父系氏族家长制家庭公社的大概状况。

恩格斯认为，父系氏族家长制家庭公社"乃是一个由群婚中产生并以母权制为基础的家庭到现代世界的个体家庭的过渡阶段"④。他在研究了印度的家庭公社后再次强调，"实行土地的共同占有和共同耕作的家长制家庭公社，现在就具有了和以前完全不同的意义。我们对于它在旧大陆各文化民族和其他若干民族中，在从母权制家庭向个体家庭的过渡中所起的重要作用，已经不能有所怀疑了。……即这种家长制家庭公社也是一个过渡阶段，实行个体耕作以及起初是定期的而后来是永远的分配耕地的农村公社或马克尔公社，就是从这个过渡阶段中发展起来的"⑤。这一论断告诉我们，原始公社演变的历史顺序是：母系氏族公社→父系氏族公社→农村公社或马克尔公社。农村公社是从氏族公社演化而来的，是不同于氏族公社的新阶段。恩格斯在研究了"克尔特人和德意志人的氏族"后肯定地说，"……只是过了很久，由于人口增加，农村公社才从这种家庭公社中发展起来"⑥。

---

① 白乐天、李凤飞：《世界通史（上）》，光明日报出版社2001年版，第24、29页。
② 《马克思恩格斯选集》第4卷，人民出版社1972年版，第54页。
③ 同上。
④ 同上。
⑤ 同上书，第55—56页。
⑥ 同上书，第138页。

农村公社虽然带有氏族公社的鲜明印记，但已经和氏族家庭公社迥然不同："一、在生产资料方面，是两种所有制并存。耕地、草地、森林、牧场、池沼等归集体所有，而房屋、牲畜、农具、产品以及狩猎公社的枪支、马匹等已归私人所有。耕地由村社定期分给家庭使用，经过很长一段时间，才在部分地区变为私有。二、它是一个没有血缘关系的自由人的组合，但是还保留着血缘关系的部分残余，甚至在近代，不少聚族而居，只有一姓和数姓的大村庄。三、已不是按氏族或家庭公社进行集体生产，而是以家庭为单位进行单独生产。但是，在村社的早期阶段，个体家庭还显得软弱，所以父系家庭公社乃至父系氏族，还可能继续存在。四、它是一个农业手工业相结合的闭关自守的共同体……"① 近现代社会里，我们仍然能够找到父系氏族公社和农村公社的集体生产、生活方式残留。

综上：（1）当"攫取经济"发展至"生产经济"阶段时，集体经济并没有消失，反而在母系氏族公社、父系氏族公社中变得更加完善、日臻成熟。到农村公社时期，以个体家庭为单位的单独生产出现以后，依靠群体力量和集体行动的生产生活原则，仍然顽强地继续存在和发展。如果从旧石器时代早期血缘家族算起，至新石器时代晚期人类进入阶级社会和成文历史阶段，集体经济至少经历了100多万年（奥都威文化180万年前、中国蓝田猿人60万年前）的历史。不可想象，一个长期存在的经济制度是没有效率的。（2）生产工具创新和技术发展，婚姻制度演变和家庭结构变化，是促进原始共产制集体经济制度变迁的"两大动力"。集体经济经过长期实践发展，逐渐养成了一套比较完整的规则、习俗抑或宗教信仰，发挥着制度作用：在生产资料方面，从一切财产都归集体所有，过渡到两种所有制并存，土地和水源类资源性资产归集体所有，而房屋、牲畜和简单工具等生活资料归私人所有；在生产生活方面，从共同生产、共同消费、共同占有剩余产品，过渡到公社集体生产生活与个体家庭单独生产、生活和占有剩余产品同时并存；在决策机制上，实行氏族首领选举和罢免，定期举行氏族议事会，实行平等的表决权；在丧葬和祭祀方面，始终保持着共同墓地、共同祭祀祖先的氏族传统。这一套非成文制度，不仅在当时是有效率的，而且对世界各民族都产生了长远而深刻的影响。

---

① 白乐天、李凤飞：《世界通史（上）》，光明日报出版社2001年版，第30页。

三 原始集体经济在上古社会中的发展演变

"从金石器并用时代到铁器时代,是原始公社的解体阶段。"[①] 金属工具的使用大大提高了社会生产力,促进了农业和畜牧业的发展,产品有了剩余,社会分化出现了阶级,个体家庭及私有制出现,氏族公社制度走向衰落,人类进入到奴隶社会阶段,国家产生了。国家是在"部分改造氏族制度的机关,部分地用设置新机关来排挤掉它们,并且最后全部以真正的国家权力机关来取代它们而发展起来"[②]。但是,集体经济存在的必要性并没有消减,与适应大自然和满足人类无止境的欲望相比较,个体家庭的力量永远是弱小和不足的。因此,群体力量和集体行动仍然不可缺少:个体家庭之间仍然需要协作,这便成为伙有共耕、互助协作的生存土壤;氏族、部落、村社等共同体,仍然需要共同财产维系共同需要;国家机器运转的公共支出,更需要通过贡赋来获取,而以氏族、部落和村社为单元缴纳贡赋的成本是最小的。所有这一切,将促使集体经济在奴隶社会乃至封建社会中延续和发展。

中国的成文历史始于原始社会后期的尧、舜时代。《尚书》是中国现存最早的上古历史著作的经典。该著开篇《尧典》的记载,中国原始社会后期著名的氏族首领尧,不仅制定历法,引导人们耕作、生活遵循春夏秋冬四时节令、合乎自然法则,而且尧"钦明文思安安,允恭克让,光被四表,格于上下。克明俊德,以亲九族。九族既睦,平章百姓。百姓昭明,协和万邦,黎民于变时雍"[③]。尧帝禅让,舜于"正月上日,受终于文祖。在璇玑玉衡,以齐七政。肆类于上帝,禋于六宗,望于山川,遍于群神。辑五端。既月乃日,觐四岳群牧,班瑞于群后。岁二月,东巡守,至于岱宗,柴。望秩于山川,肆觐东后。协时月正日,同律度量衡。修五礼、五玉、三帛、二生、一死贽。如五器,卒乃复。五月南巡守,至于南岳,如岱礼。八月西巡守,至于西岳,如初。十有一月朔巡守,至于北岳,如西礼。归,格于艺祖,用特。五载一巡守,群后四朝。敷奏以言,明试以功,车服以庸。肇十

[①] 白乐天、李凤飞:《世界通史(上)》,光明日报出版社2001年版,第25、26页。
[②] 《马克思恩格斯选集》第4卷,人民出版社1972年版,第105页。
[③] 中国历史读物编撰委员会:《尚书》,吉林人民出版社1996年版,第2页。

有二，封十有二山，浚川"①。这段记载大意是：正月的一个吉日，舜在尧的太祖宗庙接受了禅让的帝位。他观察了北斗星的运行情况，列出了七项政事。接着举行祭祖，向上天报告继承帝位一事，并祭祖天地四时，祭祖山川和群神。舜聚集了诸侯的五等圭玉，挑选良辰吉日，接受四方诸侯头领的朝见，把圭玉颁发给他们。然后，舜于二月到东方巡视，到了泰山，举行了柴祭，并按等级依次祭祀了其他山川，接受了东方诸侯国君的朝见。舜协调了春夏秋冬的月份，确定了天数；统一了音律和长度、容量、重量的单位；制定了公侯伯子男五等朝见的礼节，规定了五等圭玉、三种颜色丝织物、活羊羔、活雁和死野鸡的用法。五月，舜到南方巡视，到了衡山，像祭祀泰山一样行礼仪。八月，舜到四方巡视，到了华山，祭祀礼仪同祭泰山一样。十一月，舜到北方巡视，到了恒山，祭祀礼仪同在华山一样。舜回来后，到尧太祖的宗庙祭祖，祭品是一头牛。此后，舜每隔五年就巡视一次。各方诸侯在四岳朝见，各自报告政绩。舜根据诸侯的政绩进行评定，论功行赏，赐给他们车马和服饰。舜还划定了十二个州的疆界，在十二座山上封土为坛，作祭祀用，并疏通了河道。不厌其烦地引用这段史记，无非想说明共同体及国家公共需求的来源：原始社会后期，氏族各部落间联盟已初具国家形态；氏族的祭祀活动所用之物，五玉、三帛、二生、一死之类产品，皆来源于诸侯朝见礼节；由舜划定疆界的行为来看，祭祀分不同疆域进行，祭祀品也分疆域征集。

大约在公元前21世纪，中国历史上第一个奴隶制国家夏王朝建立，舜的大臣禹，成为夏朝开国君主。《尚书》之《禹贡》就是关于大禹治水和重新制定贡法的记录。关于"贡"的记载有两处：一是列出九州税赋物品数量分作上上、中上、下上、上中、中中、下中、上下、中下、下下九等，强调"四海会同。六府孔修，庶土交正，厎慎财赋，咸则三壤成赋"。就是说，四海之内的氏族部落都归附夏后氏，要明晰各处田地的优劣，分等决定赋纳数量，使赋纳得其正而不偏颇。二是禹根据与夏后氏都邑地理距离的远近，将其地域规划为甸、侯、绥、要、荒"五服"，"五百里甸服：百里赋纳緫，二百里纳铚，三百里纳秸服，四百里粟，五百里米。五百里侯服：百里采，二百里男邦，三百里诸侯。五百里绥服：三百里揆文教，二百里奋武卫。五百里要服：三百里夷，二百里蔡。五百里荒服：三百里蛮，二百

---

① 中国历史读物编撰委员会：《尚书》，吉林人民出版社1996年版，第2页。

里流"①。

九等和五服的描述说明，夏朝已经开始了土地区域规划，制定了不同等级、不同区域的贡赋，并以不同的实物产品缴纳。比如甸服：距离夏都城五百里以内的方国部落，是夏都城的主要粮食供应区，其中：百里之内者赋纳带秸秆的谷物；再往外百里者赋纳禾穗；三百里外者赋纳带稃的谷物；四百里外者赋纳粗米；五百里外者赋纳精米。侯服是距离夏都城五百至一千里间的方国部落，是夏后氏的氏族诸侯部落的封地，五百里至六百里为卿大夫的封地；六七百里为男爵小国，八至千里地为侯伯大国。绥服是距离夏都城一千至一千五百里为夏后势力所及的边缘区域。要服是距离夏都城一千五百至二千里为夏后必须通过结盟交涉的方法而施加影响的区域。荒服则是距离夏都城二千至二千五百里处为异族疆域，与夏后氏只有间接的沟通。从这里，我们似乎看到了将区域规划、授田制度、协作生产和实物贡赋有机结合在一起的农村管理制度，"井田制度"已若隐若现。

古往今来，中国历代著名学者、政治家都坚信井田制度的历史存在。公元前16世纪，殷商灭夏而代之。"商代的农业生产方式上仍保留着大规模的简单协作。"② 这种集体协作生产的方式，表现在土地制度上大约就是井田制度。春秋战国时期，孟子就向滕文公推荐过井田制度。宋朱熹《四书章句集注》中说"商人始为井田制"③④。朱熹还对井田制度自商至周的发展变化进行了分析。马伯煌在《中国经济政策思想史》中描述，"一直到清代雍正年间，尚曾试行井田之制：'以新城固安官地二百四十顷制井田，选旗民百户，户授百田，公百亩，共力养公田。'嗣更于霸州、永清仿行，'然成效卒鲜'。至乾隆初年，改为屯田"⑤。近代革命先驱孙中山先生论述三民主义时说，平均地权论"即井田之遗意也……因为井田之法，既板滞而不可复用也，则惟有师其意而已"⑥。赵冈、陈钟毅坚称，中国上古时代"实行过井田式的土地公有制，大概是确有其事"。他们认为，《周易·井卦》之井，《周礼·小司徒》中的"四井为邑"之井，皆起源于井田制度，成语"井井有条"也是井田之井引申而来，《荀子·儒效篇》中"井井兮其

---

① 中国历史读物编撰委员会：《尚书》，吉林人民出版社1996年版，第15—21页。
② 钟祥财：《中国农业思想史》，上海社会科学院出版社1997年版，第3—4页。
③ 《四书集注》，海南国际新闻出版中心1992年版。
④ 同上书，第334页脚注。
⑤ 马伯煌：《中国经济政策思想史》，云南人民出版社1993年版，第106页。
⑥ 《孙中山全集》第5卷，中华书局1981年版，第193页。

有理也",这里的"井"绝非源于水井之井。"一个制度名词能够引申出其他字义,则表示此制度不是少数人的理想与虚拟的空中楼阁。"① 笔者认为,井田制度确实长期存在于中国上古社会,自商(约公元前16世纪—前11世纪)至周(公元前11世纪—公元前771年)是其鼎盛时期,直到春秋时期鲁国(公元前594年)实施"初税亩",承认私有土地合法性后才渐渐消失了,井田制度在中国存在了千余年,其思想影响长达三千五百多年②。

关于井田制度及该制度下的集体生产生活方式,《滕文公章句上》中描绘:

> 滕文公为世子,将之楚,过宋而见孟子。……滕文公问为国,孟子曰:"民事不可缓也。……民之为道也,有恒产者有恒心,无恒产者无恒心……是故贤君必恭俭,礼下,取于民有制。"……"夏后氏五十而贡,殷人七十而助,周人百亩而切,其实皆什一也。彻者,彻也;助者,藉也。龙子曰:'治地莫善于助,莫善于贡。'贡者,校数岁之中以为常。"
>
> 使毕战问井地,孟子曰:"子之君将行仁政……夫仁政,必自经界始。经界不正,井地不均,谷禄不平。是故暴君污吏必慢其经界,经界既正,分田制禄,可坐而定也。夫腾,壤地偏小,将为君子焉,将为野人焉。无君子莫治野人,无野人莫养君子。请野九一而助,国中什一使自赋。卿以下必有圭田,圭田五十亩,余夫二十五亩。死徙无出乡。乡田同井,出入相友,守望相助,疾病相扶持,则百姓亲睦。方里而井,井九百亩,其中为公田,八家皆私百亩,同养公田。公事毕,然后敢治私事,所以别野人也。此其大略也。若夫,润泽之,则在君与子也"③。

这段文字的大意是:滕文公做太子的时候,要到楚国去,两次会见了孟子。滕文公问如何治理国家,孟子强调,农事是最为紧迫的任务。接下来,孟子讲了制民常产和取之之道:有恒产者有恒心,贤明的君主一定要节俭,礼待部下,征收税赋要有一定的制度。然后举例说明夏、商、周以来的历代制民常产与其取之制。朱熹对此集注说:"夏时一夫授田五十亩,而每夫计

---

① 赵冈、陈钟毅:《中国土地制度史》,新星出版社2006年版,第1页。
② 从商代(公元前1600年始)至1911年推翻封建帝制有3500多年。
③ 《四书集注》,海南国际新闻出版中心1992年版,第329—338页。

其五亩之入以为贡。商人始为井田制,以六百三十亩之地划为九区,区七十亩。中为公田,其外八家各授一区,但借其力以助耕公田,而不复税其私田。周时一夫授田百亩。乡遂用贡法,十夫有沟;都鄙用助法,八家同井。耕者通力而作,收者计亩而分,故谓之彻。'其实皆什一'者,贡法固以十分之一为常数,惟助法乃是九一,而商制则不可考。周制则公田百亩,中以二十亩为庐舍,一夫所耕公田实际十亩,通私田百亩,为十分而取其一,盖有轻于十一矣。窃料商制亦当似此,而以十四亩为庐舍,一夫实耕公田七亩,是亦不过什一也。"①

朱熹集注清楚地解释了夏商周以来历代的制民常产与其取之之制度及其演变。夏代授田,每夫②授五十亩,其中五亩(产品)以为贡;到商代始行井田制,以630亩划为九区,每区70亩,中间70亩是公田,外围8家各授一区,借八家之力同耕公田,而不再对八家的私田纳税。周代时每夫授田100亩,十夫有沟,构成"井"字形整齐划一的规划,税制都不用助法③。8家同井,耕则通力合作,收则公田归公,私田计亩而分,故谓之彻,其实都是采取什一制。这种制度比起以前的贡法要好得多。贡法是以十分之一为常数(田租率几年固定不变),惟有助法是采取九分之一的办法。商代的税制已不可考。周制则是公田100亩,其中20亩作为村落和宅基地,一夫所耕公田实计10亩,与私田100亩比较,为十一分而取其一而有轻于十一矣。后来,滕文公再使毕战向孟子请教井田制度,孟子说:行仁政,一定要从划分整理田界开始。田界划分的不正确,井田的大小就不均匀,作为俸禄的田租收入也就不公平;田界正确了,分配田地,制定俸禄,都可以毫不费力的决定了。接着孟子建议:你们藤国的土地虽然狭小,却也有官吏和劳动者,靠官吏管理劳动者,靠劳动者养活官吏。因此孟子建议:郊野采用九分抽一的助法,城市使用十分抽一的贡法,公卿以下的官吏,一定有供祭祀的圭田,每家50亩……余夫再给25亩。接下来,孟子描绘了井田制度下八家同井的集体生产、生活方式:人无论埋葬或迁徙,都离不开本乡本土,要做到

---

① 《四书集注》,海南国际新闻出版中心1992年版,第334页。
② 夫,古时的授田单位,一夫,包括一夫一妇的五口之家的标准农户,朱熹集注中的一夫即为一家。余夫是指多余五口的其他家庭成员,还有两种说法,余夫是指未婚男子;不论男女老少,有余力者皆称余夫。
③ 助法,郊野之地,授井田而行助法;贡法,郊门之内,田不井授,使什而自赋其一。彻法,八家同井,耕者通力而作,收则计亩而分,故谓之彻。三者都是讲分田制禄的制度,即制民常产与其取之之制度。

出入相友，守望相助，疾病相扶持，百姓和睦，办法就是恢复井田制。每一方里为一井，一井九百亩，中间一百亩是公田，以外八百亩分给八家使用（私田），先共同耕作公田，完毕后再来耕种自己使用的私田。这就是城乡居民的区别，这只不过是个大概，至于如何因地制宜地去做，就看你们君臣了。

中国乡里制度也源于井田制度。《尚书大传·卷二》记载："古八家而为邻，三邻而为朋，三朋而为里，五里而为邑，十邑而为都，十都而为师，州十有二师焉。"显然，井田制中的一井八家组成一"邻"，是乡村基层组织；三邻成"朋"，即三井24户组成一朋；三"朋"成里，即九井72户组成里。显然，中国乡村基层"邻里制度"由井田制度衍生而来；乡田同井、出入相友、守望相助、疾病相扶持的集体生活方式，逐渐形成了乡土社区邻、里、朋之间互助合作的和睦关系，邻里、朋友等汉语言名词可能也是由此引申出来的。

综上：（1）个体家庭及私有制出现以后，群体力量和集体行动仍然不可缺少；因为，与大自然和人类无止境的欲望相比，个体家庭的力量永远是弱小和不足的，所以上古社会里的个体家庭之间仍然需要协作；另外，氏族、部落、村社等共同体有共同需要，国家机器运转所需要的贡赋需要共同体缴纳。所有这一切，将促使集体经济在奴隶社会乃至封建社会中延续和发展。（2）井田制度是一种历史存在，始于商，盛于周；井田制度内含的"制民常产与其取之制度"，以及它所倡导的同耕公田、邻里互助的集体主义思想，一直影响到中国近代。其中公田、私田并存[1]；先耕公田、后耕私田与耕则通力合作、收则计亩而分的集体生产和分配方式，以及乡田同井、邻里出入相友、守望相助、疾病相扶持的互助合作的乡土文化，影响尤其长远和深刻。（3）古代的授田制度与田租和税赋制度是组合在一起的，井田制、贡法、助法、彻法，等等，它们既非单纯的土地制度，也不是单纯的田租税赋制度，而是授田制度和田租税赋制度的综合体。（4）"同耕公田"的漫长历史表明，保障农村社区公共品供给是农村集体经济存在的重要原因，"公田中的产品或收入都有指定的用途"[2]，其中：一部分作为土地所有者（王权和奴隶主）的田租收入；一部分作为祭祀费用（公卿以下的官吏还有专供祭祀的圭田）；一部分"设为庠序学校以教之"，按照孟子解释："庠

---

[1] 八家皆私百亩并非私人所有，只是若干年限内归各家使用，授田授予的只是土地使用权。"井田制"是中国农村土地所有权与使用权分离的"鼻祖"。

[2] 赵冈、陈钟毅：《中国土地制度史》，新星出版社2006年版，第8页。

者，养也，校者，教也，序者，射也"；朱熹集注说，"庠以养老为义，校以教民为义，序以习射为义，皆乡学也"①。公田之作用涉及养老、学校教育、射箭训练等多个公共领域。

四 氏族家庭公社残留以及向伙有共耕、互助合作的演进

自中世纪至近现代社会，氏族公社残留的集体经济形式在世界各地仍旧普遍存在。比如恩格斯描绘的：南方斯拉夫的"扎德鲁家"和"胞族的家长制家庭公社"；东方各民族中所见到的"家长制家庭公社"和印度"实行共同耕作的家庭公社"；家长制家庭公社在高加索、科尔列瓦斯基、阿尔及利亚，"甚至在美洲，它大概也存在过"②。原始氏族公社制度的残存，在中国也能找到案例。官杉曾以中国云南纳西族、拉祜族的集体生活方式为例，阐述了"母系原始共产制家庭经济的残存及其非常规演变"；以独龙族、德昂族、苦聪人、鄂温克族和鄂伦春族人为例，阐述了"从父系原始共产制家庭经济到个体经济的渐次分解"等问题。

1. 母系血亲小家庭和母系非血亲大家庭的原始共产制经济

根据官杉的研究，"在我国，直到1949年中华人民共和国成立时，还有一些民族正处在家长制家庭公社解体的过程中"③。其中：纳西母系亲族原始共产制经济仍然残存于四川和云南交界的泸沽湖一带；云南澜沧县拉祜族村寨里，大约在20世纪三四十年代，还存在母系大家庭原始共产制经济。纳西母系血亲小家庭原始共产制经济和拉祜族母系大家庭原始共产制经济都属于母系氏族家庭公社的残留，但也有差异，后者应该是前者的新阶段。

第一，从家庭关系而言，纳西母系血亲家庭是走访婚形成的由母系近亲和成员组成的家庭，这类家庭比较小，一般十几人到几十人，平均不过七人，包括祖母及其兄弟姐妹、母亲及其兄弟姐妹，母亲下一代的兄弟姐妹以及这些姐妹们的子女。这种家庭在当地称"一度"，意为一群人的家。"一度"内部没有婚配关系，男性要到其他家庭走婚；"一度"的同辈兄弟姐妹

---

① 《四书集注》，海南国际新闻出版中心1992年版，第335页。
② 《马克思恩格斯选集》第4卷，人民出版社1972年版，第53—55页。
③ 官杉：《人类远古的活迹——对残存在近现代中华大地的原始公社研究》，首都师范大学出版社1996年版，第22页。

都把所有的下一代成员当成自己的子女，并依靠这些子女养老，形成了"子女共有、共同抚育"的家庭结构①。同一时期，拉祜族已从走访婚发展到"从妻居"。从妻居的家庭包括了不同血亲的成员，通常几十人，多则上百人。巴卡村有一家庭包括了数代人的 25 对从妻居的配偶及其子女 130 多人，莞糯村的一个家庭 36 个成员同住在一幢共有的大房子里，但已经把大的公房分隔成 6 格（小间），老夫妻占一格，五个子女及其丈夫组成的五个小家庭各占一格。当地人习惯把这种母系非血亲大家庭的结构称为"底页"和"底谷"的关系。

第二，从产权制度及生产方式看，"一度"的耕地来源于封建土司的份地，家庭成员共同占有和耕作，生产的产品平均分配，成员共同承担各种贡赋和劳役；家庭财产（包括房屋、耕畜、农具，个人日常用品除外）成员共有。拉祜族非血亲大家庭，全体成员集体生产、共同消费，但男女分工明显，妻子管理粮食和饲养家禽，丈夫保管钱财。从妻居使"原来由集体（底页）共同耕作的形式，逐渐过渡为集体（底页）和个体（底谷）的两种耕作形式。底页耕作大面积的耕地，底谷耕作小块耕地。猪、鸡的饲养，也普遍实行底页和底谷两种形式。生产工具的所有制，也随之发生了相应变化。这样也就开始出现了属于各底谷的财产"②。显然，拉祜族母系大家庭共产制集体经济是纳西母系血亲小家庭共产制集体经济的新阶段。

2. 农业型和狩猎型父系家庭的原始共产制经济

新中国成立前后，在中国南方地区还保留着农业型父系家庭共产制集体经济，比如云南省怒江两岸傈僳族自治州独龙江两岸的独龙人的家庭公社，镇康县木场区德昂人的家庭公社，佤族、黎族以及苦聪人的家庭公社残留；在北方地区还保留着狩猎型父系家庭共产制集体经济，如内蒙古自治区呼伦贝尔盟额尔古纳河畔鄂温克人和生活在兴安岭以南、乌苏江以北的鄂伦春人。

独龙人的家庭公社一般包括三四代，二三十人，或三四十人。他们共同居住在用木料或竹木搭建成的长方形大屋里，大屋中间一条通道，通道两厢隔成几个或十几个小间，小间内是一个火塘，火塘周围设置卧具（床），不过，火塘还只是个体家庭经济的雏形。山林、猎场、鱼口子、耕地和祭祀场

---

① 官杉：《人类远古的活迹——对残存在近现代中华大地的原始公社研究》，首都师范大学出版社 1996 年版，第 2—15 页。

② 同上书，第 15 页。

地，都属于父系大家庭共有，一个父系家庭活着就是一个公社，或者包括几个近亲的家庭公社。德昂人的父系家庭公社也是如此，20世纪30年代发现的人数最多的一个家庭公社，竟包括了同一父系的四代成员及其妻室，共89人。房内有三个家长住房和14个"格斗"（成员住房）。他们仍按家长制家庭公社的原始方式生产和生活，曾祖辈中的一人担任"格尼阿贡"（意为家长），他的兄弟有的负责安排农业生产，有的负责保管粮食。家长的权利相当大，但有关家庭的重大事宜的决策，仍需和成员共同商量。生产工具大家庭统一购买和制造，男女实行劳动分工，男子负责伐木、犁地，收获时负责推、打和搬运；妇女负责挖地、整地、收割和轮流做饭。这一切与南方斯拉夫的扎德鲁家何等相似。

鄂温克人把他们的家庭公社叫"乌力愣"，每个乌力愣都有自己的"新玛玛楞"（家长），他是乌力愣在生产、生活方面的组织者。每个乌力愣平均6户，都是一夫一妻制，约30人。因为狩猎生活的特殊性，因此他们不是住在同一幢房屋，每个个体小家庭各有一个适合拆卸搬迁的圆锥形帐篷（仙人柱）。他们在使用猎枪捕猎之前，仍然使用扎枪和弓箭，这种状况下单独行猎谋生是难以想象的。因此，他们的狩猎生产都是以"乌力愣"为一个整体，在新玛玛楞的指挥下有组织的分工进行。捕鱼也采用集体的方式。狩猎捕鱼所使用的工具乌力愣集体所有，大家使用。狩猎和捕鱼所获产品，在乌力愣所有成员中平均分配，不论狩猎技术高低和出力大小。有些不便均分的采取先缺后补的办法平衡。鄂伦春人的父系家庭公社的生产生活方式亦大致如此，但是到20世纪50年代以前，鄂伦春人原始共产制经济已基本解体（官杉，1996）[①]。

农业型和狩猎型父系家庭的原始共产制经济长期存在的原因，没有超越马克思恩格斯的逻辑，在社会生产力极其低下的条件下，面对严酷的大自然，除了一心一意地依靠群体的力量和集体行动之外，别无他途。

3. 宗族公田祠产、村社公有、户际伙有共耕与互助合作

笔者认为，近现代社会残存的宗族公田祠产、村社公有、户际伙有共耕与互助合作的生产方式，也是氏族制度和原始农村公社的遗产。原始共产制集体经济是建立在原始土地公有制基础之上的，在自然状态下，原始土地公

---

① 本节关于纳西母系亲族、农业型和狩猎型父系家庭的原始共产制经济所引资料和基本观点，均源自官杉《人类远古的活迹——对残存在近现代中华大地的原始公社研究》，首都师范大学出版社1996年版，第22—47页。

有制的演变伴随原始共产制度的演变而演变。人类在采集和狩猎的攫取经济时代，将无主的山林、土地、河流等自然物圈占，成为血缘家族公社的领地，尔后各血缘家族之间的领地又有了比较清晰的边界，这就是最原始的土地公有制。进入生产经济时代，原始土地公有制经历了母系氏族公有、父系氏族公有、农村公社（村社）公有等不同阶段。在这个过程中，原始土地公有制经历不断分割的过程。在一个氏族内，随着氏族人口繁衍，当氏族分裂为若干母系或父系的家长制家庭公社时，氏族公有的土地也按照平均原则分割成若干等份，归属于不同的家庭公社；家庭公社演化为若干个个体家庭后，家庭公社公有土地将再次被均等分割，分别归属不同的个体家庭，于是土地私有制出现了。在土地分割和再分割的过程中，总有一些距离较远、土质较差、生产不便的山林和土地未被分割，抑或氏族大家庭、宗族和村社需要而预留部分公有土地。这便是近现代社会中宗族公田祠产、村社公有和户际伙有共耕形成的历史根源。

官杉的研究证实，"家族公地，大都来源于对氏族公地的分割和再分割"。他举例说：1950年代初，研究人员进入福贡县第一区木古甲村调查，该村老人回忆，大约450年前，木古甲一带地广人稀，遍布原始森林，他们的第一世祖朴浪青来到这里定居，这些土地山林都属于朴浪青氏族所有。到第七、八世祖时，朴浪青氏族分裂为三个"的康"（"支"），分别住在木古甲、固泉、阿尼岔三个村落，并划分原氏族的土地山林。到十一世祖时，这些"的康"再分裂，比如居住在木古甲的嘎密"的康"就分裂为次邦、谷乃比、夏鄂三个更小的"的拉"（几个亲胞兄弟组成的小支），各建一个村落，对其土地山林又作了相应分割。在分割过程中，通常有一部分偏僻的山林和土地，继续归"的康"或上一级氏族全体成员所公有，氏族公地就这样在土地逐级私有化的过程中被部分的保留下来，从而形成了直系宗族内个体小家庭"家族伙有"共耕的土地。另外，还有近亲家庭共同开荒形成的"开荒伙有"，"买地伙有"、"姻亲伙有"等几种伙有共耕形式[①]。新中国成立之初，云南省怒江地区曾经比较普遍存在过三五个农户合伙占有耕地共同耕作的"伙有伙耕"的集体生产形式。在独龙族的一个行政村中，"到1956年'直接过渡时'，这种耕地在独龙族中占全部耕地50%（第一、二、四行政村）和85%（第三行政

[①] 官杉：《人类远古的活迹——对残存在近现代中华大地的原始公社研究》，首都师范大学出版社1996年版，第54—67页。

村），在怒族中，约占全部耕地的一半"。"独龙族的居民全部参加了村舍内的伙有共耕组，该地区的怒族和傈僳族居民，也绝大部分参加了伙有共耕组。"[①]"伙有共耕"形成了一个类似互助组的集体经济组织，不过，这种互助组是同宗或近亲家族构成。共耕生产成本和产品按"个体家庭"单元平均分摊和分配，比如：种子平摊；粮食产品先用大竹箩每家一箩分，再用小竹箩分，最后用手一把一把地分，直到分完。应该指出，这些地区正好是氏族公社为单元的原始共产制经济长期存在的地方，可以认为，在自然历史顺序中，个体家庭（农户间）伙有共耕与村社内的互助合作经济，根源于氏族公社残留的原始共产制集体经济。

笔者猜想，村社集体公有制的形成，可能是原始农村公社残留的另一种形式。非单姓氏村落里杂居着不同宗族，每个宗族都有属于自己的氏族公产，为了某些需要，不同宗族公产结合在一起便是村社公产。我们在现实发现了支撑这一猜想的典型案例。2011年10月，笔者在广西南宁市西乡塘区北湖街办万秀村农村调查时发现，这个处在南宁市郊区（随城市扩张已变成城中村）的村庄，在中国基层建制变动如此频繁的现时代，其行政村建制一直没有改变。万秀村历史悠久，从北宋中期开始，邓、陈、梁、黄、林、苏等姓氏村民的先辈，从山东、河南等地南迁，陆续来此定居，并以姓氏为基础形成了邓姓坡、陈姓坡、仁里坡、敬修坡、林姓坡五个自然坡（自然村）。后来，五个自然坡演变为合栋村、敬仁村和秀东村。民国三十一年（1942），三村合并为万秀村。自此，万秀村的行政建制再也没有改变。到2011年，全村6个村民小组，1130户，4500人，另有外来人口6万人，村域土地总面积5.534平方公里。更为惊奇的是，这个城中村竟然还残留着村社公有和祠堂公有的土地和集体经济。1949年统计，该村6个自然坡共有72个公堂和公地，合计1819.43亩，占当时全村土地面积19.2%。公有土地分成三种层级：一是全村公有，如万安寺、太子庙；二是自然坡（村民小组）公有，如邓屋祠堂；三是几房族人（宗族）公有，如茂华公、子华公等（表2-1）。

[①] 官杉：《人类远古的活迹——对残存在近现代中华大地的原始公社研究》，首都师范大学出版社1996年版，第65页。

表2-1　　　　万秀村1949年各级公堂占有土地资产数据表　　　　单位：亩

编号	公堂名称	面积	编号	公堂名称	面积	编号	公堂名称	面积
1	万安寺	50	26	德表公	70	51	老塘	3
2	太子庙	15	27	宽晓公	7.5	52	大门塘	7
3	心圩江北	36	28	茂华公	7.5	53	土地公	7.5
4	观音堂	2.25	29	邓济公	6	54	大塘	
5	花园土地	2.25	30	子华公	5	55	细塘	6
6	天佑公	2	31	增吉公	5	56	门口塘	
7	大成会	1.75	32	园英公	5	57	太子庙堂	3
8	林周公	1.25	33	四公坟	2	58	秀竹	
9	林鸿公	1.25	34	飞熊公	1	59	罗山	120
10	师公会	1.25	35	适均公		60	九曲	
11	合成堂	1.25	36	龙根底塘	3.9	61	敬修书屋	250
12	林焕公	1.25	37	坟头塘	2.47	62	汝铨公	250
13	摧粮田	1.25	38	猪屎塘	5.5	63	渌影礼	300
14	林炤公	1.25	39	水葡萄塘	3.74	64	长苍	
15	林康乐堂	87.5	40	周礼屋田	2.32	65	三桥	
16	福德贮	9.5	41	黄氏宗祠	220	66	四合公	10
17	天成公	7.5	42	土地坊	73	67	新会公	2.5
18	天显公	4.5	43	和睦堂	15	68	菩鸾公	2.5
19	林子公	6.5	44	丁本堂	10	69	从屋塘	5
20	老土地	4	45	梁山畏堂	10	70	四方塘	2
21	林厚堂	37	46	梁慎远堂	20	71	下底塘	1
22	四合会	25	47	大桥	30	72	长塘	2
23	众大门塘	3.5	48	集远堂	2		合计	1819.43
24	邓姓祠堂	5	49	后背堂	3			
25	香五庙	20	50	八尺江	10			

资料来源：苏树远、邓耀燊：《万秀村志》，广西人民出版社2009年版，第37页。

万秀村公堂公地经营管理实行三权分立、委托经营的方式。公堂公地所有人之下，成立"评议委员会"，再选出总理（每公堂选一名，少数总理管理几个公堂）作为实际经营管理者。评议委员会成员及总理人选要求是"父老绅士"、有文化，在村里、族里能"讲得话"。评议委员会的主要职能是决定租田、放债、卖谷、清账、祭祖、会餐、派捐、办公事、定丰年

（加租率）等一系列大事的原则；总理则管理出租、收租、放债收债、派钱派工、每年例行的季节活动和会餐（更新、清明、清算［账］、中元节、预丰收、收谷、卖谷、冬至）等。这种方式与现代企业治理结构中的"股东—董事会—经理"相对应，是十分有效的集体经济经营管理制度安排，这也是该村村社和宗族集体经济能够长期存在的重要因素。

　　传统村社和宗族公有制集体经济的另一个起因是村社集体或宗族的公共需要。比如，宗祠维修、祭祖、养老、子女教育、集体讼事等。这样的案例在江南古村落里比较常见，比如徽州古村落、楠溪江流域古村落群和浙江省其他地方的古村落。浙江省兰溪市诸葛村是其中典型案例。诸葛村是诸葛亮后裔聚居地，自元代中期（1350年前后）建村以来沿袭近700年，是全国著名古村落旅游地之一。诸葛氏族公有经济以公田、宗祠田产、祀产、公钱、公粮等多种形式存在[①]。《诸葛氏宗谱·卷之十八》中有一篇《登赢文会原由记》，记载了登赢文会的性质，成立时间、乐捐以及活动情况："登赢文会者吾族士子课文之会也是，会起于乾隆己亥年（1779），族中殷实者或捐田或捐银，核算共有千斤之余，议定每月逢初三、十八之期，生童齐集，宗祠给卷供市食尽一日之长短以教长短，赏罚并行，诚吾族之盛举乎。后缘族中公事累用，其银都费尽，而田悉数都收归己。惟仲分绍言公捐田一石四斗，仍附宗祠收租，为一发千钧之际，辛亥岁合族因此遗迹未泯，佥议重兴，遂复捐得银三百余两。嘉庆二年（1797）即于宗祠鼓室檐下立碑……——开载明晰，另立簿据附存……"可惜碑文和簿据都不存在了，我们无从知道细节。在宗谱《登赢文会原由记》一文之后，紧接着的两篇是《拙菴公安人姜氏捐义夭田引》和《乡会卷资义产记》，记录了拙菴公的继室姜氏，在拙菴公病故以后励志守节，奉工姑孝曲、克勤克俭，慷慨捐租四十石。拙菴公在世时，英年力学而"未获显亲扬名"，所以"捐田若干附诸文会岁积所入为通族中乡会试卷费之资"。尽管我们不知道诸葛村落里当年祠堂宗厅有多少公产，但从这几段文字中可以知道：其一，宗祠的公田在诸葛村落里聚而散、散而复聚，多次循环；其二，祠堂厅堂的公产包括公田、公钱、公粮等，并不局限于公田，因为商品经济的发展，这些公产都能通过借贷而生息；其三，公产为村落里同宗所共有，用途是维修宗祠，祭祀，族中讼事，子孙课文及乡试会考。总之是为"族中公事累用"[②]。

[①] 《孙中山全集》第5卷，中华书局1981年版，第193页。
[②] 王景新：《诸葛：武侯后裔聚居古村》，浙江大学出版社2011年版，第146—147页。

五 小结

第一，集体经济是人类历史上最古老的经济组织形式，在人类进化和人类社会经济发展的历史进程中，先后经历了血缘家族公社、母系氏族公社、父系氏族公社、农村公社或马克尔公社等不同的组织形式。近现代社会中的村社公有、宗族公田祠产、血缘和亲缘家庭以及熟人社会的伙有共耕、互助合作制度，大多数也是由原始公社中各种不同形态的共产制集体经济残留或传承下来的。可以肯定，集体经济伴随着史前人类和成文史以来人类社会发展的各个历史阶段一路走来，必将继续伴随人类社会经济发展的未来进程，集体经济可能是一个永恒话题。但这绝不意味着集体经济是农业农村经济的唯一组织形式，农业农村经济组织形式应该是多元、多样的。

第二，农村集体经济历史存在，首先是人类社会经济发展的自然产物，而非人们的行为偏好（主观愿望）、意识形态的作用抑或是政治强制。我们从集体经济上百万年的演变历史中看到：每一个时代，总有个体家庭单个力量"办不了、办不好或者办起来不经济"的事情，有如"资源稀缺性"一样，与适应大自然和满足人类无止境的欲望相比较，个体家庭的力量永远是弱小和不足的，因此，在科学技术高度发达、生产力空前提升的现代社会，"群体力量和集体行动"仍然不可缺少。只有善于合作、善于利用群体力量和有效组织集体行动者，才能最大限度地获得发展的自由。

第三，必须重新认识和评价集体经济效率。集体经济演变历史告诉我们，那些只能依靠"群体力量"来完成的生产或工程，必须采取"集体行动"；评价集体经济的效率，不能单用投入产出比，或者交易成本与收益比之类的办法。中国四川都江堰、吐鲁番坎儿井、云南哈尼族人开垦的元阳梯田、人民公社时期中国各地兴起的大规模农田水利建设成果等。这些劳动成果都是大规模集体行动的成果，无数劳动者为之付出了汗水甚至生命，不论后人赞赏其"功在当代、惠及万世子孙"，还是咒骂其"劳民伤财"，沉淀在这些成果中的巨大劳动积累至今仍在发挥巨大效益。

本章参考文献

[1]《马克思恩格斯选集》第4卷，人民出版社1972年版。

[2] 官杉：《人类远古的活迹——对残存在近现代中华大地的原始公社研究》，首都

师范大学出版社 1996 年版。

[3] 马克思:《摩尔根〈古代社会〉一书摘要》,人民出版社 1965 年版。

[4] 白乐天、李凤飞:《世界通史(上)》,光明日报出版社 2001 年版。

[5]《马克思恩格斯全集》第 19 卷,人民出版社 1963 年版。

[6] 中国历史读物编撰委员会:《尚书》,吉林人民出版社 1996 年版。

[7] 钟祥财:《中国农业思想史》,上海社会科学院出版社 1997 年版。

[8]《四书集注》,海南国际新闻出版中心 1992 年版。

[9] 马伯煌:《中国经济政策思想史》,云南人民出版社 1993 年版。

[10]《孙中山全集》第 5 卷,中华书局 1981 年版。

[11] 赵冈、陈钟毅:《中国土地制度史》,新星出版社 2006 年版。

[12] 王景新:《诸葛:武侯后裔聚居古村》,浙江大学出版社 2011 年版。

第三章

马克思主义集体经济理论再认识

本章梳理了马克思主义集体经济思想的发展脉络和基本理论，认为：马克思恩格斯把集体所有制看成私有制的对立物，并看成是从旧形式发展并形成的联合的生产方式，在相同意义上使用合作经济、集体经济等概念；集体经济不仅是农民摆脱贫困的可靠保障，也是农民表达意志和保护财产及权利的重要基础，而集体经济发展的实现形式是多种多样的。中国"农村土地集体所有、家庭承包经营"的双层经营体制，继承发展并从实践上证明了马克思的科学论断：对农业公社进行产权制度重新安排和改造，使其内部生产资料公有制和生活资料私有制同时并存，集体耕作与自力耕种分配的田地并存，小块土地经营收入和工商业收入并存，农业公社这一集体经济形式以及小农经济都将保持"它的天然的生命力"。

一　合作经济、集体经济及其相互关系

（一）合作社思想及其运动早于集体经济

世界合作社运动和现代合作经济思想萌芽于早期的空想社会主义者。空想社会主义的创始人，英国的托马斯·莫尔（1478—1535）的"乌托邦"理想社会方案，设想实行有组织的"集体消费"、"在全体居民中均匀分配"；德国农民的杰出领袖闵采尔（1490—1525）提出"一切财产都共同分配、人人承担劳动义务"；意大利托马斯·康帕内拉（1568—1639）的"太阳城"，主张"彻底废除私有制、全部生产资料和一切生活资料归大家共同占有"等，无不带有合作经济思想的萌芽①。

---

① 社会主义思想史编写组：《社会主义思想史》上册，中共中央党校出版社1984年版，第7—21页。

19世纪初，空想社会主义进入一个新的发展阶段。圣西门（1760—1825）"实业制度"的设计体现了合作经济思想；傅立叶（1772—1837）的"法郎吉"，是"自愿原则组成、以资金入股"的和谐社会基层组织；罗伯特·欧文（1771—1858）设计由公社（或新村、协作社，或联合家庭）组成生产和消费单位[①]。欧文还先后在美国印第安纳州、英国的汉普郡，进行"新和谐公社"、合作社村的试验。尽管"欧文的一系列试验失败了，但欧文的合作思想，欧文为合作经济不懈奋斗的精神，却影响了一代人"[②]。1828年，威廉·金曾在英国组织了消费合作社，在他的影响下，19世纪30年代后，英国陆续建立了几百家以消费合作为主的合作社；1844年，英国罗虚戴尔公平先锋社成立时确立了8条原则，1895年国际合作社联盟将罗虚戴尔原则修订后列入章程，罗虚戴尔原则成为著名的国际通行的合作社原则，罗虚戴尔也成为现代合作社运动的发源地。

（二）马克思的"集体所有制"是吸收合作社思想提出来的

马克思早在《国际工人协会成立宣言》（1864.10）中就对合作运动给予了高度评价："劳动的政治经济学对财产的政治经济学还取得一个更大的胜利。我们说的是合作运动，特别是由少数勇敢的'手'独立创办起来的合作工厂。对这些伟大的社会试验的意义不论给予多么高的估价都是不算过分的。工人们不是口头上，而是用事实证明：大规模的生产，并且是按照现代科学要求进行的生产，在没有利用雇佣工人阶级劳动的雇主阶级参加的条件下是能够进行的……雇佣劳动，也像奴隶劳动和农奴劳动一样，只是一种暂时的和低级的形式，它注定要让位于带着兴奋愉快心情自愿进行的联合劳动。"[③] 马克思称赞"合作制的种子是由罗伯特·欧文播下的"，但不同意欧文的改良主义，认为要解放劳动群众，合作劳动必须在全国范围内发展，因而也必须依靠全国的财力；但是，土地巨头和资本巨头总是要利用他们的政治特权来维护和永久保持他们的经济垄断地位，所以，夺取政权已成为工人阶级的伟大使命。

马克思在总结巴黎公社失败的教训时进一步肯定了合作制的意义。《法兰西内战·国际工人协会总委员会宣言》指出，"……如果联合起来的合作

---

① 社会主义思想史编写组：《社会主义思想史》上册，中共中央党校出版社1984年版，第62—98页。

② 张恒杰：《世界合作集体经济现状及发展趋势》，详见 http://www.clgs.cn/Article_Show.asp?ArticleID=806。

③ 《马克思恩格斯全集》第16卷，人民出版社1964年版，第12页。

社按照总的计划组织全国生产，从而控制全国生产，制止资本主义生产下不可避免的经常的无政府状态和周期的痉挛现象，那末，请问诸位先生，这不就是共产主义，'可能的'共产主义吗"①。1891年，巴黎公社二十周年，恩格斯在《卡·马克思"法兰西内战"一书导言》中指出，"……这种组织不但应该在每一个工厂内以工人的联合为基础，而且应该把这一切联合体结成一个大的联盟；简言之，这种组织，正如马克思在'内战'中完全正确地指出的，归根到底必然要导致共产主义……"②马克思在《资本论》第三卷第二十七章"信用在资本主义生产中的作用"中说，"工人自己的合作工厂，是在旧形式内对旧形式打开的第一个缺口……这种工厂表明，在物质生产力和与之相适应的社会生产形式的一定的发展阶段上，一种新的生产方式怎样会自然而然地从一种生产方式中发展并形成起来。……资本主义的股份企业，也和合作工厂一样，应当被看做由资本主义生产方式转化为联合的生产方式的过渡形式，只不过在前者那里，对立是消极地扬弃的，而在后者那里，对立是积极地扬弃的"③。显然，马克思、恩格斯把"股份企业"与"合作工厂"都看成是从资本主义方式"自然而然地"发展并形成的"联合的生产方式"。

此前，马克思在《资本论》第一卷中第一次明确提出了"集体所有制"概念，以及农村"土地私有制向集体所有制的过渡"的措施。他说："私有制作为公共的、集体的所有制的对立物，只是在劳动资料和劳动的外部条件属于私人的地方才存在。"④

以上引述表明，马克思、恩格斯都是把"集体所有制"看成"私有制"的对立物，属于"公共的"所有制范畴，是合作制在农村的实现形式；而"资本主义的股份企业"、"工人的合作工厂"则是合作制在工业领域的实现形式；无论股份制、合作制、集体所有制，都是对旧形式的扬弃，是向联合的生产方式转化的过渡形式，它必然导致共产主义。

（三）"集体经济"与"合作经济"的类同关系

1881年2月，俄国女革命家维·伊·查苏利奇写信给马克思，咨询俄

---

① 《马克思恩格斯全集》第17卷，人民出版社1963年版，第362页。
② 《马克思恩格斯全集》第22卷，人民出版社1965年版，第226页。
③ 马克思：《资本论》第三卷，中共中央马克思恩格斯列宁斯大林著作编译局译，人民出版社1975年版，第497—498页。
④ 《马克思恩格斯全集》第23卷，人民出版社1972年版，第829页。

国农村公社可能的命运等问题，马克思曾四易其稿，给维·伊·查苏利奇回复①。把这四稿综合起来，就是一个内容极其丰富的关于俄国的农民公社、农业生产的集体形式的综合性概述。其中，《给维·伊·查苏利奇的复信草稿》（以下简称《复信草稿》）写道："……在较古的公社中，生产是共同进行的，只有产品才拿来分配。这种原始类型的合作生产或集体生产显然是单个人的力量太小的结果，而不是生产资料公有化的结果。""俄国是在全国范围内把'农业公社'保存到今天的欧洲唯一的国家。……一方面，土地公有制使它有可能直接地、逐步地把小土地个体耕作变为集体耕作，并且俄国农民已经在没有进行分配的草地上实行着集体耕作。俄国土地的天然地势适合于大规模地使用机器。农民习惯于劳动组合关系，有助于他们从小土地经济向合作经济过渡……另一方面，和控制着世界市场的西方生产同时存在，使俄国可以不通过资本主义制度的卡夫丁峡谷，而把资本主义制度所创造的一切积极的成果用到公社中来。"② 在这里，马克思在相同意义上使用"合作生产或集体生产"、"集体耕作"、"合作劳动"等概念，并把它们看成是"小土地个体耕作"的必然转化形式。

（四）列宁和毛泽东的集体经济思想都与合作社紧密关联

十月革命前，俄国的合作社思想就有广泛的传播，俄国空想社会主义者米哈伊尔·瓦西里耶维奇·彼得拉舍夫斯基、车尔尼雪夫斯基都将合作社视为未来社会的组织形式。实践中，俄国合作社已经有较大发展，其数量和参加人数在世界上均位居前列，约有一半的居民加入其中③。合作社的发展为苏维埃政权建立后的农业社会主义改造奠定了重要基础。

苏维埃政权建立之初，列宁《关于消费公社的法令草案》（1917.12）就强调，"全国公民都必须加入当地的（村的、乡的、镇的，或包括城市某一部分、街道某一部分等的）消费合作社"④。列宁在《苏维埃政权的当前任务》（1918.3—4）一文中，批评了借口合作社是资产阶级机构而拒绝利用它进行管理和建设的行为，重申"资本主义留给我们一种便于过渡到对产品分配实行广泛的计算和监督的群众组织——消费合作社。……前几天颁

---

① 四稿包括《卡·马克思给维·伊·查苏利奇的信》和《卡·马克思给维·伊·查苏利奇的复信草稿》，其中，《卡·马克思给维·伊·查苏利奇的复信草稿》包括初稿、二稿和三稿。
② 《马克思恩格斯全集》第19卷，人民出版社1963年版，第434—437页。
③ 张广翔、袁丽丽：《19世纪40年代—20世纪初俄国合作社的思想和实践》，载《俄罗斯中亚东欧研究》2010年第6期。
④ 《列宁全集》第33卷，人民出版社1985年版，第212页。

布的关于消费合作社的法令①,是一件非常有意义的事情,它清楚地表明了苏维埃社会主义共和国目前形势和任务的特点"②。列宁的集体经济思想并没有局限于流通领域的消费合作,应该看到,从流通领域入手把农民组织起来的合作社道路,是列宁集体经济思想中的重要策略。从消费合作与信贷等见效快、农民感到简便易行和容易接受的流通领域的合作入手,然后再逐步向生产合作组织发展。列宁在领导农民平分地主土地时提出,"掌握政权的工人阶级,只有在事实上向农民表明了公共的、集体的、共耕制的、劳动组合制的耕种方法的优越性,只有用共耕制的,劳动组合制的经济帮助了农民,才能真正向农民证明自己正确,才能真正可靠地把千百万农民群众吸引到自己方面来"③。从而把农民合作从消费、信贷领域拓展到生产合作领域。

列宁起草的《俄共(布)党纲草案》(1918)更全面地论述了他的集体经济思想,他指出:在经济方面,要"责成全体党员在合作社内工作……力争使全体居民都加入合作社,并使这些合作社合并为一个自上而下全国统一的合作社";在土地问题方面,"向共产主义农业过渡的办法,俄共将通过实践来检验在实际生活中创造出来的三个主要措施,即国营农场、农业公社和共耕社(以及协作社)……"④列宁《在农业公社和农业劳动组合第一次代表大会上的演说》(1919.12.4)中指出,"只有在实践中根据农民的切身经验证明必须而且可能过渡到共耕的、劳动组合的农业,我们才可以说,俄国这样幅员广大的农民国家已经在社会主义农业的道路上迈进了一大步"⑤。按照列宁的思想和主张,苏联集体农庄初期的集体经济有三种主要形式,即农业公社、农业劳动组合和共耕社(以及协作社)。

列宁逝世前一年口授的《论合作制》,是社会主义"合作—集体经济"的经典文献,集中体现了列宁的合作社思想。在这篇著作中,列宁阐述了用合作社吸引小农参加社会主义建设和对农业实行社会主义改造的计划,论证了合作社的性质、意义和基本原则,指明了从流通领域入手把农民组织起来的合作社道路。后来被斯大林称之为列宁的合作社计划。列宁的合作社计划

---

① 消费合作社组织的法令,于1918年4月9日和10日,草案提交人民委员会讨论,经列宁修改后通过。法令的第11、12、13条完全是列宁写的。4月11日,全俄中央执行委员会批准了这个法令,同时通过了布尔什维克党团提出的决议,指出关于消费合作社的法令是妥协的产物,有一些重大缺点,因而是作为过渡性措施通过的。法令公布于4月13日《真理报》第71号。
② 《列宁全集》第34卷,人民出版社1985年版,第167页。
③ 同上书,第40页。
④ 《列宁选集》第3卷,人民出版社1995年版,第729、731页。
⑤ 《列宁全集》第37卷,人民出版社1985年版,第P361页。

的主要内容包括：（1）合作社在苏俄有非常重大的意义，在无产阶级掌握国家权力和支配一切大生产资料的条件下，合作社制度就是社会主义制度。列宁说，"自从十月革命以来，不管新经济政策如何（相反，在这方面应该说，正是由于实行了新经济政策），合作社在我国有了非常重大的意义"[①]。"在私人资本主义下，合作企业与资本主义企业不同，前者是集体企业，后者是私人企业。在国家资本主义下，合作企业与国家资本主义企业不同，合作企业首先是私人企业，其次是集体企业。在我国现存制度下，合作企业与私人资本主义企业不同，合作企业是集体企业，但与社会主义企业没有区别，如果它占用的土地和使用的生产资料是属于国家即属于工人阶级的。"[②]（2）"……采用尽可能使农民感到简便易行和容易接受的方法过渡到新制度……"引导农民走合作化道路。（3）"任何一种社会制度，只有在一定阶级的财政支持下才会产生"，因此要"不仅使它能一般地、经常地享受一定的优待，而且要使这种优待成为纯粹资财上的优待（如银行利息的高低，等等）"。"目前我们应该特别加以支持的一种社会制度就是合作社制度。"[③]（4）坚持农民自愿的原则，"奖励参加合作社流转的农民"[④]。（5）"为了使全体居民人人参加合作社的业务，并且不是消极地而是积极地参加，我们还须要完成在一个'文明的'（首先是识字的）欧洲人看来并不很多的工作。"[⑤]（6）合作社是建立在市场机制基础上的，合作社及合作社成员是商品生产者，因而"要善于把我们已经充分表现出来而且取得完全成功的革命气势、革命热情，同（这里我几乎要说）做一个有见识的和能写会算的商人的本领……结合起来"[⑥]。（7）实现合作化不能急于求成，需要用整整一个时代。列宁说，"为了通过新经济政策使全体居民个个参加合作社，还须经过整整一个历史时代，在最好的情况下，我们度过这个时代也要一二十年"[⑦]。

可惜的是，由斯大林的农业全盘集体化运动开始，把合作社当成公有制的低级形式不断向集体农庄过渡，到赫鲁晓夫、勃列日涅夫时代，继续推行

---

① 《列宁全集》第43卷，人民出版社1985年版，第361页。
② 同上书，第366页。
③ 同上书，第363页。
④ 同上。
⑤ 同上。
⑥ 同上书，第364页。
⑦ 同上。

的集体农庄所有制关系升级和规模扩大，致使集体农庄体制逐渐僵化。

毛泽东合作社思想发展及人民公社建立也经历了相似的历程。他早在《湖南农民运动考察报告》（1927.3）中就"将农民组织在农会里"及"合作社运动"看做第一次国内革命战争时期"农民行动"的"十四件大事"，认识到"合作社，特别是消费、贩卖、信用三种合作社，确是农民所需要的。……假如有适当的指导，合作社运动可以随农会的发展而发展到各地"①。表明了青年毛泽东已经为农民勾勒了在政治、经济方面组织起来的途径。

第二次国内革命战争时期，中央苏区的合作社已有很大发展，到1933年末，苏区（包括江西、福建的四十余县的不完全统计）各类合作社1424个，其中消费合作社480个、粮食合作社852个，生产合作社91个，信用合作社1个；合作社共有社员12万余人，股金315300元②。1933年11月，毛泽东先后到江西兴国县长岗乡和福建上杭县才溪乡调查，写成著名的《长岗乡调查》和《才溪乡调查》，两篇《调查》告诉我们：合作社类型，有消费合作社（如盐油肉合作社、布匹合作社），耕田队（每村一个中队，五人为一小组，两组十人为一班，三班或四班为一中队），劳动合作社，粮食合作社，犁牛合作社；治理结构上，社员自愿加入，合作社成立管理委员会和审查委员会；股权结构及分配机制是，劳动力合作、资本入股、共同经营，盈利的50%作公积金、10%为管理者奖金、10%为文化教育费、30%分红；组织体系上，村有合作社，乡有支社，区有区社，县有总社。毛泽东在《才溪乡调查》（1933.11）的末尾呼吁："我们重复地说，只有经济建设配合了政治动员，才能造成扩大红军的更高的热潮，推动广大群众上前线去"；"劳动合作社（别地称劳动互助社）、消费合作社、粮食合作社，组织了全乡群众的经济生活，经济上的组织性进到了很高的程度，成为全苏区第一个光荣的模范"。"我们郑重介绍长冈乡、才溪乡、石水乡的光荣成绩于全体工农群众之前，我们号召全苏区几千个乡一齐学习这几个乡，使几千个乡都如同长冈、才溪、石水一样，成为争取全中国胜利的坚强的前进阵地。"③这表明，在第二次国内革命战争时期，毛泽东就高度重视合作社的

---

① 《毛泽东选集》第1卷，人民出版社1991年版，第22、40—41页。
② 《中央苏区消费合作社第一次代表大会纪盛》，载《红色中华》第134期第3版，1933年12月8日。
③ 《毛泽东农村调查文集》，人民出版社1982年版，第352—353页。

发展，把"合作社"当成发展农业生产、改良群众生活、提高农民组织化程度以及配合政治动员扩大红军、上前线等的重要途径。

抗日战争和解放战争时期，毛泽东不仅认识到建立在农民私有制基础上的合作社经济的社会主义因素，而且将其作为新中国经济的重要构成部分之一。他在《新民主主义论》（1940.1）中指出，在新民主主义阶段上，"一般地还不是建立社会主义的农业，但在'耕者有其田'的基础上所发展起来的各种合作经济，也具有社会主义的因素"[1]。毛泽东在《目前形势和我们的任务》（1947.12）中指出，"总起来说，新中国的经济构成是：（1）国营经济，这是领导的成分；（2）由个体逐步地向着集体方向发展的农业经济；（3）独立小工商业者的经济和小的、中等的私人资本经济。这些，就是新民主主义的全部国民经济"[2]。

正是在不同历史阶段探索实践积累的基础上，新中国一成立，执政的中国共产党驾轻就熟地领导农民通过互助组、合作化，走上了人民公社道路，在广大农村建立了集体经济制度。这已是众所周知的历史了。

综上，马克思、恩格斯批判地吸收了空想社会主义的合作社思想，在总结巴黎公社的经验教训的基础上，论证了"雇佣劳动"让位于"联合劳动"的历史必然性，指出了"股份制企业"与"合作工厂"是资本主义生产方式转化为联合的生产方式的过渡形式，从而引申出"集体的所有制"概念，并提出了农村"土地私有制向集体所有制的过渡"的措施，明确了"集体所有制"、"合作劳动"、"集体耕作"、"股份企业"及"合作工厂"都是社会主义集体经济的实现形式。马克思主义与苏联和中国实际情况相结合，演绎出集体农庄和人民公社的实践发展。这是马克思主义的集体经济思想史的发展脉络。

二 集体经济发展的历史必然性及其意义

（一）什么是小农，小农的历史局限和历史命运

长期以来，学术界对马克思、恩格斯关于"小块土地所有制"、"小农经济"的局限性以及它"必然灭亡"的历史命运的关注和研究较多，而对"小农的政治影响"，尤其是在一定条件下"它的天然的生命力"关注和研

---

[1] 《毛泽东选集》第2卷，人民出版社1991年版，第678页。
[2] 《毛泽东选集》第4卷，人民出版社1991年版，第1255—1256页。

究的不够,因此,对为什么一定要发展集体经济没有引起足够的关注。当前,重读马克思的《路易·波拿巴的雾月十八日》(1851.12—1852.3)、《复信草稿》(1881.2—1881.3)和恩格斯的《法德农民问题》(1894.11)等著作,加强这方面的理论梳理是十分必要的。

什么是小农?马克思说:"小农人数众多,他们的生活条件相同,但是彼此间并没有发生多式多样的关系";"他们进行生产的地盘,即小块土地,不容许在耕作时进行任何分工,应用任何科学,因而也就没有任何多种多样的发展……每一个农户差不多都是自给自足的,都是直接生产自己的大部分消费品,因而他们取得生活资料多半是靠与自然交换,而不是靠与社会交往"①。

恩格斯在《德国农民战争》第二版序言(1870.2)中写道:"小农——大农属于资产阶级——有不同类型:其中有些是封建的农民,他们还必须为自己的主人服劳役。……其中有些是佃农。……地租已增加得如此之高,以致在得到中等收成时,农民也只能勉强维持本人和自己家庭的生活,而在收成不好时,他们就几乎要饿死,无力交纳地租,因而陷于完全听任土地所有者摆布的境地。……还有一些农民是在自己的小块土地上进行经营。他们在大多数情况下都是靠抵押借款来维持,因而他们就像佃农依附土地所有者那样依附高利贷者。……凡是中等地产和大地产占统治地位的地方,农业工人是农村中人数最多的阶级。……同样,农业工人,也只有当首先把作为他们主要劳动对象的土地从大农民和更大的封建主私人占有中夺取过来,而变作由农业工人的合作团体集体耕种的社会财产时,他们才能摆脱可怕的贫困。"② 这里的"封建的农民"、"佃农"、"自己小块土地的经营者"、"农业工人"等都是小农经济的不同类型。在《法德农民问题》中,恩格斯缩小了小农的范畴,"我们这里所说的小农,是指小块土地的所有者或租佃者——尤其是所有者,这块土地通常既不大于他以自己全家的力量所能耕种的限度,也不小于足以养活他的家口的限度。因此,这个小农,也如小手工业者一样,是在握有自己的劳动资料这点上不同于现代无产者的一种工人;所以,这是一种属于过去的生产方式的残余"③。

关于小农经济的局限性和命运,马克思指出,"小块土地所有制按其性

---

① 《马克思恩格斯全集》第8卷,人民出版社1961年版,第217页。
② 《马克思恩格斯全集》第16卷,人民出版社1964年版,第453—454页。
③ 《马克思恩格斯全集》第22卷,人民出版社1965年版,第568页。

质来说就排斥社会劳动生产力的发展、劳动的社会形式、资本的社会积聚、大规模的畜牧和科学的不断扩大应用。高利贷和税收制度必然会到处促使这种所有制没落。资本在土地价格上的支出，势必夺去用于耕种的资本。生产资料无止境地分散，生产者本身无止境地分离，人力发生巨大的浪费。生产条件日趋恶化和生产资料日益昂贵是小块土地所有制的必然规律。对这种生产方式来说，好年成也是一种不幸"①。恩格斯说，"资本主义生产形式的发展，割断了农业小生产的命脉；这种小生产正在不可抑止地灭亡和衰落"。"如果说公社土地是农民生存的第一个基本条件，那末工业副业则是第二个基本条件。于是农民每况愈下。捐税、歉收、继承人分家、诉讼，将农民一个又一个地驱向高利贷者；负债现象愈来愈普遍，而且每个人的债务愈来愈沉重，——一句话，我们的小农，正如任何过了时的生产方式的残余一样，在不可挽回地走向灭亡。"②

关于"小农的政治影响"，《路易·波拿巴的雾月十八日》第七部分作了详尽的分析：（1）小农是一个阶级，但没有形成一个阶级，因此不能以自己的名义保护自己的利益。"一小块土地，一个农民和一个家庭；旁边是另一小块土地，另一个农民和另一个家庭。一批这样的单位就形成一个村子；一批这样的村子就形成一个省。这样，法国国民的广大群众，便是由一些同名数相加形成的，好像一袋马铃薯是由袋中的一个个马铃薯所集成的那样。既然数百万家庭的经济条件使他们的生活方式、利益和教育程度与其他阶级的生活方式、利益和教育程度各不相同并互相敌对，所以他们就形成一个阶级。由于各个小农彼此间只存在有地域的联系，由于他们利益的同一性并不使他们彼此间形成任何的共同关系，形成任何的全国性的联系，形成任何一种政治组织，所以他们就没有形成一个阶级。因此，他们不能以自己的名义来保护自己的阶级利益，无论是通过议会或通过国民公会。"（2）"他们的代表一定要同时是他们的主宰，是高高站在他们上面的权威，是不受限制的政府权力，这种权力保护他们不受其他阶级侵犯，并从上面赐给他们雨水和阳光。所以，归根到底，小农的政治影响表现为行政权力支配社会"；"小块土地除了肩负资本加于它的抵押债务外，还肩负着赋税的重担。赋税是官僚、军队、教士和宫廷的生活源泉，一句话，它是行政权力整个机构的

---

① 马克思：《资本论》第三卷，中共中央马克思恩格斯列宁斯大林著作编译局译，人民出版社1975年版，第910页。

② 《马克思恩格斯全集》第22卷，人民出版社1965年版，第566、569页。

生活源泉。……小块土地所有制按其本性说来是全能的和无数的官僚立足的基地"。(3) 小块土地所有制"它消灭人民群众和国家权力之间的贵族中间阶梯,所以它也就引起这一国家权力的全面的直接的干涉和它的直属机关的到处入侵。最后,它造成没有职业的过剩的人口,使他们无论在农村或城市找不到容身之地……"① 这些论述是何等的精辟透彻,即使在无产阶级夺取政权的社会主义国家也不过时。

(二) 俄国农业公社"天然的生命力"对小农经济改造的启示

马克思、恩格斯一方面论述小农"在不可挽回地走向灭亡",要用集体劳动"代替小地块劳动";另一方面强调,在一定的条件下小农将表现出"它的天然的生命力"或"强大的生命力"。这是马克思的《复信草稿》留给我们的宝贵思想。《复信草稿》中写道:"回顾一下遥远的过去,我们发现西欧到处都有不同程度上是古代类型的公社所有制;随着社会的进步,它在各地都不见了。为什么它只是在俄国免于这种遭遇呢?我的回答是:在俄国,由于各种情况的特殊凑合,至今还在全国范围内存在着的农村公社能够逐渐摆脱其原始特征,并直接作为集体生产的因素在全国范围内发展起来。正因为它和资本主义生产是同时代的东西,所以它能够不通过资本主义生产的一切可怕的波折而吸收它的一切肯定的成就。"② 不仅在俄国,而且其他地方的个别的公社也保存下来了。"……它的天赋的生命力却为两个事实所证实。有个别的公社经历了中世纪的一切波折,一直保存到今天,例如,在我的家乡特利尔专区就有。然而最重要的是,这种公社的各种特征非常清晰地表现在取代它的公社里面,在后一种公社里,耕地变成了私有财产,然而森林、牧场、荒地等仍为公社所有,所以毛勒在研究了这种次生形态的公社后,就能还原成它的古代原型结构。"③

在马克思看来,古代公社演化为"次生形态的公社"后某些特征发生了变化,使之具有了"天然的生命力"。以此类推,马克思指出了俄国"农业公社不同于较古的类型的公社的某些特征"。《复信草稿》中写道:"首先,所有较早的原始公社都是建立在自己社员的血统亲属关系上的;农业公社割断了这种牢固然而狭窄的联系,就更能够扩大范围并保持同其他公社的接触。其次,在公社内,房屋及其附属物——园地,已经是农民的私有财

---

① 《马克思恩格斯全集》第8卷,人民出版社1961年版,第217—221页。
② 《马克思恩格斯全集》第19卷,人民出版社1963年版,第431页。
③ 同上书,第433页。

产，可是远在农业出现以前，公有的房屋曾是早先各种形式的公社的物质基础之一。最后，虽然耕地仍归公社所有，但定期在农业公社各个社员之间进行重分，因此，每一个农民用自己的力量来耕种分配给他的田地，并且把生产得来的产品留为己有，然而在较古的公社中，生产是共同进行的，只有产品才拿来分配。……不难了解，'农业公社'所固有的二重性能够成为它的强大的生命力的源泉，因为，一方面，公有制以及公有制所造成的各种社会关系，使公社基础稳固，同时，房屋的私有、耕地的小块耕种和产品的私人占有又使个人获得发展，而这种个人发展和较古的公社的条件是不相容的。"[1]

我们惊奇地发现，《复信草稿》所论述的俄国农业公社的三大新特征，仍然是当前中国农村集体经济至今仍然广泛存在的重要特征或实现形式：第一，将农业公社成员之间的血缘亲属关系拓展到更广阔的社会联系和交往，可以巩固公社的基础；第二，它使公社内部除公有财产以外，成员有了自己的生活资料及财产，保证了成员的个性发展；第三，耕地仍然公有，"但定期在农业公社各个社员之间进行分配，因此，每个农民自力耕种分配给他的田地，并且把产品留为己有"。从这里，我们似乎寻找到了"农村土地集体所有，家庭承包经营"，以及"多种所有制同时并存、共同发展"的理论源头。

三 小农向集体经济过渡的条件及其实现形式

（一）通过合作社实现土地私有制向集体所有制过渡

如前所引，马克思、恩格斯都认为，无产阶级取得政权以后，合作经济应当是向共产主义过渡的中间环节。那么，用什么态度和方式完成这种过渡呢？

马克思说，"无产阶级……将以政府的身份采取措施，直接改善农民的状况，从而把他们吸引到革命方面来；这些措施，一开始就应当促进土地私有制向集体所有制的过渡，让农民自己通过经济的道路来实现这种过渡；但是不能采取得罪农民的措施，例如宣布废除继承权或废除农民所有权；只有租佃资本家排挤了农民，而真正的农民变成了同城市工人一样的无产者、雇佣工人，因而直接地而不是间接地和城市工人有了共同利益的时候，才能够

---

[1] 《马克思恩格斯全集》第 19 卷，人民出版社 1963 年版，第 434 页。

废除继承权或废除农民所有制；尤其不能象巴枯宁的革命进军中那样用简单地把大地产转交给农民以扩大小块土地的办法来巩固小块土地所有制"①。

恩格斯也表示，"第一……我们预见到小农必然灭亡，但我们无论如何不要以自己的干预去加速其灭亡。第二，同样明显的，当我们掌握了国家权力的时候，我们根本不能设想用强制的办法去剥夺小农（不论有无报偿，都是一样），像我们将不得不如此对待大土地占有者那样。我们对于小农的任务，首先是把他们的私人生产和私人占有变为合作社的生产和占有，但不是用强制的办法，而是通过示范和为此提供社会帮助"②。

总之，马克思、恩格斯改造小农的方式是：（1）合作经济是向共产主义过渡的中间环节，但无产阶级夺取政权以后绝不会用暴力剥夺小农，而是通过合作社的经济道路来实现土地私有制向集体所有制的过渡；（2）用把大地产交给小农扩大规模的方式，来巩固小块土地所有制是行不通的；（3）当小农变成无产者而同城市工人无产者有了共同利益的时候，还是要废除农民所有权或继承权的。

（二）集体劳动在农业中代替私人占有的小地块劳动必须具备两个条件

《复信草稿》中指出："要使集体劳动在农业本身中能够代替小土地劳动这个私人占有的根源，必须具备两样东西：在经济上有这种改造的需要，在物质上有实现这种改造的条件。关于经济上的需要，只要把'农村公社'放在正常条件之下，就是说，只要把压在它肩上的重担除掉，只要它获得正常数量的耕地，那末它本身就立刻会感到有这种必要。……设备、肥料、农艺上的各种方法等集体劳动所必需的一切资料，到哪里去找呢？俄国'农村公社'比同一类型的古代公社大大优越的地方正是在这里。……因此，它目前处在这样的历史环境中：和它同时并存的资本主义生产在给它提供集体劳动的一切条件。……俄国土地的天然地势，适合于利用机器进行大规模组织起来的、实行合作劳动的农业耕种。"③ 马克思明白无误地告诉我们：土地公有制是俄国"农村公社"的集体占有制的基础；它的历史环境，即和它同时并存的资本主义生产，则为它提供了大规模地进行共同劳动的现成的物质条件，能够应用机器大农业逐步代替小地块耕作。

（三）土地公有制是集体经济发展的基础，其实现形式是多样的

马克思认为，俄国农业公社"它的一个基本特征，即土地公有制，是

---

① 《马克思恩格斯全集》第18卷，人民出版社1964年版，第694—695页。
② 《马克思恩格斯全集》第22卷，人民出版社1965年版，第580页。
③ 《马克思恩格斯全集》第19卷，人民出版社1963年版，第438页。

构成集体生产和集体占有的自然基础"。马克思在《巴枯宁〈国家制度和无政府状态〉一书摘要》中设想,"一开始就应当促进土地的私有制向集体所有制过渡"。显然,马克思把集体所有制、集体生产和集体占有看成集体经济的重要基础。那么,如何认识马克思、恩格斯设想的土地公有制的其他形式呢?

比如:马克思《论土地国有化》中说,"土地只能是国家的财产。把土地交给联合起来的农业劳动者,就等于使社会仅仅听从一个生产者阶级的支配"[1]。恩格斯《致奥古斯特·倍倍尔》信中强调,"至于我提的关于在国有土地上建立生产合作社的建议……这个建议原则上是完全正确的"。"……而我们一旦掌握政权,我们自己就一定要付诸实施:把大地产转交给(先是租给)在国家领导下独立经营的合作社,这样,国家仍然是土地的所有者。""至于在向完全的共产主义经济过渡时,我们必须大规模地采用合作生产作为中间环节,这一点马克思和我从来没有怀疑过。但事情必须这样来处理,使社会(即首先是国家)保持对生产资料的所有权,这样合作社的特殊利益就不可能压过全社会的整体利益。"[2]

我们认为,马克思、恩格斯设想的土地公有制多种实现形式,是在不同场合下根据不同的条件和可能产生的问题提出来的。当马克思、恩格斯把土地所有制与民主、政治相联系时,总是认为,"选举的性质并不取决于这些名称,而是取决于经济基础,取决于选民之间的经济联系……";"在集体所有制下,所谓的人民意志就会消失,而让位于合作社的真正意志"。否则"这是民主的胡说,政治的空谈"[3]。同时要看到,马克思主义一贯反对脱离历史条件的空想,一直主张土地私有制转变为公有制有多种形式,即使主张国有化,也同时主张一定要把土地转交给"独立经营的合作社"或"在国有土地上建立合作社"。

四 小结

总结全文所引文献的思想,我们尝试着对马克思主义的集体经济理论的一般问题,作如下总结。

---

[1] 《马克思恩格斯全集》第 18 卷,人民出版社 1964 年版,第 67 页。
[2] 《马克思恩格斯全集》第 36 卷,人民出版社 1974 年版,第 415—417 页。
[3] 《马克思恩格斯全集》第 18 卷,人民出版社 1964 年版,第 699 页。

第一，合作经济是对旧形式的扬弃和向联合的生产方式转化的过渡形式。雇佣劳动，也像奴隶劳动和农奴劳动一样，只是一种暂时和低级的形式，它注定要让位于带着兴奋心情自愿进行的联合劳动。联合劳动是符合大规模的现代科学要求的生产。联合劳动或联合生产有多种形式，联合劳动力、联合资本、联合生产和消费、联合保护财产和权利等原则和理念，是合作制或合作经济的核心内容和基本原则；资本主义的股份企业、工人的合作工厂、国营农场、农业公社、劳动组合、共耕社（协作社），等等，则是合作经济的具体形式，无论股份制、合作制、集体所有制都是对旧形式的扬弃和向联合的生产方式转化的过渡形式；联合起来的合作社或以工人联合为基础而结成的联盟，是共产主义的中间环节，归根到底必然要导致共产主义。

第二，集体经济是生产资料归一部分劳动者共同所有的一种公有制经济。从这个意义上，集体经济与合作经济是类同关系。农业公社、劳动组合等形式，其实质都是合作生产或集体生产，都是"小地块个体耕作"的转化形式。集体经济的实质是合作经济，合作经济是集体经济的实现形式；合作经济的特点包含集体占有、集体生产（耕作）和集体经营。集体所有制是私有制的对立物，实质上是联合起来的劳动者共同所有，农村土地公有制是集体经济的最重要的基础。但要看到，社会主义集体经济承载了更多的社会职能：一方面，通过合作社实现土地私有制向集体所有制过渡，吸引农民参与社会主义建设，是经典马克思主义和当代中国的马克思主义的共同选择；另一方面，社会主义集体经济承载着成员福利、社会保障及社区基本公共服务职能，是社会主义共同富裕、公平发展的重要体现和重要特色之一。但这并不能成为资本主义否定或攻击社会主义集体经济的借口。资本主义国家的合作经济制度和社会主义国家的集体经济制度，都是人类智慧的结晶，应该兼容并蓄而不应该厚此薄彼。

第三，小农是小块土地的所有者和租佃者。在广义上，恩格斯还把"必须为自己的主人服劳役"的封建的农民、佃农、在自己的小块土地上进行经营者、无生产资料的农业工人等作为小农经济的不同类型。小农经济的特征突出地表现为：小块土地既不大于他以自己全家的力量通常所耕种的限度，也不小于足以养活他的家口的限度；小农缺少分工，排斥科学应用和社会化生产，差不多自给自足或只能勉强维持本人和自己家庭的生活，难于摆脱贫困；小农造成没有职业的过剩的人口。小农的政治影响更为严重：小农是一个阶级，但没有形成一个阶级，因此不能以自己的名义保护自己的利益；小块土地所有制按其本性来说是全能的和无数的官僚立足的基地，导致高高在上的权威和不受限制的政府权力，归根到底表现为行政权力支配社会。因此，小农经济在不可挽回地走向灭亡。消除小农经济的历史局限性，必然要发展集体经济。

第四，通过产权制度的改造与合理安排，改变原始公社的某些特征有非常重要的意义。俄国"农业公社"之所以有强大生命力，原因在于它具备了不同于较古类型的公社的某些特征：其一，将成员之间的血缘亲属关系拓展到更广阔的社会联系和交往，可以巩固公社的基础；其二，它使公社内部除公有财产以外，成员有了自己的生活资料及财产，保证了成员的个性发展；其三，耕地仍然公有，"但定期在农业公社各个社员之间进行分配，因此，每个农民自力耕种分配给他的田地，并且把产品留为己有"，这可以看成是集体生产中的承包责任制、多种所有制同时并存、共同发展的萌芽。

第五，发展集体经济不仅是农民发展生产、摆脱贫困的可靠保障，也是农民表达意志和保护自己的财产及权利的重要基础。当生产力落后的情况下，需要通过集体的力量来维持人类的基本生存，所以"原始类型的合作生产或集体生产显然是单个人的力量太小的结果"；当生产力发展到一定程度，小块土地所有制和小农便成为一种属于过去的生产方式的残余，必须用集体经济的因素对其进行改造才能获得新生。无论发展生产、消除贫困、共同富裕，还是保护农民的财产和权利，无论代表农民的意志、民主管理，还是消除国家权力和"它的直属机关的到处入侵"，都必须发展集体经济。

第六，集体经济的实现形式多种多样。要使集体劳动在农业本身中能够代替小地块劳动这个私人占有的根源，必须具备两样东西，即经济上有这种改造的需要，物质上有实现这种改造的条件。由于改造的经济需要和物质条件的在不同国家和不同历史阶段有差别，因此，集体经济实现形式也是多种多样的：列宁把建立"国营农场"看成社会主义大经济，把"农业公社"看成农民经营公共大经济的自愿联合和自愿组织，把"共耕社"看成农业的协作社，因此，这三种形式成为苏联的合作经济的主要实现形式；斯大林追求的是，统一生产、按劳分配、从事大规模农业生产的农业劳动组合式的集体农庄；中国共产党早期倡导消费合作社、供销合作社、耕田队、劳动合作社、粮食合作社、犁牛合作社；新中国成立后加速推进互助组、合作化及人民公社运动，等等。这些都是时代的产物。

第七，当前中国"农村土地集体所有、家庭承包经营"的双层经营体制，继承发展并从实践上证明了马克思恩格斯的科学论断：对农业公社进行产权制度重新安排和改造，使其内部生产资料公有制和生活资料私有制同时并存，集体耕作与自力耕种分配的田地并存，小块土地经营收入和工商业收入并存，农业公社这一集体经济形式以及小农经济都将保持"它的天然的生命力"。

本章参考文献

[1] 社会主义思想史编写组：《社会主义思想史》上册，中共中央党校出版社1984年版。

[2]《马克思恩格斯全集》第16卷，人民出版社1964年版。

[3]《马克思恩格斯全集》第17卷，人民出版社1963年版。

[4]《马克思恩格斯全集》第22卷，人民出版社1965年版。

[5] 马克思：《资本论》第三卷，中共中央马克思恩格斯列宁斯大林著作编译局译，人民出版社1975年版。

[6]《马克思恩格斯全集》第23卷，人民出版社1972年版。

[7]《马克思恩格斯全集》第19卷，人民出版社1963年版。

[8]《列宁全集》第33卷，人民出版社1985年版。

[9]《列宁全集》第34卷，人民出版社1985年版。

[10]《列宁选集》第3卷，人民出版社1995年版。

[11]《列宁全集》第37卷，人民出版社1985年版。

[12]《列宁全集》第43卷，人民出版社1985年版。

[13]《毛泽东选集》第1卷，人民出版社1991年版。

[14]《毛泽东农村调查文集》，人民出版社1982年版。

[15]《毛泽东选集》第2卷，人民出版社1991年版。

[16]《毛泽东选集》第4卷，人民出版社1991年版。

[17]《马克思恩格斯全集》第8卷，人民出版社1961年版。

[18]《马克思恩格斯全集》第16卷，人民出版社1964年版。

[19]《马克思恩格斯全集》第18卷，人民出版社1964年版。

[20]《马克思恩格斯全集》第36卷，人民出版社1974年版。

第四章

苏联集体农庄的历史演变及重新评价

苏联农业集体化运动及"合作社集体农庄所有制"①一直是各国学者研究的重要内容，但对其历史功过的评价一直贬褒不一，甚至针锋相对，从20世纪争论到21世纪仍未尘埃落定。对于探索当前"中国农村集体经济发展的有效实现形式"而言，沉淀在苏联集体农庄70多年历史演变过程中的成功经验和失败教训都是可资借鉴的。本章将以《列宁全集》相关卷本②、苏联科学院经济研究所编《苏联社会主义经济史》（1—7卷）③，以及笔者考察俄罗斯土地私有化时所获资料等为依据，参考先前的研究成果，系统回顾、梳理苏联集体农庄建设及其制度变迁的历程，重新评价苏联合作社集体农庄制度变迁的历史贡献、经验和教训。

一 苏联农业集体化的已有评价

在已有的研究成果中，对苏联农业集体化运动和合作社集体农庄所有制评价，大约有三类观点。

---

① 《苏联社会主义经济史》在同一意义上使用"集体农庄所有制"、"合作社集体农庄所有制"、"集体农庄合作社所有制"概念，为统一起见，本书除原文引用外，皆使用"合作社集体农庄所有制"概念。

② 中共中央马克思恩格斯列宁斯大林著作编译局：《列宁全集》第16卷（1984）、第29卷（1985）、第32卷（1985）、第33卷（1985）、第34卷（1985）、第35卷（1985）、第36卷（1985）、第37卷（1986）、第39卷（1986）、第40卷（1986），人民出版社出版。

③ 苏联科学院经济研究所编，复旦大学经济系和外文系俄语教研组部分教员（唐朱昌、余兴发、马文奇、胡企彭、王逸琳、周邦新、彭辉芳、潘天虹、牟慧萍、盛曾安等）校译：《苏联社会主义经济史》第1—5卷，生活·读书·新知三联书店出版分别于1979、1980、1982、1982、1984年出版；第6—7卷，东方出版社分别于1986、1987年出版。

(一) 全面肯定农业集体化运动和合作社集体农庄所有制

苏联时期,社会主义阵营的专家、学者普遍赞扬苏联的农业集体化运动及合作社集体农庄所有制,认为农业集体化运动与十月革命具有同等重大的历史意义,是小农经济向社会主义集体经济的转变,不仅是社会经济制度上的革命,也是农村社会方式的革命,是从社会的旧质态转变到新质态的突变,为所有人民民主国家的农业发展指明了道路,具有世界意义。同时,承认肯定斯大林发动农业全盘集体化运动必然性,肯定斯大林的贡献:"以列宁的合作社计划为基础提出了农业集体化理论,对列宁的合作社计划进行了发展和丰富,创建了完整的关于社会主义农业集体化的理论,即合作社运动发展具有两个基本阶段,集体农庄是合作社不可分割的组成部分和高级形式。"①

苏联农业集体化及合作社集体农庄所有制对中国的影响尤其深刻。早在20世纪50年代,介绍苏联集体农庄的文章就屡见报端。1953年5月,中苏友好协会总会赴苏联参观团参观了三个"波将金村庄"式的集体农庄,回国后撰写出版《访苏笔记》②,介绍苏联集体农庄庄员幸福富裕的生活。1958年,中国社会科学院《经济研究》杂志社约请苏联经济学候补博士、农业经济杂志主编 H. 阿尼西莫夫撰写《苏联全民所有制和合作社集体农庄所有制》③。在这篇文章中,他满怀着对集体农庄成功发展的喜悦与自豪写道:

> 苏联社会制度和国家制度的经济基础是社会主义的经济体系和两种形式的(国家的即全民的和合作社集体农庄的)生产资料的社会主义所有制。……合作社集体农庄的财产是集体农庄和其他(手工业、捕鱼)合作组合的财产。伟大十月社会主义革命胜利的结果,产生了这两种所有制形式。
>
> 合作社集体农庄所有制是在劳动农民按照列宁的合作社计划自愿结合的基础上产生的。它主要包括农业劳动组合的公积金,这些公积金是集体农庄制度的力量和巩固性的源泉之一,其中包括产品畜和役畜、生

---

① 吕卉:《苏联农业集体化运动研究(1927—1938)》,吉林大学博士论文,2010年,第2页。
② 中苏友好协会总会:《访苏笔记》,时代出版社1955年版。
③ H. 阿尼西莫夫:《苏联全民所有制和合作社集体农庄所有制》,文载译,载《经济研究》1958年第7期。

产用的和文化生活用的建筑物、机器、农具、运输工具、多年生的树木、水利工程、副业企业、发电站、用来发展公共经济和文化生活建设的货币资金,等等。公积金既不分配,也不发给退出集体农庄的庄员。……后来,由于公共经济的发展,集体农庄的财产增加了……集体农庄成为巨大的、经济上强有力的经济单位。1932年全国的公积金为四十七亿卢布,1953年为七百亿卢布,1958年1月1日超过了一千亿卢布,集体农庄拥有多么巨大的财富!公积金的质的构成也起了根本变化。原始的建筑物为新的大规模的建筑物所代替。出现了复杂的机器、发动机,建成了灌溉系统,繁殖了产品畜和种畜。建成了许多文化生活机构。在全国农业中所有的六十六万辆载重汽车的总数中,有三十三万辆左右的汽车(也就是有一半)属于集体农庄所有。许多集体农庄有着自己的发电站,以及用现代技术装备起来的副业企业。目前有一半以上的集体农庄在生产上利用着电力。1957年初以前集体农庄所有的发动机能力超过了三百万千瓦。这项巨大的财富是集体农庄庄员在工人阶级、苏联国家经常的帮助和领导下创造出来的。

1976—1980年成书的《苏联社会主义经济史》集中反映了苏联官方对待农业集体化运动和合作社集体农庄所有制的结论性评价。因为该著在编写过程中,"全体作者都遵循党的指示:必须正确地、科学地和客观地阐明社会主义建设的历史,同一切不从党和阶级立场出发评价苏联人民所走过的历史道路、贬低他们的社会主义成果意义的企图进行坚决的斗争"[①]。20世纪80年代中期,在戈尔巴乔夫改革和公开化的背景下,这种"一边倒"的评价开始发生变化,但直到21世纪,俄罗斯一些学者仍然坚持认为,没有集体农庄就不可能实现工业化,没有工业化,俄国早在30年代就被击垮了。比如:俄罗斯И. B. 巴甫洛夫认为,应该把全盘集体化政策与工业化和文化革命一起纳入现代化进程的总轨道进行研究,所有这些变革都完全符合民族国家的利益,成为祖国历史上苏联时期特别引以为自豪的东西。B. B. 巴巴什金认为,第一,斯大林推行的农业集体化政策符合联共(布)领导层和苏联农民的愿望,但是政策在执行过程中发生了出人意料的突变,迫使联共

[①] 苏联科学院经济研究所编,复旦大学经济系和外文系俄语教研组部分教员(唐朱昌、余兴发、马文奇、胡企彭、王逸琳、周邦新、彭辉芳、潘天虹、牟慧萍、盛曾安等)校译:《苏联社会主义经济史》第1卷,第1页。

(布)领导层和农民重新适应现实中的变化;第二,布哈林方案本身充满矛盾,而且不够明确,而斯大林则善于对党的干部提出明确的任务,利用天才的非凡的领导艺术自上而下地发动运动;第三,普通农民真诚地相信,新经济政策需要完善,共产主义才是人间天堂,希望像工人那样领取工资,因此农业集体化得到了农民的支持①。

西方史学界也不乏对斯大林和集体农庄持肯定态度者。比如:英国学者伊恩·格雷认为,"斯大林在十五大前夕做出农业集体化的重大决定绝非一时的心血来潮,而是随着苏维埃国家发展陷入困境而不可避免地在思想者中逐渐形成的。斯大林深信,除此之外,苏联已无路可走"②。1943年3月29日,美国《生活》杂志的特刊写道:"无论农业集体化的代价是什么……这些大的农业单位……有可能使用机器……使产量加倍……(而且)解脱出几百万农民,让他们成为产业工人。没有集体农庄,俄国不可能建立工业,制造军火,阻止德国军队的前进。"③ 美国学者安娜·路易斯·斯特朗1956年写成的名著《斯大林时代》④,在对苏联集体农庄长期观察的基础上作出公正评价。她写道:"对我的西方朋友们,我得说:这是历史上一个生气勃勃的伟大时代,也许是最伟大的时代。他不仅改变了俄国的生活,而且也改变了全世界的生活。……斯大林时代不仅建成了世界上第一个社会主义国家和足以制止希特勒的力量,它还建设了今天占世界人口三分之一的社会主义各国的经济基础;创造了富裕的力量,让亚非前殖民地人民能有自由在公开市场上选择发展的道路。"⑤ 斯特朗十分肯定地说,"在1930年到1933年期间,大约有一千四百万缺乏效率的小片农民土地合并成为约二十万个大农庄,这些农庄为集体所有和管理,并用拖拉机和机器耕种。为了农民的富裕和国家安全,这样的改变是需要的"⑥。她批评,"美国的评论家们常常讲到是斯大林强迫组织的;他们甚至硬说他故意让千百万的农民挨饿使他们加入集体农庄。这是不真实的。那几年我在(苏联——笔者注)跑来跑去,知道所发生的事情"⑦。她还描绘:"集体农庄的组织形式是非常适合防务需要

---

① 吕卉:《苏联农业集体化运动研究(1927—1938)》,吉林大学博士论文,2010年,第8页。
② 同上书,第8—10页。
③ [美]安娜·路易斯·斯特朗:《斯大林时代》,石人译,世界知识出版社1979年版,第58页。
④ [美]安娜·路易斯·斯特朗:《斯大林时代》,石人译,世界知识出版社1979年版。
⑤ 同上书,第2—3页。
⑥ 同上书,第4页。
⑦ 同上书,第42页。

的。每一个农庄被分成若干工作队,每个工作队设有队长,他们可以充作军队的劳工大队(甚至带来自己的炊事员和炊具)。每一个农庄有它自己的夏季托儿所,由老妈妈在受过训练的护士指导下负责管理。……每一个农庄还有自己的民防队。他们受过狙击的训练……这等于是早已组织好的游击队。"① 在斯特朗的笔下,斯大林时代,苏联人民建设社会主义的热情和首创精神跃然纸上。"斯特朗没有回避斯大林的某些错误,但她采取了公正的态度。凭借她丰富的历史知识和在苏联长期居留广泛旅行中的亲身观感,她平心静气地分析了产生这些错误的客观上和主观上的原因。"②

阅读斯特朗对斯大林和苏联集体农庄的充满激情和赞扬的文字,笔者想说的是:斯特朗是一个被苏联人疑为美国间谍、于 1949 年逮捕收监、1955 年释放并被驱逐出境的人,她没有必要为斯大林及集体农庄唱赞歌;斯特朗不是苏联公民,只是居留者、旅行者和记者,她完全可以不受苏共中央的禁锢而言不由衷。笔者只能认为,斯特朗的《斯大林时代》是一个记者、作家和研究者的独立观点的真实表达,远比那些"闭门造车"、充满意识形态敌意的空谈可信得多。

(二)基本肯定农业集体化运动和合作社集体农庄所有制,但批评运动中的过激行为及其制度缺陷

郑秉文认为,"如果不把全盘集体化放在当时为捍卫世界上唯一的无产阶级专政国家而必须保证工业化高速发展这一特定的历史条件下来分析,就很难真正理解它的客观必要性;但是,同样,如果忽略了对当时这一特定的历史条件的考察,就很难看到它的特殊性,从而就很可能错误地把它看成是历史发展一般规律的表现"③。他还认为,全盘集体化运动的预期目的基本上达到了:粮食收购量显著增长,谷物商品率从 1928 年的 15% 提高到 1934 年的 40%。集体农庄为实现工业化积累资金方面到底产生了多大作用,虽然我们无从考察,但可以断定,工业资金的相当一部分是来源于农业的积累。"从全盘集体化运动的完成到第二次世界大战爆发……短短的七年时间,德、意法西斯就吞并了整整四个国家的全部版图,待战火烧到苏联边界时,苏联已建成 7000 多个大型工业企业,工业产值比 1913 年增加 6.7 倍,

---

① [美]安娜·路易斯·斯特朗:《斯大林时代》,石人译,世界知识出版社 1979 年版,第 132 页。
② 同上书,第 2 页。
③ 郑秉文:《论苏联农业全盘集体化的必要性和特殊性》,载《俄罗斯中亚东欧研究》1992 年第 1 期。

生产资料的生产增加 12.4 倍。战争的进程和结局雄辩地证明，集体农庄制度和重点发展重工业的方针为反法西斯战争奠定了强大的物质技术基础，在特定的历史条件下，这个发展方针总体上是正确的，它保证了第一个社会主义'红色孤岛'的生存，这是它的最大成功。"郑秉文承认，"由于全盘集体化运动的特殊性……它的弊病很多：从所有制关系来看，它带有一大二公、层次单一的严重倾向，从经营管理来看，它实质是'准国有经济'，从产品分配关系来看，它没有摆脱平均主义倾向，等等。因此，集体农庄制度作为一种模式，是一种不成功的农业社会主义改造实验"①。

王树桐认为，"苏联的集体农庄制度是十月革命以后，主要是在三十年代，在改造小农经济基础上建立起来的一种崭新的社会主义农业制度"②。认为斯大林的农业全盘集体化运动，"从积极意义上来说，至少有以下几点值得肯定。第一，通过集体化运动苏联在较短的时间里实现了农业社会主义改造，把社会主义基本原则贯彻到千百万农民生活中来了，从而解决了社会主义改造中的一项最艰巨的任务；第二，集体化运动中苏联否定了明显超越生产力水平的集体经济形式——公社，这是一个重大发展；第三，由于集体农庄制度的确立，防止了农村的阶级分化；第四，全盘集体化运动推动了农业技术改造；第五，由于集体化运动首先是在主要产粮区搞起来的，较快地提高了粮食收购率，克服了收购危机，这对实现国家工业化无疑具有重大意义"③。王树桐赞扬苏联集体农庄制度的建立具有重大政治经济意义："第一次把马克思列宁主义关于改造小农经济的基本原理贯彻到千百万农民生活中来，开辟了一条建设社会主义农业的道路，这无疑是一个伟大的创举"；"集体农庄制度的建立促进了农业技术改造，提高了劳动生产率和商品率，改善了农村物质文化生活"；"集体农庄制度的建立为实现工业化创造了有利条件"。"但必须指出，在全盘集体化运动中确实存在许多严重问题"，表现在"在速度上步伐过快"，"在组织形式上追求高级化和单一化"，"在做法上严重违背自愿原则"，"消灭富农为时过早"，"在理论上片面地不适当地强调社会主义制度不能长期建立在两种不同所有制基础上的论断"等五个方面④。

沈宗武认为，苏联集体农庄经济制度产生是时代的产物，有着深厚的社

---

① 郑秉文：《论苏联农业全盘集体化的必要性和特殊性》，载《俄罗斯中亚东欧研究》1992年第1期。
② 王树桐：《三十年代苏联集体农庄制度的几个问题》，载《当代世界与社会主义》1984年第2期。
③ 同上。
④ 同上。

会基础和深远的思想根源。他评价道：在与布哈林派的斗争中斯大林获得全胜。"布哈林曾预言：'斯大林的路线是使整个革命毁灭的路线，我们会因此被推翻'，这个预言错了。凭借全盘集体化和高速工业化，斯大林及其人民迅速把苏联建成为现代化强国。在斯大林有生之年，苏联已是世界第二大强国。""集体农庄的创建，后来竟起到了不可估量的作用。按农庄习惯的组织制度，在战争中农庄庄员竟成为一支攻退有序的民兵队伍。"① 他综合评价，"集体农庄对苏联经济的高速发展的确曾起到了积极的推动作用，但是，这种严峻社会危机下的产物却是一个超前的经济行为，而且它本身也与马克思主义的基本精神不尽相符"②。

高化民认为，"苏联集体农庄是社会主义的一种模式。它在苏联一定时期内对解决粮食收购困难，支持国家工业化计划，改造农村经济方面起过积极作用，特别是在第二次世界大战中起过重要作用"③。汤德森认为"苏联农业全盘集体化运动，第一次开创了农业社会主义改造的道路，在一定程度上促进了苏联农业的发展，为迅速改变当时苏联内外交困的被动局面，巩固新生的苏维埃政权，起到了一定的积极作用，但当时推进农业全盘集体化的条件是不成熟的，它是在特定历史条件下展开的一场过早过急过快的曾付出高昂的代价，留下深刻的教训的运动"（连小刚，2008）。曹英伟、李萍认为，"斯大林的农业集体化运动不是单纯的农业经济改造活动，而是一场深刻的社会变革运动，是苏联历史的必要选择"；"斯大林的农业集体化思想是斯大林在特定的历史条件下对苏联农业社会主义改造和社会主义建设事业的总结和创造，是社会合力共同作用的结果，是苏联历史的选择，其存在有合理性；农业集体化运动和工业化运动是苏联社会主义经济建设紧密联系的两个组成部分，没有农业集体化运动就不会有苏联社会主义工业化的实现，因此，不能单方面否定苏联的农业集体化运动，应把它放在苏联社会主义现代化进程中来考量。同时不可忽视斯大林的农业集体化思想的缺陷"④。持同样观点的还有许多，不一一列举。

---

① 沈宗武：《苏联集体农庄经济制度的形成原因及若干思考》，载《东欧中亚研究》2000年第3期。
② 同上。
③ 高化民：《我国高级社与苏联集体农庄比较之研究》，载《中共党史研究》1994年第5期。
④ 连小刚：《近20年来国内关于前苏联农业集体化的研究综述》，载《考试周刊》2008年第27期。

（三）尖锐批判和否定斯大林的农业全盘集体化运动

苏联时期，布哈林和季可夫等政治家就坚决反对农业全盘集体化运动，他们始终在说斯大林搞集体农庄政策是在犯愚蠢的政治错误。苏联的一些文学家、经济学家也对斯大林的"农业全盘集体化运动"担忧、批评。比如：高尔基对"农业全盘集体化运动"十分担心，指责这种使农民和土地隔离的做法潜藏着深刻的危机。农业经济和政治研究所所长恰雅耶夫认为，当前的任务是使个体农业逐步社会化和合作化，集体农庄应是以后年代的事。苏联财政部市场行情研究所所长康特拉季耶夫认为，农业的发展取决于两个条件，一是生产，二是对农业的投资。目前苏联在这两方面尚不具备发展大型农业的条件。他的结论是，"在农业现有的技术基础之上，它的发展将是缓慢的，并且在未来的许多年里，集体农业生产在全国农产品的总量中不会占明显的份额。加快健康的集体农业的发展速度需要农业有高得多的技术基础和居民的高度文化水平"[1]。莫斯科大学教授马斯洛夫则批评了国家对农业投入太少，主张国家扩大这种投入，将农业的绝大部分积累用于农业自身的扩大再生产。

20世纪80年代中期恢复农业集体化运动研究后，俄罗斯学者首先发表了和先前不同的观点。比如，"А. П. 布坚科认为，农业集体化运动是一种通过原始积累实现工业化的极其残酷野蛮的方式，它以马克思列宁主义的漂亮辞藻为掩护，以社会主义建设的理论和实践相标榜。评价斯大林的农业改造方式时不仅应该看到它创造了什么，还要看它糟蹋了什么，破坏了什么。此外，斯大林式的国家现代化道路付出了可怕的代价，虽然带来的最初的加速度，但后来却导致国家发展停滞"[2]。著名的作家、政论家 Ю. Д. 切尔尼琴科认为，"农业全盘集体化过程中人口损失巨大，畜牧业遭受重创，国家至今仍为集体农庄进行巨款补助，但集体农庄仍不能解决粮食问题，苏联仍在实行的粮票制度令全世界都感到惊讶，是民族耻辱。斯大林的集体化和列宁的合作化之间没有任何过渡关系，而是完全对立的两种思想，没有农业集体化就没有卫国战争的胜利的思想是错误的"[3]。

早在20世纪60年代，西方学者就提出了和苏联学者迥然不同的观点。比如，英国学者伦纳德·哈伯德认为，农业集体化是第二次农奴制，在

---

[1] 闻一：《红莓花环下的苏联集体农庄》，载《社会科学论坛》2000年第4期。
[2] 吕卉：《苏联农业集体化运动研究（1927—1938）》，吉林大学博士论文，2010年，第4页。
[3] 同上书，第3页。

1861 年获得解放的俄国农民在 1917 年获得了更多的土地，却又在 1929 年被抛回了 1861 年以前的境地。集体农庄强迫农民长期在土地上劳作，与俄国传统的农奴制徭役没什么区别。"西方学者普遍认为，斯大林理论与列宁主义有一定的继承性，但是不能把二者等同起来。"①

中国学者叶书宗对"农业集体化"和"全盘集体化"进行辨析，提出"在苏联，把以个体所有制为基础的小农户联合成以农业劳动组合为基本形式的大农庄的过程，叫做集体化，联合起来的农庄叫做集体农庄，全盘集体化指农民不是一批一批地，而是整村、整乡、整区甚至整个专区地加入集体农庄"。叶书宗评价，"在打倒了党内的不同意见者之后，斯大林着手建立一种使'非常措施'常态化的农业生产和农村社会生活体制，这种农业生产和农村社会生活体制就是集体农庄，在集体农庄制度下，苏联的农民被剥夺了土地、耕畜、农具，被组织成缴纳、'贡税'的劳动军，被置于各种刑法、法规的约束下，在包括机器、拖拉机站在内的各级机关各种机构的严密监控下劳动"②。朱昭华认为"'农业集体化'包括苏联农业集体化全过程。……而 1929—1937 年的农业全盘集体化运动只是前者的一个组成部分，具有独特的运动方式"。批评"这场运动不仅没有达到预期效果，反而造成了农村社会的大动荡，使苏联农业问题长期得不到解决"③。闻一批评说："后来者总是把苏联的集体农庄看成是盛开着'红莓花儿'的天堂，总认为集体农庄庄员们过着天下第一流的好生活。这是一种奇特的隔岸看火、雾中观花的现象。由于《联共（布）党史简明教程》，这种奇特的现象持续了半个多世纪"④；"斯大林'国家的粮食工厂'的设想是完全从'直接工业化'这个角度出发的。他考虑的并不是农业本身，而是工业的发展命运和前景。……高速度使斯大林难以自禁地从一个极端攀上另一个极端，从而远离了实地和人群，在'农业全盘集体化'的云层上终身下不来；把一切富裕起来的农民看成是苏维埃政权的敌人，作为一种发展生产的基本动力，这种决策使斯大林的全部执政过程深陷在农业的迟缓发展，甚至是难以逾越的危机之中。最不幸的是，在农业、农民、富农问题上，斯大林至死为愚，而《联共（布）党史简明教程》尽管是想为斯大林树碑立传，可到头来却为他

---

① 吕卉：《苏联农业集体化运动研究（1927—1938）》，吉林大学博士论文，2010 年，第 9 页。
② 连小刚：《近 20 年来国内关于前苏联农业集体化的研究综述》，载《考试周刊》2008 年第 27 期。
③ 同上。
④ 闻一：《红莓花环下的苏联集体农庄》，载《社会科学论坛》2000 年第 4 期。

的愚刻石记事。究竟该怎样看苏联的'农业全盘集体化',不妨且看这刻石记事"①。

青年学者吕卉的观点是,"斯大林的集体化完全不同于列宁的合作化。列宁在《论合作制》一文中指出,'使全体居民人人(自愿地)参加合作社需要整整一个历史时代。在最好的情况下,我们度过这个时代也要一二十年'。而斯大林在集体农庄的建设中却违背农民意愿,采用行政命令强迫实施,没有遵循由低级到高级逐步过渡的原则,限制了农民的主动性,损害了农民的利益,不利于农业生产的发展"②。他的研究结论是,"苏联农业集体化是在错误的时机通过错误的手段进行的小农经济改造,是揠苗助长式的农业改革,使苏联农业陷入此后多年无法摆脱的危机,是苏联农村、农业和农民的悲剧,也是政策执行者的悲剧"③。

综上:与斯大林同时代的批评主要集中在农业全盘集体化的条件、速度、方式等方面;斯大林逝世后的批评更加尖锐,认为农业全盘集体化的方式残酷野蛮、背离列宁的合作社计划、没有达到预期效果反而造成了农业问题长期得不到解决和农村社会大动荡,斯大林式的国家现代化付出了可怕代价;苏联解体后全面否定,认为农业全盘集体化运动是苏联农村、农业和农民的悲剧。

应该肯定,先前的研究既为本研究奠定了基础,又给本研究留下了很大空间。但是,本课题组并不赞成上述全面否定的观点。我们对斯大林、农业全盘集体化运动以及合作社集体农庄制度都持基本肯定的态度;同时,承认苏联的社会主义所有制观念僵化,致使合作社集体农庄所有制度在不断"升级"和规模扩大的过程中弊端日显,从而导致苏联后期的农业经济停滞不前。本书依据《苏联社会主义经济史》的分期原则④,参考其他研究成果

---

① 闻一:《红莓花环下的苏联集体农庄》,载《社会科学论坛》2000年第4期。
② 吕卉:《苏联农业集体化运动研究(1927—1938)》,吉林大学博士论文,2010年,第28页。
③ 同上书,第20页。
④ 《苏联社会主义经济史》分7个时期:社会主义经济基础的建立和外国武装干涉与国内战争条件下的战时经济(1917—1920);向新经济政策过渡——苏联国民经济的恢复和广泛开展社会主义建设的前提条件的创立(1921—1925);社会主义经济基础的建立——建设重工业和建立集体农庄(1926—1932);国民经济社会主义改造的完成,社会主义在苏联的胜利——社会主义基本建成(1933—1937);伟大的卫国战争前夕和战争期间的苏联经济(1938—1945);苏联国民经济恢复,发达社会主义社会的建设(1946—1950年代末);苏联的发达社会主义的经济(1960年代初—1976年)。

的分期思路，将苏联集体农庄发展演变历史划分为三个时期来研究：列宁时代的农业集体化及集体农庄制度创立（1917—1925）；斯大林时代的农业全盘集体化运动及集体农庄恢复与制度巩固（1926—1956）；后集体农庄时代集体农庄的改革及衰落的经验教训（1957—1991）。

二 列宁时代农业集体化及集体农庄制度创立

（一）创立集体农庄的初始条件

制度转型的初始条件是转型起点上的既有条件，它是历史的给定条件，不是可选条件。"……转型的初始条件不仅决定转型模式和路径的选择，而且在很大程度上影响转型的结果。"[1] 十月革命胜利前的苏联国情以及国际环境可以被看成创立集体农庄的初始条件。初始条件不仅决定了苏联农业集体化的模式、路径选择，而且苏联集体农庄的演变结果，很大程度上也是由它的初始条件决定的。

第一，农业公社残留和村社制度传统。俄国气候寒冷、地广人稀，俄国农民单独生存十分困难，加上土地定期重分，三圃轮休、粗放耕作、使用效率低下，因此，村社制度从基辅罗斯时期开始，在俄国农村存在一千多年。村社在农民革命运动中具有积极作用，因此，1861年俄国废除农奴制度的改革中，沙皇政府便迫使农民带有土地获得人身解放，以求摧毁村社制度。1905—1907年革命后，沙皇政府继续分裂农民，用暴力强行破坏村社土地占有制，通过建立独立农庄和独立田庄来培植私有制。沙俄政府大臣会议主席斯托雷平主导新的土地政策，其任务就是更快地建立起能够站在地主方面的反对农民的富农阶层，在1907—1915年斯托雷平土地改革的9年中，退出村社建立独立农庄和独立田庄的农户约250万户，仅占当时农户总数的12.5%[2]。这说明，俄国农民对村社有很强的依赖性，直到1991年后的集体农庄瓦解时期，农民对集体农庄的依赖性仍然是俄罗斯集体农庄土地私有化的阻力。这一点与中国农民大不相同，传统中国是典型的小农经济社会，精耕细作农业适合农户个体经营，个体经营总比集体耕作效率高很多，中国

---

[1] 王景新：《农村改革与长江三角洲村域经济转型》，中国科学出版社2009年版，第25页。
[2] 苏联科学院经济研究所编，复旦大学经济系和外文系俄语教研组部分教员（唐朱昌、余兴发、马文奇、胡企彭、王逸琳、周邦新、彭辉芳、潘天虹、牟慧萍、盛曾安等）校译：《苏联社会主义经济史》第1卷，第18页。

农村家庭承包经营制的成功再次证明了这一点。但是,绝不能就此认为所有民族的农民天生喜欢个体经济而反对共同耕作。

第二,十月革命胜利前夕的苏联经济社会状况。一方面有最落后的土地占有制和最不文明的乡村,"还存在着半农奴制的土地占有制、农民小商品生产、宗法式的和封建主义的经济形态";"另一方面又有最先进的工业资本主义和财政资本主义"①。"1913年俄国工业生产水平占世界第五位,石油开采量、木材运出量、锯材产量占第二位,棉织品(本色)生产量占第三位,机器制造业产值、焦炭和砂糖(国产原料制造的)产量占第四位,生铁、铁矿石、钢产量占第五位,采煤量占第六位。俄国主要经济指标超过了意大利和日本。"② 但是,俄国工业一直被国外资本所垄断,"第一次世界大战前夕,俄国南部约有70%的生铁和成品产量属于外国垄断组织,外国垄断组织的石油开采量约占俄国石油开采总量的60%,约有90%的发电企业和电机企业的资本也属于外国垄断组织"③。同时,俄国的不同民族、部落和不同区域之间经济差异巨大。"在乌克兰和巴库石油区有着发达的资本主义经济,而在俄国许多民族边区,如高加索、中亚细亚和西伯利亚,则还是前资本主义关系统治着。沙皇俄国各民族边区的经济是殖民地性质的。沙皇制度的殖民地政策阻碍了边区民族和经济的发展。"④ 先进工业与落后农业并存,民族、部落和区域经济差异巨大,重要工业部门被外国资本垄断等特点,决定了俄国农业向社会主义过渡的困难及其多样性。

第三,俄国早期的农业合作社发展。1861年,俄国废除农奴制度使2200万农奴获得解放,私营经济发展受到鼓励、地方自治机构开始建立,为合作社的建立创造了条件。1865年俄国第一个消费合作社建立。第一次世界大战爆发至十月革命,俄国东部地区合作社进入大发展时期。二月革命后,临时政府颁布了《合作社联盟法令》和《合作社代表会议法》,简化了合作社成立程序,为合作社自由发展提供了平台⑤。"十月革命前,合作社的数量和参加人数在世界上均位居前列,约有一半的居民加入其中

---

① 苏联科学院经济研究所编,复旦大学经济系和外文系俄语教研组部分教员(唐朱昌、余兴发、马文奇、胡企彭、王逸琳、周邦新、彭辉芳、潘天虹、牟慧萍、盛曾安等)校译:《苏联社会主义经济史》第1卷,第18—19页。
② 同上书,第16页。
③ 同上书,第19页。
④ 同上。
⑤ 潘晓伟:《十月革命前俄国东部合作化运动研究》,载《北方论丛》2011年第5期。

(成员高达2400万人)。"① "到1917年初,在俄国境内(不包括波兰和芬兰)共有2.75万个农业合作社,其中1.6万个(占60%)为信贷合作社,0.3万个为乳品合作社,0.25万个是产品收购、加工和销售农业合作社,0.6万个为农业社。"② 显然,俄国早期合作社发展是苏联农业集体化的重要基础。

第四,十月革命后的土地改革。俄国废除农奴制度的改革,不可能解决农民土地问题。对当时俄国土地占有状况,列宁描述:"欧俄1050万农户共拥有7500万俄亩土地。3万个大地主(主要是出身贵族的,也有一部分是暴发户)每户有500俄亩以上,总共拥有7000万俄亩土地。这就是基本的背景。这就是农奴主—地主在俄国农业制度中以至整个俄国国家和俄国生活中占统治地位的基本条件。"③ 列宁认为,斯托雷平正"消灭农奴制"的道路行不通;"美国式的资本主义发展道路……普鲁士式的道路……"也行不通④。"要在俄国建立起真正自由的农场主经济,必须'废除'全部土地——无论是地主的土地还是份地——的'地界'。必须摧毁一切中世纪的土地占有制……必须尽最大的可能保证自由交换土地、自由迁居、自由扩大地块,建立新的自由的协作社来代替陈旧的带纳税性质的村社。……体现这种经济必要性的,就是土地国有化,废除土地私有制,将全部土地转归国家所有,就是完全摆脱农村中的农奴制度。"⑤ 当时,俄国大多数农民赞成国有化。"他们之所以赞成土地国有,是因为实际生活要求他们摆脱中世纪式的村社和中世纪式的份地占有制。他们之所以赞成国有化,并不是因为他们想要建立或者能够建立社会主义的农业,而是因为他们过去和现在都想要建立而且能够建立真正资产阶级的小农业,也就是在最大程度上摆脱一切农奴制传统的小农业。"⑥ 按照列宁的思想,十月革命胜利后的第二天,全俄苏

---

① 张广翔、袁丽丽:《19世纪40年代—20世纪初期俄国合作社的思想和实践》,载《俄罗斯中亚东欧研究》2010年第6期。
② 苏联科学院经济研究所编,复旦大学经济系和外文系俄语教研组部分教员(唐朱昌、余兴发、马文奇、胡企彭、王逸琳、周邦新、彭辉芳、潘天虹、牟慧萍、盛曾安等)校译:《苏联社会主义经济史》第1卷,第398页。
③ 中共中央马克思恩格斯列宁斯大林著作编译局:《列宁全集》第16卷,人民出版社,第2版,第388页。
④ 同上书,第388—389页。
⑤ 同上书,第390—391页。
⑥ 中共中央马克思恩格斯列宁斯大林著作编译局:《列宁全集》第16卷,人民出版社1984年版,第2版,第391页。

维埃第二次代表大会通过列宁起草的土地法令，宣布全部土地收归国有，再交给农民无偿使用，但是具有高度农业文化的地主庄园例外①。俄国土地改革过程中，农户间分配土地有两种办法：第一种是平分，把所有的土地（份地、有契约的土地、租赁的土地、没收的土地）合并成统一分配的土地总额，然后进行分配。第二种是在份地之外再给多丈量一些土地（或者从份地中分出一部分土地），以达到规定的标准，农民的原有份地不再重新分配。大多采用第二种办法来确定平均使用土地②。土地改革经历了两个阶段，即民主革命阶段（1917.10—1918年春），主要是反封建性质的消灭地主土地占有制；社会主义革命阶段（1918年夏秋）主要是反资产阶级性质的部分剥夺富农土地。1918年底，俄国大部分地区完成了土地改革③。土地改革消灭了农奴制度残余，农民分得了1.5亿公顷土地，农民的土地面积增加约70%；分配给农民使用的原地主的农具，其价值达3亿—3.5亿卢布④。土地制度选择决定苏联农业集体化道路选择。事实上，在苏维埃开展的土地改革第一阶段，就以不准分配的地主庄园为基础，建立了公社、劳动组合以及共耕社（以及协作社）等形式的集体农庄。

第五，农民获得了土地，但耕畜和农具奇缺。近代以来，俄罗斯农民缺乏耕畜现象一直存在。"1905年，在1300万农民中没有耕马的占1/4。"⑤列宁曾指出："战争造成了可怕的破坏，使得我们的个体小农户现在既没有耕畜，也没有农具和工具。……现在生活本身向劳动农民直截了当地提出了向共耕制过渡的问题，这是恢复被战争摧残和破坏的文化的唯一手段……大多数劳动农民，都渴望建立共耕制。"⑥ 集体农庄的耕畜也严重不足，到1920/1921年度，公社成员中没有役畜的占57.3%，没有母牛的占53.3%；

---

① 土地法令规定，具有高度农业文化的地主庄园不应该分配掉，而应转交给国家或村社使用，第一批集体农庄就是在地主庄园上建立起来的。

② 苏联科学院经济研究所编，复旦大学经济系和外文系俄语教研组部分教员（唐朱昌、余兴发、马文奇、胡企彭王逸琳、周邦新、彭辉芳、潘天虹、牟慧萍、盛曾安等）校译：《苏联社会主义经济史》第1卷，第86页。

③ 一小部分地区的土地改革一直延续到1919年和1920年。

④ 苏联科学院经济研究所编，复旦大学经济系和外文系俄语教研组部分教员（唐朱昌、余兴发、马文奇、胡企彭、王逸琳、周邦新、彭辉芳、潘天虹、牟慧萍、盛曾安等）校译：《苏联社会主义经济史》第1卷，第100—101页。

⑤ 郑秉文：《论苏联农业全盘集体化的必要性和特殊性》，载《俄罗斯中亚东欧研究》1992年第1期。

⑥ 中共中央马克思恩格斯列宁斯大林著作编译局：《列宁全集》第35卷，人民出版社，第2版，第354—355页。

劳动组合成员中则为 32.2% 和 21.4%[①]。因此，苏维埃建立之初，不得不通过土地社会化基本法，征集耕畜和农具[②]。到斯大林全盘农业集体化前叶，"1927 年，苏联农村仍有 28.3% 的农户没有耕畜，31.6% 的农户没有耕具。与此同时，小部分富农却集中了全部生产资料的 16.1%"[③]。劳动力、耕畜、生产工具不足，农户之间通过此余彼缺的调剂是比较可行的办法，这是合作、共耕组织发展的重要原因。

第六，国际环境巨大压力下的激烈响应。世界上第一个社会主义国家在一个落后的农业国建成，国内外敌人都伺机扼杀这个新生政权，苏联就像一座孤岛，要独自面对国内外政治甚至战争威胁。面对巨大的压力，苏联人民采取了激烈响应的态度。沈宗武曾从三个方面剖析苏联人民在生存危机下的反抗：其一，现代化的困难，苏联集体农庄经济制度形成的最深层原因乃是现代化进程中不得不进行的制度转轨，因为崇高的共产主义理想催迫革命者采取行动迅速摆脱苏俄落后困境，俄罗斯民族精神中的生存危机意识鞭策每一个俄国人都以赶超西方为毕生使命；其二，战争威胁下，备战与农业全盘集体化紧密关联，集体农庄的创建也是备战的手段之一，是苏联人民在生存危机下的反抗；其三，斯大林对马克思主义的形而上学曲解，拥有无上权威的最高领袖的思想观念对社会生活发生着深刻影响[④]。笔者赞成这一观点，不同国家的历史都反复证明，特殊环境下激发出来的民众人文精神具有强大的凝聚力，对一个国家的经济体制形成及经济社会发展又是一种强大的推动力。

（二）集体农庄的理论准备和思想发展

列宁关于集体农庄的理论准备及其思想发展经过了四个阶段。

[①] 苏联科学院经济研究所编，复旦大学经济系和外文系俄语教研组部分教员（唐朱昌、余兴发、马文奇、胡企彭、王逸琳、周邦新、彭辉芳、潘天虹、牟慧萍、盛曾安等）校译：《苏联社会主义经济史》，第 1 卷，第 393 页。

[②] 全俄苏维埃第三次代表大会于 1918 年 1 月 18 日通过的土地社会化基本法，第 6 条规定：非劳动户全部私有耕畜和农具视其作用分别无偿地转归县、省、州和联邦苏维埃的土地局支配。——转引自《列宁全集》人民出版社，第二版，尾注（第 497 页）。

[③] 苏联科学院经济研究所编，复旦大学经济系和外文系俄语教研组部分教员（唐朱昌、余兴发、马文奇、胡企彭、王逸琳、周邦新、彭辉芳、潘天虹、牟慧萍、盛曾安等）校译：《苏联社会主义经济史》第 3 卷，第 419 页。

[④] 沈宗武：《苏联集体农庄经济制度的形成原因及若干思考》，载《东欧中亚研究》2000 年第 3 期。

第一,两个政权并存阶段(1917.2—1917.7)①,列宁"指望资产阶级民主革命和平转变为社会主义革命"②。这一时期,列宁主要论述通过建设合理化的、大规模的示范农场,以及雇农代表监督生产和分配等过渡措施,和平转变为社会主义。列宁的思路是:"作为胜利的第一步,工人必须得到为没收全部地主土地……而斗争的绝大多数农民的支持";然后"同贫苦农民联合起来采取进一步的步骤,即对最重要产品的生产和分配实行监督,实行'普遍劳动义务制'……"③ 在所有的过渡措施中,列宁特别重视建设大规模的示范农场。他说"把国内一切土地收归国有,由当地雇农和农民代表苏维埃支配。单独组织贫苦农民代表苏维埃。把各个大田庄(其面积 100 俄亩至 300 俄亩,根据当地条件和其他条件由地方机关决定)建成示范农场,由雇农代表进行监督,由公家出资经营"④。他强调,"把全国一切土地收归国家中央政权所有。……但是支配土地的权力以及规定地方上占用土地的条件,都应完全由各区域和各地方的农民代表苏维埃掌握,而绝不应操在官僚、官吏的手里。……我们应当在农民委员会内部争取把没收来的地主田庄都改建成大规模的示范农场,由雇农代表苏维埃负责监督"⑤。

第二,十月革命准备阶段(1917.8—1917.10),列宁着重论述如何通过合作制和示范的力量,逐步把农民引向社会主义大农业。1917 年 7 月事变后,"俄国革命和平发展的一切希望都彻底破灭了"⑥,布尔什维克党开始准备武装起义。这一时期,列宁放缓了建成大规模的示范农场的要求,认为"小业主和劳动农民只能通过合作制,逐步地自愿地把劳动财产合并为集体

---

① 俄国二月革命推翻了沙皇制度后,形成了两个并存的政权:一个是由十月党人和立宪民主党人组成的、实行资产阶级专政的临时政府;另一个是体现工农革命民主专政的工兵代表苏维埃。从 1917 年 2 月持续到 7 月初是"革命和平发展时期"。
② 苏联科学院经济研究所编,复旦大学经济系和外文系俄语教研组部分教员(唐朱昌、余兴发、马文奇、胡企彭、王逸琳、周邦新、彭辉芳、潘天虹、牟慧萍、盛曾安等)校译:《苏联社会主义经济史》第 1 卷,第 25 页。
③ 中共中央马克思恩格斯列宁斯大林著作编译局:《列宁全集》第 29 卷,人民出版社,第 2 版,第 53—54 页。
④ 同上书,第 108—109 页。
⑤ 同上书,第 164—165 页。
⑥ 苏联科学院经济研究所编,复旦大学经济系和外文系俄语教研组部分教员(唐朱昌、余兴发、马文奇、胡企彭、王逸琳、周邦新、彭辉芳、潘天虹、牟慧萍、盛曾安等)校译:《苏联社会主义经济史》第 1 卷,第 25 页。

财产，由小商品经济过渡到社会主义"①。同时，明确了对待小农的政策，列宁说"农民希望保留自己的小经济，希望平均分配，定期重分……让他们这样希望吧。没有一个明智的社会主义者会因此而同贫苦农民分手"②。他引用恩格斯关于"社会主义者并不想剥夺小农，只有通过示范的力量，小农才会明白使用机器的社会主义农业的优越性"的观点论述道，"……社会党人就是在完全的社会主义变革时也不想剥夺、不能剥夺并且不会剥夺小农"③。

第三，战时共产主义时期（1917.10—1920.12）④，列宁的农业社会主义改造形成了完整的思想。（1）向社会主义过渡是长期、艰巨的，"不能一蹴而就"。列宁再三强调："在俄国这样的农民国家中，进行社会主义建设是一项很困难的任务。……要夺取建设社会主义新俄国的胜利，要为共耕制而斗争。这类变革，即实现由个体小农经济到共耕制的过渡，显然需要很长时间，绝对不可能一蹴而就。我们深深知道，在小农经济的国家中，不经过一系列渐进的预备阶段，要过渡到社会主义是不可能的。……由个体小农经济过渡到共耕制，是千百万人生活中一场触及生活方式最深处的大变革，只有经过长期的努力才能完成，只有到人们非改变自己生活不可的时候才能实现。"列宁叮嘱，"我们记着：这种由个体经济到共耕制的过渡，再说一遍，不可能一蹴而就"。"我们过去作了而且现在还在作这种妥协，因为向这种集体支配土地的形式过渡，向共耕制、向国营农场和公社过渡，是不可能一蹴而就的。"⑤ 1920年10月，列宁在答复乌克兰苏维埃政府和南方面军司令部关于贫苦农民问题来电时明确表示，"如果他们真正是革命的"，就要把主要精力放在"实行集体耕种"；"建立农具租赁站"；"没收富农超出劳动土地份额的土地"；"征集全部余粮，用粮食奖励贫苦农民"；把"富农的农具收归农具租赁站"。列宁建议，农村的共产党员不要热衷于建立公社，

---

① 苏联科学院经济研究所编，复旦大学经济系和外文系俄语教研组部分教员（唐朱昌、余兴发、马文奇、胡企彭、王逸琳、周邦新、彭辉芳、潘天虹、牟慧萍、盛曾安等）校译：《苏联社会主义经济史》第1卷，第31页。

② 中共中央马克思恩格斯列宁斯大林著作编译局：《列宁全集》第32卷，人民出版社，第2版，第111页。

③ 同上书，第204页。

④ 1918年春季，爆发了外国帝国主义反对苏维埃国家的武装干涉与国内战争，从而破坏了1918年初开始的和平建设，直到1921年春季以前，史称"战时共产主义时期"。

⑤ 中共中央马克思恩格斯列宁斯大林著作编译局：《列宁全集》第35卷，人民出版社，第2版，第352、353、355、357页。

"建立公社应当最后考虑，因为建立人为的假公社……是最危险的事"①。
(2) 农业社会主义改造的目标和任务、路径及原则。社会主义改造的目标和任务是，"过渡到社会主义经济，过渡到集体支配土地，过渡到共耕制"。过渡的路径是，从农民自愿联合成合作社开始，再逐步推进到集体农庄。列宁拟定了一系列联合农民的形式，先从简易的（如销售、供应、信贷服务）形式入手，并通过最简单的合作社网络逐步包括农业生产部门。而引导小农经济走合作化道路的第一原则是自愿，"……不能强迫农民接受社会主义，而只能靠榜样的力量，靠农民群众对日常实际生活的认识"②。列宁反对在农业集体化中使用暴力，他在1920年12月全俄苏维埃第八次代表大会强调，在"建立公社工作中使用暴力是荒谬的"，坚决"反对使用暴力……"③ 但是，列宁要求工人阶级国家和工人阶级政党经常领导农民合作社，认为"合作社制度只有在工人阶级国家的全面物质援助和技术支持的情况下，才能顺利发展并获得胜利"④；强调要"利用城市工人与贫苦农民的联盟逐步地但是坚定不移地向共耕制和社会主义大农业过渡"⑤；指出，"……我们深知这些协作社、劳动组合和集体组织都是新的创举，如果执政的工人阶级不支持创举，它们就不会扎下根来"⑥。因此，1918年7月，国家拨出1000万卢布用在组织农业劳动组合和农业公社，1918年11月"工人政权拨出十亿卢布基金来帮助农业公社和劳动组合"⑦。（3）社会主义大农业的实现形式包括国营农场、农业公社、农业劳动组合及共耕社（协作社）。列宁说，"苏维埃政权在完全废除了土地私有制以后，已着手实现一系列旨在组织社会主义大农业的办法。其中最重要的办法是建立国营农场（即社会主义大农场），鼓励农业公社（即农民经营公共大经济的自愿联合）

---

① 中共中央马克思恩格斯列宁斯大林著作编译局：《列宁全集》第39卷，人民出版社，第2版，第365页。
② 同上书，第264页。
③ 同上书，第175页。
④ 苏联科学院经济研究所编，复旦大学经济系和外文系俄语教研组部分教员（唐朱昌、余兴发、马文奇、胡企彭、王逸琳、周邦新、彭辉芳、潘天虹、牟慧萍、盛曾安等）校译：《苏联社会主义经济史》第3卷，第423页。
⑤ 中共中央马克思恩格斯列宁斯大林著作编译局：《列宁全集》第34卷，人民出版社，第2版，第66页。
⑥ 同上书，第363页。
⑦ 同上书，第362页。

以及共耕社和协作社"①。

第四，向新经济政策过渡阶段（1921—1925）形成完整的合作社计划。在国民经济恢复和广泛开展社会主义建设的前提条件的创立时期，列宁的合作社计划更加完善。"合作社计划是指通过各种联合农民的形式准备和实现小农经济社会主义改造的具体途径和办法：按供、销和生产合作化系统建立集体经济。"② 这些内容在第三章已述及，不赘述。但是要指出，列宁在《论合作制》中所表达的在无产阶级掌握国家权力、支配一切大生产资料的条件下，合作社等于社会主义的论断表明，合作社是不需要再过渡到集体农庄这一所谓高级形式的。

（三）集体农庄建设及制度安排

1. 集体农庄建设

十月革命胜利后的土地改革第一阶段中，以不准分配的地主庄园为基础，集体农庄开始建立，土地改革的第二阶段中集体农庄更广泛地建立。而后，随着国土不断从武装干涉者手中解放出来，所有新地区开始建设集体新农庄。到1918年6月，已经组织了202个集体农庄；同年10月又建立了672个农业劳动组合和农业公社；到1918年底，全苏维埃总共有1600个集体农庄，这些集体农庄和国营农场一起构成农村社会主义成分的第一批基地③。1920年达到10500个，加入农户13.1万户，占农户比重0.5%，集体农庄的土地达到117.66万俄亩（表4-1）④。

表4-1　苏维埃政权最初几年集体农庄发展情况（1918—1920）

年份	集体农庄数（万个）	集体化户数（万户）	占农户比重（%）	农庄土地（万俄亩）
1918	0.16	1.64	0.1	20.16
1919	0.62	8.13	0.3	92.46
1920	1.05	13.10	0.5	117.66

资料来源：苏联科学院经济研究所编，复旦大学经济系和外文系俄语教研组部分教员（唐朱昌、余兴发、马文奇、胡企彭、王逸琳、周邦新、彭辉芳、潘天虹、牟慧萍、盛曾安等）校译：《苏联社会主义经济史》第1卷，第392页。

---

① 中共中央马克思恩格斯列宁斯大林著作编译局：《列宁全集》第36卷，人民出版社，第2版，第113页。
② 苏联科学院经济研究所编，复旦大学经济系和外文系俄语教研组部分教员（唐朱昌、余兴发、马文奇、胡企彭、王逸琳、周邦新、彭辉芳、潘天虹、牟慧萍、盛曾安等）校译：《苏联社会主义经济史》第2卷，第465页。
③ 同上书，第267页。
④ 同上书，第392—393页。

1914—1917年的帝国主义战争对俄国农业造成了极大的损失,农业总产量减少19%,总产值下降了12%。十月革命胜利后外国武装干涉和国内战争(1917—1920)使农业再遭重创,农民经济的牵引力马匹与1916年相比减少550万匹,减少16.1%;农业总播种面积由1913年的1.05亿公顷减少到1920年的0.972亿公顷,减少7.4%;农业总产值降低了21%,其中农业下降了17%,畜牧业下降了28%,谷物生产与战前相比减少了40.9%[①]。因此,1921—1925年是苏联医治战争创伤、恢复国民经济并向新经济政策过渡的时期。这一时期,农业生产迅速恢复到战前水平,农业合作社及集体农庄都得到了较快发展(表4-2)。1925年,苏联约30万个村庄,只有2.19万个集体农庄,集体农庄占村庄总数的7.3%[②],联合了全国1.2%的农户[③]。根据苏联国家计划委员会的资料,1924/1925年度,集体农庄总产值9000万卢布,占苏联全国农业总产值的1.4%,集体农庄的商品为4010万卢布,占苏联全国农业商品的2.84%[④]。

表4-2　　　　　1921—1925年苏联集体农庄发展状况　　　　(单位:个)

	1921年	1922年	1923年	1924年	1925年
合计	16012	12028	15951	16277	21923
农业公社	3313	1448	1945	1748	2319
劳动组合	10185	6639	10075	11126	14320
共耕社	2514	3941	3931	3403	5284

特别要指出,向新经济政策过渡时期,合作社被看成公有经济的"最简单的""初级形式",而"集体农庄是劳动农民生产合作社的高级形式"[⑤]。这一时期,合作社并不等于集体农庄。当时,初级农业合作社存在两种联合

[①] 苏联科学院经济研究所编,复旦大学经济系和外文系俄语教研组部分教员(唐朱昌、余兴发、马文奇、胡企彭、王逸琳、周邦新、彭辉芳、潘天虹、牟慧萍、盛曾安等)校译:《苏联社会主义经济史》第2卷,第489页。

[②] 同上书,第480页。

[③] 苏联科学院经济研究所编,复旦大学经济系和外文系俄语教研组部分教员(唐朱昌、余兴发、马文奇、胡企彭、王逸琳、周邦新、彭辉芳、潘天虹、牟慧萍、盛曾安等)校译:《苏联社会主义经济史》第3卷,第447页。

[④] 苏联科学院经济研究所编,复旦大学经济系和外文系俄语教研组部分教员(唐朱昌、余兴发、马文奇、胡企彭、王逸琳、周邦新、彭辉芳、潘天虹、牟慧萍、盛曾安等)校译:《苏联社会主义经济史》第2卷,第480页。

[⑤] 同上书,第398页。

形式,一是从事农产品采购和为自己的成员提供生产资料的合作社,二是直接从事农业生产的合作社。在执行新经济政策的最初几年里,为了利用商品货币关系促进社会主义改造,苏维埃政权恢复了合作社的商业特性,以促进"农民合作社供给农民必需的消费品和生产资料,并收购剩余劳动产品,向农民提供低息贷款,使农民免得求助于富农、收购商和投机商"[1]。因此,合作社发展得到了农民的支持。从1918年初到1920年初,初级农业合作社由2.84万个发展到3.05万个,增长了7.3%(表4-3)。其间,还广泛开展了区、省、州的合作社机构以及全俄农业合作社中央联社的建设。如亚麻合作社中央联社,到1918年中期,在本系统已有50个地方联社和3671个合作社,为近150万农户服务。同期建成的合作社中央联社还有:谷物合作社(种子、谷物、粮食销售、采购和加工合作社中央联社),果蔬合作社(果树栽培和蔬菜合作社中央联社)[2]。

表4-3　　　　　　　　1918—1920年农业合作社网　　　　　　(单位:万个)

合作社类别	1918年1月1日	1920年1月1日
合计	2.84	3.05
信贷合作社	1.65	1.75
乳品合作社	0.35	0.40
产品采购、加工和销售农业合作社及劳动组合	0.24	0.30
农业社	0.60	0.6(含农业协会)

资料来源:苏联科学院经济研究所编,复旦大学经济系和外文系俄语教研组部分教员(唐朱昌、余兴发、马文奇、胡企彭、王逸琳、周邦新、彭辉芳、潘天虹、牟慧萍、盛曾安等)校译:《苏联社会主义经济史》第1卷,第398页。

1921—1925年,在合作社组织总体系中:农业合作社加速发展,1920年,为1.28万个,1921年2.4万个,1923年3.12万个,1924年3.79万个,1925年5.48万个,6年间增长了328%。到1925年末,农业合作社联合了苏联全国650万农户,占全国农户总数的28%;信用合作社组织计有8600个合作社(截至1925年末),联合了320万农民;农村消费合作社发

---

[1] 苏联科学院经济研究所编,复旦大学经济系和外文系俄语教研组部分教员(唐朱昌、余兴发、马文奇、胡企彭、王逸琳、周邦新、彭辉芳、潘天虹、牟慧萍、盛曾安等)校译:《苏联社会主义经济史》第2卷,第465页。

[2] 苏联科学院经济研究所编,复旦大学经济系和外文系俄语教研组部分教员(唐朱昌、余兴发、马文奇、胡企彭、王逸琳、周邦新、彭辉芳、潘天虹、牟慧萍、盛曾安等)校译:《苏联社会主义经济史》第1卷,第399页。

展到2.56万个（截至1925年10月前），联合了900万（占全国农户总数的22.7%）以上的农户。合作社组织系统还建立了大量的土壤改良和机器协作社以及租赁站，1925年末，全国共有3852个土壤改良协作社，联合了27.36万农户。在专业化农业生产区，农业合作化达到最高比例，比如：土豆生产专业化地区（雅罗斯拉夫里、弗拉基米尔、下新城以及其他省）合作化农民的比例占67%—77%[①]。"为了使合作社最大限度地包括农村经济生活的一切过程"，1925年4月苏联共产党代表大会还通过决议，"给从事农业的一切阶层参加合作社的权利"[②]。

2. 集体农庄的规模

首批集体农庄规模不大，1920年，集体农庄庄员达到13.1万人，平均每个集体农庄12.48人、每个农业劳动组合的播种面积不超过100俄亩，物质技术基础十分薄弱[③]。如果把国营农场和集体农庄相加，1920/1921年度，固定给这些社会主义农场使用的全部土地只有约460万公顷，相当于没收土地的3.1%，全部农业用地的1.3%，其中国营农场使用的土地占固定给社会主义农场使用的全部土地的72%，集体农庄只占28%[④]。在向新经济政策过渡的时期，集体农庄的规模仍然不大，到1925年，集体农庄庄员29.35万人，土地总规模由1918年的20.16万俄亩，增加到1925年的297.4万俄亩，平均每个集体农庄只有13户，49人，136俄亩土地[⑤]。

3. 集体农庄的组织形式及制度安排

列宁时代，集体农庄的组织形式主要有农业公社、农业劳动组合和土地共耕社（以及协作社）。在最初几年里，多数集体农庄（90%公社和69%劳动组合）建立在没收的庄园基础上。向新经济政策过渡时期，开始把农民分得的土地联合起来建立集体农庄。1924年，全国1.63万个集体农庄中，

[①] 苏联科学院经济研究所编，复旦大学经济系和外文系俄语教研组部分教员（唐朱昌、余兴发、马文奇、胡企彭、王逸琳、周邦新、彭辉芳、潘天虹、牟慧萍、盛曾安等）校译：《苏联社会主义经济史》第2卷，第466页。
[②] 同上书，第468—469页。
[③] 苏联科学院经济研究所编，复旦大学经济系和外文系俄语教研组部分教员（唐朱昌、余兴发、马文奇、胡企彭、王逸琳、周邦新、彭辉芳、潘天虹、牟慧萍、盛曾安等）校译：《苏联社会主义经济史》第1卷，第394页。
[④] 同上书，第397页。
[⑤] 苏联科学院经济研究所编，复旦大学经济系和外文系俄语教研组部分教员（唐朱昌、余兴发、马文奇、胡企彭、王逸琳、周邦新、彭辉芳、潘天虹、牟慧萍、盛曾安等）校译：《苏联社会主义经济史》第2卷，第477—480页。

有9100个农庄（占55.82%）①是以农民分得的土地组建的。

集体农庄的组织形式是由土地来源和成员的社会成分决定的：如果集体农庄是在没收地主庄园的基础上建立的，而且其成员是原先的工人、雇农和士兵，这种情况下通常建立农业公社；如果集体农庄的成员中大多数农户都有农具和牲畜，则采用劳动组合和土地共耕社的形式；工业区或城市毗邻地区的集体农庄中，集体农庄成员主要是工人（例如西北地区集体农庄中工人占70%）；城市附近的某些农业公社完全由城市工人或农业工人（原地主的雇农）组成②。我们还看到，集体农庄发展初期，以农业公社的组织形式为主，愈到后来愈多的建立了劳动组合社和土地共耕社（以及协作社）。到1919年末，在6200个集体农庄中，农业公社占31.7%，劳动组合社占58.3%，共耕社占10%；到1920年，在1.05万个集体农庄中，农业公社的比例减少到18%，劳动组合社的比例上升到73.5%，土地共耕社占8.4%。1925年，农业公社的比重再降到10.6%，劳动组合社的比例也下降到65.3%，而共耕社的比例显著增长，达到24.1%（表4-1、4-2）。这一时期，劳动组合和土地共耕社是集体农庄的主要形式。

集体农庄的土地来源，一是不准分配的地主庄园土地，二是农民分得的土地的联合。不论源于哪种形式，土地的所有权都属于国家，使用权永久属于农业公社、劳动组合和土地共耕社等集体经济组织。其他生产资料通过公有化实现集体所有。按照H.阿尼西莫夫1958年的介绍，在自愿组织集体农庄的时候，农民把自己的最简单的生产工具（犁、耙、某些宅旁建筑物、力畜等）公有化了。所有这些生产资料（农民原有的土地也估计在内）都按价值进行了作价。这些生产资料中的一部分作为庄员加入集体农庄的股金，纳入集体农庄的公积金范畴统一管理使用，这一部分公积金在庄员退出时可退还；而由集体农庄积累形成的公积金（占公有化财产价值1/4—1/2）既不分配，也不发给退出的庄员③。显然，苏联集体农庄原始形态上的公积金是由庄员股金和农庄积累两部分构成的，前者农民享有退出权，后者不可分割。

---

① 数据来源：根据苏联科学院经济研究所编，复旦大学经济系和外文系俄语教研组部分教员（唐朱昌、余兴发、马文奇、胡企彭、王逸琳、周邦新、彭辉芳、潘天虹、牟慧萍、盛曾安等）校译：《苏联社会主义经济史》第1卷，第392页和第2卷，第476页的数据综合整理。

② 同上书，第393页。

③ [苏] H.阿尼西莫夫：《苏联全民所有制和合作社集体农庄所有制》，文载译，载《经济研究》1958年第7期。

三种不同形式的集体农庄在制度安排上存有差异。农业公社的生产资料与生活资料全部公有，共同耕作，集中经营，产品按人口平均分配，食品通过公共伙食团（公共食堂）分配。劳动组合的基本生产资料集体所有，成员从事集体劳动，按劳动日计酬，允许农民保留一定数量的宅旁园地和经营家庭副业。土地共耕社（协作社）共同使用土地，庄员集中劳动，但农具和役畜仍归农民私有，一部分产品集中分配。需要指出，列宁时代的集体农庄章程规定"所有的生产资料应归公，庄员不应有个人经济"，但实际上这一条原则并没有执行。"许多老的公社改用农业劳动组合的章程，新的集体农庄更多地以劳动组合和土地共耕社形式组织起来。"① 这说明，允许农户保留部分私有产权和个体经济的集体经济组织形式更受农民欢迎。

集体农庄的积累和分配，按照《社会主义土地整理和向社会主义农业过渡的措施条例》（1919.2）规定，对共耕土地的收获应进行下列提成：首先提留今后播种所必需的种子储备，然后是饲养公有牲畜，以及增添牲畜、抵偿修理费用和添置新工具的开支。余下部分按相关法令规定的定额作为个人消费用粮和牲畜饲料，分给集体经济组织所有成员。庄员的食品分配，实行平均原则；但是，凡其成员不是将自有财产（农具、牲畜、土地等）作股金交入社的那些公社，食品通过公共伙食团来分配，在那里，通常对成年男女和儿童规定不同的定额来分发食品。上述分配方式是有缺陷的，《苏联社会主义经济史》解释，"首批公社的平均分配，是物质生活条件及国内战争和武装干涉、余粮收集制、社会的组成等因素迫使的，这种分配是'战时共产主义'政策的具体表现之一"②。随着集体农庄实行粮食税，便开始采用新的分配方法。庄员"关心按所耗费的劳动和向集体农庄公有经济缴纳的股金（农民原有的土地也估计在内）分配收入"③。所以新方法围绕两方面探索，一是如何准确估计庄员的劳动贡献，当时只能按劳动能力（男人、妇女和少年）的不同评定等级，作为按劳分配的依据，尚不能计算庄

---

① 苏联科学院经济研究所编，复旦大学经济系和外文系俄语教研组部分教员（唐朱昌、余兴发、马文奇、胡企彭、王逸琳、周邦新、彭辉芳、潘天虹、牟慧萍、盛曾安等）校译：《苏联社会主义经济史》第2卷，第478页。

② 苏联科学院经济研究所编，复旦大学经济系和外文系俄语教研组部分教员（唐朱昌、余兴发、马文奇、胡企彭、王逸琳、周邦新、彭辉芳、潘天虹、牟慧萍、盛曾安等）校译：《苏联社会主义经济史》第1卷，第395页。

③ 苏联科学院经济研究所编，复旦大学经济系和外文系俄语教研组部分教员（唐朱昌、余兴发、马文奇、胡企彭、王逸琳、周邦新、彭辉芳、潘天虹、牟慧萍、盛曾安等）校译：《苏联社会主义经济史》第2卷，第477页。

员劳动的实际贡献；二是按股金分配，因为生产资料公有化形式多样，故分配形式也是多样的。比如：有些集体农庄生产资料公有化是在一定时限偿付其价值或生产资料在一定时间供集体农庄使用，这些农庄部分产品按这些生产资料的价值和使用时间分配[①]。

4. 集体农庄的经济社会效应

许多研究者认为，"集体农庄唯一的成就就是在农产品的征集或收购上达到了预期目标"。不错，战时共产主义时期对集体农庄普遍实行余粮征集制，1919年和1920年，集体农庄交售给国家20.41万普特黑小麦、5.03万普特燕麦和大麦、79.02万普特土豆、92.72万普特以上的其他食品[②]。国民经济恢复时期，国家从集体农庄采购的粮食由1920年的3.67亿普特增加到1925年的4.96亿普特，增长了35%（表4-4）。

表4-4　1920—1925年苏联集体农庄生产的粮食和国家采购数量　（单位：亿普特）

	1920年	1921年	1922年	1923年	1924年	1925年
谷物作物总收获量	27.59	22.13	30.71	34.55	31.38	44.24
国家得到的粮食	3.67	2.33	4.324	3.972	2.747	4.96
国家采购粮食占总收获量的%	13.3	10.5	13.4	11.5	8.8	11.2

注：俄国谷物总收获量战前五年（1909—1903）平均39.79亿普特。资料来源：苏联科学院经济研究所编，复旦大学经济系和外文系俄语教研组部分教员（唐朱昌、余兴发、马文奇、胡企彭、王逸琳、周邦新、彭辉芳、潘天虹、牟慧萍、盛曾安等）校译：《苏联社会主义经济史》第2卷，第493页。

但必须说明：其一，国家采购的粮食占集体农庄谷物收获总量的比例，最高的年份是1922年，占13.4%；国家采购粮食并未包括农民经济全部商品余粮，1925/1926年度，谷物商品中国家采购了一半左右，其余一半通过私商销售[③]。其二，新经济政策的首要任务是恢复农业生产，这一目标也顺

[①] 苏联科学院经济研究所编，复旦大学经济系和外文系俄语教研组部分教员（唐朱昌、余兴发、马文奇、胡企彭、王逸琳、周邦新、彭辉芳、潘天虹、牟慧萍、盛曾安等）校译：《苏联社会主义经济史》第2卷，第478页。

[②] 苏联科学院经济研究所编，复旦大学经济系和外文系俄语教研组部分教员（唐朱昌、余兴发、马文奇、胡企彭、王逸琳、周邦新、彭辉芳、潘天虹、牟慧萍、盛曾安等）校译：《苏联社会主义经济史》第1卷，第394页。

[③] 苏联科学院经济研究所编，复旦大学经济系和外文系俄语教研组部分教员（唐朱昌、余兴发、马文奇、胡企彭、王逸琳、周邦新、彭辉芳、潘天虹、牟慧萍、盛曾安等）校译：《苏联社会主义经济史》第2卷，第493页。

利实现了。因为1921年的旱灾歉收，农业经济恢复实际上是从1922年开始的，但在短短几年内，苏联农业迅速恢复到战前水平。全国播种面积由1920年的0.972亿公顷增加到1925年的1.043亿公顷，为战前水平的99.3%；农业总产值超过1913年的12%，其中农业7%，畜牧业21%①。从1920—1925年，集体农庄谷物总收获量从27.59亿普特增长到1925年的44.24亿普特，6年间增长了60%，比战前五年（1909—1913）的年平均产量（39.79亿普特）增产了4.45亿普特，增长了11.2%②；产品畜总头数超过1916年的水平。农民中贫农和中农的人均收入显著增长，1913年，贫农和中农的人均收入分别为41.6卢布和71.0卢布，1925/1926年度则分别达到79.1卢布和115.5切尔文卢布③④。农业基础和生产结构也发生了较大变化，到1925年，60%以上的集体农庄经过了土地整理，其中一半以上实行多段轮作制；增加了技术作物的播种面积，加强了农机供应。苏联社会主义经济史评价："这是列宁农村经济政策的巨大胜利。"

集体农庄不仅以自身的范例影响着周围农民的改造，而且还给予农民直接的生产帮助。比如，通过拨给农民良种公畜、出售良种小牲畜，帮助农户改进牲畜的品种；帮助农民修理农具等，集体经济组织的社会功能初步显现出来。这一时期，农业合作社的职能也得到较好发挥，一方面苏维埃国家利用合作社参加工业原料和其他农产品的采购工作，比如谷物合作社中央联社与地方联社一起采购粮食3000万普特以上，占国家粮食采购总量（10790万普特）的27.8%⑤；另一方面，合作社还组织农产品加工、发展信贷业务，在培育良种、改良土壤中发挥了作用。到苏联国民经济恢复期末，合作社已成为城乡经济周转中极重要的环节，同时在采购农产品、供应工业原料和农村生产资料等方面发挥重要作用，显示了合作社

---

① 苏联科学院经济研究所编，复旦大学经济系和外文系俄语教研组部分教员（唐朱昌、余兴发、马文奇、胡企彭、王逸琳、周邦新、彭辉芳、潘天虹、牟慧萍、盛曾安等）校译：《苏联社会主义经济史》第2卷，第492页。
② 同上书，第493页。
③ 1切尔文卢布等于10个新卢布。
④ 苏联科学院经济研究所编，复旦大学经济系和外文系俄语教研组部分教员（唐朱昌、余兴发、马文奇、胡企彭、王逸琳、周邦新、彭辉芳、潘天虹、牟慧萍、盛曾安等）校译：《苏联社会主义经济史》第2卷，第575页。
⑤ 苏联科学院经济研究所编，复旦大学经济系和外文系俄语教研组部分教员（唐朱昌、余兴发、马文奇、胡企彭、王逸琳、周邦新、彭辉芳、潘天虹、牟慧萍、盛曾安等）校译：《苏联社会主义经济史》第1卷，第399页。

的优越性。

（四）列宁时代集体农庄建设的简要评价

1. 列宁创立了并在实践中探索出小农经济向社会主义过渡的一套完整的战略、策略和政策，为社会主义国家的农业社会主义改造指明了道路，积累了经验。其中最有价值和生命力的是：关于向社会主义过渡的长期性、艰巨性和"不能一蹴而就"的思想；不能强迫农民接受社会主义，而只能靠榜样、示范的力量，靠农民群众对日常实际生活的认识，自愿合作化的思想；从农民自愿联合成合作社开始，再逐步推进到集体农庄策略思想，特别是列宁的合作设计中所表达的，在无产阶级掌握国家权力、支配一切大生产资料的条件下，合作社等于社会主义的理论；以及采用农业公社、农业劳动组合、土地共耕社及协作社等多种形式，实现农业集体化的道路等。

2. 列宁时代的集体农庄建设确实遇到过困难，但集体农庄建设初期出现的种种问题，并不能证明集体农庄或共耕制的失败。就集体经济组织及运转而言，"战争时期的集体农庄还是一些松松垮垮的生产单位"[①]。列宁也批评过，"我知道，集体农庄还没有很好地组织起来，还处于名副其实的养老院的可怜状态"[②]。但是，当时农业也出现了一些极好的农业公社和劳动组合，1919年8月10日《贫民报》发表 М. И. 加里宁的文章说，"我也见过一些公社，土地耕作的比农民好；红军战士的妻子和女儿生活完全得到保障；所有儿童有一个专门的女教导员……而公社的人们现在已经比他们四周临近农民生活的更好"[③]。集体农庄建设初期，出现"松松垮垮的"、"养老院"式的集体农庄和"假公社"，同时也存在着建设得很好的集体农庄，这才是历史的真实。特别要指出，1922年比1921年，集体农庄减少了近4000个，加上列宁曾经的批评，许多研究者据此认为"共耕制实践失败"，"集体农庄大都自行瓦解了"。研究者们可能忽略了《苏联社会主义经济史》的

---

① 苏联科学院经济研究所编，复旦大学经济系和外文系俄语教研组部分教员（唐朱昌、余兴发、马文奇、胡企彭、王逸琳、周邦新、彭辉芳、潘天虹、牟慧萍、盛曾安等）校译：《苏联社会主义经济史》第1卷，第395页。

② 中共中央马克思恩格斯列宁斯大林著作编译局：《列宁全集》第40卷，人民出版社，第2版，第177页。

③ 苏联科学院经济研究所编，复旦大学经济系和外文系俄语教研组部分教员（唐朱昌、余兴发、马文奇、胡企彭、王逸琳、周邦新、彭辉芳、潘天虹、牟慧萍、盛曾安等）校译：《苏联社会主义经济史》第1卷，第395页。

提醒:"研究恢复时期集体农庄运动时,应注意运动是不平衡的"①,1922年集体农庄急剧减少有因可查,历史的情况是:1921年俄国大部分地区(如伏尔加流域、东南部、乌拉尔地区)歉收和饥荒,这里的农民认为通过联合和共同努力可以免遭自然灾害的后果,这些地区的农民加速组建了集体农庄,导致集体农庄数量1921年比1920年急剧增长了52.6%(这种现象反而说明应对严重自然灾害,集体经济比个体经济更有效);1922年集体农庄减少主要发生在工业区,"随着工业的恢复,以前疏散到农村和加入各种集体经济单位的工人开始离开集体农庄返回城市,因此集体农庄的数量开始减少"②;集体农庄从1923年开始恢复性增长,1924年即超过了1921年的水平,1925年比1921年增长了36.9%。但是不能否认,向新经济政策过渡期间,一部分农民对个体经济的怀念,导致一些"力量薄弱的集体由于不能适应新的条件而解散了"③。

3. 集体农庄较好地发挥了经济、社会职能。集体农庄发展初期,其优越之处仅在于土地使用的新形式和集体劳动,在向新经济政策过渡和苏联国民经济恢复时期,集体农庄因为采用精选过的良种和采用其他农业技术,加上国家的扶持政策,集体农庄能更集约地使用土地,因此"集体农庄耕作土地通常比个体农户获得较高的单位面积产量。……集体农庄的谷物、糖用甜菜、土豆和其他作物较个体农户高得多。这是社会主义大经济优越性的明显证明"④。集体农庄在加强农业基础建设、帮助农民发展生产、农产品采购和加工、农村信用服务、提高农民收入、保障劳动人民的福利等方面,发挥了不可替代的作用。

三 斯大林农业全盘集体化运动及再评价

(一)农业全盘集体化运动的历史过程

有学者认为,斯大林农业全盘集体化运动大致包括4个阶段,即发动阶段(1928.1—1929.12),冒进阶段(1929.12—1930.3),调整阶段(1930.3—

---

① 苏联科学院经济研究所编,复旦大学经济系和外文系俄语教研组部分教员(唐朱昌、余兴发、马文奇、胡企彭、王逸琳、周邦新、彭辉芳、潘天虹、牟慧萍、盛曾安等)校译:《苏联社会主义经济史》第2卷,第476页。
② 同上书,第474页。
③ 同上书,第475页。
④ 同上书,第480页。

1930.9),完成阶段(1930.9—1932)[①]。也有学者把1927—1939年作为农业全盘集体化运动的时间,认为到1933年苏联农业集体化运动并未停止,1939年的消灭独立农庄运动是农业集体化运动的重要组成部分,这年3月,斯大林才在十八大会议报告中宣布"农业集体化最终完成"[②]。本课题组将斯大林时代的集体农庄建设断限为1926—1955年,其间经历了四个时期。

1. 农业全盘集体化运动(1926—1937),包括前提条件的准备(1926—1929)和集体农庄加速建设(1930—1932)两个阶段。《苏联社会主义经济史》把1926—1929年称为改造时期,苏共第十五次代表大会(1927.12)在号召"全面发展农业集体化"的同时,强调"必须为社会主义在各条战线的进攻做好准备",并且"拟定了广泛的措施规划"[③]。表明,农业全盘集体化运动的前提条件准备阶段是存在的。这一时期内,苏联完成了社会主义经济基础[④]建立,到1932年,"两种所有制形式(国家所有制和合作社集体农庄所有制)在国民经济中取得了统治地位"[⑤]。但是,不能把1932年作为斯大林农业全盘集体化的完成时间,因为第一个五年计划期间(1928—1932),"大部分贫农户和中农户(61.5%)联合成了集体农庄";还"有1/3以上农户仍是个体经济"[⑥];"第二个五年计(1937)划期间农业集体化已实际完成:集体农庄已联合93%的农户和99%以上的播种面积"[⑦]。

2. 合作社集体农庄所有制度形成体系(1938—1940)。从1938年开始,苏联实施第三个五年计划,但只实施了三年。这三年继续巩固农业全盘集体化运动成果,完善集体农庄(农业劳动组合章程)及相关经营管理制度,基本形成了合作社集体农庄所有制的制度框架体系。同期,苏联的重工业、

[①] 郑秉文:《论苏联农业全盘集体化的必要性和特殊性》,载《俄罗斯中亚东欧研究》1992年第1期。

[②] 吕卉:《苏联农业集体化运动研究(1927—1938)》,吉林大学博士论文,2010年,第17—18页。

[③] 苏联科学院经济研究所编,复旦大学经济系和外文系俄语教研组部分教员(唐朱昌、余兴发、马文奇、胡企彭、王逸琳、周邦新、彭辉芳、潘天虹、牟慧萍、盛曾安等)校译:《苏联社会主义经济史》第3卷,第420页。

[④] 即指苏联的"重工业"和"集体农庄制度"这两大经济基础。

[⑤] 苏联科学院经济研究所编,复旦大学经济系和外文系俄语教研组部分教员(唐朱昌、余兴发、马文奇、胡企彭、王逸琳、周邦新、彭辉芳、潘天虹、牟慧萍、盛曾安等)校译:《苏联社会主义经济史》第3卷,第1页。

[⑥] 苏联科学院经济研究所编,复旦大学经济系和外文系俄语教研组部分教员(唐朱昌、余兴发、马文奇、胡企彭、王逸琳、周邦新、彭辉芳、潘天虹、牟慧萍、盛曾安等)校译:《苏联社会主义经济史》第4卷,第401页。

[⑦] 同上书,第405页。

军事工业建设成效显著，奠定了卫国战争胜利的重要基础。

3. 集体农庄在卫国战争期间遭受严重破坏（1941—1945）。1941年德军入侵中断了第三个五年计划。战争给苏联集体农庄造成的损失极其严重。德寇在占领区破坏和劫掠了 9.8 万个集体农庄、1876 个国营农场、2890 个拖拉机站。……毁坏和烧掉 7 万多个农村……仅集体农庄的损失就达到 1810 亿卢布。法西斯分子在国营农场、集体农庄和拖拉机站破坏和运往德国的拖拉机 13.7 万台，联合收割机 4.9 万台，犁、耙和其他耕作农具 400 万件，播种机与栽植机 76.5 万台，收割机与选种机 88.5 万台。杀死、抢走或赶往德国的马匹 700 万匹，牛 1700 万头，猪 2000 万头，羊 2700 万头，家禽 1.1 亿只①。战争结束时：集体农庄的劳动力减少 1/3；农业物质技术基础大大落后于战前水平，拖拉机总台数只有 1940 年的 72%，牲畜牵引力比战前减少 46%，集体农庄的牛总头数只有战前的 79%，没有牲畜的集体农庄庄员占 40%②。

4. 集体农庄恢复及制度巩固（1946—1955）。自 1946 年始，苏联再次进入国民经济恢复时期③，同时实施第四个五年计划（1946—1950），到 1950 年，集体农庄的建设及其生产基本恢复到战前水平。第五个五年计划（1951—1955）前两年，斯大林领导了集体农庄合并、规模扩大及制度巩固。1953 年斯大林逝世后，他的集体农庄政策思想保持了连续性。尽管苏共二十大开始清算斯大林的错误④，并且在后集体农庄时代，不断合并集体农庄和所有制关系升级，"走集体农庄合作社所有制接近全民所有制的道路"⑤，但列宁创立、斯大林完成的合作社集体农庄所有制的基本原则并没有改变。据此，我们把斯大林的集体农庄建设截止到第五个五年计划结束。

---

① 苏联科学院经济研究所编，复旦大学经济系和外文系俄语教研组部分教员（唐朱昌、余兴发、马文奇、胡企彭、王逸琳、周邦新、彭辉芳、潘天虹、牟慧萍、盛曾安等）校译：《苏联社会主义经济史》第 5 卷，第 514 页。

② 苏联科学院经济研究所编，复旦大学经济系和外文系俄语教研组部分教员（唐朱昌、余兴发、马文奇、胡企彭、王逸琳、周邦新、彭辉芳、潘天虹、牟慧萍、盛曾安等）校译：《苏联社会主义经济史》第 6 卷，第 138 页。

③ 1921—1925 年，新生的苏维埃在列宁领导下恢复被国外武装干涉和国内战争严重破坏的国民经济。

④ 1956 年 2 月 25 日，苏共二十大的最后一天，赫鲁晓夫的秘密报告全面批判了对斯大林个人崇拜，一度引发东欧社会主义盟国的政治动荡。

⑤ 苏联科学院经济研究所编，复旦大学经济系和外文系俄语教研组部分教员（唐朱昌、余兴发、马文奇、胡企彭、王逸琳、周邦新、彭辉芳、潘天虹、牟慧萍、盛曾安等）校译：《苏联社会主义经济史》第 6 卷，第 315 页。

（二）农业全盘集体化前提条件的准备

"苏联在1926—1929年进入了一个新的社会主义建设的改造时期"①，也是斯大林的农业全盘集体化运动前提条件的准备阶段。斯大林农业全盘集体化运动是在列宁农业集体化基础上展开的。到1926年末，已经具备了两方面的重要基础。从外部环境来说，苏维埃政权已经基本掌握了国家经济命脉，工农联盟得到了巩固；同时，苏联完成了工业恢复的任务，到1928年，苏联全国工业总产值158亿卢布，占当年工农业总产值的51.5%②。就农业本身而言，农业生产在完成恢复任务的基础上继续增长，许多指标都超过了战前的水平。1926年，苏联农业总产值是1913年的118%，其中种植业产值为114%，畜牧业产值为127%③；农业技术及装备大为改善，原始耕作工具（木犁和单面翻土的旧式犁）减少而犁、多铧浅耕犁等的数量增加了，1927年比1910年，犁和多铧浅耕犁共计410万架；现代生产工具极大增加，1927年，拖拉机2.45万台，播种机增加1倍，收割机增加50%，刈草机增加1.5倍④；农业中的社会主义经济成分逐渐增强，已有20多万个集体农庄和5000个国营农场组织起来⑤。这些社会主义经济增强了对周边农村居民和小商品经济的影响。在这种情况下，苏共第十五次代表大会（1927.12）宣布全力开展农业集体化，同时号召"必须为社会主义在各条战线的进攻做好准备"，"拟定了广泛的措施规划"并予以实施⑥。

第一，理论和组织工作的准备。一方面与"托洛斯基分子、右倾机会主义分子、资产阶级经济学家和农业社会主义改造的其他反对分子进行了斗争"⑦；另一方面制定促进农村社会道路发展的经济政策，"力求使农村贫农和中农阶层群众性的投入合作社运动，把供销领域联合农民的重心转到生产领域把他们联合起来"⑧。

第二，减轻粮食采购和供给等经济困难。1928年初，苏联采购的粮食

---

① 吕卉：《苏联农业集体化运动研究（1927—1938）》，吉林大学博士论文，2010年，第4页。
② 苏联科学院经济研究所编，复旦大学经济系和外文系俄语教研组部分教员（唐朱昌、余兴发、马文奇、胡企彭、王逸琳、周形新、彭辉芳、潘天虹、牟慧萍、盛曾安等）校译：《苏联社会主义经济史》第3卷，第30—33页。
③ 同上书，第412页。
④ 同上书，第414页。
⑤ 同上书，第33页。
⑥ 同上书，第420页。
⑦ 同上书，第422—423页。
⑧ 同上书，第433页。

比上年度减少了 1.28 亿普特，粮食供应特别困难，而且粮食采购成为当时富农阶层激烈反对农业社会主义改造的主要场所。在这种情况下，苏联采取了一系列政策手段来应对，比如：动用城市储备粮增加粮食采购区的粮食供应；增加富农和农村富裕阶层的赋税；消除粮食采购机构之间的竞争，采取紧急措施反对富农及投机商借机抬高粮价和威胁工人的行为。"为粮食而斗争把贫农和中农群众团结在党和苏维埃组织的周围，促进苏维埃和合作社机关健康发展。……粮食采购困难，特别明显地暴露了农业的落后，令人信服地表明，绝对有必要进行农业社会主义改造。"[1]

第三，加强集体农庄现代技术装备及财政、金融支持。1925/1926 年度—1928/1929 年度的 4 年中，工业为农业提供 470 万架犁，180 万架耙，27.5 万架播种机，81 万台收割机和割草机，59.6 万台扬簸机和选别机。同时，加大了农业预算拨款（1926/1927 年度为 29810 万卢布，1929/1930 年度为 135300 万卢布，增加 3.5 倍）和对集体农庄及合作社购买机器和农具的贷款，1928/1929 年度，俄罗斯共和国的集体农庄获得了购置农机信贷总额的 23.8%，合作社和社会组织获得了 33.5%[2]。

第四，促进合作社发展，探索合作社向集体农庄过渡的途径和办法。(1) 促进合作社发展。"引导贫农户参加农业合作社的重要手段是由合作社建立贫雇农合作化基金"[3]，到 1927 年 10 月 1 日，合作社联社系统的各类合作社共 6.46 万个，950 万社员。如果加上"野生的"[4] 合作社，合作社总数为 7.93 万个，社员 1010 万人，联合的农户占农户总数的 32%。两年后 (1929.10.1)："社员人数超过 1300 万人，群众性集体化前夕，农业合作社已联合了 55% 以上的农户。"[5] (2) 降低供销和信贷合作社的比例，提高生产合作社的比例。1925—1927 年，前者由 64% 降到 36.4%，后者由 29.2% 提高到 55.5%。(3) 按共耕社的章程来组建生产合作社。生产合作社总数

---

[1] 苏联科学院经济研究所编，复旦大学经济系和外文系俄语教研组部分教员（唐朱昌、余兴发、马文奇、胡企彭、王逸琳、周邦新、彭辉芳、潘天虹、牟慧萍、盛曾安等）校译：《苏联社会主义经济史》第 3 卷，第 419 页。

[2] 同上书，第 424—426 页。

[3] 从这一基金中给贫雇农发放支付入社费和股金（无息长期贷款）；贫雇农的股金可在三年内分期支付；农民互助委员会也可以帮助贫雇农支付股金。

[4] 即未加入合作社联社的合作社。

[5] 苏联科学院经济研究所编，复旦大学经济系和外文系俄语教研组部分教员（唐朱昌、余兴发、马文奇、胡企彭、王逸琳、周邦新、彭辉芳、潘天虹、牟慧萍、盛曾安等）校译：《苏联社会主义经济史》第 3 卷，第 433—434 页。

从 1925 年的 1516 个增加到 1927 年的 18555 个，增加了 11.2 倍①。自 1929 年起，许多重要生产区的播种协作社开始改行农业劳动组合的章程②，协作社转化成集体农庄了。"到全盘集体化前叶，有 600 万—700 万农户即农户总数的 1/4 左右组成了最简易的生产合作组织。……从而为农民转到集体农庄建设的道路准备了前提。"③（4）通过各农业合作社中央联社的农产品采购计划、谷物预购计划、生产资料供应等措施，排挤私人中间商，从而把贫农户和中农户密切联合起来，直接组建集体联合组织。1928/1929 年度，粮食合作系统在预购计划的影响下，总计组建了约 15000 个集体农庄；1928 年春播中，乌克兰共和国在谷物预购的基础上，产生了 2500 个集体联合组织，1400 个机器拖拉机协作社和 1880 个其他联合组织④。到 1929 年，生产合作化运动已经转变为群众性集体农庄运动。斯大林探索出了一条合作社转制为集体农庄的道路。

第五，巩固国营农场，加强其对农户的改造作用。一是加强国营农场的实力，使其"真正变成模范的社会主义类型的大经济"⑤。到 1929 年，国营农场拥有土地 1122.88 万公顷，每个农场平均土地面积由 1925 年的 499 公顷，扩大到 1929 年的 1020 公顷，其中最大的农场有土地 14 万公顷（北高加索边区萨尔斯克区），2516 个工人，342 台拖拉机、79 辆汽车、9 台联合收割机，60000 公顷播种地，产出 300 多万普特粮食⑥。二是在国营农场组织租赁站、机器拖拉机队，加强对农场周边农民的生产和技术援助；同时在农民中普及农业技术和畜牧学知识。"国营农场对周围农村居民的影响导致国营农场周围出现了一个集体农庄环，成了全盘集体化地区的中心。"⑦

自 1927 年下半年始，农业全盘集体化运动加速了。到 1929 年上半年，集体农庄发展到 5.7 万个，增加 2.85 倍；联合了全国 100 多万农户，占总农户的 3.9%，比 1927 年增长 3.1 个百分点（表 4-5）。"从 1929 年下半年

---

① 苏联科学院经济研究所编，复旦大学经济系和外文系俄语教研组部分教员（唐朱昌、余兴发、马文奇、胡企彭、王逸琳、周邦新、彭辉芳、潘天虹、牟慧萍、盛曾安等）校译：《苏联社会主义经济史》第 3 卷，第 433—434 页。
② 同上书，第 433 页。
③ 同上书，第 440 页。
④ 同上书，第 438 页。
⑤ 同上书，第 441 页。
⑥ 同上书，第 433—434 页。
⑦ 同上书，第 445 页。

起，农民群众的集体农庄运动规模壮阔"①，当年6—9月，集体农庄增加到6.74万个，联合农户增长近1倍，集体化水平从3.9%提高到7.6%②。但是，相对于农业全盘集体化运动，"这仅仅是我国开展群众性集体农庄运动的一个序幕"③。

表4-5　　　　　1927—1929年上半年苏联集体农庄发展情况

	1927年	1928年	1929年上半年
集体农庄数（万个）	1.48	3.33	5.7
其中：农业公社%	9.0	5.4	6.2
农业劳动组合%	48.1	34.8	33.6
土地共耕社%	42.9	59.8	60.2
集体化水平（联合农户的%）	0.8	1.7	3.9

数据来源：根据苏联科学院经济研究所编，复旦大学经济系和外文系俄语教研组部分教员（唐朱昌、余兴发、马文奇、胡企彭、王逸琳、周邦新、彭辉芳、潘天虹、牟慧萍、盛曾安等）校译：《苏联社会主义经济史》第3卷，第447、450页的数据整理而成。

在前提条件准备阶段，集体农庄建设及其制度安排的主要变化是：（1）因为"……取缔假集体农庄以及薄弱的、无生气的或形式上建立的集体单位，所以集体农庄的数量减少了"④，一直到1927年，集体农庄的数量还低于1925年。（2）十月革命胜利后头几年，集体农庄大多产生于地主庄园，准备阶段初期，集体农庄完全移到了农民份地上，这样一来，筹建集体农庄更加依赖农民的主动性。（3）集体农庄发展之初庄员以工人（原地主庄园的雇工等）为主，列宁时代的庄员几乎全部由贫农户组成，准备阶段的庄员开始由中农来充实。（4）准备阶段初期，劳动组合的比例减少了，而"最简易形式的土地共耕社比例增加了"。"这种状况是与中农持谨慎态度分不开的，因为他们认为必须保持农具和役畜私有"⑤。（5）苏维埃国家更急切地推动土地共耕社公有化，办法之一就是促进土地共耕社改行劳动组合章程，之二是开始合并集体农庄，组建更大的新集体农庄。（6）集体农庄公

---

① 苏联科学院经济研究所编，复旦大学经济系和外文系俄语教研组部分教员（唐朱昌、余兴发、马文奇、胡企彭、王逸琳、周邦新、彭辉芳、潘天虹、牟慧萍、盛曾安等）校译：《苏联社会主义经济史》第3卷，第469页。
② 同上书，第470页。
③ 同上书，第453页。
④ 同上书，第447页。
⑤ 同上书，第450页。

积金的提成增加了，按劳分配的原则付诸实施了。1928年，按照劳动力并参照出工时间进行收入分配的农业公社占50.4%，农业劳动组合占55.9%，土地共耕社占47.6%①。

（三）农业全盘集体化运动的推进及目标实现

1930—1932年，是斯大林的农业全盘集体化运动加速推进阶段。1930年1月5日，苏共中央颁布《关于集体化速度和国家帮助集体农庄建设的办法》，要求"在五年计划期间内……完成绝大多数农户集体化的任务"②。这一要求比原计划大大加速了，尽管这个决议"反对任何用自上面发号施令的办法来领导集体农庄运动，有害地去追求百分比"，但至当年2月，"集体农庄运动达到了巨大的规模"③，"扑灭富农反抗"④、"强迫农民集体化"等过火行为不可避免地发生了。

"扑灭富农反抗"和强迫农民集体化，是后来研究者批判斯大林最集中的地方，有必要作些补叙。苏联消灭富农始于列宁。恩格斯曾经推想，如果富农能够开明理智的话，也许不应该对他们采取剥夺。但是，在外国武装干涉和国内战争时期，富农公开参与了反对苏维埃政权的武装斗争。因此列宁说，"在俄国，这种推想没有被证实，我们过去和现在都同富农进行直接的国内战争，将来也会这样，这是不可避免的"⑤，很明显，列宁是把消灭富农看成农业社会主义改造组成部分的。1928—1929年，富农又进行了粮食罢市，拒绝出售粮食，而且制造纵火事件、损毁财产、毒害和宰杀牲畜、采用恐怖手段对付集体农庄积极分子，在民族共和国和民族州的集体化过程中，封建拜依分子和富农利用收回出租土地、提供临时役畜、贿买牲畜和土地等手段收买贫农和中农户脱离集体农庄等。这在很大程度上迫使斯大林对富农采取极端措施，从1930年初至1932年秋，从农业全盘集体化地区逐出

---

① 苏联科学院经济研究所编，复旦大学经济系和外文系俄语教研组部分教员（唐朱昌、余兴发、马文奇、胡企彭、王逸琳、周邦新、彭辉芳、潘天虹、牟慧萍、盛曾安等）校译：《苏联社会主义经济史》第3卷，第452页。

② 同上书，第473页。

③ 同上书，第473—474页。

④ 从1930年至1932年，从农业全盘集体化地区逐出的富农家庭240757户，约占农户总数的1%。参见苏联科学院经济研究所编，复旦大学经济系和外文系俄语教研组部分教员（唐朱昌、余兴发、马文奇、胡企彭、王逸琳、周邦新、彭辉芳、潘天虹、牟慧萍、盛曾安等）校译：《苏联社会主义经济史》第3卷，第483页。

⑤ 转引自苏联科学院经济研究所编，复旦大学经济系和外文系俄语教研组部分教员（唐朱昌、余兴发、马文奇、胡企彭、王逸琳、周邦新、彭辉芳、潘天虹、牟慧萍、盛曾安等）校译：《苏联社会主义经济史》第3卷，第482页。

的富农家庭约 24.08 万户，约占农户总数的 1%[①]，相当于富农总户数的 24.1%[②]。同期，在民族地区 6 万余户拜依富农户中，"被取缔 4 万户；在乌兹别克斯坦有 4 万多拜依和富农户被消灭"[③]。我们从这里看到了特定历史条件下对富农斗争的必要性，还要看大批被逐出的富农被安置到林业、建筑业和采矿工业，以及西西伯利亚和哈萨克斯坦的国营农场，帮助他们成为有充分权利的公民和社会主义劳动者。

强迫农民集体化的问题确实存在，"在集体化取得真正成效的同时，也很快暴露了这个运动的阴暗面就是集体农庄建设中的错误"，包括"违背列宁的农民合作化原则"，违背"集体化的速度、集体农庄的形式、生产公有化的方法、集体农庄的规模……人为地推广公社以代替劳动组合，强迫实行住宅、小牲畜和家禽公有化，有的地方剥夺富农也褫夺了中农的选举权，等等"[④]。因为强迫，"从 1930 年 3 月起便出现了一大部分农民退出集体农庄，有些集体农庄陷于瓦解"[⑤]。面对这一情况，1930 年 3 月 2 日，公布了经过苏维埃国家批准的《农业劳动组合示范章程》，通过章程的贯彻来纠正农业全盘集体化运动的过火行为，从而再次促进了集体农庄数量增加，至当年 7 月 1 日，集体农庄数量总计为 8.6 万个，联合 600 万农户[⑥]。

苏共第十六次代表大会（1930.6）后，集体农庄再掀新高潮，一些地区整村或整乡联合到集体农庄。1930 年的最后 3 个月，有 100 万户以上的农户加入集体农庄。到 1931 年 6 月，主要粮食产区如北高加索、伏尔加中游西岸地区及下游、乌克兰草原地带、克里木草原已有 80% 以上的农户和 90% 以上的播种地联合到集体农庄。表 4-6 显示，"到 1932 年，全国集体

[①] 苏联科学院经济研究所编，复旦大学经济系和外文系俄语教研组部分教员（唐朱昌、余兴发、马文奇、胡企彭、王逸琳、周邦新、彭辉芳、潘天虹、牟慧萍、盛曾安等）校译：《苏联社会主义经济史》第 3 卷，第 483 页。

[②] 1927 年，苏联全国有 100 多万富农户。参见苏联科学院经济研究所编，复旦大学经济系和外文系俄语教研组部分教员（唐朱昌、余兴发、马文奇、胡企彭、王逸琳、周邦新、彭辉芳、潘天虹、牟慧萍、盛曾安等）校译：《苏联社会主义经济史》第 3 卷，第 482 页。

[③] 苏联科学院经济研究所编，复旦大学经济系和外文系俄语教研组部分教员（唐朱昌、余兴发、马文奇、胡企彭、王逸琳、周邦新、彭辉芳、潘天虹、牟慧萍、盛曾安等）校译：《苏联社会主义经济史》第 3 卷，第 495 页。

[④] 同上书，第 474 页。

[⑤] 同上。

[⑥] 同上书，第 476 页。

化从整体上看已近尾声"①。

表4-6　　　　　　1930—1932年的集体农庄建设进度

	1930年	1931年	1932年
集体农庄数（万个）	85900	224500	211100
农户集体化的（%）	23.6	52.7	61.5
集体农庄播种面积占全部播种面积（%）	30.9	63.0	75.5

数据来源：苏联科学院经济研究所编，复旦大学经济系和外文系俄语教研组部分教员（唐朱昌、余兴发、马文奇、胡企彭、王逸琳、周邦新、彭辉芳、潘天虹、牟慧萍、盛曾安等）校译：《苏联社会主义经济史》第3卷，第481页。

这一时期内，苏联完成了社会主义经济基础建立。到1932年，"两种所有制形式（国家所有制和合作社集体农庄所有制）在国民经济中取得了统治地位"②。但是，不能把1932年作为斯大林农业全盘集体化的完成时间，因为第一个五年计划期间（1928—1932），虽然"大部分贫农户和中农户（61.5%）联合成了集体农庄"（表4-6），但还"有1/3以上农户仍是个体经济"③。按照1931年8月苏共中央规定的基本完成集体化的标准，"集体农庄必须要所有贫农和中农参加，加入集体农庄的农户不少于68%—70%，播种面积不少于75%—80%"④，显然，1932年还没有达到基本完成的标准。第二个五年计划（1933—1937）的最后一年，苏联总计有24.37万个集体农庄，加入集体农庄的农户1849.96万户，占农户总数的93%，播种面积达到99%以上⑤，农业全盘集体化的任务已经完成。

需要指出，到1937年农业全盘集体化运动结束时，集体农庄已经"农业劳动组合"化了，农业劳动组合24.25万个，占集体农庄总数的99.5%。"到第二五年计划期末和第三个五年计划时期，农业劳动组合成了集体农庄

---

① 苏联科学院经济研究所编，复旦大学经济系和外文系俄语教研组部分教员（唐朱昌、余兴发、马文奇、胡企彭、王逸琳、周邦新、彭辉芳、潘天虹、牟慧萍、盛曾安等）校译：《苏联社会主义经济史》第3卷，第481页。

② 同上书，第1页。

③ 苏联科学院经济研究所编，复旦大学经济系和外文系俄语教研组部分教员（唐朱昌、余兴发、马文奇、胡企彭、王逸琳、周邦新、彭辉芳、潘天虹、牟慧萍、盛曾安等）校译：《苏联社会主义经济史》第4卷，第401页。

④ 同上。

⑤ 同上书，第405页。

的唯一形式，例外者极少"①。但是，民族区域集体农庄的形式仍保持多样性：在哈萨克斯坦游牧和半游牧区和极北地带建立国营和合作社售货站（猎区购销站），向农民展示合作化的好处，进而采取特殊形式——综合合作社②吸引农民加入，1930年极北地带由8个联合社134个基层合作社389个店铺组成了一个综合合作社网③；东部地区的乌兹别克斯坦则根据习俗和传统发展妇女缝纫合作社，加尔梅克发展妇女奶牛加工劳动组合，卡巴尔达—巴尔卡扎和北奥塞梯设有养禽劳动组合；在没有建立贫农团的地区建立"科什奇"协会的基层组织，然后引导协会会员参加合作社并建立集体农庄，1929年末，在哈萨克斯坦的阿乌尔已有的集体农庄中有25%是"科什奇"协会建立的④。集体农庄发展速度上的地区差异也很明显：到1932年7月，俄罗斯联邦北高加索地区加入集体农庄农户比例平均为70.7%，其中比例最低的达格斯坦只有19.3%；极北地区各少数民族到1932年初只有大约20%的农户加入集体农庄⑤。1930—1932年，在这些地区也出现过让共耕社过早、过快地改行农业劳动组合章程的现象，比如哈萨克斯坦1930年最简易的集体农庄比例还有30%—35%，到1932年只剩下1.8%⑥。

　　1937年底，农业全盘集体化运动的目标已经实现。（1）加入集体农庄的农户占农户总数的比例和集体农庄播种面积占全国农业播种面积的比例均超过了90%。（2）集体农庄的物资技术装备水平得到了极大提升。1937年底，为集体农庄服务的机器拖拉机站有36.58万台拖拉机，10.5万台谷物联合收割机，6.03万辆载重汽车；有3%的集体农庄和30%的机器拖拉机站实现了电气化。从1932—1937年，机耕率由19%提升到71%、谷物的机

---

　　① 苏联科学院经济研究所编，复旦大学经济系和外文系俄语教研组部分教员（唐朱昌、余兴发、马文奇、胡企彭、王逸琳、周邦新、彭辉芳、潘天虹、牟慧萍、盛曾安等）校译：《苏联社会主义经济史》第4卷，第408页。
　　② 综合合作社把贸易、采购、信贷和生产职能结合起来，甚至把学校和医疗建设职能也纳入其中，很快赢得了北方各民族的信任和接受。
　　③ 苏联科学院经济研究所编，复旦大学经济系和外文系俄语教研组部分教员（唐朱昌、余兴发、马文奇、胡企彭、王逸琳、周邦新、彭辉芳、潘天虹、牟慧萍、盛曾安等）校译：《苏联社会主义经济史》第3卷，第458页。
　　④ 同上书，第461页。
　　⑤ 同上书，第488—489页。
　　⑥ 同上书，第490页。

播率由20%提升到54.3%,机械收割率由10%提升到43.8%①。(3)集体农庄成为农业生产的主体。1937年,集体农庄共有播种面积11595万公顷,占苏联全部播种面积(13530万公顷)的85.7%②。(4)集体农庄庄员的收入水平提高了,而且区域差距趋于拉平(表4-7)。(5)集体农庄的发展有力促进了苏联农业增产。1937年,苏联的谷物总产量9740万吨(1933年为6840万吨),每公顷土地收获量9.3公担,谷物总产量和单位面积产量都是历史上最高的一年③。全国农业总产值大大增长,其中种植业增长20%,畜牧业增长45.3%④。

表4-7　　　　1937年苏联各地区的集体农庄庄员收入水平

地区	庄员个人收入(卢布)	地区	庄员个人收入(卢布)
中央非黑土地带	1519.0	格鲁吉亚共和国	1187.0
中央黑土地带	1323.7	亚美尼亚共和国	899.9
乌克兰共和国	1198.7	土库曼共和国	1052.0
白俄罗斯共和国	1284.8	乌兹别克共和国	1587.6
阿塞拜疆共和国	911.0	塔吉克共和国	909.3

注：庄员收入包括劳动日收入和个人副业收入；根据苏联科学院经济研究所编,复旦大学经济系和外文系俄语教研组部分教员(唐朱昌、余兴发、马文奇、胡企彭、王逸琳、周邦新、彭辉芳、潘天虹、牟慧萍、盛曾安等)校译：《苏联社会主义经济史》第4卷,第473页的叙述整理。

(四) 合作社集体农庄所有制形成体系

1938—1940年是苏联合作社集体农庄所有制度形成体系时期。1930年颁布的《农业劳动组合示范章程》,经过1935年2月集体农庄突击队员第二次代表大会修订通过,并经苏联人民委员会和联共(布)中央批准。新

---

① 苏联科学院经济研究所编,复旦大学经济系和外文系俄语教研组部分教员(唐朱昌、余兴发、马文奇、胡企彭、王逸琳、周邦新、彭辉芳、潘天虹、牟慧萍、盛曾安等)校译：《苏联社会主义经济史》第4卷,第477、480、481页。

② 同上书,第484页。

③ 革命前俄国,1909—1913年谷物产量5.03公担/公顷；第一个五年计划时期年平均7.5公担/公顷,1932—1934年间年平均6.7公担/公顷,1935年7.3公担/公顷。参见苏联科学院经济研究所编,复旦大学经济系和外文系俄语教研组部分教员(唐朱昌、余兴发、马文奇、胡企彭、王逸琳、周邦新、彭辉芳、潘天虹、牟慧萍、盛曾安等)校译：《苏联社会主义经济史》第4卷,第488页。

④ 苏联科学院经济研究所编,复旦大学经济系和外文系俄语教研组部分教员(唐朱昌、余兴发、马文奇、胡企彭、王逸琳、周邦新、彭辉芳、潘天虹、牟慧萍、盛曾安等)校译：《苏联社会主义经济史》第4卷,第488页。

章程出台，标志着苏联合作社集体农庄所有制度框架体系的形成，其中包括：

第一，农业劳动组合即"集体农庄的道路，就是社会主义道路，是劳动农民唯一正确的道路"，劳动组合成员的职责是"诚实劳动，按劳分配集体农庄的收入，保护公有制，爱护集体农庄的财产……从而使自己的集体农庄成为布尔什维克式的农庄，使全体集体农庄成员成为生活富裕的人"[①]。

第二，农业劳动组合中成员所使用的一切农业用地公有，从中划出较小的一部分，构成宅旁园地总面积。主要生产资料公有化，包括役畜、机器和农具，商品产品畜，对管理劳动组合经济所必需的生产经营性建筑，农产品加工企业。仍然归劳动组合成员个人所有的是：住宅、奶牛、一定数量的绵羊、猪（按劳动组合章程规定的数额）、家禽、农具，经营个人宅旁园地所必需的经营性建筑[②]。

第三，劳动组合的公积金、资产和资源以及生产的一切产品都是集体财产。包括集资金和其他财产，集体农庄的企业、房屋、营造物、拖拉机、联合收割机以及其他机器、设备、运输工具，役畜和产品畜，多年生林木，土地改良和水利工程，劳动组合生产的一切产品，集体农庄合办的及国家与集体农庄合办的组织和企业的财产和资金（该集体农庄参加的股份）等。这一时期提高了公积金的比例，"到第一个五年计划结束时，公积金总数为47亿卢布，几乎是集体农庄固定生产基金之总值的一半"[③]。苏联把集体农庄公积金的增长看成是集体农庄公有经济发展的综合指标。1935年的章程规定，将公有化财产的1/4到1/2的价值用作公积金，其余部分作为劳动组合成员的股金，退出集体农庄应予归还，入庄费也被列入公积金，公积金归集体农庄所有，不能分给庄员，退出组合时也不归还庄员。1938年规定，谷类作物区集体农庄公积金的提成为现金收入的12%—15%，技术作物区为15%—20%。实际执行时，1938年谷类作物区公积金的提成为现金收入的12%—15%的集体农庄占78.1%，1939年为82%；技术作物区公积金提成

[①] 苏联科学院经济研究所编，复旦大学经济系和外文系俄语教研组部分教员（唐朱昌、余兴发、马文奇、胡企彭、王逸琳、周邦新、彭辉芳、潘天虹、牟慧萍、盛曾安等）校译：《苏联社会主义经济史》第4卷，第413页。
[②] 苏联科学院经济研究所编，复旦大学经济系和外文系俄语教研组部分教员（唐朱昌、余兴发、马文奇、胡企彭、王逸琳、周邦新、彭辉芳、潘天虹、牟慧萍、盛曾安等）校译：《苏联社会主义经济史》第3卷，第503页。
[③] 同上书，第507页。

为15%—20%的集体农庄相应占75.8%和81.6%[①]。

第四,农业劳动组合中的集体生产责任制度已显雏形。苏联在合并集体农庄扩大规模的同时,划小了生产经营单位,强调分工与协作并开始实行集体生产责任制度。自1935年苏共中央决定"制定必要的措施,在严格遵守自愿合并的条件下把那些极小的集体农庄加以合并"[②]。因为合并,集体农庄数量由1935年的24.54万个减少到1938年的24.24万个,而集体农庄的规模扩大了,1937—1940年,集体农庄的平均规模扩大到农户数从76户增至81户,耕地面积从591公顷增至614公顷,公共播种面积从476公顷增至492公顷[③]。随着集体农庄规模的扩大,必须配套以相应的责任制度,于是集体农庄内部将一部分庄员固定从事农业,一部分从事畜牧业。在此基础上,一些集体农庄开始建立生产队,并且逐渐由季节性生产队过渡到长期性生产队,把一定的地段和生产资料及某一部门(比如畜牧业)固定给生产队。1932年2月,苏共中央规定"生产队应该成为集体农庄劳动组织中最重要的环节";"固定庄员编制的生产队是集体农庄中的理想组织"[④]。自此,"生产队"成为苏联集体农庄劳动组织的基本形式和最小单元。到1937年,每个集体农庄设有2个以上的生产队(或田间作业队),每个队平均拥有16岁以上的男子24名,妇女30名,少年8名,共62人。同一时期,集体农庄根据农活复杂程度及劳动强度定出等级差别,采用生产定额、运用计件工资制度,实行奖励制度等管理措施,集体承包制度已显示雏形。

第五,改革集体农庄的分配制度。1928年第一次全苏集体农庄代表大会谴责了过去按"平均—消费原则"分配收入的制度,强调必须将集体农庄改行按劳动数量和质量的劳动报酬。第二个五年计划期间,劳动日得到公认,并根据不同农户分成7个等级,拉开了级差比例,最高类与最低类由2∶1调整到4∶1。1935年的新章程又将计件工资作为集体农庄中最合理的制度固定下来。这样一来,"每个人都担心为邻居白干活"的问题得到了初

---

① 苏联科学院经济研究所编,复旦大学经济系和外文系俄语教研组部分教员(唐朱昌、余兴发、马文奇、胡企彭、王逸琳、周邦新、彭辉芳、潘天虹、牟慧萍、盛曾安等)校译:《苏联社会主义经济史》第4卷,第419页。

② 同上书,第407页。

③ 同上。

④ 转引自苏联科学院经济研究所编,复旦大学经济系和外文系俄语教研组部分教员(唐朱昌、余兴发、马文奇、胡企彭、王逸琳、周邦新、彭辉芳、潘天虹、牟慧萍、盛曾安等)校译:《苏联社会主义经济史》第3卷,第510页。

步解决,"集体农庄庄员的劳动集体性总的说来有了高涨"[1]。扣除和剩余分配是:首先向国家缴纳法定的税款和交付保险费,其次是日常生产需要的开支、行政管理费用(限在货币收入的 2%),拨出供文化需要用的资金,充实公积金,剩下的部分按劳动日在组合成员之间进行分配。1937年,集体农庄总产值的分配如下:26.1% 出售和上缴给国家(义务交售、实物支付),29%用于生产需要,35.9%按劳动日分配给庄员和拖拉机手。从现金收入中抽出约 20%用作生产需要,14%用作公积金,50% 左右按劳动日进行分配用于拖拉机手的劳动报酬[2]。

第六,建立集体农庄的福利制度。第二个五年计划期间,庄员的福利和收入分配比改造初期有了较快增长。到 1937 年,苏联全国按照劳动日平均发给集体农庄成员每户 106.2 普特谷物和 376 卢布货币(表 4-8)。除货币和谷物以外,有些集体农庄还按劳动日分配畜牧业产品,如马铃薯、蔬菜、干草等。

表 4-8   20 世纪 30 年代苏联集体农庄收入分配及福利变化情况

	1932	1935	1937
全苏联平均每个劳动日发给谷物(公斤)	2	2.5	3.9
全苏联平均每户分到的谷物(公担)	6	9.1	16.4
全苏联平均发给每户货币(卢布)	108	247	376
全苏联平均每户从公有经济和个人副业中所获的个人总收入(食物按 1937 年的市场价格股价折算,单位卢布)	2132	不详	5843

根据苏联科学院经济研究所编,复旦大学经济系和外文系俄语教研组部分教员(唐朱昌、余兴发、马文奇、胡企彭、王逸琳、周邦新、彭辉芳、潘天虹、牟慧萍、盛曾安等)校译:《苏联社会主义经济史》第 4 卷,第 420 页的叙述整理。

(五) 集体农庄恢复、调整与制度巩固

1941—1945 年的卫国战争使苏联集体农庄遭受了重大损失,1946—1955 年苏联进入到集体农庄恢复及制度巩固时期。卫国战争期间,德寇在占领区破坏和劫掠了 9.8 万个集体农庄、1876 个国营农场、2890 个拖拉机站。……毁坏和烧掉 7 万多个农村……仅集体农庄的损失达到 1810 亿卢布。

---

[1] 苏联科学院经济研究所编,复旦大学经济系和外文系俄语教研组部分教员(唐朱昌、余兴发、马文奇、胡企彭、王逸琳、周邦新、彭辉芳、潘天虹、牟慧萍、盛曾安等)校译:《苏联社会主义经济史》第 4 卷,第 418 页。

[2] 同上。

法西斯分子在国营农场、集体农庄和拖拉机站破坏和运往德国的拖拉机13.7万台，联合收割机4.9万台，犁、耙和其他耕作农具400万件，播种机与栽植机76.5万台，收割机与选种机88.5万台。杀死、抢走或赶往德国的马匹700万匹，牛1700万头，猪2000万头，羊2700万头、家禽1.1亿只①。战争结束时：集体农庄的劳动力减少1/3；农业物质技术基础大大落后于战前水平，拖拉机总台数只有1940年的72%，牲畜牵引力比战前减少46%，集体农庄的牛总头数只有战前的79%，没有牲畜的集体农庄庄员占40%②。1945年的农业总产量只有战前水平的60%，1946年又遭受严重自然灾害。集体农庄恢复及制度巩固从四个方面展开。

第一，在乌克兰、白俄罗斯、摩尔达维亚的西部地区以及战争前夕加入苏联的爱沙尼亚、拉脱维亚和立陶宛地区开展农业集体化。这些共和国和地区直到1940—1941年才进行土地改革，建立集体农庄，又在卫国战争中被迫中断了。恢复时期（1946—1950），这些共和国和地区重新集体化。到恢复期末的1950年，这些共和国和地区基本实现了集体化，实行集体化的农户爱沙尼亚占93%、拉脱维亚占96%、立陶宛占91.7%、西白俄罗斯占83.7%、摩尔达维亚占97%③。

第二，恢复和发展农业物质技术基础。1946—1950年，苏联向农业提供了（折合15马力计算）拖拉机53.6万台，谷物联合收割机9.3万台。到1950年，农业部门的拖拉机总台数60万台，超过战前（1940年6.9万台）13%；同时，3.85万个集体农庄、0.43万个机器拖拉机站、0.321个国营农场和514个农业部直属农业实验育种站实行了电气化④。

第三，从组织上巩固集体农庄。(1)加强中央控制。1946年10月成立了直属苏联部长会议的集体农庄事务委员会，该委员会在各共和国和州都派驻自己的代表。该委员会的职责是严格监督农业劳动组合章程的执行，解决集体农庄的建设问题⑤。(2)整顿集体农庄的干部队伍、培养技术人员。如

---

① 苏联科学院经济研究所编，复旦大学经济系和外文系俄语教研组部分教员（唐朱昌、余兴发、马文奇、胡企彭、王逸琳、周邦新、彭辉芳、潘天虹、牟慧萍、盛曾安等）校译：《苏联社会主义经济史》第5卷，第514页。
② 苏联科学院经济研究所编，复旦大学经济系和外文系俄语教研组部分教员（唐朱昌、余兴发、马文奇、胡企彭、王逸琳、周邦新、彭辉芳、潘天虹、牟慧萍、盛曾安等）校译：《苏联社会主义经济史》第6卷，第138页。
③ 同上书，第154页。
④ 同上书，第141—142页。
⑤ 同上书，第143页。

裁减超编人员，创办两年制培养集体农庄领导干部的学校，创办一年制培养大田农艺师、畜牧工作者、初级兽医、农业森林土壤改良工作者、会计人员的学校，训练机务人员等。这些措施作用明显，到1951年初，受过高等和中等教育的农庄主席所占比例由1945年的0.3%提高到1951年初的15%，各类农业专家的人数比1947年增加了5.8万人，增长28.4%[①]。（3）自1950年始大规模合并集体农庄。其目的是"引导集体农庄走进步的道路，走合作社集体农庄所有制接近全民所有制的道路"[②]。截止到1951年1月1日，苏联集体农庄已合并为12.37万个[③]，比1940年（23.55万个）减少了47.5%。

第四，利益调整和制度巩固，调动生产者的积极性。首先，将战时交给机关和企业暂用的土地等财产归还集体农庄。到1947年初，已有470万公顷土地、14万余头牲畜以及其他财产归还集体农庄[④]。其次，采用新的生产定额和分配办法，消除集体农庄劳动报酬中的平均主义。1948年与1933年相比，耕地定额提高了12%—17%，耙地定额提高了12%—20%；评定庄员劳动复杂程度的等级从原来的7级增加到9级；同时，调整集体农庄领导人员劳动报酬（比如给工作期满五年以上的主席外加15%的劳动日）[⑤]。为了进一步刺激农业生产，苏共全会的决定（1953.9）降低了集体农庄和庄员个人副业向国家义务交售畜产品、马铃薯、蔬菜的定额，同时勾销了集体农庄和庄员在畜产品方面的欠账[⑥]。这样，集体农庄和庄员就能够多出一部分产品以较高的采购价和市场价出售，从而进一步调动了农业生产的积极性。

第五，实行分级定额、按件计酬的集体承包制。在集体经济内部采用承包责任制度，是集体生产效率提升的最重要制度。农业全盘集体化结束时，苏联集体承包制已显雏形；恢复时期，又在先进的集体农庄试行按统一定额、生产成果等对作业队实行经济核算制，这标志着集体承包制正式形成。斯大林创造的在集体农庄内部实行分级定额、按件计酬的集体承包制度，曾

---

① 苏联科学院经济研究所编，复旦大学经济系和外文系俄语教研组部分教员（唐朱昌、余兴发、马文奇、胡企彭、王逸琳、周邦新、彭辉芳、潘天虹、牟慧萍、盛曾安等）校译：《苏联社会主义经济史》第6卷，第145页。
② 同上书，第315页。
③ 同上书，第149页。
④ 同上书，第143页。
⑤ 同上书，第147页。
⑥ 同上书，第525页。

经被介绍到中国,对中国农民自发进行"包产到户"试验产生过重要影响①。

第四个五年计划的实施,基本消除了战争给农业造成的损失。到1950年,集体农庄总产值(按可比价格计算)为1940年的97%;虽然谷物产量还低于1940年,但棉花、糖用甜菜、向日葵的产量增加了;畜牧业成就更大,集体农庄的公有畜群中母牛的总头数增加22.8%,猪增长50%,绵羊增长55%,山羊增长1.7倍。集体农庄的收入较大提高,从1940—1950年:货币收入由207亿卢布增加到342亿卢布;集体农庄单位面积土地的收入水平也提高了,种植业由3400卢布提高到6600卢布,畜牧业由1500卢布提高到1900卢布②。集体农庄生产的恢复,保证了苏联农业的恢复(表4-9),农业增长趋势一直持续到斯大林逝世,1951—1953年间,苏联农业年平均总产值为487亿卢布(按1973年可比价格计算),超过1946—1950年年平均水平的9.7%,但仍然低于1940年的493亿卢布③。

表4-9　　　　　　　　苏联第四个五年计划期间集体农庄

	1940年	1946—1950年平均	1950年
农业总产值(按1956年可比价格,亿卢布)	396	357	393
谷物(百万吨)	95.6	64.8	81.2
籽棉(百万吨)	2.24	2.32	3.54
糖用甜菜(工厂用,百万吨)	18.0	13.5	20.8
向日葵(百万吨)	2.64	1.55	1.8
亚麻纤维(千吨)	349	225	255
马铃薯(百万吨)	76.1	80.7	88.6
蔬菜(百万吨)	13.7	11.4	9.3

---

① 1956年6月,中国浙江省温州市永嘉县县委农工部干部戴浩天带队在该县燎原社进行责任制试点时,学习了国内出版的介绍苏联集体农庄改革生产组织经验的书籍,集体农庄分级定额、按件计酬(庄员固定地段作为计件制的依据)的管理方式给他很大的启发,摸索出"统一经营、三包到队(包工包产包成本)、定额到丘、责任到户"的责任制,在永嘉县推广后,不到1年时间,全县有40%合作社实施这一制度,该县由此成为新中国农业史上"承包到户第一县"。

② 苏联科学院经济研究所编,复旦大学经济系和外文系俄语教研组部分教员(唐朱昌、余兴发、马文奇、胡企彭、王逸琳、周邦新、彭辉芳、潘天虹、牟慧萍、盛曾安等)校译:《苏联社会主义经济史》第6卷,第160—161页。

③ 同上书,第519页。

续表

	1940 年	1946—1950 年平均	1950 年
肉类（屠宰重，百万吨）	4.7	3.5	4.9
奶类（百万吨）	33.6	32.3	35.5
蛋类（十亿个）	12.2	7.5	11.7
羊毛（千吨）	161	147	180

资料来源：苏联科学院经济研究所编，复旦大学经济系和外文系俄语教研组部分教员（唐朱昌、余兴发、马文奇、胡企彭、王逸琳、周邦新、彭辉芳、潘天虹、牟慧萍、盛曾安等）校译：《苏联社会主义经济史》第6卷，第160页。

（六）斯大林农业全盘集体化运动的简要评价

1. 农业全盘集体化运动是特定历史条件的必然选择。农业全盘集体化运动是在列宁的农业集体化基础上展开的，而列宁的农业集体化是在马克思、恩格斯社会主义思想引领下，根据俄国国情作出的正确抉择。20世纪20年代末和30年代初，苏联确实面临着战争威胁以及尽快化解国内经济困难尤其是粮食危机、加速工业化和现代化建设的重大压力，化解国内外的巨大压力，也需要加快农业社会主义改造。另外，列宁时代集体农庄建设及苏联国民经济的恢复，为斯大林农业全盘集体化运动奠定了重要基础；斯大林也为农业全盘集体化进行了比较充分的前提条件的准备，这在很大程度上弥补了苏联农业集体化条件之不足。

2. 农业社会主义改造的方式和集体经济实现形式的探索有成功也有教训。农业全盘集体化运动的前提条件准备阶段的发展是健康的。但是，从1929年下半年开始，全盘集体化运动脱离了苏联第二个五年计划而加速推进，很多地区违背了列宁制定的自愿原则，强迫农民实行住宅和小牲畜及家禽的公有化，采取"非常措施"强力推进农业全盘集体化，伤害了一批农民。"扑灭富农反抗"有其必然性：自十月革命胜利后，富农对新生的苏维埃政权及农业集体化都采取了不合作的态度，外国武装干涉和国内战争时期，富农公开参与了反对苏维埃政权的武装斗争，在1928—1929年的粮食危机中富农又进行了粮食罢市，在你死我活的政治、经济斗争中出现镇压及过火行为不足为怪，无论哪家统治者都会这样做。但是，斯大林一直把消灭富农看成是苏联农业全盘集体化不可分割的组成部分，采取残酷的消灭方式，伤及许多无辜者，这在很大程度上败坏了农业全盘集体化运动的声誉。

3. 农业全盘集体化运动较好地实现预期目标。第一，通过农业全盘集体化运动实现了农业社会主义改造的目的，建立了苏联社会主义大农业的生产组织体系，形成了合作社集体农庄所有制的框架体系。第二，集体农庄的物资技术装备极大提升，奠定了苏联现代农业发展的重要基础。在整个斯大林时代，苏联农业连续创造奇迹，1937年苏联的谷物总产量和单位面积产量都是历史上最高的一年，全国农业总产值大大增长，其中种植业增长20%，畜牧业增长45.3%。第三，通过集体农庄迅速恢复了全国农业经济，在较短的时间内实现了国家工业化和现代化。1946—1950年的五年时间，基本恢复了因第二次世界大战遭受重创的集体农庄经济和苏联农业经济；1951—1953年间农业年平均总产值又超过1946—1950年年平均水平的9.7%。因为农业的发展，苏联很快（1940年前后）便成为世界上继美国和德国之后世界第三强工业国。如果说斯大林式的现代化付出的代价太大，那么，应该检讨、反省和批判的就不仅仅是斯大林，西方和东方国家工业化过程中，类似的从农业、农村和农民中残酷攫取原始积累不乏其例，至今仍在上演。

4. 斯大林对社会主义集体经济理论及合作社集体农庄所有制度建设作出了重要贡献。（1）农业全盘集体化运动中，斯大林促使农业公社改行农业劳动组合的章程，放弃了"农业公社"这种大而纯的集体经济组织形式，结束了"农业公社"的历史，这是具有独创性和重要历史贡献的。（2）斯大林根据俄国农业发展水平的重大区域差别，灵活采用国家战略、策略和政策手段，引导农民实现多种形式的联合，从而使农村集体经济实现形式多样化，难能可贵。比如：在非粮食产区和东部民族地区发展土地共耕社，在中亚（塔吉克斯坦）半游牧区让土地共耕社和共牧社共存，有些地区还有共同改良牲畜的共改社、共同收割甘草的共收社、共同耕种土地的共耕社，北方各民族中的集体农庄的基本形式是生产协作社。特别要指出，斯大林允许集体农庄经济中保留较多的农民的个人（副业）经济。斯大林时代，个人（副业）经济在庄员的家庭收入中的比例一直较高，1940年为51.7%，1946年为69.5%，1950年为45.3%[①]。（3）斯大林发展了列宁创立的集体农庄制度，形成了完整的合作社集体农庄所有制和生产经营管理制度体系，其中一些内容成为社会主义农业集体经济制度的经典。比如：土地资源公有，公积金和其他资产成员共有、共享；在大规模集体生产中划小生产单元，实行集体或个人承包责任制度；允许集体农庄中的个体（副业）经济

---

① 郑秉文：《论苏联农业全盘集体化的必要性和特殊性》，载《俄罗斯中亚东欧研究》1992年第1期。

存在和发展；按劳分配和按人口分配相结合，关注集体经济成员的福利等。合作社集体农庄所有制制度安排的这些创举，不仅传承于苏联的全部历史，而且对其他社会主义国家产生了重大影响，至今仍在中国等社会主义国家发挥作用。

5. 斯大林在社会主义所有制观念上存在错误，从根本上制约了集体经济效益发挥。其中突出的表现是：（1）斯大林确实违背了列宁关于"文明的合作社制度就是社会主义制度"的思想，他一方面按照列宁的思想推进合作社发展，另一方面又把合作社当成公有经济的最简易的低级的形式，采用各种方法推动其向集体农庄过渡。（2）斯大林将特殊历史时期农业集体化的一些"非常措施"转化成合作社集体农庄所有制的制度安排，比如将土地共耕社（以及协作社）这类保留着较多的农民个人经济成分和产权的组织形式，当成最简易的低级形式，使其改行农业劳动组合的章程。最后，苏联的集体农庄"劳动组合化"了，从而降低了合作社集体农庄所有制的经济活力。（3）自斯大林始，苏联历届领导人不断追求集体农庄所有制关系的提升，追求大规模、集约化、专业化生产；同时，不断压制和降低集体农庄中个体（副业）经济的发展，限制农户的退出权利，最终"苏联在社会主义所有制问题上形成了一种根深蒂固的观念：社会主义公有制只能有国家所有制和集体所有制两种形式；国家所有制……是公有制的最高形式；集体所有制则是公有制的低级形式，它必须逐步向全民所有制过渡"[①]。穷过渡导致合作社集体农庄所有制制度走向僵化，从根本上制约了集体经济效益的发挥。

四 后集体农庄时代改革发展、衰退瓦解及经验教训

后集体农庄时代，苏联农村集体经济在不断改革中仍有一定发展。但是，僵化的观念逐步将集体农庄的生产经营管理制度引向僵化，致使集体经济发展逐渐停滞，最终在苏联解体[②]后的私有化过程中迅速瓦解了。

（一）继续合并集体农庄，不断变革其生产关系

由于所有制观念的影响，自斯大林1935年合并集体农庄始，至赫鲁晓

[①] 林水源：《苏联经济改革的新趋向：所有制形式和经营形式的调整》，载《苏联东欧问题》1987年第3期。

[②] 1991年12月25日，戈尔巴乔夫宣布辞职，将国家权力移交给俄罗斯总统，苏联作为一个社会主义的主权国家正式解体。

夫、勃列日涅夫，集体农庄合并的脚步一直未停。值得注意的是，集体农庄因合并而数量减少，但其规模扩大与数量减少并不对称（4-10、4-11），自1935—1979年集体农庄由24.54万个减少到2.67万个，减少了89%，而集体农庄的规模扩大的比例却要小得多；1979年，每个集体农庄495户、6.6千公顷土地，仅比1935年分别扩大了44.3%和20%。这是因为一部分集体农庄改组成国营农场的缘故。1954—1970年，约有2.4万个农庄被改成国营农场，国营农场从1960年的7400个增长到1979年的20800个，增长1.8倍[1]。

表4-10　　　　　1935—1979年苏联集体农庄数量变化

	1935年	1938年	1940年	1951年初	1960年	1979年
集体农庄数量（万个）	24.54	24.24	23.55	12.37	4.49	2.67

数据来源：苏联科学院经济研究所编，复旦大学经济系和外文系俄语教研组部分教员（唐朱昌、余兴发、马文奇、胡企彭、王逸琳、周邦新、彭辉芳、潘天虹、牟慧萍、盛曾安等）校译：《苏联社会主义经济史》第4卷，第407页，第6卷，第149、307、530页，第7卷，第434页。

表4-11　　　　1959—1979年间苏联集体农庄数量和规模的变化

	1959年	1970年	1979年	1979年比1959年（±%）
集体农庄总数（万个）	5.46	3.36	2.67	-51.1
其中每个农场平均有#农户（户）	343	435	495	+44.3
#农业用地（千公顷）	5.5	6.1	6.6	+20.0
#耕地（千公顷）	2.6	3.2	3.8	+46.2
#公有播种面积（千公顷）	2.3	3.0	3.7	+60.9
#公有牲畜——牛（头）	674	1258	1843	+173.4
——猪（头）	490	891	1087	+121.8
——绵羊和山羊（头）	1421	1633	1810	+27.4
#拖拉机（台）	12	29	42	+250.0

资料来源：苏联科学院经济研究所编，复旦大学经济系和外文系俄语教研组部分教员（唐朱昌、余兴发、马文奇、胡企彭、王逸琳、周邦新、彭辉芳、潘天虹、牟慧萍、盛曾安等）校译：《苏联社会主义经济史》第7卷，第434页。

合并集体农庄的目的除了所有制由低级向高级过渡外，还希望通过合并

---

[1] 苏联科学院经济研究所编，复旦大学经济系和外文系俄语教研组部分教员（唐朱昌、余兴发、马文奇、胡企彭、王逸琳、周邦新、彭辉芳、潘天虹、牟慧萍、盛曾安等）校译：《苏联社会主义经济史》第7卷，第435页。

建立跨集体农庄的"集团的合作社集体农庄所有制"。到 1979 年，跨单位联合组织为 2917 个，固定资金达到 87 亿卢布，其中 56 亿卢布是生产用固定资金，平均在册人员 120 万人。初期，合作社集体农庄集团所有制展示出一定的竞争实力，比如：1979 年，仅集体农庄庄际联合组织完成的承包工程量为 48 亿卢布，利润达 5 亿卢布[①]；在农业化学服务、共用技术服务、动力设备使用和维修、土壤改良服务、农产品加工和保管服务等方面也发挥了一定的作用。苏联经济界认为，集体农庄生产联合组织已经超越了单个的集体农庄的范围，"一部分公积金已由个别集体农庄所有变为集体农庄集团所有"，"就其性质来说逐渐接近于全民所有制"[②]。在此基础上，苏共二十五大（1976）通过了《关于在跨单位的协作和农工一体化的基础上进一步发展农业生产的专业化和集中化》，把集体农庄所有制关系调整推向新阶段。

因集体农庄不断"升级"为国营农场，集体经济和国有经济在农业生产中的地位和作用发生了变化，自 1940—1979 年，农业中的集体经济比例呈不断下降趋势，国有经济的比例呈不断上升趋势（4-12）。

表 4-12　　1940—1979 年集体经济单位和国营经济单位所生产的主要农产品在总产量中的比重变化　　（单位:%）

主要农产品	生产单位	1940 年	1965 年	1970 年	1978 年	1979 年
谷物	A	80	61	53	52	—
	B	8	37	46	47	52
籽棉	A	94	80	77	70	—
	B	6	20	23	30	33
糖用甜菜（工厂用）	A	90	81	92	90	—
	B	4	9	8	10	10
向日葵	A	87	84	78	75	—
	B	2	14	20	23	23

---

① 苏联科学院经济研究所编，复旦大学经济系和外文系俄语教研组部分教员（唐朱昌、余兴发、马文奇、胡企彭、王逸琳、周邦新、彭辉芳、潘天虹、牟慧萍、盛曾安等）校译：《苏联社会主义经济史》第 7 卷，第 441 页。

② 苏联科学院经济研究所编，复旦大学经济系和外文系俄语教研组部分教员（唐朱昌、余兴发、马文奇、胡企彭、王逸琳、周邦新、彭辉芳、潘天虹、牟慧萍、盛曾安等）校译：《苏联社会主义经济史》第 6 卷，第 312 页。

续表

主要农产品	生产单位	1940年	1965年	1970年	1978年	1979年
马铃薯	A	33	22	21	23	—
	B	2	15	14	16	18
蔬菜	A	26	25	26	28	—
	B	9	34	36	43	44
肉类	A	19	29	33	34	—
	B	9	30	32	37	37
奶类	A	17	35	36	39	—
	B	6	26	28	32	32
蛋类	A	4	13	14	8	—
	B	2	20	33	58	60
毛类	A	49	41	39	33	—
	B	12	39	42	48	48

表中：A代表集体农庄及其跨单位联合企业等集体经济单位；B代表国营农场和其他国营生产单位。同一年度中A+B≠100%，因为还有其他经济成分的生产者。数据来源：苏联科学院经济研究所编，复旦大学经济系和外文系俄语教研组部分教员（唐朱昌、余兴发、马文奇、胡企彭、王逸琳、周邦新、彭辉芳、潘天虹、牟慧萍、盛曾安等）校译：《苏联社会主义经济史》第7卷，第451页。

尽管苏联农业全盘集体化之后，农业所有制不断沿着"集体经济→国有经济"的路径由"低级"向"高级"过渡。难能可贵的是，苏联农业经济中一直保留着多种经济成分和经营方式，"国家所有制、集体农庄合作社所有制和劳动人民个人所有制紧密配合……"[①] 多种经济成分并存在一定程度上缓解了农业经济的衰退速度。

（二）加强物质技术基础，改善集体农庄经营管理制度

注重农业科学技术进步和农业的工业化[②]。一方面，改组拖拉机站和向集体农庄出售机器。苏共中央二月全会（1958）的决议认为，根据列宁的

---

① 苏联科学院经济研究所编，复旦大学经济系和外文系俄语教研组部分教员（唐朱昌、余兴发、马文奇、胡企彭、王逸琳、周邦新、彭辉芳、潘天虹、牟慧萍、盛曾安等）校译：《苏联社会主义经济史》第7卷，第57页。

② "农业的工业化可以理解为把这一部门转到大机器生产的轨道上来，使种植业和畜牧业的工艺过程全盘机械化。"引自苏联科学院经济研究所编，复旦大学经济系和外文系俄语教研组部分教员（唐朱昌、余兴发、马文奇、胡企彭、王逸琳、周邦新、彭辉芳、潘天虹、牟慧萍、盛曾安等）校译：《苏联社会主义经济史》第7卷，第406页。

合作社计划实现了农业集体化以后，通过拖拉机站为集体农庄提供服务的形式不再适应农业生产力发展的需要，将机器转让（出售）给集体农庄"是发展社会主义农业的新的、极为重要的步骤"①。到1959年，农业的动力设备比农业集体化前提条件的准备阶段（1928年）增长6.5倍，其中机械发动机功率增长136倍，使用拖拉机的数量增长21倍，谷物联合收割机增长248倍，载重汽车增长1000多倍②；另一方面，国家不断加大对农业的投资，第七个五年计划期间农业投资为486亿卢布，占国民经济总投资的20%；第八个五年计划期间为822亿卢布，占国民经济总投资的23%；第九个五年计划为1310亿卢布，占国民经济总投资的26%；第十个五年计划期间为1697亿卢布，占国民经济总投资的27%③。与此同时，通过普通教育和培训，提高庄员技能水平。

增强集体农庄公积金的数量和改变公积金的性质。公积金是集体农庄所有制的重要特征，一直为苏联所重视。集体农庄的公积金总额，1937年123亿卢布，1940年底277亿卢布，1950年506亿卢布。从1958年改组拖拉机站并向集体农庄出售机器后，集体农庄公积金提成额增长特别快，到1960年，公积金总额达到3100亿卢布（按老的价格计算），平均每个集体农庄70.5万卢布④。集体农庄全部公共基金是由公积金和庄员股金构成的，两者之间的比例：1932年为76%：24%；1960年为98%：2%⑤。这些措施，使合作社集体农庄所有制渐渐接近全民所有制，公积金数量的增长导致集体农庄所有制的质变，农民在集体农庄的财产权极大缩小了。

（三）改善国家、集体农庄及相互之间的分配和交换关系

从1958年开始，把以前的义务交售以及用实物支付机器拖拉机站费用的制度，改为按经济关系为依据的价格以国家采购方式收购农产品。改善集

---

① 转引自苏联科学院经济研究所编，复旦大学经济系和外文系俄语教研组部分教员（唐朱昌、余兴发、马文奇、胡企彭、王逸琳、周邦新、彭辉芳、潘天虹、牟慧萍、盛曾安等）校译：《苏联社会主义经济史》第6卷，第310页。

② 苏联科学院经济研究所编，复旦大学经济系和外文系俄语教研组部分教员（唐朱昌、余兴发、马文奇、胡企彭、王逸琳、周邦新、彭辉芳、潘天虹、牟慧萍、盛曾安等）校译：《苏联社会主义经济史》第7卷，第405页。

③ 同上书，第427页。

④ 数据来源：苏联科学院经济研究所编，复旦大学经济系和外文系俄语教研组部分教员（唐朱昌、余兴发、马文奇、胡企彭、王逸琳、周邦新、彭辉芳、潘天虹、牟慧萍、盛曾安等）校译：《苏联社会主义经济史》第6卷，第310、531页，但是各处的数据存在差异，本书经过了整理。

⑤ 同上书，第311页。

体农庄内部的社会关系使其接近国营企业内部的分配关系,通过改革劳动计算形式和劳动报酬形式,过渡到有保障的以货币形式按月支付劳动报酬。采取措施,缩小集体农庄庄员和国营农场职工收入差距,1960—1979年间,集体农庄庄员的劳动报酬水平提高2.8倍,但差距仍然存在①。

调整集体农庄的税收制度。1966年以前是按集体农庄的总收入(包括庄员的劳动报酬基金和全部净收入额,不管社会生产的盈利率)、按统一税率课征所得税。1970年实行按净收入、根据集体农庄生产的总盈利率、按极差税率征收。盈利率水平为15%及以下的集体农庄可以免征。这样一来,20世纪70年代的10年内,集体农庄纳税总额减少约50亿卢布②,从而改善了集体农庄与国家之间的分配关系。

从20世纪60年代中后期开始,集体农庄庄员享受带薪休假制度,每个庄员平均18天。集体农庄的社会保障方面发生了变化,开始从国家预算和集体农庄总收入中提成建立起优抚金制度,越来越多的老人和庄员享受了这一制度,1966年790万庄员获得优抚金,1970年增加到1200万人,从1981年起将庄员优抚金最低额提升40%③。到70年代初还对庄员实行了社会保险。

(四) 后集体农庄时代苏联农业经济状况

上述措施对于巩固集体农庄经济、提高庄员的生产积极性起到了积极作用,促成了苏联农业在较长时间内保持增长态势。1954—1958年是战后时期中集体农庄经济发展最有成效的年份,5年中全国农业总产值增长50%,年平均产值增速为8.6%;1960年全国农业总产值为1949—1953年年均水平的161.2%④;第七个五年计划(1961—1965)时期,年平均农业产值为828亿卢布(按1973年可比价格);第八个五年计划(1966—1970)时期,年平均农业产值1004亿卢布;第九个五年计划(1971—1975)时期,年平均农业产值1137亿卢布;第十个五年计划头四年(1976—1979),年平均

---

① 苏联科学院经济研究所编,复旦大学经济系和外文系俄语教研组部分教员(唐朱昌、余兴发、马文奇、胡企彭、王逸琳、周邦新、彭辉芳、潘天虹、牟慧萍、盛曾安等)校译:《苏联社会主义经济史》第7卷,第54—55页。

② 同上书,第432页。

③ 同上书,第56页。

④ 苏联科学院经济研究所编,复旦大学经济系和外文系俄语教研组部分教员(唐朱昌、余兴发、马文奇、胡企彭、王逸琳、周邦新、彭辉芳、潘天虹、牟慧萍、盛曾安等)校译:《苏联社会主义经济史》第6卷,第538页。

农业产值达到 1242 卢布①。苏联农业生产总体上持续增长的趋势，还可以从主要农产品总产量持续增长得到证明（表 4-13）。

表 4-13　　　　　1960—1979 年苏联全国主要农产品产量　　　　（单位：百万吨）

主要农产品	1956—1960 年年平均产量	1971—1975 年年平均产量	1976—1979 年年平均产量	1976—1979 年的年均产量与 1956—1960 年的年均产量比较（%）
谷物	121.5	181.6	209.0	172.0
籽棉	4.36	7.67	8.67	198.9
糖用甜菜（工厂用）	45.6	76.0	90.7	198.9
向日葵	3.67	5.97	5.48	149.3
亚麻纤维（千吨）	438	456	421	96.1
马铃薯	88.3	89.8	86.5	98.0
蔬菜	15.1	23.0	26.1	172.8
肉类（屠宰重）	7.9	14.0	14.8	187.3
奶类	57.2	87.4	93.2	162.9
蛋类	23.6	51.4	61.9	262.3
毛类	317	442	458	144.5

资料来源：苏联科学院经济研究所编，复旦大学经济系和外文系俄语教研组部分教员（唐朱昌、余兴发、马文奇、胡企彭、王逸琳、周邦新、彭辉芳、潘天虹、牟慧萍、盛曾安等）校译：《苏联社会主义经济史》第 7 卷，第 449 页。

　　苏联一些经济学家认为，全国人均粮食产量达到 1 吨才能满足需要。按苏联全国人口计算，1950—1960 年，人均谷物产量由 451 公斤增加到 586 公斤，增长 29.9%（表 4-14）。1976—1979 年间是苏联农业史上的最高峰，年平均谷物总产量为 2.09 亿吨，其中 1978 年为 2.372 万吨②，接近人均 1 顿粮食的目标。据此，苏联第十一个五年计划（1981—1985）要求全国谷物产量达到 2.38 亿—2.43 亿吨，保证全国平均每人每年 1 吨粮食③。

---

①　苏联科学院经济研究所编，复旦大学经济系和外文系俄语教研组部分教员（唐朱昌、余兴发、马文奇、胡企彭、王逸琳、周邦新、彭辉芳、潘天虹、牟慧萍、盛曾安等）校译：《苏联社会主义经济史》第 7 卷，第 448 页。
②　同上书，第 450 页。
③　同上书，第 460 页。

表 4-14　　　　1950—1960 年苏联全国人均谷物产量　　　　（单位：公斤）

年份	人均谷物产量	年份	人均谷物产量
1950	451	1958	651
1955	529	1959	568
1956	626	1960	586

资料来源：苏联科学院经济研究所编，复旦大学经济系和外文系俄语教研组部分教员（唐朱昌、余兴发、马文奇、胡企彭、王逸琳、周邦新、彭辉芳、潘天虹、牟慧萍、盛曾安等）校译：《苏联社会主义经济史》第 6 卷，第 540 页。

还要看到，苏联谷物产量的增加并不完全是垦荒、扩大播种面积而获取的，单位面积谷物收获量总体上也呈持续增长的态势，比如：1946—1950 年间年均谷物收获量为 6.7 公担/公顷，1951—1955 年年均谷物收获量 8 公担/公顷，1956—1960 年年平均谷物收获量 10.1 公担/公顷[1]。

（五）苏联解体及其私有化浪潮中集体农庄迅速瓦解

因为集体农庄所有制的弊端，1960 年初农业发展速度减慢了，《苏联社会主义经济史》说：农业领导中没有充分注意到社会主义扩大再生产、有计划按比例发展、价值规律和公共利益和个人利益相结合等经济规律的要求；在农业实际工作中的计划工作、价格制定、拨款和贷款等方面武断主观[2]。所以必然诱发进一步的变革，但是因为所有制观念僵化，改革反而使集体农庄制度更加僵化。到戈尔巴乔夫"要大力支持合作企业和组织的建立和发展，要使国家与集体农庄的关系建立在商品货币关系的基础上，并要求在农业中广泛推行集体承包制和家庭承包制"[3]的时候，为时已晚。1991 年 12 月 25 日戈尔巴乔夫宣布辞职，苏维埃社会主义共和国联盟的历史宣告结束。皮之不存、毛将焉附，苏联的集体农庄在私有化浪潮中不可逆转地瓦解了。

---

[1] 苏联科学院经济研究所编，复旦大学经济系和外文系俄语教研组部分教员（唐朱昌、余兴发、马文奇、胡企彭、王逸琳、周邦新、彭辉芳、潘天虹、牟慧萍、盛曾安等）校译：《苏联社会主义经济史》第 6 卷，第 540 页。

[2] 苏联科学院经济研究所编，复旦大学经济系和外文系俄语教研组部分教员（唐朱昌、余兴发、马文奇、胡企彭、王逸琳、周邦新、彭辉芳、潘天虹、牟慧萍、盛曾安等）校译：《苏联社会主义经济史》第 7 卷，第 460 页。

[3] 林水源：《苏联经济改革的新趋向：所有制形式和经营形式的调整》，载《苏联东欧问题》1987 年第 3 期。

根据笔者考察①，1991年4月25日颁布《俄罗斯联邦土地法典》，开始紧急实行土地私有化，此后联邦总统又颁布了《关于实现土地改革紧急措施的命令》（1991.12.27）、《关于改组集体农庄和国营农场的办法》（1991.12.29）等法令，俄罗斯土地私有化全面展开。土地私有化过程包括大规模建立个体农户，取消或改组集体农庄和国营农场，将其变为农户联合体、股份公司、财产股份生产合作社等；土地私有化的办法是，将集体农庄和国营农场的土地分成份额，大部分无偿转给公民所有，建立起农户（农场）经济。集体农庄的土地按本农庄的人口（而不是按家庭）平均分配，每个农业工人可以分得5—7公顷土地。所谓份地，即将土地份额明确到人，但农民只持有土地份额，给农民一个证书，证书上有姓名、工作单位、土地份额、土地大致范围（本农场内）等。份地只相当于拥有土地股份，农民要获得土地经营权，还需要经过一定的程序确认。

但是，由于总统与杜马在土地私有化政策观念上的冲突，加上农民长期习惯了集体农庄生产、生活，以及俄罗斯特殊的农业生产条件等因素，俄罗斯土地的私有化并不顺利。按照总统令规定，集体农庄必须在1993年1月1日前进行改组和重新登记，实际上拖延了3年多，到1995年8月俄政府才宣布基本结束。到笔者访问时，集体农庄和国营农场的私有化状况是：俄罗斯农业用地的63%已经属于私人，但是，只有2/3的集体农庄和国营农场被改组成集体企业、合作社企业、股份制企业和私有农业企业；其余1/3仍然保留了自己原有地位②。俄罗斯将集体农庄和国营农场的土地分成份额，大部分无偿转给公民所有，建立农户（农场）经济，到1995年底，共建立了28.01万个农户（农场）经济，它们拥有1201万公顷土地，其中农业用地1108万公顷，耕地801万公顷，分别占全国农业用地和耕地的5.14%、6.05%。每个农户（农场）经济平均占地43公顷，其中农业用地40公顷、耕地29公顷。据介绍，1995年，农户（农场）经济生产的粮食占全俄粮食总产量的5.1%，2000年只占3%③。

---

① 2001年，笔者随中国（海南）改革发展研究院"转轨经济考察团"赴俄罗斯、匈牙利考察。其间，就集体农庄问题，专门访问时任俄罗斯联邦产权关系部副部长 Mr. Kosyrev，俄罗斯农业部前副部长、莫斯科大学经济学院教授 KISELEV Sergey Victorovich，以及俄罗斯有关经济学家等。
② 娄芳：《俄罗斯经济改革透视》，上海财经大学出版社2000年版，第101页。
③ 王景新：《村域经济转轨与发展——国内外田野调查》，中国经济出版社2005年版，第187—190页。

五　小结

合作社集体农庄所有制的历史伴随了苏联的全部历史，集体农庄在苏联农业部门存续了74年。苏联集体农庄的历史，既有成功的辉煌，也有衰退的无奈，更有瓦解裂变的痛楚，但无论成功还是失败，对于中国农村集体经济发展而言，都是值得研究、借鉴的。

第一，适度的规模及合理的责任制度安排是集体经济效益的重要保障。苏联集体农庄及其制度的瓦解，并不能证明集体经济无效率以及必然衰落、灭亡；相反，集体经济是落后农业国家追赶发达国家、农民摆脱贫穷和争取利益不可或缺的生产组织形式。苏联解体绝不是因为集体农庄经济停滞，恰恰相反，是苏联解体导致了集体农庄的瓦解。我们看到，自斯大林农业全盘集体化运动始至20世纪80年代初，在长达40多年的时间中，尽管其间有农业歉收的年景，但苏联农业总体上保持了增长态势，其中1933—1938年、1954—1958年、1976—1979年，都是苏联农业发展的黄金时期，出现了一个又一个顶峰。尽管苏联后期，集体农庄经济因其制度弊端发展迟缓、波动加大，但仍然存在增长空间。不可想象，如果占苏联农业经济"半壁江山"以上的集体农庄的生产无效率，苏联农业何以能够长期持续增长？历史没有如果，但我仍然要假设，如果苏联没有解体，并且坚持改革开放，继续沿着作业队、生产小组"集体承包"和"农户家庭或个人承包"的道路走下去，集体农庄不一定灭亡。

第二，多种经济成分和多元实现形式是集体经济经营管理必须遵循的原则。列宁时代，农业经济成分多元、生产组织形式多样化。公有化程度最高的"农业公社"比例极小；允许庄员保留一定数量的宅旁园地、经营家庭副业的"农业劳动组合"占主体；支持农具和役畜仍为农民私有的"土地共耕社（以及协作社）"的发展；同时，在集体农庄之外，保留着合作社独立发展的权利。斯大林农业全盘集体化运动初期，尚能根据不同共和国、不同民族州的特点和区域经济差距，熟练地运用政策策略手段，采取专业合作社、综合合作社、土地共耕社、农业劳动组合等多种形式，引导农民自愿联合，推动农业集体化，而且在较长时期内保留着集体农庄庄员的退出权。但是，到1937年农业全盘集体化运动结束时集体农庄已经"农业劳动组合"化了。随后便扩大集体农庄的规模、提升其公有化程度，向国家所有过渡。恰恰是这种大规模、纯公有化和高度计划控制的体制，葬送了集体农庄持续发展能力。

第三，允许集体农庄中的个人（副业）经济存在和发展是延续集体经济生命力的重要方面。"个人副业决定着集体农民生活方式（包括工作时间和闲暇时间）的特点，决定着收支结构。副业的存在……仍然是发达社会主义阶段集体农民的重要特征。"[1] 鉴于这样的认识，1977 年苏联新宪法规定"国家和集体农庄协助公民经营副业"[2]。苏联集体农庄演变历程中，个人（副业）经济一直占有重要的地位，斯大林时代如此，后集体农庄时代也是如此，尽管个人（副业）经济在全国农业总产值中所占比例呈下降趋势（表 4-15）。在社会主义所有制问题上观念僵化的国度里，能够长期允许并支持农民个人所有制经济的发展，不能不说是一个奇迹。

表 4-15 苏联全国农业总产值中公有经济和个人经济比重变化表

	1956—1960 年均	1961—1965 年均	1966—1970 年均	1971—1975 年均	1976—1977 年均
公有经济（%）	63.4	67.9	69.3	71.9	74.8
个人经济（%）	36.6	32.1	30.7	28.1	25.2

资料来源：根据苏联科学院经济研究所编，复旦大学经济系和外文系俄语教研组部分教员（唐朱昌、余兴发、马文奇、胡企彭、王逸琳、周邦新、彭辉芳、潘天虹、牟慧萍、盛曾安等）校译：《苏联社会主义经济史》第 7 卷，第 450 页整理。

第四，国家财政强力支持、农业工业化及技术队伍知识化是农村集体经济持续发展和农业持续增长不可或缺的条件。用现代工业技术装备农业，一直保持较高的农业投资和对集体农庄强力支持，注重集体农庄干部和技术骨干队伍建设，这几个方面一直贯穿于苏联集体农庄的全部历程，对于保障集体农庄的现代生产方式普及、提高生产效率发挥了重要作用。外国武装干涉和国内战争，以及卫国战争后的两度国民经济恢复都迅速而有成效，五年计划能够成功实施，在很短的时间内（1940 年前后）苏联已经成为继美国和德国之后世界第三强工业国。国民经济和工业化能够取得如此巨大的成就，当然离不开农业的原始积累，离不开集体农庄经济的

---

[1] 苏联科学院经济研究所编，复旦大学经济系和外文系俄语教研组部分教员（唐朱昌、余兴发、马文奇、胡企彭、王逸琳、周邦新、彭辉芳、潘天虹、牟慧萍、盛曾安等）校译：《苏联社会主义经济史》第 7 卷，第 57 页。

[2] 同上书，第 57—58 页。

支撑，而集体农庄经济迅速发展，国家财政的强力支持、农业工业化、技术队伍知识化的措施功不可没。这是留给中国农村集体经济和现代农业发展最宝贵的经验。

本章参考文献

[1] 中共中央马克思恩格斯列宁斯大林著作编译局：《列宁全集》，人民出版社，第2版，第16卷（1984）、第29卷（1985）、第32卷（1985）、第33卷（1985）、第34卷（1985）、第35卷（1985）、第36卷（1985）、第37卷（1986）、第39卷（1986）、第40卷（1986）。

[2] 苏联科学院经济研究所编，复旦大学经济系和外文系俄语教研组部分教员（唐朱昌、余兴发、马文奇、胡企彰、王逸琳、周邦新、彭辉芳、潘天虹、牟慧萍、盛曾安等）校译：《苏联社会主义经济史》第1—5卷，生活·读书·新知三联书店，分别于1979、1980、1982、1982、1984年出版；第6—7卷，东方出版社分别于1986、1987年出版。

[3] 吕卉：《苏联农业集体化运动研究（1927—1938）》，吉林大学博士论文，2010年。

[4] H. 阿尼西莫夫：《苏联全民所有制和合作社集体农庄所有制》，文载译，载《经济研究》1958年第7期。

[5] 安娜·路易斯·斯特朗：《斯大林时代》，石人译，世界知识出版社1979年版。

[6] 郑秉文：《论苏联农业全盘集体化的必要性和特殊性》，载《俄罗斯中亚东欧研究》1992年第1期。

[7] 王树桐：《三十年代苏联集体农庄制度的几个问题》，载《当代世界与社会主义》1984年第2期。

[8] 沈宗武：《苏联集体农庄经济制度的形成原因及若干思考》，载《东欧中亚研究》2000年第3期。

[9] 高化民：《我国高级社与苏联集体农庄比较之研究》，载《中共党史研究》1994年第5期。

[10] 闻一：《红莓花环下的苏联集体农庄》，载《社会科学论坛》2000年第4期。

[11] 王景新：《农村改革与长江三角洲村域经济转型》，中国科学出版社2009年版。

[12] 林水源：《苏联经济改革的新趋向：所有制形式和经营形式的调整》，载《苏联东欧问题》1987年第3期。

[13] 王景新：《村域经济转轨与发展——国内外田野调查》，中国经济出版社2005年1月版。

第五章

中共早期的互组合作运动及其制度探索

本章以在中国共产党早期产生了重大影响、带有鲜明时代标志的著名村落为研究样本①，以《毛泽东农村调查文集》②、《红色中华》③、《斗争》④、《解放前的中国农村》（第一辑）⑤、《毛泽东选集》（1—4卷）⑥以及中共早期的宣言、决议、决定和政策文献为依据，回顾和总结互助合作运动兴起的原因及其理论准备，挖掘中共早期互助合作运动留在历史名村印记，从中梳理和总结中国社会主义农村集体经济制度萌芽阶段的组织形式及制度安排。

一 互助合作运动兴起的原因及理论准备

（一）互助合作运动兴起的动因

1. 组织农民互助合作，救济乡村和改进农村经济

鸦片战争以后，中国逐渐被沦为一个半殖民地半封建性社会。随着帝国主义对中国政治经济侵略的不断加深，进入20世纪二三十年代，"中国的

---

① 列入本章的样本有：兴国县长冈乡长冈村、泗望村；上杭县才溪乡才溪村、下才村和溪北村；平顺县西沟村；饶阳县五公村等。
② 《毛泽东农村调查文集》，人民出版社1982年版。
③ 《红色中华》第二十五期、第三十一期、第四十二期、第五十二期、第五十七期、第六十七期、第七十期、第七十一期、第七十九期、第八十三期、第八十九期、第九十四期、第九十七期、第一〇二期、第一〇三期、第一二二期、第一三五期、第一三九期、第一六六期、第一六七期、第一七〇期。本书引用时将分别注明期数和出版日期。
④ 《斗争》第五十六期、第七十二期。本书引用时将注明期数和出版日期。
⑤ 陈翰笙、薛暮桥、冯和法合编：《解放前的中国农村》（第一辑），中国展望出版社1985年版。
⑥ 《毛泽东选集》第一卷、第二卷、第三卷、第四卷，人民出版社1991年版。本书引用时将注明卷号及页码。

农村，是在崩溃与动荡之状态中了"①。中共早期领导人李大钊的《土地与农民》（1925.12）中描述："小农因受外货侵入、军阀横行的影响，生活日感苦痛，农村虽显出不安的现象，壮丁相率弃去其田里而流为兵匪，故农户日渐减少，耕田日渐荒芜。"②"中国的农民在帝国主义压迫之下已日趋难境，重以兵祸连年流离失所，入民国以来，苛捐杂税，负担日重，各省田赋，有预征至数年后者。"③"中国农村派"的代表人物陈翰笙调查结论是，"农村经济之衰落，在中国已成普遍之现象。水旱蝗虫之天灾，兵匪苛捐之人祸，物价飞涨，举债之绝路"④。乡村经济"就是一幅图画：许多半封建的经济关系之余迹与正在发展的资本主义元素，互相密切地交缠着。……又细小又分散的土地私有制，很多数量的农民是佃农与半佃农，大小农业经济都用原始技术"⑤。面对农村经济衰落局面，中国共产党把组织合作社作为解决苏区农村经济问题的一种有效方式；同时代的乡村建设派（晏阳初、梁漱溟）乃至南京国民政府，也都把组织合作社作为改进农村经济的主要途径之一。

2. 组织农民合作社打破封锁、保障战争胜利和安定民生

中央苏区⑥是全国13块革命根据地面积最大、人口最多的一块。"鼎盛时期，设有江西、福建、闽赣、粤赣4个省级苏维埃政权，共辖60个行政县，人口450万。"⑦中央苏区经济以农业为主，由于位于偏远山区，农业生产技术落后，生产力水平低下，加之根据地创建过程中一直处在国民党的军事"围剿"和经济封锁的特殊环境下，经济形势比其他地区更为严峻。

第一，农村土地兼并严重，高度集中，地租奇高。1929年7月，闽西六县农村土地的占有情况是，"土地百分之八十五为地主阶级，农民所有田地不到百分之十五"⑧。中央苏区"此区土地全部之80%集中于地主富农手

---

① 陈翰笙、薛暮桥、冯和法合编：《解放前的中国农村》（第一辑），中国展望出版社1985年版，第469页。

② 同上书，第96—97页。

③ 同上书，第101页。

④ 中国社会科学院科研局编：《陈翰笙集》，中国社会科学出版社2002年版，第5—6页。

⑤ 中央档案馆编：《中共中央文件选集》（第三册），中共中央党校出版社1989年版，第669页。

⑥ 中央苏区亦称"中央革命根据地"是指在1929—1934年土地革命战争时期，中国共产党在赣南和闽西建立的革命根据地。

⑦ 许南海：《中央苏区合作运动述论》，南昌大学硕士学位论文，2008年12月，第2页。

⑧ 中国社会科学院经济研究所中国现代经济史组编：《第一、二次国内革命战争时期土地斗争史料选编》，人民出版社1981年版，第300页。

里（祠堂寺庙富农也在内），尤其是肥沃的土地是完全为地主富农所有。但人口的阶级比例则以贫农为最多，占全人口70%以上"①。土地垄断致使地租剥削严重，"寻邬的田租一般占全部收获量的50%至56%，兴国少数为50%，大多高达60%到70%；闽西更剧，田租最低是60%，长汀70%，连城南乡高至80%"②。

第二，农产品价格不断下跌，商品流通滞阻。"商业重利资本将与工业有关系的农产品（丝、棉、茶、豆、烟、靛等）完全握入自己掌握之中，他们用极低的价格向农民生产者收买这些农产品。"③ 残酷的军事"围剿"和严密的经济封锁，使商品流通严重受阻。一方面，苏区的农产品大量积存滞销，纸、米、竹、茶油等皆销不出去。闽西各县，仅纸一种产品，龙岩积存了40%，上杭积存了10%，永定积存了30%，长汀积存了30%。另一方面，苏区急需的食盐、药材、布匹等日用必需品输入受阻，尤其是1930年9月至1931年7月，"苏区的经济完全是被敌人封锁，工业品很少能输入"，致使"苏区的工业品非常缺乏"④。

第三，农村金融枯竭，高利贷活动猖獗。随着帝国主义和军阀地主的金融渗透，重利盘剥者的势力也不断扩大，广大的贫苦农民"甚至于连维持生活之最小限度的资财也没有"⑤。闽西各县的高利贷，"普通利率平均在二分以上，有的达到十分以上"⑥。毛泽东《寻乌调查》中写道：在赣西南，"钱利三分起码，也是普通利，占百分之七十，加四利占百分之十，加五利占百分之二十"。"谷利比钱利重得多，乃富农及殷实中小地主剥削贫农的一种最毒辣的方法。"⑦

改变上述状况，唯有组织农民合作社。从经济方面说，组织农民合作社，是发展生产，打破敌人封锁，建设自给自足经济的基础；从军事方面说，组织农民合作社也是战争胜利的重要保障，"只有经济建设配合了政治

---

① 《中央革命根据地史料选编》（上册），江西人民出版社1983年版，第394页。
② 陈荣华、何友良：《中央苏区史略》，上海社会科学院出版社1992年版，第150页。
③ 陈翰笙、薛暮桥、冯和法合编：《解放前的中国农村》（第一辑），中国展望出版社1985年版，第16页。
④ 许南海：《中央苏区合作运动述论》，南昌大学硕士学位论文，2008年12月，第10页。
⑤ 陈翰笙、薛暮桥、冯和法合编：《解放前的中国农村》（第一辑），中国展望出版社1985年版，第15—16页。
⑥ 中国社会科学院经济研究所中国现代经济史组编：《第一、二次国内革命战争时期土地斗争史料选编》，人民出版社1981年版，第300页。
⑦ 《毛泽东农村调查文集》，人民出版社1982年版，第145—147页。

动员,才能造成扩大红军的更高的热潮,推动广大群众上前线去"①。毛泽东撰写的《中国的红色政权为什么存在?》(1928)一文中明确指出,"在白色势力的四面包围中,军民日用品和现金的缺乏,成了极大问题。……因为敌人的严密封锁,食盐、布匹、药材等日用必需品,无时不在十分缺乏和十分昂贵之中……边界党如不能对经济问题有一个适当的办法,在敌人势力的稳定还有一个较长的期间的条件下,割据将遇到很大困难"②。

土地革命时期如此,抗日战争和解放战争时期也是如此。徐特立在《加紧农村工作是战胜之最大保障》(1938.5)一文指出,"农村工作第一是安定民生,第二是动员民众参战,因为必须使农民安居乐业,生命财产有保障,农民才乐于生产,以改善自己的生活和充实军粮"③。毛泽东认为"增加粮食和日用必需品的生产,改善人民生活,救济灾民、难民,供给军队的需要,成为非常紧迫的任务。只有减租和发展生产这两件大事办好了,才能克服困难,援助战争,取得胜利"。而"使大多数生产者组织在生产互助团体中,是生产运动胜利的关键"④。邓小平在《解放日报》上发表的《太行山区的经济建设》(1943.7.2)一文中说:"华北封锁沟的长径等于长城的六倍,环绕地球一周的四分之一。"因此,"我们确定了发展生产是经济建设的基础,也是打破敌人封锁,建设自给自足经济的基础,而发展农业和手工业,则是生产的重心。……谁有了粮食,谁就有了一切"⑤。

3. 组织农民互助合作,化解获得了土地,但劳动力和耕畜严重短缺的矛盾

土地革命彻底改变了中央苏区、革命根据地和解放区的土地占有关系,农民获得了梦寐以求的土地。但是,农村生产力落后,畜役和大型生产工具严重不足,农业生产资本短缺,加上农村青壮年男子大量参军参战和做其他工作,农业劳动力严重不足(专栏5-1)。唯有互助合作生产,才能缓解上述矛盾。另外,"农民分得了土地,生产出来的稻谷、花生、大豆等农产品卖不出去,价格一跌再跌,而苏区的食盐、洋布、煤油、西药等工业品,十

---

① 《毛泽东农村调查文集》,人民出版社1982年版,第352页。
② 《毛泽东选集》第一卷,人民出版社1991年版,第53页。
③ 陈翰笙、薛暮桥、冯和法合编:《解放前的中国农村》(第一辑),中国展望出版社1985年版,第278页。
④ 《毛泽东选集》第四卷,人民出版社1991年版,第1172—1173页。
⑤ 陈翰笙、薛暮桥、冯和法合编:《解放前的中国农村》(第一辑),中国展望出版社1985年版,第282页。

分奇缺,价格越来越高。这些严重地影响了群众的生产、生活和红军的给养"①。只有让农民自己动手办消费合作社,才能既便利农民生活,又保障红军给养。这是中国共产党和苏维埃政府高度重视互助合作社运动的最主要动因。

专栏5-1 中央苏区农村劳动力和畜役力状况

根据毛泽东《长冈乡调查》和《才溪乡调查》整理出以下数据:

毛泽东《长冈乡调查》②记载,全乡有长冈、塘背、新溪、泗网4村。全乡四百三十七家,一千七百八十五人,出外当红军做工作的三百二十,在乡一千四百六十五(短夫及区乡工作人员在内)。在乡人口中,中农贫农一千二百八十六,工人、雇农、苦力一百零二,地主富农七十七。《才溪乡调查》③记载,才溪乡分为上才溪乡和下才溪乡,是当时上杭县才溪区的八个乡之二。上才溪五百二十三家,二千三百一十八人。分为四村,雷屋(人口约六百)、洋下(五百)、中兴(五百)、上屋(六百)。下才溪五百零三家,二千六百一十人。分为四村:樟坑(人口约六百)、下坑(五百)、发坑(八百)、孙屋(七百)。两个乡的劳动力和畜役力都严重不足。

——农村劳动力状况。长冈乡共有437家,1785人,全部青年壮年男子(16岁至45岁)407人,当红军和做工作的320人,占78.62%④。上才溪乡,全部人口2318人,16岁至55岁青年壮年男子554人,当红军和做工作的485人,占87.55%;另外,女劳动力581人中,当红军和调外工作441人,占75.9%。下才溪乡,全部人口2610人,男劳动力合计765人,当红军和做工作的合计533人,占72.29%。⑤

——农村畜役力状况。长冈乡平均百家中有牛二十五头,全乡共有牛百一十头。一家二牛的无。在有牛人家中,一家一牛的占百分之五十(小牛多,十几元一头的)。二家一牛的百分之十五。三家一牛及四家一牛的百分之三十。五家以上共一牛的百分之五(有七家共一牛的,大水牛)。无牛的

---

① 王观澜:《中央苏区的土地斗争和经济情况》,载陈毅、肖华等《回忆中央苏区》,江西人民出版社1981年版,第352页。
② 《毛泽东农村调查文集》,人民出版社1982年版,第286—332页。
③ 同上书,第333—354页。
④ 同上书,第288页。
⑤ 同上书,第342页。

百分之二十五，全乡四百三十七家，无牛的约一百零九家。……这是一个绝大的问题①。上下才溪"两乡约百分之二十的人家无牛"。②

解放战争时期，分得了土地的农民，仍然缺乏劳动力和耕畜，解决办法同样是发展农民合作。董必武在全国土地会议上所作的《土地改革后农村生产与负担问题》（1947.8.27）报告明确指出，"土地改革解放了农村生产力"，但"土地改革后出现的新问题"是，"过去无地少地的贫苦农民获得了土地，但缺乏其他生产资具，如耕畜、农具、种子、肥料……有了土地没有生产资具仍然无法生产，这个问题还需要用奇特办法来解决"。这个办法就是"发动群众，组织起来"，"……可能组织的都组织起来，互相变工"。"在自愿原则下鼓励农民组织合作社，组织生产的（手工业的）、信用的、运输的、消费的、综合的，各种各样真正群众服务的合作社。"③ 有土地、缺劳动力和耕畜的矛盾在很长时间内一直困扰着农民，因此，"劳动互助和合作社是新民主主义经济的重要组成部分"，是"土地改革后发展生产的方向"④。

4. 组织农民互助合作，把个体经济转变为社会主义集体经济

中共早期已经将互助合作运动与发展社会主义集体经济联系在一起了。土地革命时期，崔寅瑜在《一个模范的消费合作社》中写道："才溪区消费合作分社虽然还有这些缺点，但它已经能够'使群众了解集体经济的好处，在合作社工作中，我们能够切实的巩固工农联合，加强无产阶级的领导，随着革命战争的猛烈扩大，以及苏维埃政权的巩固与发展，合作运动的重要性，也日益增加，这种小生产者集体经济的发展，真是保证我们民主革命将来转变到社会主义革命的有力杠杆之一'。"⑤ 抗日战争时期，毛泽东已经把组织农民合作社看成克服个体经济弊端、逐步实现集体化的唯一道路。他在《组织起来》这篇著名讲话中说："在农民群众方面，几千年都是个体经济，一家一户就是一个生产单位，这种分散的个体生产，就是封建统治的经济基础，而使农民自己陷于永远的穷苦。克服这种状况的唯一办法，就是逐渐的

---

① 《毛泽东农村调查文集》，人民出版社1982年版，第312页。
② 同上书，第348页。
③ 陈翰笙、薛暮桥、冯和法合编：《解放前的中国农村》（第一辑），中国展望出版社1985年版，第298—304页。
④ 同上。
⑤ 《红色中华》第139期，1934年1月1日。

集体化；而达到集体化的唯一道路，依据列宁所说，就是经过合作社。"①

(二) 互助合作运动的理论准备

1. 中国传统合作经济思想的继承

中国乡村邻里互助、协作生产具有悠久的历史，自第一个奴隶制国家夏王朝建立（约公元前 21 世纪），农业生产中的协作生产形式就一直存在。比如："商代的农业生产方式上仍保留着大规模的简单协作。"② 朱熹《四书章句集注》中说："商人始为井田制，以六百三十亩之地划为九区，区七十亩。中为公田，其外八家各授一区，但借其力以助耕公田，而不复税其私田。周时一夫授田百亩。乡遂用贡法，十夫有沟；都鄙用助法，八家同井。耕者通力而作，收者计亩而分，故谓之彻。"③《孟子·滕文公》："死徙无出乡。乡田同井，出入相友，守望相助，疾病相扶持，则百姓亲睦。方里而井，井九百亩，其中为公田，八家皆私百亩，同养公田。公事毕，然后敢治私事，所以别野人也。"④ 这些记载清楚表明，中国在上古社会的井田制度，是饱含浓厚的原始共产制经济思想的集体生产生活方式。近代社会，中国农村许多地方仍然保持着村社公有、亲族伙有共耕、邻里互助合作生产形式，具体内容本书第二章已有详细描述，不赘述。

井田制度不仅孕育了中国农村的集体生产方式，而且还孕育了中国的乡里制度。《尚书大传·卷二》记载："古八家而为邻，三邻而为朋，三朋而为里，五里而为邑，十邑而为都，十都而为师，州十有二师焉。"显然，井田制中的一井八家组成一"邻"，是乡村基层组织；三邻成"朋"，即三井 24 户组成一朋；三"朋"成里，即九井 72 户组成里。汉语中"邻里"、"朋友"等概念可能也是由此引申出来的。邻里制度中邻、里、朋之间互助合作生产方式及其和睦关系，饱含着合作经济的文化基因。

2. 马克思主义集体经济思想的传播

马克思的"集体所有制"理论是在吸收早期空想社会主义者的合作社思想基础上提出来的。马克思早在《国际工人协会成立宣言》（1864.10）中就对合作运动给予了高度关注和评价，称"合作运动""伟大的社会试验

---

① 陈翰笙、薛暮桥、冯和法合编：《解放前的中国农村》（第一辑），中国展望出版社 1985 年版，第 931 页。
② 钟祥财：《中国农业思想史》，上海社会科学院出版社 1997 年版，第 3—4 页。
③ 《四书集注》，海南国际新闻出版中心 1992 年版，第 334 页脚注。
④ 同上书，第 329—338 页。

的意义不论给予多么高的估价都是不算过分的"①。马克思主义认为"集体所有制"是"私有制"的对立物,属于"公共的"所有制范畴,合作制是农村集体经济的实现形式,合作制或集体所有制是对旧形式的扬弃,是向联合的生产方式转化的过渡形式,它必然导致共产主义。"集体所有制"理论是马克思主义经济思想的重要组成部分,它随着马克思主义经济理论的广泛传播而在中国扎根。

五四运动前夕,1918年2月,李大钊先后在北京大学、国立女子高等师范学校讲授"唯物史观"、"马克思的历史"、"马克思主义经济学"、"社会发展史"、"社会学"等课程,开始了马克思主义在中国的传播。1919年5月,李大钊在《新青年》第六卷第五期"马克思主义专号"上发表了全面系统地介绍马克思主义的专著《我的马克思主义观》。1920年3月,李大钊在北京成立了马克思学说研究会。李大钊成为了中国马克思主义传播第一人,也是中国共产党的主要创始人之一。

李大钊在《我的马克思主义观》的长篇文章中,介绍了"马氏独特的唯物史观"和"还有那阶级竞争说",认为"他那历史观的纲要,稍见于一八四七年公刊的《哲学的贫困》,及一八四八年公布的《共产党宣言》。而以一定的公式表出的历史观,还在那一八五九年他作的那《经济学批评》的序文中"。而且用很大篇幅介绍了"马氏的'经济论'"以及他的名著《资本论》,李大钊认为,马克思的经济理论"有二要点:一'余工余值说',二'资本集中说'"。李大钊评价说,"马克思是社会主义经济学的鼻祖,现在正是社会主义经济学改造世界的新纪元"。"现在世界改造的机运,已经从俄、德诸国闪出了一道曙光。从前经济学的正统,是在个人主义。现在社会主义、人道主义的经济学,将要取此正统的位系,而代个人主义以起了。从前的经济学,是以资本为本位,以资本家为本位。以后的经济学,要以劳动为本位,以劳动者为本位了。这正是个人主义向社会主义、人道主义过渡的时代。"②李大钊关于用劳动和劳动者本位的、人道主义的经济学,取代以前的个人主义的经济学上的思想,孕伏着中国共产党发展集体经济的政治取向。他在《土地与农民》(1927.12.30)中明确写道,"只有农民自己组织的农民协会才能保障其阶级的利益。……第一要紧的工作,是唤起贫

---

① 《马克思恩格斯全集》第16卷,人民出版社1964年版,第12页。
② 李大钊:《我的马克思主义观》,载《新青年》第6卷,第5、6号,1919年5月、11月。

农阶级组织农民协会"①。

在五四思想大解放的鼓舞下,马克思主义集体经济思想及西方合作社运动实践经验等迅速在中国传播,倡导组织合作社的著名人士有薛先舟、寿勉成、章元善等。中国共产党主要创立者及初期领导者对合作运动格外重视。1920 年下半年,瞿秋白就曾以北京《晨报》记者的身份赴苏联采访,大力宣传列宁的合作理论,介绍苏俄的创办合作社的经验。中国早期合作社思想的传播者之一,杭州共产主义小组组长于树德,1920 年撰写《农荒预防与产业协济会》② 介绍合作理论,后来又陆续出版《信用合作社经营论》(1921);《合作社之理论与经营》(1929);《消费合作社之理论与实际》(1930);《合作讲义》(1934)。

3. 农会运动中合作社发展的初步经验

中共早期的农会运动并非单纯的政治革命。中国共产党创立初期的一系列《宣言》、《决议案》和领袖的著述中,都把组织合作社视为农民运动的重要内容,作为农民协会的重要职能之一。比如:1923 年 7 月,陈独秀的《中国农民问题》强调,农会必须开展"组织消费协作社、组织农民借贷机关、组织谷价公议机关等实际行动"③。1924 年 3 月 11 日,恽代英在《中国青年》上发表《何为国民革命》一文,认为国民革命为国民谋求的福利之一,就是"国家拨款辅助农人、小工、都市贫民组织消费合作社"④。1925 年 11 月,《中国共产党告农民书》论述"农民协会应该如何组织"时,在第九条写道:"各级执委员会均得指定会员若干人组织特殊团体,办理农民自卫军、消费合作社、教育会、水利局、害虫检查会等公益事业"⑤;1927 年 3 月,毛泽东撰写《湖南农民运动考察报告》,其中记录了农民运动"十四件大事",其中"第十三件"大事就是"合作社运动"。他写道:"合作社,特别是消费、贩卖、信用三种合作社确实是农民所需要的。"但是,当时的合作社都是"各地农民自动组织的,往往不合乎总社原则……假如有

---

① 陈翰笙、薛暮桥、冯和法合编:《解放前的中国农村》(第一辑),中国展望出版社 1985 年版,第 101 页。
② 于树德:《农荒预防与产业协济会》,载《东方杂志》第 17 卷第 20—21 期,1920 年。
③ 陈翰笙、薛暮桥、冯和法合编:《解放前的中国农村》(第一辑),中国展望出版社 1985 年版,第 321 页。
④ 中共中央书记处:《六大以前——党的历史材料》,人民出版社 1980 年版,第 117 页。
⑤ 陈翰笙、薛暮桥、冯和法合编:《解放前的中国农村》(第一辑),中国展望出版社 1985 年版,第 5 页。

适当的指导,合作社运动可以随农会的发展而发展到各地"①。1927年5月,中共五大在武昌召开,会议通过的《土地问题决议案》,将"建立国家农业银行及农民的消费、生产、信用合作社"列为"国民革命中农民政纲"第6条②。1927年11月28日,中共中央临时政治局扩大会议提出的《中国共产党土地问题党纲草案》中写道,"为解决农民的土地问题起见,必须实行以下方法……(十三),共产党组织并赞助农民合作运动:销售农场品及农民之家庭手工艺产品,贩卖农民日常的必需品及家庭手工艺的原料等。……贩卖肥料归农民的合作社办理"③。

农会运动中组织农民合作社初步实践,进一步丰富社会主义合作社理论。上海共产主义小组成员沈定一④发动和组织的衙前农民运动中,于1921年就创办了衙前合作社,在沈定一看来,"合作事业,是解决平民经济的绝好方法,东乡自治会竭力提倡"⑤。李春涛的《海丰农民运动及其指导者彭湃》(1924.1)一文介绍,《广东农会章程》第二十七条关于农会"应行会务"第六款是,"办理农桑,垦荒,造林,改良肥料、种子、耕法、农具及其他关于农业事项"。第十款是"办理农业银行消费组合及其他关于经济事项"⑥。可见,组织农民合作是农民协会的重要经济职能。

二 中共早期的互助合作运动及名村印记

中共早期的互助合作运动经历了三个阶段,即土地革命时期中央苏区的互助合作运动,抗日战争时期边区和根据地的互助合作运动,解放区的互助合作运动。其中,中央苏区的互助合作运动持续时间最长,探索最全面,也最有成效。

---

① 《毛泽东选集》第一卷,人民出版社1991年版,第22、40、41页。
② 陈翰笙、薛暮桥、冯和法合编:《解放前的中国农村》(第一辑),中国展望出版社1985年版,第10页。
③ 同上书,第18页。
④ 沈定一(1883—1928),字剑侯,号玄庐,生于浙江萧山衙前的一个官绅之家。沈定一既是中国共产党早期创始人之一,以后又是国民党党部主要领导人和浙江省党部的创始人,在其短暂的政治生涯中开展了一系列政治活动和社会实践。
⑤ 雪园:《萧山东乡自治概况》,载《再造》1929年第30期,第65页。
⑥ 陈翰笙、薛暮桥、冯和法合编:《解放前的中国农村》(第一辑),中国展望出版社1985年版,第171页。

(一) 中央苏区的互助合作运动及成效

中央苏区的互助合作运动自 1927 年 10 月井冈山革命根据地建立始，至 1934 年 10 月红军长征止，前后历时 6 年多。其中，1927 年秋至 1931 年秋是互助合作运动孕育和兴起阶段，主要是以消费合作社为主，其他类型的合作社发展较少；1931 年秋至 1933 年夏，是加强管理和快速发展阶段，1931 年 11 月中华苏维埃共和国临时中央政府成立后，便对"合作社的组织与发展"予以高度的重视，相继颁布了一系列规章、条例（专栏 5-2），加强对合作社的领导管理，极大地推动了互助合作运动的发展。此阶段，苏区的粮食合作社、犁牛合作社等不同组织形式都开始发展。1933 年 8 月"南北经济大会"后，互助合作运动进入鼎盛时期。1933 年 8 月 12—15 日、8 月 20—23 日，分别在瑞金和宁都召开南部十七县经济建设大会、北部十一县经济建设大会（简称南北经济大会），对发展合作社作了一系列决定，比如速成立江西、福建两省的省消费合作总社，整顿改组各级消费合作社。这次大会后，中央苏区掀起了合作运动的高潮，合作社发展进入到鼎盛时期（表 5-1）。

专栏 5-2　苏维埃中央政府和地方政府颁布的推进
互助合作运动的相关文件

苏维埃中央政府和地方政府颁布的推进互助合作运动的相关文件，大致上可分为两类：

其一，推进互助合作运动的相关决议案、通告（布告）、训令等。比如：1930 年 3 月，闽西第一次农工兵代表大会将发展合作社组织的问题列为《经济政策议案》的主要内容，要求各地普遍组织合作社。1931 年 11 月 7 日至 20 日，中华苏维埃第一次全国代表大会通过《关于经济政策的决议案》，要求苏维埃政府必须极力帮助合作社的组织与发展。苏维埃对于合作社应该予以财政的协助与税的豁免，并应将一部分没收的房屋、商店交给合作社使用。1932 年 3 月，福建第一次工农兵代表大会通过《关于经济财政问题决议》和同年 5 月江西省第一次工农兵代表大会通过的《财政与经济问题的决议案》，都强调帮助群众开办合作社。1933 年 7 月 14 日，临时中央政府发布了《关于倡导粮食合作社问题》的布告（第廿一号）。1934 年 5 月，苏维埃政府国民经济部颁发《为发展信用合作社彻底消灭高利贷而斗争》的布告。

其二，规范合作社发展的条例、纲要、示范章程。比如：1930年9月，闽西第二次农工兵代表大会对原《合作社条例》作了补充和修正。同年，闽西苏区政府也发出《关于发展合作社流通商品问题的通告》，督促各级政府加强对合作社的重视，规范其管理。1932年4月，苏维埃临时中央政府颁布了《合作社暂行组织条例》，宣布合作社为发展苏维埃经济的一个主要方式，苏维埃政府在各方面帮助合作社的发展；8月21日，苏维埃政府颁布了《发展粮食合作社运动问题》的第7号训令和《粮食合作社简章》，规定除剥削分子外，其余一切贫苦群众均可入社；入社社员需交股金，每股一元（钱、粮均可），一家一股或数股；入社社员卖粮或买粮均需在社内进行；9月，中央财政部颁布了《合作社工作纲要》，在入社、股金、分红等方面给合作社以更详细的指导。1933年9月，苏区临时中央政府颁布统一的《生产合作社标准章程》、《消费合作社标准章程》、《信用合作社标准章程》，供各地施行。

表5-1　　　　　　　　南北经济大会前后合作社发展比较

合作社类型	社数（个） 前	社数（个） 后	社员数（人） 前	社员数（人） 后	股金（元） 前	股金（元） 后
消费	416	480	8294		91579	114120
粮食	457	852	10821		94894	162164
生产	76	91	9276		29351	39006
信用		1		53		
总计	949	1424	28391	—	215824	315290

资料来源：王景新、鲁可荣、郭海霞：《中国共产党早期乡村建设思想研究》，中国社会科学出版社2011年版，第143页。

至红军长征前夕，中央苏区的农民互助合作已涉及多种领域，如解决生产工具和劳动力缺乏而成立的耕田队、互助组和农业生产合作社，保障军需民用而成立的手工业生产合作社，便利群众生活而成立的消费合作社、平抑苏区粮价而成立的粮食合作社、抵制高利贷盘剥而成立的消费合作社等。各类合作社都得到了迅猛发展（表5-2）。"……我们的粮食消费生产三种合作社上面，发展到二千三百余的社数，五十七万余的社员和六十万余股金"[1]。

---

[1]《斗争》第56期，1934年4月21日。

表 5-2　　　1933 年 8 月以前与 1934 年 2 月合作社发展比较表

合作社类型		1933 年 8 月以前	1934 年 2 月	增长（%）
消费	社数（个）	417	1140	173
	社员（人）	82940	295993	257
	股金（元）	91670	322525	252
粮食	社数（个）	457	1071*	134
	社员（人）	102182	243904	139
	股金（元）	94894	242079	155
生产	社数（个）	76	176	132
	社员（人）	9276	32761	253
	股金（元）	29351	58552	99.5
合计	社数（个）	950	2387	151
	社员（人）	194398	572658	195
	股金（元）	215915	623156	189

＊《斗争》原表上，粮食和总社社数为 10712，但按照该数与其他类合作社总和为 12028 个，不符合亮平在文章中"二千三百余的社数"的表述，因此，我们将此数调整为 1071 个，这样，合作社总数为 2387 个，符合原著作者的表述。

耕田队和劳动互助社。1928 年，湘赣边界苏维埃政府为解决劳动力缺乏问题，"动员和组织群众实行劳力换工和耕牛互助，对军烈属的土地组织劳力实行包耕、代耕"①。后来，这种组织形式演化发展为"耕田队"。1930 年 6 月，毛泽东到才溪乡调查时，充分肯定了"耕田队"的创举，根据毛泽东的提议，1931 年 7 月，才溪乡成立了中央苏区第一个"劳动互助社"。据《斗争》报和《红色中华》的不完全统计，截至 1934 年 4 月，仅在江西省兴国县就有劳动互助社 1206 个，社员达 22118 人；在闽西苏区已学会犁耙和莳田的妇女也有 1600 多人②。

犁牛合作社。第一个犁牛合作社创办于江西省瑞金武阳区石水乡，起初称作犁牛站。犁牛合作社被认为是"当时根据地出现的一种较劳动互助社更高级的互助合作形式"③。自苏区苏维埃中央政府土地部发布关于在全苏区组织犁牛合作社的训令（1933.4.3）后，犁牛合作社有较大发展。截至

---

① 许毅：《中央革命根据地财政经济史长编》（上册），人民出版社 1982 年版，第 395 页。
② 王景新、鲁可荣、郭海霞：《中国共产党早期乡村建设思想研究》，中国社会科学出版社 2011 年版，第 136 页。
③ 许毅：《中央革命根据地财政经济史长编》（上册），人民出版社 1982 年版，第 407 页。

1934年5月,江西省兴国县的犁牛合作社有72个,社员5252人,长汀县有犁牛合作社66个。瑞金县叶坪乡的犁牛合作社还被誉为"模范犁牛合作社"①。

手工业生产合作社。它是为保障苏区军需民用,苏维埃政府帮助失业工人、独立劳动者、小手工业者和农民兴办的造纸、织布、炼铁、农具、铸锅、石灰、砖瓦、竹木器等生产合作社。中央苏区在1933年8月之前有手工业生产合作社76个,社员9276人,股金29351元;到1933年8月,在中央苏区南部17县经济建设会议之后出现发展高潮,1934年2月发展到176个,社员32761人,股金58552元;1934年2月发展到176个,社员32761人,股金58552元②。

消费合作社。1928年10月,赣西南东固区苏维埃政府拨款和群众集资成立了东固消费合作社,它是中央苏区成立最早的消费合作社,其发展经验从1930年起在赣西南苏区普遍推广③。福建省上杭县才溪乡消费合作社于1929年11月成立,被认为是闽西最早的合作社,该社成立时只有80余人,民众股金40余元,同时借了一些公款,立即开始营业,其主要经营业务是以物换物,采办盐、布匹等日用品,深受群众欢迎④。截至1934年2月,中央苏区有消费合作社1140个(普及各区、乡),社员295993人,股金322525元。苏区临时中央政府和闽、赣两省及17个县建有消费合作总社。消费合作社营业情况也不断改善,如兴国县1934年头两个月消费合作社的营业额达12.2万元⑤。

粮食合作社。粮食生产合作社的主要目的是预储大量的粮食、调剂苏区粮食价格的过高或过低,提高农民的生产兴趣,增加生产量,同时反抗富农奸商的投机剥削和充裕红军以及政府机关的给养,改善劳苦工农群众的日常生活⑥。1933年3月,苏维埃政府中央内务人民委员会颁发布告要求:"粮

---

① 王景新、鲁可荣、郭海霞:《中国共产党早期乡村建设思想研究》,中国社会科学出版社2011年版,第137页。

② 同上。

③ 魏本权、曾耀荣:《民间互助·合作运动·革命策略:中央苏区农业互助合作运动再研究》,载《赣南师范学院学报》2010年第2期。

④ 《红色中华》第139期,1934年1月1日。

⑤ 熊吉陵、黄诚:《论中央苏区时期的农村合作制经济建设》,载《江西社会科学》2006年第10期。

⑥ 魏本权、曾耀荣:《民间互助·合作运动·革命策略:中央苏区农业互助合作运动再研究》,载《赣南师范学院学报》2010年第2期。

食合作设社，各地都要进行。"① 截至 1934 年 2 月，中央苏区有粮食合作社 1071 个，社员 243904 人，股金 242097 元②。

信用合作社。1929 年始创于闽西苏区。1934 年《为发展信用合作社彻底消灭高利贷而斗争》的布告发布后，各地兴办了信用合作社。如 1934 年上半年中央苏区成立了瑞金县信用合作社，七八月又建立了兴国县信用合作社。中央苏区各级信用合作社的发展为抵制高利贷剥削、活跃苏区金融、发展工农业生产以及改善群众生活发挥了重要作用。

在共产党的领导下，中央苏区的互助合作运动卓有成效，在不长的时间内，苏区迅速恢复和发展了工农业生产。《斗争》发表《两个政权，两个收成》署名文章评价，"在国民党的统治下，中国遇着连年不断的灾荒……灾荒普遍于全国所有的行省，受灾的县份在一千县左右，完全无衣无食的灾民在一万万人以上"。"但在苏维埃政权之下，农村经济的发展却向着完全相反的方面，去年比前年增收了一成多，今年比去年又增收一成多。……在苏区，今年消灭了'青黄不接'。正当所谓'春荒'的时候，党和政府顺利的完成了廿四万担粮食动员供给红军，同时，市面的米价不涨而跌。"③ 按照该文统计，在赣西南和闽西地区，1933 年的粮食生产就比 1932 年增产 15%，杂粮则增加了 20%，有的县份还增加到 30%，或 40%，已超过革命前的生产水平二至三成。1934 年粮食生产又比 1933 年增加了 10%。工农业生产的恢复与发展，抵制了高利贷资本之剥削，缓和了苏区经济压力，保障了军需民用品的供给，支援了革命战争。

（二）抗日战争时期的互助合作运动及成效

抗战前期边区的合作社发展速度较慢，抗战进入相持阶段后，中共中央和各边区政府重新认识和推动合作社发展。1941—1943 年，是中国人民抗日战争极端艰苦困难的时期：一是日寇对冀中、太行山等抗日根据地进行了惨绝人寰的大扫荡和频繁"清剿"，敌害严重；二是国民党及其政府不断制造摩擦，停发了八路军军费，对边区和抗日根据地进行经济封锁；三是连年自然灾害严重，如太行区和冀中平原，1941 年冬遇寒流，翌年春逢干旱、秋遭山洪，太行区受灾人口达到 50% 以上，冀中根据地饶阳县绝大多数农

---

① 《红色中华》第 25 期，1933 年 3 月 8 日。
② 熊吉陵、黄诚：《论中央苏区时期的农村合作制经济建设》，载《江西社会科学》2006 年第 10 期。
③ 《斗争》第 72 期，1934 年 9 月 23 日。

户几乎颗粒无收，经济生活陷入困境。为了打破封锁，安定民生，解决抗日根据地军民吃饭、穿衣和给养问题。中共中央和各边区政府不得不从艰苦抗战的压力中腾出手来，重新认识并采取措施（如冀中抗日政府采用"贷给村庄粮食"的方法）扶持合作社发展，同时规范合作社发展。从1942年始对原有合作社进行整顿，整顿的基本方针就是明确合作社的"民办公助"性质，强调合作社是社员集体互助的组织，应该尊重群众意愿，入社自愿，退社自由，合作社的具体形式由社员决定。整顿以后，合作社数量上有所减少，但各边区相继涌现了一批模范合作社，如延安南区合作社、晋察冀边区张瑞合作社、冀中抗日根据地腹心地区饶阳县五公村耿长锁土地合伙组（专栏5-3）、太行山区（晋东南）抗日根据地平顺县西沟村李顺达互助拨工队等。

专栏5-3　河北省饶阳县五公村集体经济历史变迁

五公村古称敬信乡，处于滹沱河故道，饶阳县城西南12公里处。隋唐时期，因该村李氏家族的李敬族、李德林、李百药（《北齐书》的作者）、李安期、李宗臣连续五代世袭安平公，五公村由此而得名。抗日战争爆发前，五公村285户，1400人，共有土地4470亩，其中5户地主（52人）占地465亩，占10.4%，人均土地8.94亩，172户中农（808人）占地3534亩，占79.1%，人均4.37亩；108户贫农（540人）占地471亩，占10.5%，人均0.87亩。抗日战争时期是冀中抗日民主根据地的腹心地区。1942年，日寇对根据地集中进行了惨绝人寰的"五月大扫荡"，五公村处在日寇的最后合击圈内，损失惨重。1943年冀中平原遭受严重旱灾，加上日寇频繁"清剿"扫荡，收获无几。危难之际，中共饶阳县委响应中共中央和毛泽东主席关于"组织起来"的号召，提出"组织起来，生产度荒"的口号。耿长锁带头响应，于当年10月动员、组织本村卢墨林、李砚田、乔万象等3户贫农，成立了土地合伙组，制定了土地合伙组章程，耿长锁土地合伙组共4户，22人，40亩地，但没有牲口和大车。1944年，土地合伙组夏收（麦子）丰产，秋收粮食110公斤/亩，此外，合伙组副业收入1008万元（旧币），户均252万元，人均45.8万元，超过了当地中农的收入水平。是年冬，耿长锁合伙组也扩大到17户，并更名为农业合伙组，成立了代表会，制定了农业合伙组章程。

耿长锁合伙组的成功一下子惊动了全村。1944年冬，该村李玉柱、李凤祥土地合伙组又先后建立，加入两个合伙组的农户共 14 户，耕地 132 亩。抗日政府为扶持该村合作社发展，贷给该村 5000 公斤粮食，进一步推动了五公村互助合作运动发展。当年，五公村还成立了油坊、磨面、蒸包子、轧花、做豆腐、运输等季节性副业组 19 个，加入农户 87 户；成立了妇女支前做鞋组 15 个，120 人参加；成立了李玉田临时性农业合伙组。全村形成了"组织起来"的新氛围，互助合作运动进入高潮，加入各种类型合伙组的农户占全村总农户的 64%。

解放战争时期，五公村的合作社进一步发展。1946 年冬，五公村进行了土地改革，耿长锁土地合伙组发展到 15 户，土地 183 亩，6 头骡子，2 头猪。到 1948 年，耿长锁合伙组粮食丰收，总产量 26626 公斤，亩产达到 145.5 公斤，比抗日战争前（75 公斤/亩）增长了 94%。年终决算，合伙组成员户按照每亩分粮 56.5 公斤，每个工日分粮食 3.89 公斤，人均分粮 290 公斤的方法分粮，耿长锁合伙组农户的人均口粮超过全村人均口粮 30%。到 1949 年，耿长锁土地合伙组养猪积肥，粮食产量进一步提升，其他区县干部都很羡慕，称五公村为华北平原的"小莫斯科"——"社会主义之花"。

抗日根据地的合作社建设，缓解了国民党政府和日寇的经济封锁造成的困难，同时，在党的领导下，也对原有的民间互助性质的各类组织，进行了社会主义改造，不仅保障了抗日战争的胜利，而且为社会主义农村集体经济的实现形式进行了卓有成效的探索。

（三）解放战争时期的互助合作运动及成效

解放战争时期的互助合作运动是在抗日根据地互助合作运动基础上的进一步发展。抗战胜利后，解放区的土地政策经历了从减租减息到土地改革的变化。耕者有其田制度的实行，使广大的贫雇农得到了土地，激发了他们生产和支援前线的积极性。然而，战争和自然灾害的破坏，农民中的两极分化现象也逐步出现，同时，战争规模的不断扩大，兵员和后勤保障人员不断增加，农村劳动力短缺的现象也日益严重。在此背景下，中国共产党在苏区和边区合作社建设已有经验的基础上，采用典型示范的方法，坚持自愿结合、等价交换的原则，积极引导农民参加合作社，解放区的合作社得到了巩固和发展。

随着解放区面积的不断扩大，各种类型的合作社也得到了快速发展，"到中华人民共和国成立初期，全国共有合作社社员 2000 万人，77 个大中城市有 43 个市成立了市合作社总社，2114 个县有 815 个县成立了县联合社。其中东北 167 个县除 8 个县外、华北 336 个县除 19 个县以外，均成立了县联合社。全国合作社干部12万人，资金5514亿元（货币单位，陕甘宁、晋绥、晋察冀、晋冀鲁豫、山东解放区1948年以后为旧人民币；华东解放区1949年6月以后为旧人民币；东北解放区为各省发行的地方货币，1951年以后统一为旧人民币），其中社员股金占2396亿元，国家补助金3118亿元"[①]。

前述的太行山抗日根据地平顺县西沟村，同时也是解放战争的根据地。该村李顺达互助拨工队（专栏5-4）成立于1943年初，持续活动到1951年底，在抗日战争和解放战争的根据地中声名显赫，是我们研究战争时期根据地的互助合作运动的弥足珍贵的典型案例。

专栏5-4　山西省平顺县西沟村集体经济历史变迁

西沟村原为一个自然村，位于太行山南部腰脊，在平顺县城南6公里处。这里原本荒无人烟，1930年前后陆续有穷苦人家来此租垦荒地谋生。到1936年，聚集了20户人家，分散在4条大沟里，其中2户是附近村里的自耕农，18户为河南林县逃荒来此定居的穷苦人。1940年1月平顺县抗日民主政府成立后，西沟全境44个自然村分别编成池底、沙地栈、南赛3个行政村。1953年8月，3个行政村联合成立西沟乡，1958年8月西沟乡改称西沟管理区，而后又叫西沟大队、西沟村（为便于区别原西沟村易名"老西沟"）。但无论如何变化，西沟村作为一个行政村的建制，自1958年以来一直没有改变。截止到2010年末，西沟村辖5个村民小组，660户，1950人，村域面积18.68平方公里（合2.8万亩），其中耕地1552亩，仅占存于土地总面积的5.54%，人均耕地只有0.7亩。西沟村域内有332座大小山头，崇山峻岭，土地瘠薄，曾被联合国判定为不适宜人类生存的地方。但就是在这样恶劣的自然条件下，西沟村在老书记李顺达、鹤仙人书记申纪兰的带领下，自抗日战争至今，不断创造和刷新村域经济社会发展的辉煌业绩，影响中国革命和农村发展70多年。

——资料来源：课题组村落调查、《西沟村志》[(P41—59)]以及相关文献[②]。

[①] 王景新、鲁可荣、郭海霞：《中国共产党早期乡村建设思想研究》，中国社会科学出版社2011年版，第145—146页。

[②] 《当代中国的农业合作制》编辑室：《当代中国典型农业合作社史选编》（上册、下册），中国农业出版社2002年版，第200—226页。

西沟村互助合作运动始于抗战时期的老西沟。"七·七"事变后，日寇不断扩大侵略战争。1937年11月13日，山西省府太原失守后，八路军随即挺进晋东南，创建了太行山第一个抗日根据地。1938年1月，中共平顺县工作委员会秘密建立；2月，中共池底支部成立，时为中共平顺县第一个党支部；7月，老西沟的李顺达加入中国共产党，成为池底支部的一员。1939年，李顺达率先公开中共党员身份，成立了老西沟民兵自卫队，配合八路军抗击日寇。1940年老西沟出现了季节性帮工、变工互助组。1941—1943年是抗日战争极端困难的时期。为了使山区农民渡过灾荒，解决根据地军民吃饭穿衣问题，李顺达响应边区政府"组织起来"、"生产自救"的号召，于1943年2月6日，在季节性帮工、变工互助的基础上，组织李达才、路文金、王周则、宋金山、桑运河5户贫苦农民，成立了"李顺达互助组"（早于1943年11月29日毛泽东主席在延安发表著名的《组织起来》的讲话），是太行山抗日根据地最早的互助合作组织之一。一个月后，互助组成员发展到16户，改称"互助拨工大队"，下设三个互助组和一个妇女纺织小组，杨来福、桑运河、王周则、郭玉芝（李顺达之母）分别任组长，李顺达为大队长。到1944年，老西沟20户农民有19户参加了互助拨工大队。此外，西沟村还成立了喂猪小组。

在李顺达互助组影响带动下，平顺抗日根据地互助生产搞得如火如荼，互助合作形式呈现多样化发展趋势。"到1947年7月，全县共成立互助组427个，出现了包工、合犋、打拨、合伙、计工、变工等多种形式"①，保证了战时农业生产的正常进行，使灾民顺利渡过了灾荒，有力地支援了驻守平顺县数以万计的八路军部队和太南地委、专署以及10余个抗日县政府机关。李顺达互助组成就斐然，因此受到中共各级党委和抗日政府的表彰：1942年，西沟村被晋察冀鲁豫边区政府评选为"劳武结合模范村"，李顺达被平顺县抗日民主政府评选为"劳武结合英雄"；1943年底，在平顺县召开的劳模会上，李顺达和他母亲郭玉芝母子双获状元；1944年冬，太行区首届杀敌英雄、劳动英雄大会上，李顺达被中共中央北方局评为"生产互助一等英雄"；1946年底，太行区第二届群英会上，李顺达当选为太行区"合作劳动一等英雄"。

抗日战争胜利后，西沟村于1946年进行了土地改革，贫苦农民分得了土地。这一年，李顺达互助拨工队及2/3的农户都制定了"五年发家计

---

① 张松斌、周建红：《西沟村志》，中华书局2002年版，第3页。

划"。一是精耕细作，变一年1犁为一年2犁多耙；二是搬掉地里的大石头，垫土加厚活土层，"人翻了身，地也要翻身"；三是多施农家肥，提高单位面积产量；四是推广优良品种，改革耕作制度，实行高低秆作物间作混种，五是改良农具，制造双腿耧、三腿耧，使用双铧犁、喷雾器等；六是植树造林，户户育苗，栽种山桃、山杏、核桃，增加经济收入，同时种植杨柳树等用材林；七是发展副业生产，互助组每年赚米60多石，帮助农户修房旋窑40—50间（孔）。

1948年末，李顺达互助组提前2年实现了"五年发家计划"。李顺达家10口人，有房12间，窑3孔，种地37.05亩，山林27亩，养5头牲口、34只羊，雇长工2人，每年产粮80石。为了鼓励农民恢复经济、发展生产，1948年11月3日，中共平顺县委在李顺达家中召开庆功大会，县委赠送了贺词，新盖的门楼上挂起了"劳动起家"匾额；中共太行区党委赠送其"平顺人民的方向"锦旗；太行区行署赠送了"革命时代，人民英雄"锦旗；是年底，中共太行区委、太行行署又授予"翻身农民的道路"的锦旗[①]。

李顺达互助拨工队生产经营活动前后持续9年，创造了在恶劣自然条件和战争环境下的农户发家和集体致富的奇迹。（1）老西沟不仅生产发展、粮食产量持续增长，而且卓有远见地开始了山区村域的"绿化工程"。互助组创办当年（1943年），老西沟的粮食产量220石，户均11石；1944年350石，户均17石；1945年400石，户均20石；1946年557石，户均27.85石；1947—1951年，老西沟的粮食产量仍具增长势头。自1946年土地改革开始，李顺达互助组就带领农民在分得的山坡上植树造林，共造林237亩，其中集体造林110亩，农户造林127亩，创造了太行山区最早的"绿化工程"，为子孙后代的绿色发展创造了条件。（2）老西沟农户经济得以恢复，绝大多数农户生活"富足"起来。到1950年，如果按照土地改革划成分的生产力和生活水平来衡量，老西沟23户农民中有2户达到了新富农、4户达到了富裕中农、16户达到了中农的生活水平，只有1户贫农。（3）老西沟集体经济在互助合作生产中萌芽并得到了发展。1943年，互助组集体开荒120亩，1943年在开荒地上种谷子和大豆，分别收获120石和13石；拿出集体生产的粮食50石，购买土地20亩、牲口5头、大型农具（犁耧耙耢等）10余件，作为互助组公共资产；互助组还积义仓5石，以备

[①] 张松斌、周建红：《西沟村志》，中华书局2002年版，第4页。

组员天灾人祸救济之用。除此之外，李顺达互助拨工队在自抗日始至解放战争的长期革命斗争中，先后 19 次出动民兵配合部队攻打汤阴、伏牛山，解放长治、潞城和太原，为保障根据地内正常生产、生活秩序，安定民生，保障军需供给和支持战争胜利作出了重大贡献。

三　历史名村的互助合作制度探索与创新

（一）中央苏区"模范乡"互助合作制度探索

长冈乡和才溪乡都是著名"苏区模范乡"。长冈乡隶属于江西省兴国县上社区，距兴国县城 4 公里；才溪乡隶属于福建省上杭县才溪区，地处上杭县西北部，距县城 42 公里。苏区时期：长冈乡有 5000 多人参加红军，为国捐躯的烈士 1518 名，该乡诞生了温玉成等 7 位开国将军；才溪乡有 3400 多人参加红军，占全乡青壮年的 80%，新中国成立初期被追认的烈士 1192 名，被授予少将以上军衔的 10 名。长冈乡和才溪乡农民为中国革命作出过重大贡献。1933 年，毛泽东分别在两乡完成著名的《长冈乡调查》和《才溪乡调查》，他称赞长冈乡是苏区"真正的模范乡政府"，并亲自颁授模范乡奖旗。1933 年，才溪被也评为中央苏区模范区，福建省的第一模范区。长冈乡和才溪乡的合作运动在中央苏区一路领先。就其合作社的组织形式而言，包含了耕田队和劳动互助社、犁牛合作社、消费合作社、粮食合作社等（除信用合作社以外的）各种形式；就其制度安排及运行效率而言，两乡的各类合作社都是整个苏区的模范。

第一，耕田队和劳动互助社的制度安排

耕田队和劳动互助社是因为劳动力缺乏，才组织起来的。青壮年男子参军参战，"因此，耕种主要依靠于女子。上才溪今年女子能用牛的约三百人，能莳田的六十多人。暴动前这三百人中，只有十分之一即约三十个人能用牛。数年来的努力，得此成绩"[①]。耕田队的"作用是调剂劳动力"[②]。当时，长冈乡 4 个村都有耕田队和劳动互助社。关于耕田队，长冈乡"四村各一队，共约七十人，红军家属有劳动力者组织之，每队一个队长。队下分小队，比如长冈村模范队二十多人，分三小队，按住所接近，有三人的，有

[①] 《毛泽东农村调查文集》，人民出版社 1982 年版，第 343 页。
[②] 同上书，第 309 页。

七人的,每小队管其附近几家或十几家,经常注意使这些人家的生产弄好"①。劳动互助社的工作是优待红属、社员互助与帮助孤老。长冈乡"四村每村一个,除红属外凡有劳力的十分之八都加入了。全乡社员三百多。……劳动力的有组织地调剂,成为生产上的中心问题,因此群众热烈地欢迎劳动互助社"②。才溪乡耕田队和劳动合作社的状况与长冈乡基本相同。毛泽东写道:"本乡劳动合作社,一九三一年开始创设的。现在全苏区实行的'劳动互助社',就是发源于此的。"③

耕田队和劳动互助社的制度安排(专栏5-5)归纳起来:其一,每个村成立一个委员会,筹划一村的劳动互助,以及管理劳动互助后"清工",但是,雇佣双方是自理的,"清工"可以不经委员。其二,对红军家属帮工以及农户"出工"制定出标准:紧时平均每家每月须帮助约25个工,平时平均每家每月须帮助约10个工;农户"出工",总原则是劳力多的多出,少的少出,无劳动力的不出,紧时全家有两个劳动力的大概须帮出十三四个工,一个劳动力的须帮出六七个工,半个劳动力的帮一个两个工或做轻便工作。其三,制定出"清工"的方法和标准:帮红军家属耕田不要工钱,帮助时,出工者带饭包(不带菜),带农具;帮群众耕田则要工钱,"社员互助:工数对除,少做了的,按工找算工钱于多做了的";帮助孤老的、只要吃饭不要工钱。这种互助互利的合作方式受到当地群众欢迎,因此"劳动互助社在农业生产上伟大的作用,长冈乡明显地表现出来了"④。

专栏5-5　长冈乡、才溪乡耕田队和劳动互助社的组织办法

长冈乡的办法是:"劳动互助社帮红军家属耕田(不要工钱),模范队则帮群众耕田(要工钱)。比如某个互助社社员正要帮红属耕田,而他自己家里的田又正待耕,模范队便派人帮他耕,或者代替他帮红属耕田,由他出工钱于模范队员。这样来调剂劳动力。因此模范队须与互助社取得密切的联

---

① 《毛泽东农村调查文集》,人民出版社1982年版,第309页。
② 同上。
③ 同上书,第343—344页。
④ 同上书,第312页。

系。"① "优待红属,本乡红军家属,紧时平均每家每月须帮助约二十五个工,平时平均每家每月须帮助约十个工。群众劳力多的多帮助,少的少帮助,无的不帮,女人带了小孩子的也少帮。大概紧时全家有两个劳动力的须帮出十三四个工,一个劳动力的须帮出六七个工,半个劳动力的帮一工两工做轻便工作。应该帮这多而少帮了,则须算给工钱于多帮了的。比如紧时甲家每月本应帮红属七工但只帮了五工,乙家应帮七工而帮了九工,则甲家应算两个工的工钱给乙家。社员互助:工数对除,少做了的,按工找算工钱于多做了的。帮助孤老:只要吃饭,不要工钱。以村为单位全盘计划生产,调剂人工。每个月底清算一次,找出工钱(拿钱的多,物品抵的少,都能找清)。"②

才溪乡"调剂劳动力的主要方法,是劳动合作社与耕田队。其任务是帮助红属与群众互助。帮助红属:带饭包(不带菜),带农具,莳田割禾也是这样。群众互助:议定每天工钱二毛,男女一样,紧时平时一样,一九三〇年起就这样做。工钱,红属帮助红属,每天一毛半;红属帮助群众,每天二毛;群众帮助红属,不要工钱。劳动合作社统筹全局,乡的劳动合作社委员会五人,主任筹划一乡。四村每村一个委员,筹划一村。要请工的,必经村委员,不能私请,否则混乱了劳动力的调剂。工钱,"雇""佣"双方自理,不经委员"③。

第二,犁牛合作社的制度安排

上社区长冈乡的耕牛合作社是1933年"九月间开始组织的,每村一个,刚在进行,尚未弄好,入社的不多。五个人的委员会"④。才溪区"全区只上下才溪两乡组织了,各有三头牛"⑤。犁牛合作社的主要功能,一是集中和有计划地使用较少的畜役力,以补充农户的耕牛不足;二是运用犁牛合作社集体力量,共同集股购买耕牛,毛泽东称之为解决农民缺少耕牛的方法"莫妙于领导群众组织犁牛合作社,共同集股买牛"⑥。犁牛合作社集股购买耕牛的办法如专栏5-6所示。

---

① 《毛泽东农村调查文集》,人民出版社1982年版,第309页。
② 同上书,第309—312页。
③ 同上书,第343—344页。
④ 同上书,第312页。
⑤ 同上书,第348页。
⑥ 《毛泽东农村调查文集》,人民出版社1982年版,第313页。

专栏 5-6　长冈乡犁牛合作社集股购买耕牛的办法

毛泽东《长冈乡调查》记载："办法是在自愿原则下（经过社员大会同意），每家照分田数每担谷田出谷二升至三升。例如，长冈乡每人分田六担二斗，无牛的一百零九家，平均每家四人，共四百三十六人，分田共二千七百零三担，每担三升得谷八十一担，每担五元得钱四百零五元，以二十元买一牛计，得二十头。每牛耕田八十担，共可耕田一千六百担，对于二千七百零三担，已解决了一大半。明年再出两升，即可完全解决，而租牛每年每担谷田即须出牛租五升。这一办法是石水乡群众提出来的，他们已在实行。我们希望各地都能实行。这不但解决贫苦农民一大困难，对于增加农业生产更有大的意义。"①

犁牛合作社的组织办法，广澜曾在《红色中华》作过详细介绍（专栏5-7）。综而言之：(1) 群众自愿参加，苏维埃政府绝对不强压命令；犁牛站"以应分得该耕牛农具的雇农贫农及红军家属为基本站员"。(2) 犁牛站的犁牛和农具源于"没收豪绅地主富农多余的耕牛农具为基础"，"大家并可以再合股购买添置"；犁牛站所有耕牛农具归全体站员公有，全体站员选出一人来管理。管理者的报酬，由该会议决定之（牛栏粪归管理者所有）。(3) 犁牛站的耕牛农具必须先耕种红军公田。每个站员都有借犁牛站耕牛农具之权，但各人所借期限和数量多少一定要分配均匀，一定要出相当租钱。

专栏 5-7　广澜：《保障春耕运动的顺利进行，组织犁牛站办法》摘要

（原文载《红色中华》第五十七期，1933 年 3 月 3 日，第 1 版）

去年因为耕牛不够，荒了许多田……今年党和政府应该领导缺乏耕牛农具的基本农民群众，组织犁牛站……其办法如下：

一、犁牛站的创立一定要在基本农民群众自愿原则之下组织之，苏维埃政府绝对不可强压命令，只可处在领导和帮助地位……

---

① 同上。

二、犁牛站的犁牛农具，可以没收豪绅地主富农多余的耕牛农具为基础，应以分得该耕牛农具的雇农贫农及红军家属为该犁牛站的基本站员，大家并可以再合股购买添置……

三、犁牛站的所有耕牛农具，由全体站员选出一人来管理，管理者的报酬，由该会议决定之（牛栏粪归管理者所有）。如管理者不负责，乡主席或大多数站员提议，得随时召集全体站员会议，将他撤职，甚至赔偿损失。

四、犁牛站的耕牛农具必须先耕种红军公田。

五、犁牛站的所有耕牛农具归全体站员公有。每个站员都有借犁牛站耕牛农具之权。但各人所借期限和数量多少一定要分配均匀。

六、每个借犁牛站耕牛农具的站员，一定要出相当租钱，为供给耕牛食料以及津贴管理者相当经费的用处。

七、新生牛仔应归站员公有。

八、非站员的基本农民群众，如要求加入犁牛站愿出相当的入站基金，应可加入，富农及一切异己分子则不让他们加入。

第三，消费合作社的制度安排

长冈乡的消费合作社"起始于一九三一年三次战争结束后椰木乡（长冈乡那时属于椰木）的顾岭村"。1932年1月改为椰木乡合作社，9月"区社成立，全区集了八百股（每股五角）把椰木乡社归并于区"。因为区社的成功，"县总社八月成立，也在开始营业中"。毛泽东评价，"顾岭村合作社为全县合作社首创，又办得最好，有模范合作社之称"①。才溪乡的消费合作社是"一九三○年十月起的"。"才溪区消费合作分社创立于一九二九年十一月间"②。毛泽东《才溪乡调查》时，才溪区八乡"有十四个消费合作社"，其中上才溪两个，一个油盐肉合作社，一个布匹合作社，后来还成立了一个豆腐、糖果、猪仔合作社。"加入消费合作社的人家，上才溪百分之六十，下才溪百分之九十。"③

关于消费合作社制度安排，1934年初，崔寅瑜的《一个模范的消费合作社》（专栏5-8）曾详细介绍。归纳之：（1）农民自愿入社，入社时需

---

① 《毛泽东农村调查文集》，人民出版社1982年版，第315—316页。
② 《红色中华》第139期，1934年1月1日。
③ 《毛泽东农村调查文集》，人民出版社1982年版，第345—346页。

要交纳股金，每人10股左右，每股5角至1元不等；合作社可借一些公款充实总股金。（2）由社员代表大会选举产生管理委员会、审查委员进行管理，管理委员会以下分设发卖、采办、保管、会计筹股室，办事常驻1—4人不等。（3）采办货物由全体社员大会来讨论决定。（4）出售货物按不同群体用不同价格：社员及红军家属、红军机关及各部队购买物品照成本出售；卖与非社员群众则照本赚5%。（5）盈利经社员大会决定，或用于分红，或留作公积金，以充裕资本。也有按比例分配的。《长冈乡调查》记载："区社去年九月至今年三月（半年），四百多元本钱赚了六百多元，以百分之五十为公积金，百分之十为营业者及管理委员审查委员的奖励金，百分之十为文化教育费（为俱乐部、学校及红属儿童买纸笔），百分之三十分红。"①

专栏5-8　崔寅瑜：《一个模范的消费合作社》摘要

（原文载《红色中华》第一三九期，1934年月1月1日，第3版）
大家来学习它的光荣的模范
在合作社运动中，上杭的才溪区是模范的一区……
才溪区消费合作分社发展的历史
才溪区消费合作分社创立于一九二九年十一月间，当时组织筹备委员会，在创立时只有社员八人，股金四十余元，同时借了一些公款，立刻开始成立和营业，当时在价格问题上，由全体社员大会来讨论决定；社员及红军家属红军机关及红军各部队来购买物品，照成本出售，卖与群众则照本赚百分之五，到一九三一年十二月结算账目，除一切开支外，共得存余大洋三百元，当即召集社员大会，报告工作和分配红利，照社员股金，每一股（五角）得红利大洋五角。这一个时期，才溪合作分社还没有做到它应有的工作；在今年七月间结算时，除一切开支外共计盈余七百四十一元，经社员大会一致决定不分，作为公积金，以充裕资本。自本年八月经济建设大会以后，新社员大大的增多，共计现有社员一千零四十一人，股金一千零四十一元，这是区分社的发展情形。
才溪区合作分社的概况
才溪区消费合作分社社员代表大会，产生了管理委员会一人，审查委员

---

① 《毛泽东农村调查文集》，人民出版社1982年版，第316页。

会五人；管理委员会以下，分设发卖，采办，保管，会计，筹股，采办货物……所采办的货物，以□占百分之七十，布占百分之二十，其他一切日常用品，则占百分之十；群众向合作社买货要比市价便宜一半，社员与红军家属，除得优先购买权外，价格是照成本价售与的，合作社还聘请了两个医生，免费与社员和红军家属诊断，甚至群众都不收取诊病费。营业部工作人员只有伙食……

给予我们的经验和教训

……

第四，粮食合作社的制度安排

长冈乡"顾岭村①合作社为全县合作社首创，又办得最好，有模范合作社之称。本乡粮食合作社集了二百二十多股（每股一元）谷子抵交的多（每担五元）集中在长冈村一个仓里，还未开始营业，组织了管理委员会。每个乡每个区都要学习长冈乡与上社区的消费合作社"②。才溪乡的粮食合作社"原名粮食调剂局，一九三〇年开始创设，由群众募集股金。此种募集不是普遍募集，而是向生活较好的人家募集，每股大洋一元。每乡组织一个调剂局，全区八个局，共有股金一千八百一十元"③。

粮食合作社是一种群众经济团体。按照苏维埃临时中央政府关于《发展粮食合作社运动问题》的训令，粮食合作社主要是针对"苏维埃区域，在帝国主义国民党采用经济封锁政策之下，形成极严重的剪刀现象……为相当救济这种现象……"而成立的。粮食合作社的职能，"于收获时高价向社员收买米谷，到了青黄不接之时则低价出粜，其中所赚的钱一半作公积金，其余则按照社员售谷多少照比例分配。这种合作社主要作用是调整粮食价格减少剪刀现象，是工农贫苦阶级抵抗商人富农商业资本剥削的一种经济组织，是冲破敌人封锁使土地革命深入与继续的保障"④。才溪乡粮食合作社的制度安排体现了上述规定（专栏5-9）。

---

① 1931年三次战争结束后，顾岭村隶属椰木乡，长冈乡属于椰木乡顾岭村。
② 《毛泽东农村调查文集》，人民出版社1982年版，第316页。
③ 同上书，第346页。
④ 《红色中华》第31期，1932年8月30日。

专栏5-9　毛泽东《才溪乡调查》中关于粮食合作社记录摘要[①]

粮食合作社调剂办法：每年向群众买进谷米，比私人买的少收二升，如私人每元一斗七升，调剂局只收一斗五升。卖出时先卖给红军家属，后卖给困难群众。但群众是否困难，要经过乡代表会调查通过。卖出时，也不照当时市价，仅照买进价格略除耗失。例如买进每元一斗五升，卖出则为一斗四升五合，除去耗失五合。红军家属无钱的，群众特别困难的，可以借给，割禾后照数归还，不取利息。每年收谷出谷工作完了，由乡苏通知群众，举出代表，向调剂局负责人算账，并发公告。每年秋后收谷子量入谷仓，用乡苏长条标封。春夏出谷一次二次不定，由群众决定，群众需要了，即开仓出卖。大概每年三月莳田时与五月青黄不接时，均是出谷时节。

今年二月，改名粮食合作社，但组织如旧。自今年经济建设运动发起以来，各乡粮社都扩大了。例如上才溪粮社，原股二百一十五元，现增加二百零三元，共四百一十八元。下才溪，原股一百三十七元，现增加二百元，共三百三十七元。调剂局委员五人，主任一人常驻，支领伙食。[②] 下才溪另有一个"贩米合作社"，股本一百三十元，每股五角。专为红军路过、行人来往、机关人员及避难群众买米而设。委员五人均不常驻，圩日有一人办事半天，平时托付消费合作社办理。除开支办米工人的工资、伙食外，不分红利。普通群众来此买米的极少，百人中仅一二人。米价照市。自从群众集股办了这个合作社，红军、难民等就不要向群众挨家办米了。[③]

需要指出，初期，中央苏区粮食调剂局与粮食合作社是两种不同的组织。粮食调剂局系调剂苏区粮食，保证红军及政府给养，并帮助改善工农生活的国家机关；而粮食合作社则是广大工农群众抵制奸商、富农剥削，改善自己生活的群众经济组织。粮食调剂局与粮食合作社，虽然性质各不相同，组织系统各不相混，可是他们在工作上却发生最密切的关系，粮食合作社是粮食调剂局的群众基础的组织（专栏5-10）。

---

①　《毛泽东农村调查文集》，人民出版社1982年版，第346—347页。
②　同上书，第347页。
③　《毛泽东农村调查文集》，人民出版社1982年版，第347页。

专栏5-10　中央国民经济部：《粮食调剂局与粮食合作社的关系》摘要

（原文载《红色中华》第九十四期，1933年7月14日，第5版）
……

粮食调剂局与粮食合作社的关系如下：

（一）粮食调剂局向粮食合作社购买政府和红军所需要的粮食……

（二）区乡两级政府及其他工作人员，所需粮食，可用粮食调剂局发的领米券向粮食合作社领取。最后由粮食合作社向粮食调剂局支钱。

（三）粮食调剂局帮助粮食合作社获取农民所必需的其他粮食的供给（如盐等）。

（四）在粮食合作社非常紧急的需要现款时，调剂局可设法帮助借款，反之，在调剂局急需时，亦可向粮食合作社暂时借用，迅速归还。

（五）粮食调剂局应经过粮食合作社来帮助农业生产的发展……

（六）粮食合作社应该帮助粮食调剂局来运输粮食……

（七）在粮食调剂局有谷仓的地方，粮食合作社应共同帮助调剂局谷仓的管理。
……

（二）根据地名村的互助合作制度探索与创新

宏观上看，由于环境变化，抗日战争和解放战争时期的互助合作制度与土地革命时期相比有所发展。首先，为了贯彻党的统一战线政策，赋予合作社是具有抗日民主统一战线性质的组织，社员资格就不像苏区那样排斥地主和富农，只要不是汉奸，都能入社。正如毛泽东指出的：我们的革命还处在新民主主义阶段，当前又执行着抗日民族统一战线政策。为了团结抗日，"所有农民、工人、地主、资本家都可以参加"[①]。其次，社员入社股金不限，这样就有利于吸引商人的资金，从而扩大了互助合作组织的生产和经营能力。其三，从合作社形式看，主要有以劳动互助为主的变工队（拨工、包工、劳武结合和滩地生产合作社四大类型）、消费合作社、手工业生产合作社、运输合作社、信用合作社、综合性合作社等，各个边区在具体形式上

[①]《毛泽东选集》合订本，人民出版社1964年版，第885页。

也有所不同①。在解放区，互助合作社的主要形式仍然是以生产合作为主的劳动互助，把劳动互助和战争后勤保障结合起来。1948年9月，刘少奇提出了合作社新方针，批判了合作社单纯追逐营利的做法，强调合作社为群众服务的宗旨②。

微观上，我们仍然从"中共历史名村"的历史印记中挖掘互助合作安排及其发展。前文所述饶阳县五公村耿长锁土地合伙组、平顺县李顺达互助拨工队，都产生于抗日战争艰苦的岁月，一直持续发展到新中国成立之初，在长期的革命战争中，农民互助合作组织不仅在发展生产、保障军民生活供给上发挥了重大作用，而且在组织农民参军、参战、支前和安定后方生产生活秩序等方面作出了重大贡献。这些互助合作组织之所以能够取得如此辉煌的成就，一定是他们在互助合作制度安排上有独特的地方，是我们研究自抗战至解放战争期间根据地互助合作制度发展的重要史料。

1. 耿长锁土地合伙组的制度探索与创新

耿长锁土地合伙组自成立就制定了《章程》（专栏5-11）。《章程》显示：土地合伙组的制度安排适合于生产力低下（耕畜、农具、资金短缺）和战争需要，与土地革命时期的互助合作制度比较，显示出其集成发展关系：第一，农民加入土地合伙组自愿，退出自由，但退出有条件，如"半路出组者可以立刻结账"但不分盈余，如有亏损需"补足后方可退组"。第二，土地合伙组不仅集中成员的土地，而且集中成员的农具和资金共同使用，但是，土地、农具和资金的所有权不变，个人财产权体现为按规定比例分享互助组的盈余。这样做，最大限度地集中了村域农业生产资源，创造了村域农业扩大再生产局面。第三，将互助合作方式从农业生产领域延伸到副业生产领域，同时，为农村集体经济管理制度探索出方向，如壮劳动力（男）和半劳动力（小孩）有差别的记工分，按10%的比例提取集体公积金提留，盈余按照土地、资金和记工所占比例的规定进行分配。

专栏5-11 《耿长锁土地合伙组章程》(1943年)摘要

为了发展生产，解决困难，使大家有活做，有饭吃，孩子有书念，发扬

---

① 刘秉龙：《中国合作经济研究》，中央民族大学博士学位论文，2006年，第63页。
② 王景新、鲁可荣、郭海霞：《中国共产党早期乡村建设思想研究》，中国社会科学出版社2011年版，第145—146页。

同舟共济精神，自愿组成土地合伙组。

1. 土地方面。将全组所有土地合起来共同使用，地权仍归原主所有，从总产数中提取10%为公积金，其余按人地对半分。

2. 副业方面。各户所有资金集中起来共同经营，所得红利抽10%公积金，其余按资四人六分配；资金所分四成按照出资多少分，人所分六成按工分分配。

3. 公积金。用来补亏空和购买农具。

4. 记工。壮男劳动力一样记工，小孩酌情记工或雇工。

5. 工具。各户所拥有工具集中使用，坏了由组修理。

6. 年终结算。有声明出组者，盈余按照上述分配办法分给；半路出组者可以立刻结账，盈余不分，如有亏损，补足后方可退组。

7. 组织。设组长1人，会计1人，管生产1人。

1944年冬，耿长锁土地合伙组更名为农业合伙组，以土地合伙组章程为蓝本制定了农业合伙组章程。1945年又进行了修改。修改后的《章程》与抗战初期以及土地革命时期的制度相比较有以下特点：

——更加合理、科学安排互助合作组织的盈余分配。1944年的《章程》将农业盈余"按人地对半分"，修改为"地四劳六"；同时将副业盈余"按资四人六分配"，修改为"资三劳七"。有意缩小盈余分红中的"土地"和资金所占份额，提高劳动分配比例，更加彰显"按劳分配"原则；但是农民并不拥护，1945年秋后，耿长锁农业合伙组有8户退组，于是又将农业和副业的盈余分配办法分别修改为"地四劳六"和"资四劳六"；同时把妇女工从壮男劳动力的五成提高到八成。耿长锁合伙组取得了好收成，1946年冬，原退组的农户又陆续回到了合伙组。"中共历史名村"经验告诉我们，互助合作制度安排中正确处理农户私人产权和集体经济之间的关系是多么重要。

——完善了土地合伙组的决策机制，1944年《章程》规定，"农业合伙组的最高权力机关是家庭代表会议"，"干部每年选举三次"[①]。

——适应战争需要，1944年的《章程》增加了成员出"战勤"和因公致伤、致死的保障制度，规定："抗勤（即战勤——笔者注）在本组出工记

---

① 《当代中国的农业合作制》编辑室：《当代中国典型农业合作社史选编》（上册、下册），中国农业出版社2002年版，第110页。

分"；"因公致伤者全部由组负担，养伤期间照常记工分。因公死亡由组埋葬，再记工三年，如家中没有劳动力，可长期记工"。

五公村互助合作制度的科学安排，不仅使该村在革命战争时期创造了农业生产和支持革命战争胜利的辉煌业绩，而且，他们所创立的《耿长锁土地合伙组章程》（1943年）、《耿长锁农业合伙组章程》（1944年）、《耿长锁农业生产合作社社章》（1953年）以及1953年12月"耿长锁农业生产合作社十周年纪念大会"资料，对新中国初期的互助合作运动以及互助合作制度建设产生重要影响。

2. 李顺达互助拨工队的制度探索与创新

抗日战争和解放战争时期，李顺达互助拨工队，既是一种生产联合体，也履行了社区管理和战勤保障的职能。

（1）成员间的生产互助。互助组成立时，只是成员之间互相采取帮工、折工、还工等办法，化解成员之间的劳动力、耕畜、农具等此余彼缺的矛盾，保证成员生产不误农时。随着战事频繁发生，差役增多，互助拨工大队又担负起对军烈属和支前人员家属的拨工优待任务，其职能拓展到：对支前物品以物计价、以价折工；对战勤及社区公务性任务，采取摊工、计工、变工等办法，在社区农户之间平衡协调。由此，李顺达互助拨工队创造了一套帮工、折工、还工，以及摊工、计工、变工的制度。

（2）成员间生活互济。为了解决一些成员"揭不开锅"的困境，李顺达互助组成立的第三天，全组就匀出2石粮食5石多谷糠相互接济，使全组成员渡过了1943年的春荒。同时，依据抗日民主政府颁布的开荒政策，互助组以记工方式开荒种菜，使成员当年5月吃到了新瓜，6月吃到了蔬菜，秋收7.5万公斤山药蛋（户均近1500公斤），除了保障成员生活外，还供给驻地部队和机关粮食和蔬菜。

（3）发展"副业"生产，促进互助合作组织集体和成员经济双发展，（见专栏5-4中的"五年发家计划"）。在此基础上，老西沟集体经济已经萌芽和得到了初步发展。

四 小结

1. 20世纪30年代前后，面对农村经济衰落局面，以晏阳初、梁漱溟为主要代表的乡村建设派乃至南京国民政府，都把组织合作社作为改进农村经济的主要途径之一。中国共产党更加具有开展互助合作运动的紧迫性，组织合作社不仅是解决苏区农村经济问题的一种有效方式，而且中央苏区已经将互助合作运动与发展社会主义集体经济联系在一起了，抗日战争时期，毛泽东已经把组织农民合作社看成克服个体经济弊端、逐步实现集体化的唯一道路，因此开展互助合作运动是马克思主义集体经济思想传播与中国传统合作经济思想继承相结合，孕育社会主义农村集体经济的长远需求。加之中央苏区的社会经济状况，尤其是土地革命后苏区农民迫切要求互助合作，农民虽然获得了土地，但生产力落后，劳动力、畜役和生产工具严重不足，唯有互助合作生产，才能缓解上述矛盾；同时，面对国民党对苏区的封锁，苏维埃政府迫切需要打破封锁，安定民生并动员民众参军参战和保障军队给养的需要。可以认为：中央苏区互助合作运动兴起和发展，是土地革命和当时农业生产力水平所决定的，也是社会主义农村集体经济发展的必然产物；在中国共产党早期的历程中，保障土地革命战争、抗日战争和解放战争的胜利，为中国共产党持续推动互助合作运动提供了重要动力。

2. 中共早期的互助合作运动经历了三个阶段，即土地革命时期中央苏区的互助合作运动，抗日战争时期边区和根据地的互助合作运动，解放区的互助合作运动。中共早期的互助合作运动发展健康，实现了预期目标，其中，中央苏区的互助合作运动持续时间最长，探索最全面，也最有成效。直到红军长征前夕，中央苏区仅粮食、消费、生产三种合作社就发展到"二千三百余的社数，五十七万余的社员和六十万余股金"。在不长的时间内，在赣西南和闽西地区，不仅迅速恢复和发展了工农业生产，抵制了高利贷资本剥削，缓和了苏区经济压力，保障了军需民用品的供给，支援了土地革命战争。

3. 中共早期已经对互助合作社的组织制度进行了全面的探索。从镌刻在历史名村的印记中，我们已经看到：互助合作组织已经扩展到多种领域，如解决生产工具和劳动力缺乏而成立的耕田队、互助组和农业生产合作社，保障军需民用而成立的手工业生产合作社，方便群众生活而成立的消费合作社，平抑苏区粮价而成立的粮食合作社、抵制高利贷盘剥而成立的消费合作社等；互助合作内容已经由劳动力互助、畜役和生产工具互济，发展到合作生产、合作消费、合作融资和发展农工业生产；互助合作组织内部治理结构基本形成，社员大会及其选举产生的管理委员会、审查委员及其下设生产、发卖、采办、保管、会计筹股室等办事机构一并俱全；互助合作组织内部的分配决算制度也已经成型，而且符合国际合作组织通行规则，比如按照股份和惠顾额分红，提取公积金和公益金，充裕发展资本，奖励有功成员，处罚犯错误的领头人，等等。到抗日战争后期，一些名村的互助合作制度安排已经具备了社会主义集体经济的雏形，比如：1944年冬，五公村耿长锁土地合伙组便更名为农业合伙组，其《章程》有意缩小盈余分红中的"土地"和资金所占份额，提高劳动分配比例，更加彰显"按劳分配"原则，同时，社会主义集体经济所特有的社会职能也被拓展出来了，其《章程》增加了成员出"战勤"和因公致伤、致死的保障制度；1946年，西沟村李顺达互助拨工队便制定了"五年发家计划"，开始集体开荒和发展"副业"生产，把互助方式从劳动力和畜役力互助扩展到共同经济生产，并在成员之间开展生活互济制度。

本章参考文献

[1]《毛泽东农村调查文集》，人民出版社1982年版。

[2]《红色中华》第二十五期、第三十一期、第四十二期、第五十二期、第五十七期、第六十七期、第七十期、第七十一期、第七十九期、第八十三期、第八十九期、第九十四期、第九十七期、第一〇二期、第一〇三期、第一二二期、第一三五期、第一三九期、第一六六期、第一六七期、第一七〇期。引用时分别注明。

[3]《斗争》第五十六期、第七十二期。

[4] 陈翰笙、薛暮桥、冯和法合编：《解放前的中国农村》（第一辑），中国展望出版社1985年版。

[5]《毛泽东选集》第一卷、第二卷、第三卷、第四卷，人民出版社1991年版。

[6] 中国社会科学院经济研究所中国现代经济史组编：《第一、二次国内革命战争时期土地斗争史料选编》，人民出版社1981年版。

[7] 王景新、鲁可荣、郭海霞：《中国共产党早期乡村建设思想研究》，中国社会科学出版社2011年版。

[8] 许毅：《中央革命根据地财政经济史长编》（上册），人民出版社1982年版。

[9] 魏本权、曾耀荣：《民间互助·合作运动·革命策略：中央苏区农业互助合作运动再研究》，载《赣南师范学院学报》2010年第2期。

[10] 熊吉陵、黄诚：《论中央苏区时期的农村合作制经济建设》，载《江西社会科学》2006年第10期。

[11]《当代中国的农业合作制》编辑室：《当代中国典型农业合作社史选编》（上册、下册），中国农业出版社2002年版。

[12] 张松斌、周建红：《西沟村志》，中华书局2002年版。

[13]《农业集体化重要文件汇编》（1949—1957），中共中央党校出版社1981年版。

[14]《农业集体化重要文件汇编》（1958—1981），中共中央党校出版社1981年版。

第六章

农业集体化时代镌刻在历史名村的印记

本章首先界定"农业集体化时代"的内涵,进而梳理这一时代农业集体化运动及制度演变历程。然后以此为背景,通过挖掘农业集体化时代镌刻在饶阳县五公村、平顺县西沟村、昔阳县大寨村、遵化市沙石峪村和儋州市石屋村等"历史名村"的印记,回顾历史名村在互助合作和人民公社等不同阶段,村域集体经济组织形式、产权制度和经营方式的发展变化,研究历史名村的粮食生产、集体经济和农民收入的发展与变化,总结农业集体化条件下村域经济持续发展的人文和制度因素及一般规律。

一 农业集体化时代的运动历程和制度演变

(一) 农业集体化时代的界定

从中国共产党"三农"政策史和新中国经济史的角度看,"农业集体化时代"自1951年冬中共中央颁布《关于农业生产互助合作的决议(草案)》(1951.12)始,至1985年春"撤销人民公社、恢复和重建乡(镇)人民政府的工作基本完成"止,前后历经约36年。这种划分比较符合学术界关于"农业集体化时代指从对小农经济进行改造,到家庭联产承包责任制取代人民公社体制之间的整个历史时期"的观点(冯道杰,2011)①。

但是,从集体经济制度变迁史角度看,农业集体化是建立在"土地改革"基础之上的,农户获得土地是个体经济向集体经济转变的基石。农户没有土地,互助合作生产就是空中楼阁。反过来,在农业生产力极低的条件下,获得了土地的农民必然选择互助合作生产的组织形式,中央苏区、抗日

---

① 冯道杰:《农业集体化"时代遗产"及其当代价值》,载《山东经济》2011年第3期,第51—55页。

根据地和老解放区农民在获得土地后即刻走上互助合作的道路，互助组是中国社会主义农村集体经济的最初形态。但是，互助合作运动并不是1951年冬才开始的，在《关于农业生产互助合作的决议（草案）》颁布之前，互助合作组织已经有了较大发展，到1951年春，"组织起来的农户：华北地区占50%；东北地区占70%；华东地区有70余万个互助组；皖北、皖南四个专区统计有5万余个互助组；西北区有16.7万个互助组；中南区河南41县有11.4万多个互助组，占全部劳动力的40%—50%；湖北五个专区有5.2万个互助组，西南新区亦开始组织"①。因此，我们将农业集体化时代定义为：新中国土地改革之后，农业经济逐渐由农户分散经营向互助合作及人民公社三级所有、统一经营转变发展，直至被"统分结合的双层经营体制"取代之间的整个历史时期。

中国"农业集体化"带有强烈的"农业生产资料的社会主义改造"的色彩，而且深受苏联"集体农庄"模式的影响，认为"对农业实行社会主义改造，必须经过合作化道路"②。由此锁定了中国农业集体化路径。首先，"就是经过简单的共同劳动的临时互助组，和在共同劳动的基础上实行某些分工分业而有少量公共财产的常年互助组，到实行土地入股、统一经营而有较多公共财产的农业合作社，到实行完全社会主义的集体农民公有制的更高级的农业生产合作社"③；其次再通过"规模较小的农业生产合作社合并和改变为规模较大的、工农商学兵合一的、乡社合一的、集体化程度更高的人民公社"④。按照这样的路径，中国农业集体化经过了互助组、初级农业合作社、高级农业合作社和人民公社等不同发展阶段。

（二）互助合作运动历程及制度演变

1. 互助组阶段

中国共产党早在中央苏区时期，就积累了"互助合作"、"经过合作社""逐渐的集体化"的经验。新中国建立后，农业互助组伴随着土地改革进程在各地广泛发展起来。1951年12月，中共中央颁布《关于农业生产互助合作的决议（草案）》颁布实施，意味着中国有计划地展开农业社会主义改造

---

① 中华人民共和国农业委员会办公厅：《农业集体化重要文件汇编》（1949—1957）（上册），中共中央党校出版社1981年版，第45页。
② 同上书，第206页。
③ 同上书，第207页。
④ 中华人民共和国农业委员会办公厅：《农业集体化重要文件汇编》（1958—1981）（下册），中共中央党校出版社1981年版，第68页。

改造，并将互助组作为中国农业集体化的正式、初级的组织形态，标志着社会主义农村集体经济的制度的萌芽，也标志着新中国农业集体化时代的到来。

关于互助组的一般类型及制度安排，中央人民政府农业部农政司关于《一九五一年上半年农业互助合作运动发展情况》①介绍了三种类型，即劳力互助组、由劳动力发展到经济合作，农业生产合作社。仅就互助组类型而言，大体上有以下三类：（1）季节性劳畜变工互助组（临时互助组），这是广大农民最易接受的初级组织形式。（2）比较长期的定型的互助组（常年互助组），其特点是小组成员基本固定，互助组内有共同发展生产计划，有一定的组织制度（如记工、清工等），在互助内容上由单纯的劳畜变工互助发展到结合技术、副业与供销合作。这种形式在老解放区居多。（3）若干互助组联组，日常生产仍然以小组为单位，在联组内互相调剂劳动力，共同使用较大型新式农具。我们看到，不论哪种形式的互助组，土地及生产资料农户私有，自主（决策）经营，劳动力、农具及畜役在互助组内调节，或串工、换工，或以人工换畜力，土地收益归农户。互助组的实质是农户个体经济联合体，尚不具备集体经济的完整形态。

应该指出，1951年上半年，许多劳力互助发展到经济合作的程度。此时，互助组名称改变，土地及生产资料仍然归农户私有，但已经形成伙有财产，如农具、水车、牲畜、羊群、开荒地、林地、副业作坊、生活用具（如碾磨）、公积金和义仓等。伙有财产的出现，便于举办个人力量所不能及的农业基础建设、添置农机具、植树造林、救济和文教卫生等公益事业，公共财产形成是农村集体经济组织成长的重要基础。这类互助组已处在了农业生产合作社发展的前夜。

2. 初级社阶段

1953年12月，中共中央颁布的《关于发展农业生产社的决议》，标志着农业集体化由互助组阶段进入到初级合作社阶段。到1955年初，"全国农业生产合作社已经发展到48万个"，"1955年12月下旬，已有60%以上的农户，即7000万农户……加入了半社会主义的农业生产合作社"②。1956年初，全国就实现了初级形式的合作化。

---

① 中华人民共和国农业委员会办公厅：《农业集体化重要文件汇编》（1949—1957）（上册），中共中央党校出版社1981年版，第45—52页。

② 同上书，第277、505页。

"初级阶段的合作社属于半社会主义性质。""它统一地使用社员的土地、耕畜、农具等主要生产资料，并且逐步地把这些生产资料公有化；它组织社员进行共同的劳动，统一地分配社员的共同劳动成果"，"在这个阶段上，合作社已经有一部分公有的生产资料；对于社员交来统一使用的土地和别的生产资料，在一定时间内还保留社员的所有权，并且给社员以适当的报酬"[①]。与互助组时期的自愿原则不同，初级社时期，农民土地入社具有强制性，全国人民代表大会常务委员会通过的《农业生产合作社示范章程》（1955.11.9）的规定："社员的土地必须交给农业生产合作社统一使用"，但"允许社员有小块的自留地"，认为"农业生产合作社的收入是社员的劳动创造出来的，不是由社员的土地所有权创造出来的，因此，土地报酬必须低于农业劳动报酬……"[②] 土地以外的生产资料[③]交由合作社统一使用，给所有者适当的报酬。初级农业生产合作社实行"按劳计酬，多劳多得"。明确规定"留出一定数量的公积金和公益金"，同时规定了合作社的文化福利事业。显然，初级农业合作社的集体经济制度已经初步形成了。

3. 高级社阶段

初级社发展阶段，合作化运动高潮不断，针对各地农业合作化运动中出现的急躁冒进以及由此产生的新建合作社垮台散伙和社员退社的不良状况，1955年1月10日，中共中央发出《关于整顿和巩固农业生产合作社的通知》，希望通过采取"停、缩、发"的措施，对合作化速度加以适当控制，以保证运动的健康发展。但到四五月间情况发生了变化，合作化运动再次推向高潮。

1955年5月17日，毛泽东主席在中共中央召集的十五省市书记会议上发表了《关于农业合作化问题的讲话》，批评"在合作化的问题上，有种消极情绪，我看必须改变"，会议定下了指标，"发展合作社，河南七万、湖北四万五、广东四万五、广西三万五、江西三万五、江苏六万五……"[④] 是年7月31日，在中共中央召集省委、市委、自治区党委书

[①] 中华人民共和国农业委员会办公厅：《农业集体化重要文件汇编》（1949—1957）（上册），中共中央党校出版社1981年版，第479—484页。

[②] 同上书，第484页。

[③] 《农业生产合作社示范章程》（1955.11.9）第二十五条，对生产资料作了列举，主要指：耕畜、大型农具、农业运输工具、成片的林木、成群的畜牧、大型副业工具及副业设备。

[④] 中华人民共和国农业委员会办公厅：《农业集体化重要文件汇编》（1949—1957）（上册），中共中央党校出版社1981年版，第331页。

记会议，毛泽东主席作了《关于农业合作化问题》的报告，报告否定1955年春对合作社的整顿工作，开门见山地说："在全国农村中，新的社会主义群众运动的高潮就要到来。我们的某些同志却像一个小脚女人，东摇西摆地在那里走路，老是埋怨旁人说：走快了，走快了。"① 同年10月11日，毛泽东主席在扩大的中共七届六中全会上作了关于《农业合作化的一场辩论和当前的阶级斗争》的结论，认为"群众要求大发展……所以那种主张小发展的观点是错误的"②。可以看出，这些会议的主题主要是批判所谓右倾保守思想，加快农业合作社的发展速度。1956年初，为了批判农业合作化问题上的"右倾保守"思想，推进农业合作化运动的速度，毛泽东主席亲自编辑出版《中国农村的社会主义高潮》③一书。该书共收集各地办社材料176篇，毛主席为该书写了两篇序言，并为其中104篇材料写了按语，该书被称为"中国合作化运动百科全书"④。其中《一个从初级合作社形式过渡到高级合作社》一文按语中写道："对于条件已经成熟了的合作社，就应当考虑使他们从初级形式转到高级形式上去，以便使生产力和生产获得进一步的发展。"认为"大约办了三年左右的初级合作社，就基本上具备这种条件了"⑤。"可以说，1955年底至1956年初的中国农业合作化运动高潮，基本上是这三次会议加这本书促成。"⑥ 1956年也是初级合作社向高级合作社过渡的一年。到1956年11月30日，全国人大常委会通过《高级农业生产合作社示范章程》，标志着国家已经基本统一农村合作社这一集体经济制度安排。

高级合作社阶段，村域集体经济制度安排发生明显变化：（1）高级合作社的规模明显扩大。初级社后期，合作社规模就不断扩大，到高级社和人

---

① 中华人民共和国农业委员会办公厅：《农业集体化重要文件汇编》（1949—1957）（上册），中共中央党校出版社1981年版，第360页。

② 同上书，第437页。

③ 中共中央办公厅编：《中国农村的社会主义高潮》，人民出版社1956年版。

④ 《中国农村的社会主义高潮》一书的序言和按语，表露了毛主席关于农业合作化及社会主义建设的基本指导思想，其中蕴含着一些宝贵思想，提高人们对办农业生产合作社的重视程度，为办农业生产合作社指明了方向，在人民中间产生了广泛而持久的影响，是研究中国社会主义改造历史的重要文献。但亦有一些按语体现毛泽东主席对农业集体化认识的偏差，导致1956年合作化运动急躁冒进、"大跃进"和人民公社化初期的曲折经历。

⑤ 中华人民共和国农业委员会办公厅：《农业集体化重要文件汇编》（1949—1957）（上册），中共中央党校出版社1981年版，第520页。

⑥ 罗平汉：《〈中国农村的社会主义高潮〉一书再评价》，载《党史研究与教学》2006年第3期，第90页。

民公社初期,集体经济规模已经显示出"一曰大、二曰公"趋势。(2)产权制度安排发生明显变化。互助组阶段,土地及生产资料农户私有,自主经营,劳动力、农具及畜役在互助组内调节,土地收益归农户;初级社阶段,土地及其他生产资料农民所有,作价(股份)入社、统一使用,土地等财产的股份参与分红,保留农户自留土地;高级社阶段,土地等生产资料集体所有,统一经营,自留地集体所有、农民使用,不得私自出卖、出租和非法转让。(3)从初级社到高级社,生产责任制度从探索起步到不断完善,是农业集体化时代对社会主义集体有效发展的突出贡献。集体经济的效率,除了产权制度安排的重要影响外,还需要建立完善的生产责任制度。集体经济组织一旦形成,必然呼唤建立生产责任制度。农业集体化时代包产到户"三落四起"[①]的历史,证明了集体经济对生产责任制度的严重依赖。典型村域集体经济发展壮大从来没有离开过生产责任制度。(4)集体经济组织的积累机制正式形成,"三资"(资源、资产和资金)量明显增加。土地资源和其他生产资料的公有化,组成村域社区集体所有的原始资源;统一经营、集中劳动,按劳分配劳动产品及剩余的机制,形成村域社区集体的原始积累机制(分配之前的集体提留),集体"三资"迅速增长。(5)集体经济组织的公共服务职能被拓展出来。农户私有土地和生产资料等资源性资产交给了高级社,农民成了高级社的社员,高级社必须为其社员提供社会保障;高级社公共积累增长及其制度化,使其有能力供给其社区内的农业基础设施建设、公益活动、医疗等基本公共服务。

高级社阶段的集体经济制度安排在总体上仍然是有效率的。在农业生产力极低的条件下,土地等生产资料以及劳动力集中利用,最大限度地发挥稀缺资源的效率;同时,比较完善的生产责任制度建立,弥补集体经济规模过大不利于监督的弊端,从而保证合作社时期粮食等主要农产品持续增长。1957年,全国粮食、棉花和油料的产量分别达到1950.5万吨、164万吨、419.6万吨,比合作社初期的1952年粮食和棉花分别增长19%、25.8%[②]。但要看到,自高级社开始,中国农业合作化已经迈上以"一大二公"为基础的空想色彩很浓的社会主义改造之路。高级社通过"农户土地和其他生

[①] "包产到户"的第一次起落发生于1955—1957年,第二次起落发生在1959年,第三次起落发生在1961—1962年,第四次兴起于1978年安徽小岗村。参见王景新《农村改革与长江三角洲村域经济转型》,中国社会科学出版社2009年版,第38—41页。

[②] 王景新:《农村改革与长江三角洲村域经济转型》,中国社会科学出版社2009年版,第31页。

产资料作价（股份）入社→土地等财产股份参与合作社收入分配→降低直至取消农户土地等财产股份分红比例"等一套"连续动作"，悄然剥夺了农户土地等财产权益，在较短的时间内完成农业生产资料的社会主义改造，实现了"所有制升级"，从而为人民公社初期集体经济"大跃进"和农业高产"卫星"上天埋下了伏笔。

（三）人民公社运动及其制度演变

1958年8月29日，中共中央政治局北戴河扩大会议通过的《中共中央关于在农村建立人民公社问题的决议》，标志着中国农业集体化进入到人民公社新阶段。《决议》指出，"大型的综合性的人民公社不仅已经出现，而且已经在若干地方普遍发展起来，有的地方发展很快。很可能不久就会在全国范围内出现一个发展人民公社的高潮是形式发展的必然趋势"[1]。《决议》颁布后人民公社运动高潮迭起，乃至犯了急躁冒进的错误。1960年代初，《决议》颁布后并几经修改，有"公社宪法"之称的人民公社"六十条"[2]出台，它则标志着人民公社体制成熟，并进入稳定运行的时期。1978年12月22日，中共十一届三中全会通过的《关于加快农业发展若干问题的决定（草案）》标志着中国农村改革的开始，但并不标志着农业集体化时代的结束，十一届三中全会还原则上通过了《农村人民公社工作条例（试行草案）》，可谓农业集体化时代"余响"。

人民公社之初的制度特点：一是"一大二公"，"大"是人多地大，农林牧副渔综合经营；"公"是农民的土地及生产资料全部入社，农户的自留地、房前屋后的林木、牲口鸡鸭等都被当成资本主义残余。二是"政社合一"，工农商学兵无所不包；人民公社兴办公共食堂、托儿所、幼儿园。三是"组织军事化、行动战斗化、生活集体化"。四是实行供给制与工资制相结合的分配制度。这些近乎狂热的不切实际的做法极大地伤害了农民参与集体经济的热情。经过整社整风和贯彻人民公社"六十条"，集体经营农业的制度进行了改革和调整。首先，所有制关系调整。公社初期是将原属于各农

---

[1] 中华人民共和国农业委员会办公厅：《农业集体化重要文件汇编》（1958—1981）（下册），中共中央党校出版社1981年版，第69页。

[2] 人民公社"六十条"是《农村人民公社工作条例》的简称。"人民公社六十条"先后有四个文件：初成于1961年3月中共中央广州工作会议通过的《农村人民公社工作条例（草案）》；修改于1961年6月中央北京工作会议通过的《农村人民公社工作条例（修正草案）》；成形于1962年9月中共八届十中全会通过的《农村人民公社工作条例修正草案》；"余响"是1978年12月十一届三中全会通过的《农村人民公社工作条例（试行草案）》。

业合作社的土地和社员的自留地、坟地、宅基地等一切土地，连同耕畜、农具等生产资料以及一切公共财产都无偿收归人民公社所有，后来修改为"人民公社三级所有、以生产大队所有为基础"，1962年的"六十条"定格为"人民公社三级所有、以生产队所有为基础"。其次，生产管理和剩余分配关系调整。在集体经济组织内部划小生产和核算单位，把土地、劳力、牲畜、农具等生产资料"四固定"到生产队，实行集体生产责任制度，以生产队为基本单元，统一生产、统一管理、按劳分配。最后，允许社员保留少量自留地、小农具和有限的家庭经济，增加了农户收入，活跃了市场。利益关系调整加上强大的政治动员能量，社员的集体主义热情又被"焕发"出来。

二 互助合作运动及制度演变镌刻在名村的历史印记

（一）互助组发展及制度演变的村落印记

应该指出，在那些抗日根据地和老解放区的著名村庄，互助组运动早在新中国成立以前就已经完成。如第五章所描述：饶阳县五公村耿长锁土地合伙组，以及平顺县西沟村李顺达互助拨工队，在抗日战争胜利前已成就斐然、声名远播。

新中国的互组合作运动中，最有名的是河北省遵化县西铺村。西铺村隶属于河北省遵化县，处在城东"四十里铺"，因一条小溪把村子分成两半，东半边是"东铺"，西半边就是"西铺"。西铺村地处半山区，山多地少，沙多土薄，农业条件较差。旧中国，西铺村农民生活贫苦，154户农民中，有20多户常年靠讨饭度日。"九一八"事变后，1933年日寇侵入遵化地区，西铺村农民深受蹂躏。"七·七"事变后，八路军（1938年）挺进冀东地区，开辟了冀东抗日根据地，西铺村农民便投入抗日战争。1941年，王国藩加入中国共产党，建立了西铺党小组后，组织民兵配合八路军打击日寇，踊跃支前，其间缴纳公粮5万多斤，做军鞋、军袜2千多双，全村有20多人参加八路军。1947年遵化县获得解放，1947年5月至1948年3月，西铺村就完成了土地改革，每人平均分到了1.6亩土地，土地占有关系发生了根本变化（专栏6-1）。

专栏6-1　西铺村集体经济历史变迁

土地改革前，西铺村154户，2160亩耕地。其中，5户地主和4户富农（占总户数的5.8%）共有1415亩，占全村耕地总面积的65.5%，大多数土质较好、离村较近、地块较大。34户中农（占总户数的22.1%）有耕地420亩，占耕地总数的19.4%；111户（占总户数73.6%）贫农和雇农，只有耕地325亩，仅占全村耕地总数的15.1%，而且多是土质差、离村远、地块零碎的山坡地。土地改革后，全村151户，其中111户贫农获得土地1427亩，占全村土地总面积的66.1%；34户中农的土地623亩，占全村土地总面积的28.8%；4户富农和2户地主的土地110亩，占全村土地总面积的5.1%。

土地改革后，农民虽然分得土地，但由于耕畜、农具、种子、肥料等生产资料的严重不足，生产困难，农民还没有摆脱生活贫困状况。1948年至1952年期间，西铺村又有11户卖出或典出土地74亩，有6户典出房屋15间，有4户出去讨饭①。为了彻底改变这种状况，1951年，西铺村即建立起11个农业生产互助组，其中一部分为临时互助组、一部分为常年互助组，参加互助组的农户达到总农户的60%。1952年初，西铺村的临时互助组全都转为常年互助组，并将原来11个互助组合并为8个组（专栏6-2）。常年互助组的规模较临时互助组扩大许多，一般有十几户到二三十户，参加互助组的农户比例也提升到70%②。

表6-1　　　　　1952年西铺村8个常年互助组基本情况

组名	户数（户）	耕畜（头）驴	耕畜（头）牛	每工折米（斤）	人畜齐工比例	集体副业	集体财产	备注
曲福常组	20	3.5	1	8	使用耕畜农户负担饲料，不齐工	—	—	耕地100余亩，劳动力半劳力29人
佟瑞之组	17	3.5	—	3	1人工=1畜工畜主自备饲料	做豆腐养猪	1头小牛	耕地180亩，劳力半劳力20人

① 《"穷棒子"精神放光芒——西铺大队的经济发展》，人民出版社1975年版，第44—45页。
② 同上书，第48页。

续表

组名	户数（户）	耕畜（头）驴	耕畜（头）牛	每工折米（斤）	人畜齐工比例	集体副业	集体财产	备注
王荣组	12	4	1	6	1人工＝1畜工 畜主自备饲料	—	—	
曲恩组	8	1	—	4	同上	—	—	
范勇组	6	0.25	—	3	同上	—	—	
高明成组	10	1	—	4	同上	—	—	集体播种松林
贺景如组	10	1	4	3	1.5人工＝1畜工	—	—	
王海组	34	3	—	4	1人工＝1畜工	—	—	漏粉养猪

资料来源：《"穷棒子"精神放光芒——西铺大队的经济发展》，人民出版社1975年版，第51页；耕畜非整数（小数点）是驴股份不足1头的情况。

从制度安排上看，西铺村临时互助组属于季节性劳畜变工互助组性质。（1）土地所有权、经营权、收益权都归成员农户，生产资料也归成员所有，成员农户依旧是独立的经济单位。（2）成员户际之间进行劳动力与劳动力、畜力与畜力、劳动力和畜力之间"换工"，当地农民称为"搭帮套"。（3）采用"齐工找米"方式结算和分配：春天各农户的劳动力和畜力都做出估价（以小米计），到年末结算"找齐"；"齐工"时，互助的农户双方互为计算使用了对方多少人工、多少畜力，差额部分按照每个工1.5—4公斤小米找齐。

西铺村常年互助组的合作内容扩大了。常年互助组的土地仍归农户所有，但农户生产已不局限于劳畜变工互助，主要农活如耕地、播种、薅苗、耪地、收秋等采用共同劳动的方式。常年互助组还出现集体副业，如漏粉、豆腐、养猪。副业生产有固定专人负责，副业人员的农活组内派人夫做，副业人员的报酬参加"齐工找米"，从而打通农业和副业之间的劳动互助。副业经营资本由组内各户"垫本"，所需用具向各户借用（不付报酬）；集体副业收入扣还各户垫本后按各户出工比例分配。副业的发展为互助组积累了少量集体财产，如小牛犊、小片松苗等。有的（如曲福常）互助组形成生活互济制度。不难发现，西铺村社会主义集体经济制度在互助组中萌芽。

西铺村互助组的发展，适应农民获得土地后生产发展的需要，其制度安排具有很浓的地方特色，符合农民的意愿，促进村域农业经济发展。1951年，各互助组的粮食产量平均为94斤/亩，比以前单干时提高四分之一左右,1952年,常年互助组粮食产量平均128斤/亩,比上年又增长36%,王荣组的粮食亩产量最高,达到160斤/亩。1952年,西铺村缺粮户由1951年的70户减少到36户,国家对西铺村发放的救济粮由过去平均每年5万斤减少到2.7万斤,发放的寒衣由平均每年100套减少到30套①。

(二)合作社发展及制度演变的村落印记

1."穷棒子社"的发展历程及制度演变

西铺村初级农业社经历了3年(1952.10.26—1955.12.31)。1952年秋,西铺村筹建农业生产合作社,自愿报名入社农户23户,入社土地230亩,没有可入社的大农具,入社耕畜勉强算3条驴腿②。这头驴,社里用3天,社外用1天,过上个把月,再给社外贴1天。是年10月26日,西铺村第一个农业生产合作社正式成立,推选王国藩担任合作社主任。1952年冬天"穷棒子社"打破冬闲习惯,打柴4万多斤,卖得430多元钱,购置1辆铁轮车、1头牛、1头骡子、19只羊和部分小农具。1953年春,社员第二次上山打柴,获得210元,解决缺粮户吃的问题,还购置草料、车套,添置1头驴和11只羊。这一年"穷棒子社"粮食总产量达到2.29万公斤,亩产127公斤,超过互助组上年平均产量将近一倍;扣除集体留粮以后,平均每户可分粮700公斤;合作社总收入达6800多元,去掉各项开支,平均每户分配的收入达190多元③。"穷棒子社"添置生产资料及农业获得丰收的事震动西铺村,许多农户要求加入合作社。1954年初,"穷棒子社"由原来的23户扩大到83户,耕地由原来230亩扩大到930多亩,农具、牲畜等生产资料也有所增加,"穷棒子社"更名为"建明农林牧生产合作社"。1954年秋收后,148户农民都参加合作社(几户地富反坏分子除外),实现全村合作化。自1954年始,合作社采取施用化肥、兴办小型水利、改良土壤(沙地掺黄土)、改进技术等措施,进一步提高了收益。1955年,全社各项总收入达52567元,比建社之初的1953年增长6.7倍,粮食总产量达到15.9万公斤,比1953年增长5.95倍,粮食亩产量达到152.5公斤,比1953年的亩产量增长25.5公斤。此外,集体林果业较快发展,从1953—1955年,林木面积增加1070亩,林木株数增加84000多棵,集体开始种植果树。畜

---

① 《"穷棒子"精神放光芒——西铺大队的经济发展》,人民出版社1975年版,第54页。

② 有的社员只有一头驴股1/6或1/8,加总全社社员入社的牲畜只有四条驴腿的2.8,勉强算3条驴腿。这就是穷棒子社"三条驴腿"的来历。

③ 《"穷棒子"精神放光芒——西铺大队的经济发展》,人民出版社1975年版,第66页。

牧业发展起来，至1955年底，生猪总头数为326头，比1953年217头增长0.5倍，存栏数为249头，比1953年的127头增长近1倍；羊的年底存栏数为98头，是1953年的2倍①。到1955年底，昔日的"穷棒子社"，社员已扩大到148户，劳力220人，耕地1900多亩；全社积累现金2304元，合作社资产由"3条驴腿"扩大到52头大牲畜、5辆大车、1台双铧犁以及3台喷雾器等②。

西铺村初级合作社（"穷棒子社"）的制度安排：(1) 初级合作社土地所有权归农户，使用权入社，集中统一经营；社员成片的果树林木也依旧保留社员的所有权。(2) 耕畜、农具等生产资料仍归社员个人所有，"私有伙用"；用集体资金购买的生产资料和社员自愿折价入社的生产资料，都归合作社集体所有。(3) 合作社根据国家的要求，有计划地组织社员集体生产，从1954年开始，全社分为4个生产队，各生产队固定使用土地、耕畜、农具、劳力。1955年底扩展为8个生产队，并建立相应的生产责任制度。(4) 初级社分配方式。合作社的总收入减去本年的生产费用、提取的公共积累和"私有伙用"耕畜、农具的报酬后的余额，按"地四劳六"的比例进行分配。劳动力所得"六成"采用"社员评工记分"方式分配：社员劳动评工记分为8个等级，最少4分、最高12分，每个社员经大家评议确定等级，一年评两次。

合理的产权制度安排加上比较严格的生产责任制度的建立，保证了西铺村初级合作社生产效率。3年实践，时间虽然不长，但这一阶段村域集体经济制度探索卓有成效，集体经济得到蓬勃发展（表6-2）。

表6-2　　　　　　1953—1955年建明合作社集体经济状况

（一）主要农产品产量

项目 年份	粮食		棉花		花生	
	总产(公斤)	亩产(公斤)	总产(公斤)	亩产(公斤)	总产(公斤)	亩产(公斤)
1953	22907.5	127.0	337.5	13.5	4713.0	131.0
1954	73277.0	137.0	400.0	10.0	42909.0	143.0
1955	159407.0	152.5	971.5	20.0	76676.5	140.5

---

① 《当代中国的农业合作制》编辑室：《当代中国典型农业合作社史选编》（上册、下册），中国农业出版社2002年版，第143页。

② 《"穷棒子"精神放光芒——西铺大队的经济发展》，人民出版社1975年版，第78页。

续表

(二)林业、畜牧业

	林木(亩)	林木(株)	果树(株)	生猪(头)	猪存栏(头)	羊存栏(头)
1953	590	44700	-	217	127	45
1954	1200	76900	-	275	175	96
1955	1660	129100	5250	326	249	98

(三)各产业的收入及所占比例

	总收入		农业		牧业		副业	
	金额	比例(%)	金额	比例(%)	金额	比例(%)	金额	比例(%)
1953	6813	100	4967	72.91	56	0.82	1790	26.27
1954	28660	100	25332	88.39	23	0.08	3305	11.53
1955	52567	100	47050	89.50	715	1.36	4802	9.14

(四)合作社社员分配与生活水平

	总户数	现金分配(元)		粮食分配(斤)		社员存款		房屋(间)
		总额	户均	总额	户均	户数	金额(元)	
1953	23	4526	196.78	32472	1412	6	350	500
1954	83	22336	269.11	134031	1615	40	460	500
1955	148	36659	247.70	287551	1943	48	700	532

资料来源:参考文献《"穷棒子"精神放光芒——西铺大队的经济发展》,人民出版社1975年版,第80—83页。

王国藩"穷棒子社"取得的成就受到党和国家领导人的关注,毛泽东主编的《中国农村的社会主义高潮》一书中,反映西铺村互助合作运动的有两篇材料《书记动手,全党办社》和《勤俭办社》,毛泽东主席为这两篇材料都写了按语,称"穷棒子社"为"我们整个国家的形象"(专栏6-2)。

专栏6-2 毛泽东主席按语(摘要)[①]

《书记动手,全党办社》一文按语(摘要)

这篇文章写得很好,值得作为本书的第一篇向读者们推荐。……

---

① 转引自中共中央办公厅编《中国农村的社会主义高潮》,人民出版社1956年版,第3—5、18页。

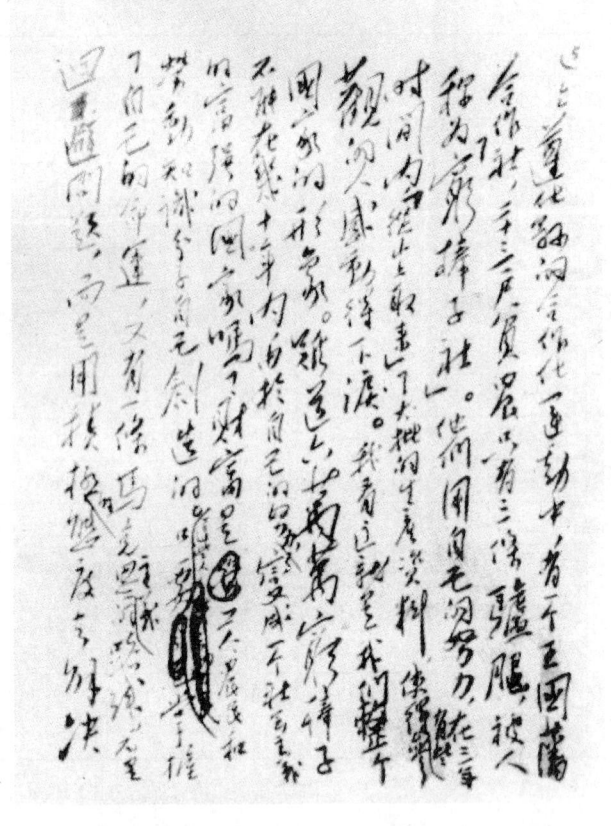

毛泽东手迹影印件

毛泽东手迹影印件源于中共遵化市委党史研究室

  遵化县的合作化运动中，有一个王国藩合作社，二十三户贫农只有三条驴腿，被人称为"穷棒子社"。他们用自己的努力，在三年时间内，"从山上取来"了大批的生产资料，使得有些参观的人感动得下泪。我看这就是我们整个国家的形象。难道六万万穷棒子不能在几十年内，由于自己的努力，变成一个社会主义的又富又强的国家吗？社会的财富是工人、农民和劳动知识分子自己创造的。只要这些人掌握了自己的命运，又有一条马克思列宁主义的路线，不是回避问题，而是用积极的态度去解决问题，任何人间的困难总是可以解决的。

  ……

  《勤俭办社》一文按语（摘要）

  这里介绍的合作社，就是王国藩领导的所谓"穷棒子社"。勤俭经营应当是全国一切农业生产合作社的方针，不，应当是一切经济事业的方针。勤俭办工厂，勤俭办商店，勤俭办一切国营事业和合作事业，勤俭办一切其他事业，什么事情都应当执行勤俭的原则。这就是节约的原则，节约是社会主义经济的基本原则之一。中国是一个大国，但是现在还很穷，要使中国富起来，需要几十年时间。几十年以后也需要执行勤俭的原则，但是特别要提倡勤俭、特别要注意节约的，是在目前这几十年内，是在目前这几个五年计划的时期内。现在有许多合作社存在着一种不注意节约的不良作风，应当迅速地加以改正。每一个省每一个县都可以找到一些勤俭办社的例子，应当把这些例子传开去，让大家照着做。应当奖励那些勤俭的、产量最高的、各方面都办得好的合作社，应当批评那些浪费的、产量很低的、各方面都做得差的合作社。

1956年1月1日，西铺村和邻近的东铺村、白马峪村、大于沟村的初级社联合起来，成立了"建明高级农林牧生产合作社"（以下简称"建明高级社"），王国藩被选为社务管理委员会主任，入社农户552户，2655人，耕地面积6000多亩，其中西铺村4个生产队。1958年9月6日，遵化县鸡鸣村区的19个高级社合并成立"建明人民公社"，下属44个行政村，王国藩当选为社长，原建明高级社的4个村仍旧分成4个大队（公共财产4村平均分配，土地按原归属回归），西铺村改为西铺大队，其下分为6个生产队。西铺村高级社历经3年半时间。

西铺村在高级社阶段，农户入社的土地、牲畜、大型农具、成片的果树林木等生产资料一律转为合作社集体所有，社内原4个村的"插花"土地进行了调整，取消了土地等生产资料所占股份及其分红，实行"各尽所能、按劳分配"。农户通过土地改革获得的私有土地以及其他生产资料，就这样悄然、无偿地公有化了。

高级社阶段因为执行合理的生产责任制度，集体经济仍然稳步发展。西铺村建明社运行3年，共改良土壤763.05亩，兴修水利、水浇地达到451.95亩；粮食产量逐年增长，1957年粮食亩产量达到203公斤，比初级社最后一年（1955年152.5公斤）增长33.1%；植树造林面积从初级社之初（1953年）的166亩扩大到1958年上半年的274.95亩；公共财产增加了，1955—1958年提取公共积累1.235万元，公共积累总额达20多万元[①]。

2. 五公村和西沟村的合作社发展历程及制度演变

1951年春，耿长锁土地合伙组更名为"耿长锁农业生产合作社"（以下

---

① 数据系根据《当代中国典型农业合作社史选编》（上、下册）、《"穷棒子"精神永放光芒——西铺大队的经济发展》的资料整理。

简称"耿长锁合作社")。1952年初级社农户发展到25户、111人；是年11月8日，五公村初级农业生产合作社正式成立，入社农户猛增到401户。翌年春，整社时114户退出，1955年退社农户重新加入，全村除7户单干外全部入社，共419户，占全村农户数的98.4%。1956年元旦，五公村初级农业生产合作社转为高级农业生产合作社。全村426户全部入社，其下分成10个生产队。1958年，五公村、小堤、北善、西里满4个乡的36个村合并成立五公人民公社，耿长锁为社长，原五公高级社改为五公大队。五公村的农业生产合作社前后历经7年时间。

1951年12月10日，以李顺达互助拨工队为依托组建了"西沟农林牧农业合作社"，李顺达、申纪兰分别当选为社长、副社长，入社农户26户，占老西沟51户的51%。1954年因李顺达获得爱果丰产金星奖，于是社名更改为"西沟金星农林牧农业合作社"（以下简称"西沟初级社"）。1953年春，西沟、南寨、池底3个行政村并入西沟乡金星农林牧农业合作社，入社农户达到203户，占总农户的73%。1955年12月24日，成立西沟乡金星农林牧高级生产合作社（以下简称"西沟高级社"）。1958年8月19日，西沟金星人民公社成立，合并原7个高级社为7个生产管理区，总面积67平方公里，耕地面积7000.5亩，下辖14个生产大队，56个生产小队，1207户，4996人；原西沟金星社属于其中的1个管理区，其下分成3个生产大队、14个生产小队。西沟村农业生产合作社同样历经了不足7年的时间。

《耿长锁农业生产合作社章程》（专栏6-3）是课题组收集的关于初级社制度安排的最完整资料。它显示：初级社阶段，中国农村基层集体经济组织制度已经相当完备与合理，包含总则、社员条件及自愿进入或退出方式、土地及大型农机具等生产资料的产权制度安排、公共积累、盈余分配、生产责任制度、民主决策管理机制等内容。

专栏6-3 《耿长锁农业生产合作社章程》(1953年)摘要[①]

第一章 总则……

第二章 社员……

第四条，凡年满16岁以上的男女劳动农民，除被剥夺公权者和未改变

---

① 饶阳县档案局"耿长锁农业生产合作社十周年纪念大会"材料（1953年12月）（全宗号76号）。

成分的地主富农和被管制的反革命分子除外，由社员介绍和本人申请，自愿履行本社社章，积极参加社内劳动……经社员大会通过，均可为本社社员。

第五条，根据社内需要，社员需将自己的土地、劳力、牲畜、主要生产工具投入社内，统一使用。……

第六条，社员退社需在年终结账一个月前声明。社内按社章规定分给其收益，如有亏损，按比例承担，并可带出或相等质量的土地与牲畜，农具折价款额，但公积金、公益金不得带走。

第三章　土地、工具、耕畜、资金、房屋、劳力

第九条　土地：

（一）耕地，社员全部耕地由社统一使用，地权仍属社员私有。

（二）树林地，社员所有树林归社员所有，但要服从社内计划，如社需用其树时，按合理价格由社作价购买，其可折算为标准亩由社使用。地垄地头的树木作价归社。

（三）场地，不纳负担的场地，入社内需要，每年每亩给谷50斤为报酬，能统一耕种者按一般的土地论。

（四）坟圈占地，能耕种部分由社使用，不纳负担者由社给以适当报酬。

（五）菜园地，由队统一管理。

（六）社员出社时，凡经社内进行改良的土地、打井、栽培果树等基本建设所用之地，与影响河内统一耕作之土地，不许带走，由社另补给相等质量的土地。

第十条，农、副业工具：

（一）农具：大件农具（水车、打车等）及副业工具，根据社内需要，作价归社，按全体社员土地总数平均摊派，超过平均数者，社内对其行息，无力缴纳者对社内行息。利率均按国家银行农贷低利计算。

（二）水车、水井：凡从政府贷款者，统一作价归社，其余根据水源好坏、水车质量和社内需要，给以合理代价，归社使用。

第十一条，耕畜：社员的耕畜，根据社内需要作价归社（其办法同农具项），但利息应按银行生出贷款利率计算。

第十二条，现金投资：社员投入社内的现金和实物，按信用合作社的利息行息。

第十三条，房屋：社内占用社员房屋如有损坏，由社修理。社在社员土地上建筑的房屋，归社所有，地权仍属原主。

……

第十五条，劳动力：

（一）社内劳动力根据不同技能和生产需要，统一分配使用。

（二）全社必须实行男女同工同酬原则。在经营管理上实行"定质""定量""定时""定产"包工包产超额奖励制度。

（三）零活可采用记工评分和包工办法。

（四）社员代表本社参加各种会议和社会活动者记工。社员、干部为村中工作者记脱工。

（五）社员因工致伤、残疾、亡故者，以下列办法处理之：亡故者，棺木、葬费由社负责，并照常年工记工三年。如家庭生活特殊困难者，得酌情照顾；伤者，由社负责医治队内照常记工，至其痊愈为止；残疾者残疾程度，民主评定，适当照顾。

第四章　收益分配

第十六条，农副业收入统一计算分配：

（一）社与拖拉机站所订合同报酬费，从总收获量里扣除。

（二）从总收益中扣除公积金3%，作为扩大再生产所用；公益金2%作为社员文娱、卫生等福利事业及救济老弱孤寡之用。在年景歉收时可适当降低公积金、公益金的比例。

（三）从收益中扣除一切生产投资……

（四）土地分红：从农业总收入内扣除公积金、公益金及农业生产投资后，每自然亩平均纯收入折谷在300斤以内者，与劳动力对半分配；超过300斤以上者，其超产部分归劳动力所有。为便于分配，粮食作物和经济作物均折谷计算。农业税由社内统一缴纳，按户分别扣除。为社内饲养牲畜，饲草不分，烧柴按劳地分红比例分配之。

（五）劳力分红：劳力所得农副业收益，以劳动日为计算单位，按每个社员参加劳动日多少统一分配。

第五章　组织

……

第十八条，社员大会或社员代表大会为社最高权力机构……

第十九条，设社长1人，副社长若干人……任期一年，可连选连任……

第二十条，社务管理委员会由9人组成，社长为管理委员会主席。

第二十一条，社务管理委员会下设：农业，林业，副业与畜牧，文教卫生，会计等五股。

……

初级社阶段，五公村初级社和西沟村初级社的农业生产都呈现出前所未有的快速增长趋势。1953年，五公村粮食总产量达到30.21万公斤，平均亩产量168.9公斤，人均占有305公斤，比抗日战争前人均占有粮食（37.5公斤）增长7.1倍。西沟村初级社粮食平均亩产量逐年增长，1952年为189公斤，1953年为206.5公斤，1954年李顺达获得"1952年爱国丰产金星奖"，这是新中国历史上中央人民政府农业部颁发过的唯一的一次全国最高奖①。1955年，西沟初级社农民人均分配粮食达到442公斤，比抗日战争以前最好的年景增长77%，受到毛泽东主席的表扬②。

高级合作社阶段，村域集体经济制度安排发生明显变化，其变化方向与国家层面的变化完全吻合。（1）高级合作社规模明显扩大。五公村初级社之初25户、后期达到419户，高级社时达到426户；西沟初级社之初26户、中期合并3个行政村，农户达203户，西沟金星人民公社成立时合并7个高级社，达到1207户、4996人；西铺初级社之初23户，后期扩大到148户，全村100%的农户入社，建明高级社时合并4个村的初级社，入社农户552户，2655人。（2）土地和农业生产资料（大型农具、牲口）都作价入社，其产权股份报酬逐年下降直至取消。五公村土地分红比例由"地六劳四"到"地劳对半"再到"定额比例分红"（土地每亩分红最多不超过65公斤），到高级社阶段基本取消土地分红；西沟村高级社取消土地分红，收益分配以劳动多少为依据；历史的看，这种做法满足一部分农民的要求，同时"平调"了土地、牲口等生产资料较多农户的财产收益权③。（3）农业生产合作社一成立便产生了生产责任制度，到高级社阶段生产责任制度更加完善。耿长锁农业生产合作社（1953年）社章明确规定"四定""两包"

---

① 全国获得1952年"爱国丰产金星奖章"共4人，另外三人是：黑龙江省肇源县（原郭尔罗斯后旗旗委书记）任国栋；山西平顺县川底村农业生产合作社社长郭玉恩；翼城县西梁村农业生产合作社社长吴春安。1954年4月2日人民日报为此发表《向金星奖获得者学习》的社论。
② 《中国农村的社会主义高潮》中，《勤俭办社，建设山区》一文是反映西沟村李顺达合作社的典型材料，毛泽东主席的按语写道："……这个合作社的经验告诉我们，如果自然条件较差的地方能够大量增产，为什么自然条件较好的地方不能够更加大量地增产呢？"——转引自《西沟村志》，中华书局2002年8月版，第11页。
③ 《西沟村志》（P52）记载："地少劳多"认为"死土地剥削活劳动"，埋怨"动弹不动弹，土地砍一半"；"地多劳少"的农户拥护土地分红制度，满足于"我有土地和牲口，不动弹也是余粮户"。

制度，即"在经营管理上实行'定质''定量''定时''定产''包工''包产'超额奖励制度"；到高级社阶段，五公村将原来的"按日记工"发展为"死分活评"、"季节包工"、"长包工"、"包工包产"等多种形式，财务管理上形成"财务包干"和"财务审计"制度。西沟村李顺达 1952 年赴苏联考察学习了 4 个月，回村后就划小合作社生产单元，将合作社分成若干小队，然后对各生产队实行"四定"（定土地、定劳力、定牲口、定农具）"三包"（包工包产包财务）"一奖惩"（年终决算按完成任务情况奖惩）；到高级社阶段，西沟村仍然执行初级社时期的"四定""三包""一奖惩"制度，提升奖惩"幅度"；同时针对以前社一级管得过多、过死的弊端，实行"社队分权、两级分管"，给生产队更多的自主权。（4）村域集体经济的积累机制正式形成，"三资"（资源、资产和资金）量明显增加。到高级社后期：五公村牲口 103 头（其中大牲口 33 头），各种大型农机具 42 台（套），各种机井 26 眼，耕地 4828.5 亩，其中 60% 变成水田；西沟村高级社运行 2 年零 8 个月，集体植树造林 2000 亩，垒坝锁沟和修筑拦洪坝 200余处、治理 5 条（山沟）小流域，修滩地 180 多亩，发展果园近 200 亩，高级社公共积累达到 12.2 万元（人民币）比初级社末期（1955 年）增长47%。（5）由于高级社公共积累增长，社区集体经济组织的服务功能增强了。五公村高级社建立后，立即设立了"五保委员会"，对全社 63 户五保户实行了"定工生产、定额补助、定人照顾"的政策，高级社从盈余中拿出 1 万多斤粮食、5000 多公斤煤和 1.5 万公斤薪柴补助村域孤寡老人和五保户。西沟村在互助组时期就开始互助共济和对参战人员伤残照顾，初级社建立医疗保健站，社员减免 50% 医药费，并对困难户实行救济，高级社时期村域公共服务水平进一步提高。

　　高级社阶段典型村域集体经济发展是有效的。首先，粮食产量稳定增长。五公村 1957 年的粮食平均亩产量 240 公斤，比建社初的 1953 年（139.85 公斤）增长了 71.6%；西沟村 1957 年战胜严重干旱，粮食亩产量212 公斤，比建社初期的 1952 年（189 公斤）增长 2.2%[①]。（2）比较完善的集体资产积累机制，初步显示出社会主义集体经济"集中力量办大事"的优越性，尤其是在农田水利基本建设、小流域治理、植树造林和社队（副业）企业发展方面，显示出中国农村经济发展史上从未有过的成就。

---

① 根据《当代中国典型农业合作社史选编》（上、下册）、《"穷棒子"精神永放光芒——西铺大队的经济发展》和《西沟村志》整理。

（3）村集体经济公共资产的积累机制初步形成，村域公共服务职能被拓展出来，为人民公社时期的低水平、全覆盖、有保障的农村（以教育、医疗、救济和五保为核心）福利制度体系基础。

三 人民公社运动及制度演变镌刻在名村的历史印记

（一）嵖岈山卫星人民公社诞生及其对全国的影响

进入高级社阶段，农民已经组织起来，集体力量充分显示出来。"自1957年冬到1958年春，全国出动几千万上亿劳动力，大搞农田水利基本建设，从而揭开了'大跃进'的序幕。正是因为农田水利基本建设等群众运动的发展，促使毛主席及其他中央领导同志萌生出改变农村基层组织结构的思想火花"①。农田水利基本建设，客观上要求土地向规模化集中，同时也需要更多的人力、物力、财力集中投入，于是基层产生并"小社"办"大社"的呼声。中国第一个农村人民公社——嵖岈山卫星人民公社，就是在这样的背景下，于1958年4月20日诞生的（专栏6-4）。

专栏6-4 嵖岈山卫星人民公社诞生记

嵖岈山位于伏牛山腰东脚，坐落在河南省遂平县西10余公里处，属于浅山丘陵地区。当年隶属平顺县第三区。1950年1—5月完成土地改革，翌年4月刘庄钟青德互助组建立，拉开了第三区互助合作运动的序幕；1953年10月全区各互助组全部转为初级社，1956年4—8月全区初级社全部转为了高级社。

合作社建立后，嵖岈山掀起全面治山治水的群众运动高潮，但"当时的27个农业社劳动力分散、物质基础薄弱，还常常因边界问题纠纷不断，致使声势挺大的治山治水运动，被群众戏称为'老水牛掉井里——有劲使不上'，进展相当缓慢。因此，大家都有将小的农业社合为'大社'的呼声"②。1958年4月15日，时任河南省信阳地区（当时嵖岈山归信阳地区管

---

① 薄一波：《若干重大决策与事件的回顾》（下卷），中共中央党校出版社1993年版，第728页。

② 源于笔者调查时（2012.7.5）周留栓的介绍。周留栓，生于1945年，他自20岁始，先后担任嵖岈山周楼村团支部书记、民兵营长、副支书和民办教师，1972年提干，一直在嵖岈山人民公社任职，现为"嵖岈山卫星人名公社旧址"义务管理员。

辖，现为驻马店市辖区）行署专员的张树藩、遂平县委书记处书记娄本耀、遂平县委农工部部长陈丙寅等出席下宋水库"胜利竣工"大会。晚上，陈丙寅（当时在嵖岈山刘百川村驻村）向张专员汇报了农村经济中林业、水利、畜牧、矿业开发、多种经营和共同发展等六个问题，其中主要矛盾是：农业生产合作社规模过小、同一区域内农业资源不能共享，劳动力普遍缺乏。在讨论解决办法时，几位地、县领导谈了将"小社"合并为"大社"的设想，认为这个设想符合不久前毛主席提出的"小社人少、地少、资金少，你不能使用机械。可以一乡一社，也可以几个乡为一社"①的指示精神。

翌日，陈丙寅将嵖岈山脚下的土山、杨店、鲍庄、槐树4个中心乡的书记、乡长召集到一起开会讨论并大社的事，设想将4个乡的27个高级社、9369户、43263人，合并成立为一个"大社"。他们的想法，得到了时任信阳地委书记路宪文的肯定。建大社的消息不胫而走，4月18日晚，杨店乡的很多群众又要求建大社。1958年4月20日晚，"12岁的周留栓，跟着满脸欢笑的父亲和从四面八方涌来的一万多名老乡一起，聚集在杨店街一个干涸的大坑里，喜气洋洋地参加了嵖岈山大社的成立大会"②。嵖岈山大社由陈丙寅担任嵖岈山大社管理委员会党委书记，全国劳动模范、韩楼高级社社长钟青德担任社长。

嵖岈山大社成立后不久，有人提出其名称不好，于是参考苏联集体农庄的名称和苏联于1957年发射卫星成功的史实，几经讨论，将"嵖岈山大社"更名为"嵖岈山卫星集体农庄"。1958年6月底7月初，中共中央书记处书记、国务院副总理谭震林在郑州主持召开冀、鲁、豫、陕和北京市农业协作会议，会后，他听取了遂平县委书记娄本耀关于嵖岈山卫星集体农庄的汇报后说："你们成立八个部是政社合一呀……你们不像苏联的集体农庄，你们像公社的形式，公社才是政社合一。"③于是，娄本耀马上通知县委办公室将"嵖岈山卫星农庄"更名为"嵖岈山卫星公社"。后又几经讨论，7月初正式定名为"嵖岈山卫星人民公社"。中国第一个人民公社就这样诞

---

① 转引自娄本耀《全国第一个人民公社的诞生与演变》，载《纵横》2003年第7期，第43页。
② 王来青：《全国第一个人民公社兴衰录》，中国共产党新闻网，2010年2月5日。
③ 转引自娄本耀《全国第一个人民公社的诞生与演变》，载《纵横》2003年第7期，第44页。

生了。①

嵖岈山卫星人民公社参照中央机构设置，成立了"七部、一办、一委"，即农牧渔业部、工业交通部、财政部、公安部、军事国防部、文教卫生部、外交部、联合办公室和计划委员会。《嵖岈山卫星人民公社试行简章（草稿）》出台，则并非完全是嵖岈山人的创造，而是在中共中央领导人的授意下完成的（专栏6-5）。

专栏6-5 《嵖岈山卫星人民公社试行简章（草稿）》形成

1958年7月17日，时任《红旗》杂志常务副总编辑李友久来到嵖岈山卫星人民公社，同时任中共河南省委书记处书记史向生，河南省农业部副部长崔光华、信阳地委书记路宪文及地委驻社工作组，以及遂平县委及嵖岈山人民公社党委的干部一起多次讨论，并多次召开社队干部、农民群众座谈会、辩论会，经过20多天的努力，制定出《嵖岈山卫星人民公社试行简章（草稿）》，此后又经过几次大讨论，修改出第二稿；是年8月8日，李友久给中共中央政治局委员、《红旗》杂志总编辑陈伯达写信并随信寄去《嵖岈山卫星人民公社试行简章（第二次草稿）》，陈伯达收到后即转毛泽东主席，毛主席当即对《简章》作了修改并批示"请各同志讨论，拟可发各省、县参考"②。1959年7月23日，毛泽东主席在庐山会议上说："我在河南调查之后，叫河南同志跟《红旗》杂志合作，搞了一个卫星公社的章程，我得到了那个东西，如获至宝。"③ 1958年9月1日，《红旗》杂志第7期发表了《嵖岈山卫星人民公社试行简章（草稿）》（以下称《嵖岈山社章》）并加了编者按，这个简章的原则和精神便成为中国农村人民公社初期制度安排的依据。

从集体经济组织形式、机构体系和制度安排上看，嵖岈山卫星人民公社

---

① 资料来源：课题组与嵖岈山卫星人民公社亲历者座谈及相关文献。
② 薄一波：《若干重大决策与事件的回顾》（下卷），中共中央党校出版社1993年版，第738页。
③ 同上。

的主要特色是：一曰大，二曰公，三曰"政社合一"，四为集中领导、分级管理，五是各尽所能、实行工资制、粮食供给制和开办公共食堂。

"大"，指范围很大，人很多。嵖岈山卫星人民公社合并了4个乡的27个高级社，共有9369户、43263人，境内总面积213.84平方公里（折合320760万亩），其中耕地面积130747亩（占40.76%）、山林56865亩（17.73%），槐草9060亩（2.82%），牧场72290亩（22.54%），河流（31条大小河流）、道路、村庄所占面积共51798亩（占16.15%）①。但作为指导全国公社制度建设的《嵖岈山公社简章》还是规定"公社按照乡的范围建立，一乡一社"。

"公"，是说农业生产资料改造要"消灭资本主义残余"，所有土地及生产资料都要公有化、集体化。《嵖岈山社章》第四条规定，"各个农业合作社合并为公社，根据共产主义大协作的精神，应该将一切公有财产交给公社，多者不退，少者不补。……各个农业合作社社员所交纳的股份基金，仍分记在各人名下，不计利息"。农村集体经济组织成员财产占有差异及其财产股份收益权被抹杀，标志着农村集体土地及财产由集体成员无差别平均占有的格局开始形成。第五条规定"……社员转入公社，应该交出全部自留地，并且将私有的房基、牲畜、林木等生产资料转为全社公有，但可以留下小量的家畜和家禽，仍归个人私有。社员私有的牲畜和林木转为全社公有，应该折价作为本人的投资"。

"政社合一"，是指公社既是基层政府，也是基层经济组织，工农商学兵无所不包。比如《嵖岈山社章》规定，"为了便利工作，实行乡社结合……"（第十一条）；公社管理委员会"下设若干部或者委员会（例如农业、水利、林业、畜牧、工业交通、财政粮食、商业、文化教育、内务劳动、武装保卫、计划、科学研究等）"（第十二条）；"公社必须尽快地发展工业……"（第六条）；"公社要建立供销部……"（第七条）；"公社要建立信用部……"（第八条）；"公社实行与劳动密切结合的普遍义务教育"（第九条）；"公社实行全民武装"（第十条）；"公社要逐步建立和健全医疗机构"，逐步做到：社有中心医院，大队有门诊所，生产队有保健员和接生员，在有条件的时候，公社要建立疗养院。公社实行合作医疗（第十八条）……

---

① 赵光（时任遂平县委副书记）：《遂平县卫星人民公社》，河南人民出版社（实为油印宣传册——笔者注）1958年版，第1页。

"集中领导、分级管理"。《嵖岈山社章》第十三条规定:"公社实行集中领导,分级管理,以便实现生产当中的责任制。……将全社划分为若干生产大队,每一大队又划分为若干生产队,生产大队是管理生产、进行经济核算的单位,盈亏由社统一负责。"

"各尽所能、实行工资制、粮食供给制和开办公共食堂。"《嵖岈山社章》第十四条规定:"公社在收入稳定、资金充足、社员能够自觉地巩固劳动纪律的情况下,实行工资制。"第十五条规定:"在粮食生产高度发展、全体社员一致同意的条件下,实行粗食供给制。"第十六条规定:"实行工资制和粮食供给制的基础是全体社员'各尽所能'。"第十七条规定:"公社要组织公共食堂、托儿所和缝纫小组,使妇女从家务劳动中解放出来。为了便于管理,公共食堂和托儿所一般地以生产队为单位建立。……公共食堂、托儿所和缝纫小组工作人员的工资供给,由公社负责;他们为社员服务所收的费用,按照不赔不赚的原则规定。公共食堂要经营菜地,喂猪喂鸡,不断地改善伙食。"

嵖岈山卫星人民公社诞生及其《嵖岈山卫星人民公社试行简章(草稿)》的形成,对人民公社时代的到来及其初期的制度安排产了巨大影响。1958年6月21日,北京、广东、江苏等全国各地9省市和河南省漯河、南阳等10多个县市的代表前来嵖岈山韩楼大队参观学习的3万多人次①。是年7、8、9三个月内,中国大陆除西藏外各地都有人来这里参观、学习、"取经",参观者约30万人次。嵖岈山卫星人民公社的"经验"迅速传播落实到各地(专栏6-6),迅速促成了人民公社运动高潮。1958年8月4—7日,毛泽东主席先后视察河北省徐水、安国县,河南新乡县七里营人民公社,并在专列上听取河南省委关于嵖岈山卫星人民公社的汇报。视察过程中,毛泽东主席一再谈到"人民公社这个名字好"、"还是办人民公社好"②。这个消息很快在报上发表,对各地影响很大。1958年8月28日,中共中央政治局北戴河扩大会议通过了《中共中央关于在农村建立人民公社问题的决议》,随即迎来了人民公社运动高潮。短短4个月时间,全国"人民公社"化了。1958年11月13日,毛泽东主席亲临遂平县接见了嵖岈山卫星人民公社的代表。到1958年12月底,"全国74万多个合作社改组成为

---

① 资料来源:嵖岈山卫星人民公社旧址内保存的大事记。
② 王景新:《农村改革与长江三角洲村域经济转型》,中国社会科学出版社2009年版,第29页。

2.6万多个人民公社,参加公社的有1.2亿多户,占全国总农户的99%以上"①。

专栏6-6 嵖岈山人民公社的做法留在其他历史名村的印记

  1958年9月7日,饶阳县五公村人民公社成立,耿长锁任社长。该社合并五公村、小堤、北善、西里满4个乡的36个村,实行"政社合一",将原属于农业社的土地和一切生产资料归公社所有,取消农民的自留地,推行供给制、办公共食堂。

  1958年9月6日,遵化县鸡鸣村区的19个高级社44个行政村合并,成立"建明人民公社",王国藩任社长。为了跑步进入社会共产主义,建明公社实行社员衣食住行、生老病死等"十三包",公社食堂吃饭不要钱。

  1958年8月19日,平顺县西沟金星人民公社成立,李顺达任社长、申纪兰等为副社长。该社由7个高级社、1207户4996人组成;是年10月7日,又将西沟、龙镇、杨威3个乡共25个高级社一起并入西沟金星人民公社,其规模达到3680户,14862人,总面积180多平方公里,其中耕地面积24300亩。公社以下设置25个管理区、86个生产队,另设25个林业队、25个畜牧业队、25个副业队。土地及其他一切生产资料无偿归公社所有,全社统一核算,社员分配实行"供给制"和"工资制"各占50%。刮"五风",其中粮食亩产虚报2000斤,"一平二调三收款",引起农民恐慌。显然,嵖岈山农业社会主义大实验出现很多凭热情支撑起来的、脱离实际的做法和制度安排,并迅速波及全国。

  嵖岈山卫星人民公社的组织形式、机构体系、制度安排、生产经营管理和分配方式等对全国影响重大。此外,还有两个事件对全国农村影响极大。第一,嵖岈山为弥补生产力不足,通过开办公共食堂,将妇女从家务中解脱出来参加集体生产(专栏6-7),这一并不成功的做法,竟成为公社初期的重要标志之一而通行全国。

---

① 中华人民共和国农业委员会办公厅:《农业集体化重要文件汇编》(1958—1981)(下册),中共中央党校出版社1981年版,第1100页。

专栏6-7　农民对人民公社、公共食堂的看法的访谈纪要

访谈人：王景新、刘励敏、陈林生

被访谈人：周留栓，嵖岈山卫星人民公社旧址义务管理员。

访谈地点及时间：嵖岈山卫星人民公社旧址，2012年7月5日。

访谈记录：

问：当年，嵖岈山农民一再要求建立人民公社，热情来自哪里？

答：嵖岈山是革命老区，抗日战争时期，新四军的被服厂和医院都曾设立于此，农民对共产党有感情，觉悟高。新中国成立后，嵖岈山的农民从土地改革后农户单干，到成立互助组，再转为初级社、高级社，再到人民公社，农民都表现出极大的热情。

问：办公共食堂是出于什么考虑，当时的农民有这方面的需求吗？

答：办食堂主要是因为农业劳动力紧缺，1958年"大炼钢铁"又特别需要劳动力。但是妇女围着锅台转，走不出家门。办公共食堂就可以把妇女从家务劳动中解放出来。加上1958年收成好，麦收后，公社内以生产队为单位建立了公共食堂，家家户户的锅都砸烂拿去炼铁（据嵖岈山卫星人民公社旧址内保存的"大事记"记载："1958年5月20日，社员开始吃食堂，全社共建食堂259处"——访谈人整理笔记时加注）。食堂刚开办时不定量，能吃多少就吃多少；后来将成员分成5岁以下、6—10岁、10—16岁、16岁以上4个年龄段，定量供应。1959年底粮食供应紧张，只能吃稀饭甚至玉米芯、稻谷糠。但每逢有参观者到来，各队的食堂就改善一下生活。1961年5月，"麦梢黄，散食堂"，各队的食堂都陆续解散了。

问：农民对公社和公共食堂的信心一直都很足吗？

答：1959年冬季大雨连绵，地里的红薯、棉花等农作物收不回来，都烂在地里了。加上放"卫星"浮夸粮食产量，粮食收购任务过高，食堂的粮食不足，农民的生活出现了困难，对公社和食堂有很多怨气。1961春食堂就散伙了。通过整社整风，1962年以后老百姓恢复了对公社的信心。

问：老百姓的信心为什么恢复呢？

答：因为贯彻"人民公社六十条"，纠正了"浮夸风"和"一平二调"，重新分给农民"自留地"，允许少量私有经济存在……

第二，农业"大跃进"和"卫星"上天。1958年初，遂平县委在《1958年到1962年全面发展规划》中提出亩产"粮千、棉百、红薯万斤"的目标。1958年6月8日，《人民日报》新闻：《卫星社坐上了卫星，5亩小麦亩产2105斤，在过去的亩产一百多斤的低产区创造了丰产新记录》。6月12日，《人民日报》又发新闻：《卫星农业社发出第二颗"卫星"，二亩九分小麦亩产3530斤》。6月13日，《河南日报》载《卫星社又传丰产高产捷报，三亩多小麦平均亩产3248斤14两》，第二版刊登了遂平县委副书记赵光的《乘胜前进，丰收再丰收》的文章。1958年6月13日，中共中央农村工作部、中华人民共和国农业部联名发来贺电，"中共河南省遂平县委转卫星农业社：你们以革命的英雄主义，鼓足干劲，分别创造了史无前例的小麦丰产奇迹（亩产3530斤及每亩2105斤的高额产量记录）。这是你们全社的光荣，也是全国人民的大喜事。我们衷心的祝贺你们，希望你们再接再厉，积极推广高产面积，不断地获得更大胜利"。自此，农业大跃进，瞎指挥、高指标、浮夸风、命令风，"批右倾、拔白旗"等愈演愈烈。

1958年12月，中共八届六中全会通过《关于人民公社若干问题的决议》，提出要"整顿和巩固公社的组织，确定和健全公社的制度，更好地组织公社的生产和生活"。1959年2月，在郑州召开中共中央政治局扩大会议，纠正"一平、二调、三收款"的错误，起草《关于人民公社管理体制的若干决定（草案）》，将公社分级管理制度概括为："统一领导，队为基础；分级管理，权力下放；三级核算，各级盈亏；分配计划，由社决定；适当积累，合理调剂；物资劳动，等价交换；按劳分配，承认差别。"[①] 同年4月，中共中央政治局上海会议纪要《关于人民公社的十八个问题》要求"各地人民公社在实行三级管理、三级核算的时候，一般是以相当于原来高级农业合作社的单位作为基本核算单位"[②]。1960年11月，中共中央发出《关于人民公社当前政策问题的紧急指示信》（即"农业十二条"）。1961年3月讨论《人民公社工作条例（草案）》，几经修订，1962年9月，中共八届十中全会通过《农村人民公社工作条例修正草案》（即"六十条"）。人民公社"六十条"颁布实施，标志着农村人民公社所有制关系走向成熟和

[①] 中华人民共和国农业委员会办公厅：《农业集体化重要文件汇编》（1958—1981）（下册），中共中央党校出版社1981年版，第139、146页。

[②] 同上书，第198—190页。

定型。自此，人民公社体制进入到稳定的运行时期。

（二）大寨村的主要成就及其对公社时期集体经济发展的影响

大寨之所以成为全国学习的"样板"，一是大寨村取得的骄人成就，二是当时政治需要。首先，大寨村农业集体化起步早（专栏6-8），到人民公社成立前夕，集体经济已经有了较大发展。

专栏6-8 互助合作时期大寨村集体经济的发展

大寨位于山西省昔阳县中部、县城东南5公里的虎头山下，因古时驻军把守虹桥关在虎头山下安营扎寨而得名。大寨地处太行山腹地，属于土石山区，山岭沟谷相间排列，俗称"七沟八梁"，自然条件十分恶劣。

昔阳县解放时，大寨村只有64户、190多人，700多亩耕地，分成4700多块，散落在"七沟八梁一面坡上"，而且有40%的耕地属于4户地主所有。1946年，大寨完成了土地改革，随即，贾进财组织了15户参加的变工组；翌年，陈永贵联合9户成立了互助组。到1948年，贾进财组发展到30多户，陈永贵组发展到29户，全村多数农民已经组织起来。1953年2月，陈永贵互助组转为初级农业合作社，入社农户30户，140人。翌年，入社农户扩大到52户，1955年达到73户，基本实现全村合作化。1955年冬，大寨村由初级社转为"新胜高级农业生产合作社"。1956年春，大寨、武家坪、金石坡、高家岭和庙坪等5个高级社联合为一个高级社。1958年8月24日，大寨村等7个高级农业生产合作社联合成立"大寨人民公社"。

大寨村互助组一成立就决心依靠群体力量治理村域内的所有沟沟岔岔，随即党支部就组织农民群众讨论、制定了《大寨十年发展规划》，展开了治沟治梁与整坡相结合的农田基本建设，"七沟八梁"中的一部分得到了初步治理。至1957年，全村农田基本建设投工3.6万个，每年平均投工7210个，亩均投工44个。这些措施，保证大寨村集体农业生产中粮食产量稳步增长。到1955年冬高级社成立时，大寨村粮食总产量达到118.32吨，人均产量562.5公斤，卖给国家余粮3.5万公斤；到人民公社成立前的1957年，全村粮食总产量138.34吨，平均亩产达到174.5公斤，比1949年的亩产量增长99.35%（表6-3）。

表 6-3　　　　　　　1949—1957 年大寨村的粮食生产情况

	1949	1950	1951	1952	1953	1954	1955	1956	1957
粮田面积（亩）	877	840	835	812	814	778	781	768	781
粮食总产量（吨）	72.57	85.02	87.64	96.36	101.64	106.86	118.32	129.33	138.34
粮食亩产量（公斤）	87.57	101.0	105.0	118.5	125.0	137.5	151.5	168.5	174.5
人均口粮（公斤）	—	—	—	—	194	182	185	182.5	185.5

农村集体经济初步发展还体现在：(1) 农民收入持续增长。初级社 (1953 年) 人均分配现金 40.5 元，高级社 (1956 年) 人均分配现金 58 元，人民公社初 (1958 年) 人均分配现金 67.5 元。(2) 集体耕畜增加了。驴子由 1953 年的 8 头增加到 1958 年的 25 头，骡子由零增长到 1956 年的 3 头。(3) 集体植树造林和水果开始发展。解放前，大寨村没有成片林木，1956 年陈永贵带领社员在武家坪的小磨沟栽种 10 亩苹果树，后用"以地换地"方式置换回大寨村，自此大寨村的林果业开始发展 (1963 年制定了大寨村植树造林计划)。(4) 工副业开始艰难起步。1949 年，大寨村即开办小煤窑厂，股本是全村 26 户农民入股（22 股）积粮食 230 石，可惜因手工开采，无力解决排水排气等困难，而于 1950 年关闭，入股资本全部损失；1946 年，大寨村民以小米入股办起全村第一个供销合作社，主要经营布匹、棉花日用杂货等生活用品；1955 年，大寨村与武坪、金石坡合并成一个供销合作社，大寨村设代销店，1957 年大寨村重新开办供销社。1958 年集体养猪 80 头 (1945 年解放前全村无 1 头猪)，是年开办粉坊，粉条供应市场，粉渣用作猪饲料。[①]

其次，自互助组成立开始，大寨村在陈永贵的带领下，通过集体化道路和有效的集体行动，艰苦创业、改天换地，大搞治沟、治梁与整坡相结合的农田水利基本建设，改变农业生产条件。加之，大寨村自 1961 年恢复包工、包产、包投资和秋收后超产者奖、减产者罚的责任制度，从而增加了粮食和主要农产品产出，集体经济进一步发展 (表 6-4)，改善了农民生活和农村面貌，其经验确实值得学习推广。

[①] 资料来源：根据《大寨村志》整理，山西人民出版社 2003 年版。

表6-4　　1958—1964年大寨村集体经济组织的粮食生产以及
农林牧业和工副业经济收入情况

分业	分类	1958	1959	1960	1961	1962	1963	1964
粮食生产	粮食总产量（吨）	208.52	235.00	242.60	243.13	275.63	210.00	285.45
	亩产量（公斤）	271.5	308.0	330.5	336.0	387.0	372.5	404.8
各业收入	总收入（元）	39539	58403	59923	70397	84937	65402	73270
	其中 农业（元）	34885	40695	42841	53868	54238	42255	51604
	林业（元）	—	1210	1133	912	981	135	482
	牧业（元）	1269	3459	1119	819	2100	2153	2392
	工副业及其他（元）	3385	13039	14830	14798	27619	20859	18792
社员分配	人均口粮（公斤）	250	240	200	200	200	200	225
	人均收入（元）	67.4	87.3	103.6	125.7	121.0	89.0	11.3

说明：(1) 数据系根据《大寨村志》整理；(2) 1963年，昔阳全县遭受百年不遇特大山洪灾害，大寨村各项指标有所下降。

最后，大寨村所坚持的"自力更生、艰苦奋斗"精神，以及治沟、治梁与整坡相结合的农田水利基本建设，确保粮食和主要农产品稳定增长，适应了当时国内国际形势变化的需要。如周恩来总理所总结的那样，"大寨大队所坚持的政治挂帅，思想领先的原则；自力更生、艰苦奋斗的精神；爱国家、爱集体的共产主义风格，都是值得大大提倡的"[①]。面对1959—1961年三年自然灾害，以及苏联撤走专家等国内外重大矛盾，党和国家领导人都在思考中国的出路。就农业而言，通过宣传、推广和弘扬大寨自力更生和艰苦奋斗的精神，以及发展集体农业生产的经验，一方面，推动全国农田水利基本建设，提升全国农业生产能力，确保国家粮食安全和主要农产品供给；另一方面，通过集体经济发展，保障社员群众生活水平不断提高，彰显社会主义优越性，从而鼓舞全国人民坚持农业集体化道路。由此，"建设大寨田"逐渐成为农业集体化时代、农村集体经济组织的一项基本制度。

大寨村集体经济发展的典型经验还经过了认真调查、清查和确认。1964年1月，陈永贵到北京向国务院汇报了大寨战胜特大山洪灾害的情况后，引起中央领导的高度重视，在北京组织特别报告会，向首都军民1万余人汇报大寨人战胜自然灾害的过程。很快，北京郊区掀起了一个"学大寨志，长大寨风，走大寨路、建大寨田"的宣传热潮。是年2月20日，人民日报发

[①] 1964年12月，周恩来总理在第三届第一次全国人民大表大会上所作的《政府工作报告》。

表长篇通讯《大寨之路》，配发社论《用革命精神建设山区的好榜样》。4月下旬，"农业部部长廖鲁言率联合调查组到大寨考察20余天后，肯定了大寨的工作，并向党中央作了详细汇报。几个月后毛泽东主席在一次中央工作会议上指出：'农业主要靠大寨精神，自力更生。'"① 11月24日社教工作队进驻大寨村，开展了社会主义教育运动，清查后认定大寨是一个"政治、经济、组织、思想"四清的单位。1964年12月，周恩来总理在第三届第一次全国人民大表大会上传达毛主席指示，"工业学大庆，农业学大寨，全国人民学解放军"，"农业学大寨"运动自此展开。

"从1964年到1979年'农业学大寨运动结束'，大寨村共接待29个省、市、自治区近千万人（次）和来自五大洲134个国家的2.5万名外宾"②，其中包括：中国的党和国家领导人40多位，解放军高级将领40多位和一批著名科学家及艺术家；外国的国家元首20多位、国外共产党领袖10多位以及联合国秘书长、国际友人和国外著名记者。毫不夸张，大寨村的业绩轰动中国，影响到全世界，一度成为中国农业集体化时代最耀眼的"明星村"。大寨经验影响了中国农业农村经济发展20多年。"对推动中国在整体范围内开展农田基本建设，兴修水利，创造稳产高产农田，都起到了积极的影响和榜样作用。直到今天，他们的这些经验，仍然有着重要的借鉴价值。"但是，"由于'文革'的干扰，在后来推广农业学大寨运动中，也出现了一些消极影响，其责任在上面，不在大寨的农民群众"③。笔者还想强调：大寨村以陈永贵为代表的老一辈农民所创立的核心精神文化，至今仍然是社会主义新农村建设不可缺少的、需要坚持和弘扬的宝贵财富。从社会主义集体经济发展角度来总结大寨经验，我们认为有以下两方面最为重要：

第一，治沟、治梁与整坡与农田水利基础设施建设，必须依靠集体行动，而且特别需要弘扬大寨人改天换地的英雄气概，自力更生、艰苦创业的奋斗精神，以及团结一致的有效的集体行动。我们认为，大搞农田水利基础建设，开展集体主义精神教育（政治挂帅），辅之以生产责任制度，是大寨不断取得新成就的"三大法宝"；也是全国"农业学大寨"时期，农村集体经济运行的基本模式。从1953—1977年，大寨人经过坚忍不拔的长期的反复的治理，总投工15.5万多个，将原有的800余亩、4700块"三跑田"

---

① 《大寨村志》，山西人民出版社2003年版，第233页。
② 同上书，第4页。
③ 《"穷棒子"精神放光芒——西铺大队的经济发展》，人民出版社1975年版，第234页。

(跑土、跑水、跑肥)改造成970块、闻名全国的大寨"海绵田"①。大寨治沟、治梁的一些典型案例(专栏6-9),至今读来仍然感人至深,令人动容。

专栏6-9 寨村治沟、治梁与整坡相结合的农田基本建设典型案例②

治理合作沟。合作沟原名白驼沟,沟掌海拔985米,沟口海拔940米,全长1500米,宽10余米,总面积4.5万平方米,原有5.2亩零星梯田。1953年冬,大寨村互助组成立后即开始治理,全村50多个男劳力,用了45天时间,投工1700多个,筑石坝25道,造地9亩,为了纪念合作化的成就,将白驼沟更名为"合作沟"。1963年被百年不遇的特大山洪冲毁后,又几经治理,至1975年,建成8块人造"小平原"。至今仍有沟坪地60亩。

治理后底沟。后底沟位于大寨村背后,沟掌海拔950米,沟口海拔920米,总面积4.66万平方米,原沟两边有零星小片梯田10亩。后底沟于1954年冬开始治理,投工2200个,筑石坝25道,造地11亩。1963年特大山洪冲毁石坝21道。同年冬,大寨村集中全村劳动力全部修复。为了给机械化、水利化创造条件,于1970—1971年两个冬天,在后底沟搬山填沟造平原,采用定向爆破方法,搬掉了6座小山包,将原来的40多块小块梯田,改造成12块平地,最大达到20亩,至今,后底沟仍然保存着人造耕地60亩。

四战"狼窝掌"。狼窝掌因常有野狼出没而得名。狼窝掌沟掌海拔980米,沟口海拔922.5米,全长1500米,总面积8.79万平方米,是大寨村最大的一条沟。1955年冬一战狼窝掌,58个劳动力干了一个冬天,打坝30多条,翌年夏天即被洪水冲毁。1956年冬二战狼窝掌,采取挖深坝基、加大石块的办法,在上游再修一个面积1亩、深2丈(约6.67米)的"缓洪坑",但到1957年夏天仍然被冲毁。1958年冬天三战狼窝掌,打石坝42道,造成沟坪地22亩。1972年冬四战狼窝掌,搬山填沟造平原,搬掉6座小山包,新修16条大坝,共动土42.82万立方米,用石头7621万立方米,造成沟坪地50亩。四战狼窝掌,总投工21万多个,使狼窝掌的沟坪地发展

---

① 即具有土质疏松、提墒、保暖、吸水等性能的高标准农田。"海绵田"在1978年全国科技大会上获得一等奖。
② 根据《大寨村志》整理,山西人民出版社2003年版。

到130亩。"四战狼窝掌"的故事被《山西日报》等多家媒体报道后流转全国，后来又编进中小学课本广为流传，其影响力之大之深可想而知。

治理麻黄沟和老坟沟。麻黄沟和老坟沟的沟掌海拔分别为955米、923.8米，沟口海拔分别为922.5米和911.8米，总面积分别为2.66万平方米和2.20万平方米。治理前，两沟分别有耕地12亩和2.7亩。1959—1960年治理麻黄沟，建成该标准农田8亩，1970年以后新建成12块人造平原。大寨村为了教育后人，特意将麻黄沟靠沟口的一段留下未治理。1965年周总理视察大寨时将其更名为"教育青年沟"。老坟沟的治理始于1963年，至1972年秋，新增耕地22亩。该沟至今仍然保有沟坪地33亩。

治理赵背峪沟和小背峪沟。赵背峪沟沟掌海拔1000米，沟口海拔985米，总面积3.33万平方米；小背峪沟沟掌海拔980米，沟口海拔940米，总面积4.86万平方米。这两条沟均于1955年冬开始治理，当年分别建成10亩和8亩耕地。1963年被特大山洪毁坏。翌年冬，修复并扩大了耕地面积，使赵背峪沟和小背峪沟现有沟坪地分别达到30亩和47亩。因为赵背峪沟的治理过程中，到大寨参观的37个少数民族的代表同大寨人一起劳动，为此更名为"民族团结友谊沟"。

第二，始终保持以粮食为主的主要农产品、集体财产和农民收入持续稳定增长，正确处理好国家、集体和农民个人利益，是大寨为农村集体经济发展留下的另一条宝贵经验。"农业学大寨"运动以来村域粮食产量、集体经济收入和社员分配保持持续增长的态势（表6-5）。在农业集体化30年时间内，大寨村这个仅有百余户、四百多人的小村，向国家缴纳360多万公斤粮食。

表6-5　　　　1965—1979年大寨村集体经济组织的粮食生产以及
农林牧业和工副业经济收入情况

	粮食生产		集体经济收入　单位：元					社员分配	
	总产量（吨）	亩产量（公斤）	总收入	其中				人均口粮（公斤）	人均收入（元）
				农业	林业	牧业	工副业		
1965	278.70	398.0	78700	53200	653	1802	230445	220.0	121.0
1966	201.00	355.5	87500	45600	2200	15900	23800	230.0	128.0
1968	282.35	400.5	99200	65820	2260	21500	9620	245.5	143.0

续表

	粮食生产		集体经济收入　单位：元					社员分配	
	总产量（吨）	亩产量（公斤）	总收入	其中				人均口粮（公斤）	人均收入（元）
				农业	林业	牧业	工副业		
1970	374.95	492.5	125200	82450	6250	12950	23550	260.0	161.0
1972	331.45	473.5	168600	80000	11660	30500	46440	235.0	165.0
1974	389.00	518.5	194900	80400	16630	19100	78770	260.0	180.0
1976	419.34	560.0	208900	98700	23400	40200	46600	260.0	175.0
1978	361.62	482.0	185600	80000	43500	23000	39100	272.5	186.0
1980	396.00	539.0	254900	102200	26400	20600	105700	296.5	138.0

数据系根据《大寨村志》整理；工副业中包含其他收入。

农业学大寨期间，大寨村依靠集体的力量，使农业生产、生活条件和环境都得到了极大改善。(1) 大寨村农田基本建设更上层楼。"海绵田"增加到400亩，水平梯田（"三保田"）达到360亩。(2) 水利条件极大改善。在虎头山上修建总容量7000立方米的6个蓄水池，建成总长度为32.5公里的杨家坡水库、郭庄水库潜流三条引水干渠，铺设地下进水管道1.5万米，安装提水设备3套，使420亩土地变成了水浇地，占全村耕地总面积的55.2%。(3) 农业机械化基本实现。农业机械达到30余台（件），总动力达到493.7千瓦，耕地、播种、运输、加工全部实现了机械化。(4) 农民居住条件彻底改变。1963年洪涝灾害后，集体陆续为村民新建瓦房、石窑900多间，使村民彻底告别祖辈沿袭的土穴陋室。(5) 人工造林685亩，四旁植树5210株，光秃秃的山头上披上了绿装，全村林木覆盖率达到33%。

（三）遵化沙石峪和儋州石屋村"农业学大寨"的历史印记

河北省遵化市沙石峪村和海南省儋州市石屋村，都是"大寨式"农业典型，受到党和国家领导人的重视，周恩来总理称赞沙石峪"你们才是当代的活愚公"，是中国北方"农业战线的一面旗帜"，褒奖"北有大寨、南有石屋"，称其为"海南岛上的大寨"，"广东学大寨的好榜样"。一北一南两个普通村庄，在农业学大寨的时代脱颖而出，成为全国乃至世界关注的中心。

1. 沙石峪村：中国北方农业的一面红旗

沙石峪村坐落在古长城以南、遵化城区东南20公里处，条件十分艰苦，但沙石峪是老解放区，也是遵化县最早走上互助合作道路的村庄之一

(专栏6–10)。

专栏6–10　沙石峪农业集体化道路历程①

沙石峪四面高山矗立，土地挂在山梁上，瓢一块、碗一片，一亩地最少分成八九块，多则八九十块；水要翻山越岭到几里地以外一担一担地去挑。"土如珍珠水如油，漫山遍野大石头"是旧中国沙石峪的真实写照，因此只有那些被逼得走投无路的人才来这里定居。直到解放前夕，全村当时40余户，耕地不足400亩，是由两万多块田拼凑成的。

1947年，沙石峪获得解放。是年10月，沙石峪完成土地改革，人均分配土地1.8亩。但是严酷的自然环境仍然没有改变，土地改革后的两三年间，两极分化的情形日趋严重，全村有9户农民又卖掉了刚刚分配的土地，靠讨饭为生，大多数男劳力几乎全外出做工，地都撂荒了，每年国家都要向沙石峪供应十几万斤粮食。

1951年春，村支部书记张贵顺按照遵化县委"组织起来，走合作化道路"要求，带头成立了由7户农民组成的互助组；是年冬，张贵顺又带头试办了农业生产合作社，46户社员入了社。1954年冬天，沙石峪全村83户农户全部加入了张贵顺的合作社。1955年冬，沙石峪、大老峪、万子峪、豁口等4个村、7个初级社合并为高级社。1958年秋，沙石峪并入东旧寨人民公社。

沙石峪互助组已成立，就开始了治山和找水，几经努力和失败，最后在遵化县水利部门的帮助下终于打了3眼井，从此结束了全村全部从山外运水的历史，并有了10.05亩水浇地。1957年，张贵顺到北京参观全国农业展览，在农业展览馆，他看到了毛主席巨幅画像，画像后面是一组治山治水的图片，图片上方写着毛主席对山东省莒南县厉家寨的批示"愚公移山，改造中国，厉家寨是一个好例"。张贵顺边看毛主席画像，边看厉家寨治山经验（图片），突然觉得毛主席"愚公移山，改造中国"这句话就是对着他说的："啊！这是毛主席叫我移山呐！"于是，张贵顺在心里描绘了一张沙石

---

① 沙石峪村历史资料数据，均来源于文献《当代中国的农业合作制》编辑室《当代中国典型农业合作社史选编》（上册、下册），中国农业出版社2002年版，第158—168页。笔者在该村访谈和"沙石峪纪念馆"图片资料。

峪移山造田的蓝图。

回到遵化后，张贵顺向县委时任书记曹寿山书记汇报了自己的想法，曹书记很支持张贵顺的想法，并送给他一册毛泽东《愚公移山》单行本。回村后，张贵顺组织全村老少开会讨论，沙石峪人立志要做当代愚公。第二天沙石峪村就展开了一场改造家园的大生产运动。张贵顺带领村民，用大锤砸，用尖镐凿，用双手挖，硬是把满地青石板揭去一层。为了加厚土层，张贵顺提出"社员外出不空手，每人都要带点土"的口号。十几天时间，青石板上一亩田被垫起了二尺半，挑土4600多担，沙石峪第一块人造"平原"（共3.2亩）诞生了。李凤忠老人（当年共青团员、现任村会计）带笔者参观了闻名中外的"万里千担一亩田"。1965年秋，全村105名青年动员起来，保证每天晚上有100人出工，到5里外的山下挑土回村垫石板田，挑一担土要走10里，100人连续奋战10天，共挑来1000担土，累计行程10000里，造成了1亩田[①]。为激励后人，沙石峪村头立起一块石碑："万里千担一亩田，青石板上创高产。"

1962年6月27日，记者东生的长篇通讯《看愚公是怎样移山的》在《人民日报》刊出，沙石峪声名鹊起。此后，沙石峪治山治水掀起新的高潮。1965年，为了改变沙石峪"滴水贵如油"的局面，保障农业生产，沙石峪村决心在青石板上兴水利。经过一年多的奋力拼搏，终于在北山建成了直径11米的大口井，铺设了1300米的引水管道，还先后在南山和东山打成了三眼机井，彻底解决了困扰沙石峪人多年的生产生活用水难题。从1966年到1971年，沙石峪共动土石方1760万立方米，投入劳动力1180万个，将原来2.3万块、780亩土地，改造成5020块、1200亩大寨田，而且全部实现了水浇地。农业生产条件和基础设施的改善，保证了集体化农业生产，尤其是粮食产量的持续增长。1965年，沙石峪村粮食总产量达到38万斤；1973—1978年的5年间，沙石峪村粮食总产量分别为61万斤、70万斤、88万斤、95万斤、98万斤。沙石峪农民用自己的双手创造了"万里千担一亩田，青石板上创高产"的人间奇迹。自1970年代初，沙石峪每年向国家交售粮食20万斤，彻底改变农民吃国家供应粮（当时俗称"返销粮"）的历史。

1966年4月29日，周恩来总理陪同阿尔巴尼亚部长会议主席谢胡到沙

[①] 1984年，沙石峪村实行了家庭承包经营责任制，这块田承包给李凤忠，他对这块土地十分珍惜。

石峪参观，总理称赞："我在飞机上看到了你们的条件和变化，你们才是当代的活愚公"，"你们是中国北方农业的一面旗帜"。是年6月和8月，陈毅副总理和李先念副总理先后陪同外宾来沙石峪参观。陈毅副总理参观时当即吟诗一首："艰苦奋斗忆当先，劈山填涧造粮田。为了农业夺高产，万里千担一亩田。万里还要继续走，千担还要永远挑。"李先念副总理评价沙石峪"思想挂帅，科技领先。艰苦奋斗，河北江南。"在短短几年间，沙石峪先后接待中国共产党和国家领导人以及167个国家（包括4个国家元首、16国总理在内）3000多位国际友人。1975年，中央新闻纪录电影制片厂摄制了彩色纪录片《沙石峪》，并在全国各地反复放映。

特别要指出，沙石峪和大寨、西沟村这些山区村一样，大搞农田水利基本建设的同时，唤醒了植树造林、绿化荒山、改善生态环境的觉悟。而且，沙石峪村的实践再次证明，依靠集体力量绿化荒山最有成效；反过来，生态环境建设必须依靠集体行动。1950年代初期，沙石峪就开始植树造林（松柏林）计80亩。后来，沙石峪人逐渐形成"山顶松槐戴帽、山间果树缠腰、山下粮田抱脚"的发展规划，把绿化环境、水果与粮食生产结合在一起。经过张贵顺、闫福忠、闫宝庭等为代表的几代"愚公"的艰苦奋斗，使全村3000亩山场全部变成山林，林木覆盖率达到90%以上。今天的沙石峪，四面高山上郁郁葱葱，有成林松柏树100万株，发展以葡萄为主、樱桃、李子等为辅的果园，其中葡萄种植面积就达500亩，青石板上崛起了生态家园，成为唐山市政府确立的"农业旅游示范基地"，国家旅游局确立的"农业旅游示范点"。

2. 石屋村：南方的大寨

农业集体化时代，石屋村创造了辉煌业绩（专栏6-11）[1]；石屋村时任党支部书记胡松亦是陈永贵式的人物[2]。

专栏6-11 石屋村的历史成就

石屋村隶属于海南省儋州市那大镇，地处海南岛高丘陵半山区，位于那

---

[1] 海南省档案馆：《石屋（1959—1978）》2008年12月（内部印刷）。

[2] 胡松（1927—2000）曾用名胡昌益、胡木松、胡亚松。海南省儋州市那大镇人，那大镇石屋大队党支部书记，曾任儋县县委副书记、海南行政区党委成员、广东省贫协领导成员，中共十大、十一大代表，十一届中央候补委员。

大镇西北面，距城区约 4 公里。石屋村原名五角岭，因为生活在这里的百姓，居住在简陋、低矮的茅草房里，住上石屋——用石头砌的房子，是五角岭百姓的梦想与期待，石屋之名由此得来。

解放前，石屋村只有 106 户，1958 年成立农村人民公社时，石屋村只有 171 户，936 人，耕地号称 8000 余亩，但实际耕作的只有 2127 亩，其中假水田 765 亩，旱田 96 亩，坡地 275 亩，经济林 991 亩，而且水利条件极差，70% 以上的耕地"靠天收"。1959 年一场罕见的干旱（连续 11 个月没下雨）使石屋人陷入了生存困境，同时也激发了石屋人创业激情。是年 10 月 3 日，时任石屋大队大队长的胡松，带领由村党支部成员和青壮年社员共 73 人组成的突击队（后发展到 130 人），开向山区，开垦石屋最大的一座荒山"燕子潭"，苦战 2 个月，开垦出 500 亩山地①。此后，石屋村一鼓作气，从 1959 年 10 月开始，石屋人连续奋战 6 年，相继开辟了"白谷垅"、"猴子坡"、"石狗垅"、"猛虎跳墙"等 117 座荒山，移土填平废矿坑 110 多个，开垦山地 6500 余亩，填坑造田 100 余亩，改造水稻田 300 余亩。修筑 49 条田垅、1030 条总长 197 公里的排灌渠，建造 16 座电灌站。

至 1964 年，石屋村集体财产已经达到 120 多万元，村集体办起 100 多个热带作物园和水果园，烟胶厂，淀粉加工厂，发电厂，石灰窑，购买拖拉机一台，汽车一辆，还有电动打谷机和碾米机。1965 年，周恩来总理亲自推荐石屋大队参加"全国大寨式农业典型展览"。

到 1970 年代，大队储粮量达到了 100 多万斤，存款达到 100 多万元。一个边陲小山村，创造"双百万"的成绩，成为对国家贡献很大又很富裕的大队，自然引起了全国关注，周恩来总理亲自接见胡松，说"石屋是广东学大寨的好榜样"，并称"北有大寨、南有石屋"。

石屋村集体经济发展能够在农业集体化时代脱颖而出，成为"海南岛上的大寨"，除上述的建立四级管理的生产责任制度之外，关键在于它和大寨村、沙石峪村等"样板村"一样，都有一个出色的领头人，同时有一批同甘共苦的"铁汉子"式的创业农民，再加上比较严格的生产责任制度。石屋村集体经济制度安排与人民公社定型化的制度设计完全吻合。

石屋村的成功，在很大程度上是充分利用热带农作物生产优势，并建立

---

① 与大寨村"四战狼窝掌"的故事一模一样，石屋村也有"三战燕子潭"的故事：1959 年初战燕子潭凯迪 500 亩；1964 年二战燕子潭，引水上山；1973 年冬三战燕子潭，造小平原。

了与之相适应的生产责任制度。农业集体化时代，石屋大队是海南岛上最富裕村庄，其收入主要是依靠大面积种植橡胶、椰树等热带作物，又在橡胶、椰树等长期热作林间套种粮食（木薯、番薯、玉米）和短期经济作物（菠萝、香蕉、胡豆、咖啡）。而保证集体生产热带农作物的效益，石屋人总结出两条基本经验：其一，专业队伍与群众性突击运动相结合，专业队伍是橡胶生产的技术骨干，割胶能手，负责技术活和长期管理，突击队完成劳动密集型生产活动，比如开垦荒山、橡胶树定植等，热带作物生产专业队在农忙时还是粮食生产的突击队。其二，实行严格的四级承包管理生产责任制。从1963年开始，石屋村创造出适合粮食和热带农作物生产的、"生产大队→生产队（时称项目组①）→生产小组→社员个体"四层承包经营管理体系和责任制度。生产大队对生产队实行"三包一奖"（包工分、包产量、包成本和超产奖励）制度，生产队对社员实行"五定"（定地段、定作物、定工分、定时间、定规格）责任制。在这个生产责任制度体系中，生产大队、生产队、生产组逐级承担集体责任，生产组又将地段（一般20—30亩热带经济作物林，橡胶生产专业队每人承包管理2400株左右的橡胶树）划分到社员个人，实行"常年包工到人"，把集体责任制衍生到个人承包负责制。同时，对那些容易计件（如种植橡胶树、割胶等）采用计件记分，对那些不宜计件的农活采用质量等级评定记分，通过生产大队和生产队两级核算落实报酬。

农业集体化时代，石屋村集体经济发展成就及其经营方式概况如下：

第一，开山劈岭、改造山河，大搞农田和水利基本设施建设，这是石屋村创造的"大寨式"标志性成就。1959年特大干旱把石屋人推上了开山劈岭、改造山河的道路，石屋村提出了开荒造田、多种多收、五年内村内农民实现"千元户"的近期目标，10年内全村粮食亩产超千斤，大队总收入超百万元，全村实现"五变"②的长期规划。1959年冬苦战2个月，开荒山500亩，翌年春开垦3000亩（全部种木薯），是年底垦荒面积增加到5000亩。至1965年冬（6年奋战），相继开辟了"白谷垅"、"猴子坡"、"石狗垅"、"猛虎跳墙"等117座荒山，移土填平废矿坑110多个，开垦山地6500余亩，填坑造田100余亩，改造水稻田300余亩。1967—1972年，又

---

① 当时石屋村有以橡胶生产为主的130多个热带经济作物生产项目，分成37个作业组，共管理热作经济林5457亩。

② 荒山变胶园，缺粮变余粮，贫穷变富裕，茅房变瓦房，油灯变电灯。

投入资金12.6万元，转运土石方168万立方米，造田630亩，从1973年以后转向对原有零碎土地大规模改造和综合治理，农民称为"改造祖宗田、人造小平原"，建设高标准稳产高产农田。经过石屋人艰辛开垦，到1978年，全村总耕地面积扩大到9000亩，其中橡胶5600亩，水田1400亩，水果胡椒咖啡等经济作物600多亩，各种作物种植面积合计14000余亩。在开山劈岭、垦荒造田的同时，石屋村大兴水利建设。一是修筑排水网，在田垄两边掘沟引水，用了3年时间，共挖掘了102条总长14060米的排灌沟；二是修渠引水，经过10年奋斗，开凿一条91公里的引水渠和1030条总长197公里的排灌渠，形成村域内较完备的排灌体系。同步建造16座电灌站，将松涛水库的水引上村域52座山头，使全村90%以上的农田有了稳定灌溉条件。

第二，始终把粮食生产放在农业生产的首位，保持村域粮食产量持续增长。1957年以前，石屋村还是缺粮大户，一部分口粮靠国家救济。比如，1956年，石屋村返销国家粮食共24000斤大米。1957年，石屋村粮食总产量达到37.87万斤。从这一年开始石屋村结束了吃国家供应粮的历史，转而向国家缴纳公粮。1963—1965年粮食总产量分别增加到49.96万斤、58.94万斤和74.50万斤。1964年，石屋村向国家出售商品粮人均332斤。1965年，石屋村集体储备粮食11万斤。到1973年，亩产量已逾1000斤，交售国家38万斤，大队集体储粮超过100万斤，实现了胡松"亩产超千斤、村集体储粮100万斤"的奋斗目标。1968年向国家交售粮食32.8万斤，橡胶片40吨。到1978年，石屋村粮食总产量达到170万斤，向国家交售75万斤，平均每人提供商品粮500斤。石屋村粮食总产量持续增长并非完全依靠扩大播种面积，单位面积产量也是持续增长的：1957年亩产为436斤，1963—1965年平均亩产分别为616斤、738斤和880斤，1971年为900斤，1978年粮食亩产达到1320斤。

第三，为解决劳动力紧缺矛盾，努力实现农业机械化。石屋村劳动力人均耕作30多亩土地，劳动强度大。为了缓解矛盾，全村通过集体积累不断添置农机具，至1973年，全村共有汽车10辆，各种类型的拖拉机37台，电动脱粒机103台，插秧机23部，各种农副产品加工机械99部，半机械化的田间运输机513辆，石屋村的农业机械装备已初具规模，村域内耕地、播种、插秧、收割、开采、排灌、植保、运输基本实现机械化和半机械化，走在了全国农业机械化前列。

第四，以橡胶等热作生产为主的多种经营，是石屋村集体财富积累的重要来源。(1) 橡胶生产是村域经济支柱产业。1958年，石屋村橡胶种植即达5528亩。在农业集体化时代，石屋村开辟了117座山头，种植橡胶树20万株，这些橡胶树到1967年陆续开始割胶。到农村改革前，石屋村橡胶生产已具规模，仅1977年就向国家交售干胶129吨。应指出的是，石屋村粮食作物和橡胶作物的比例为1∶5，但投入橡胶生产的劳动力只占劳动力总投入的20%，而橡胶产业上的收入却占到全村集体经济总收入的60%。(2) 橡胶林间套种粮食和其他短期经济作物，扩大村集体经济收入来源。1960年，套种3000多亩木薯获得大丰收，产出木薯100多万斤；1961年，套种杂粮3200亩，产杂粮近100万斤，如果按当年市场价格就可收入50余万元，但该村的木薯全部卖给国家，收入5万余元。据统计，1961—1965年，石屋村平均每年套种粮食3200余亩，年均产杂粮44万余斤。(3) 发展畜牧业。到1978年，实现了"人均一头猪、一户两头牛"的规划目标。多种经营是农业集体化时代石屋村致富的主要原因。1965年，全村林牧渔副的收入合计达27万余元，占当年集体总收入的70.7%。到1977年，石屋村集体总收入的116万元中，多种经营收入占到80%。

第五，兴办以橡胶产业为主的加工工业。自1960年代初开始，石屋村先后建起发电厂[①]、橡胶加工厂、淀粉加工厂、石灰窑。到1970年代，石屋村拥有价值百万元的热带作物园、水果园、3个加工厂，35间物资仓库。1972年，石屋村投资修建了大型橡胶加工厂，当年干胶产量达到25.4万斤。至1978年，石屋村生产干胶125吨，其中99.5%达到一级干胶水平，收入78万元。随后，村里又投资6万元修建橡胶绉片加工厂，一吨胶线加工成绉片，价值由1800元提升到3240元，极大地提高了橡胶产品的附加值。

上述措施和经营方式，使石屋村集体经济发展成效显著，农民收入同步增长，成为海南岛上最富裕的村庄。(1) 集体经济总收入持续增长。1961年为23.20万元，1962年27.92万元，1963年28.01万元，1964年30.54万元；1965年35万元。到1977年达到116万元。(2) 集体积累及资产迅速扩大。1964年，村集体总资产达到120万元，1968年为230多万元，1970年代初增加到400万元，1974年达到450万元。到1978年，石屋村集体总资产500万元，现金积累100万元，村民人均公共积累2500余元。(3) 农民现金收入和粮食分配稳步增长。1963年，石屋村实现了"千元

---

① 1963年石屋村第一组发电机发电并架设了覆盖全村70%农户的村电网。

户"目标，90%的农户有了余粮和存款。1964年，石屋大队和生产队两级核算，农户户均分配现金收入1272元，人均209元。到1973年，石屋村人均分配1500余元，成为当时海南地区新崛起的富裕村队之一。1978年，石屋村劳动力人均分配636元，户均存款800元。人均分配口粮（以原粮计）1965年即达到了540斤的水平。（4）社会福利逐年有保障。1960年代中期，石屋村即办起村小学、托儿所、卫生所、广播站、文化室、电影队、招待所等。自1976年开始，石屋村率先实现了农村社员养老制度，大队内丧失劳动能力的社员、老人由村集体统一供养。社员生病治疗费集体统一开支。村办学校包括幼儿园、小学和中学，村民子女从入托到小学、初中全部免费，村民住房集体统一建设。

四 小结

1. 农业集体化时代，是指新中国土地改革之后，农业经济逐渐由农户分散经营向互助合作及人民公社三级所有、统一经营转变发展，直至被"统分结合的双层经营体制"取代之间的整个历史时期。农业集体化时代经历了互助组、初级合作社、高级合作社和人民公社等不同发展阶段，截止于1985年春"撤销人民公社、恢复和重建乡（镇）人民政府的工作基本完成"，前后历经约36年。

2. 农业集体化是一连串前后相继的发展阶段。农业集体化是建立在"土地改革"基础之上的，农户获得土地是个体经济向集体经济转变的基石。互助组是中国农业集体化的正式的初级的组织形态；其中，临时互助组实质上是农户个体经济联合体，尚不具备集体经济的完整形态；常年互助组拥有少量公共财产，形成了劳动合作与分工，在集体成员中分配剩余，具备集体经济的基本特征与核心内涵，社会主义农村集体经济制度的萌芽。初级合作社已经拥有部分公有土地和生产资料，统一使用社员交来的土地，实行"按劳计酬"和按资产股份分红相结合的分配制度，提取一定数量的公积金和公益金已经制度化。同时，文化、福利等公益事业开始发展，社会主义集体经济制度已经初步形成。高级合作社阶段，社员土地及生产资料都已经公有化了，"一大二公"的趋势已经显现。高级社悄然剥夺了农户土地等财产权益，在较短的时间内实现"所有制升级"，从而为人民公社初期集体经济"大跃进"和农业高产"卫星"上天埋下了伏笔。"轻率地发动农村人民公社运动,是我们党在 50 年代后期工作中的又一个重大失误"①。公社初期"各尽所能、实行工资制、粮食供给制和开办公共食堂"表明了人们对共产主义理想社会的向往和追求,以及希望"跑步进入社会共产主义"的狂热。20 世纪 60 年代初,有"公社宪法"之称的人民公社"六十条"颁布并几经修改后出台,它标志着人民公社体制成熟并进入稳定运行的时期。

3. 中国农业生产责任制度"三落四起"的历史充分证明:集体经济对生产责任制度有严重依赖;集体经济组织一旦形成,必然呼唤建立生产责任制度。只要顺应这一趋势,把集体生产责任制度和个体承包责任制度有机结合起来,就能保证集体经济效率。人民公社时期,划小生产核算单位,实行社队分权、多级分管,以及"四定"、"三包"到组的评工记分及奖惩制度,在一定程度克服了"一大二公"体制弊端,缓解集体生产中的"搭便车"或"窝工"现象;但是,只停留在集体生产责任制度阶段是不够的,必须将集体责任制度延伸到个体责任制度,实行类似于石屋村那样的"五定"(定地段、定作物、定工分、定时间、定规格)到人的责任制度,才能保证集体生产的效率。建立集体生产责任制度最彻底的办法就是"大包干",即今日中国农村行之有效的"以家庭承包经营为主体、统分结合的双层经营体制"。改革开放 30 多年来中国农村经济发展的巨大成就再次向世人证实:家庭承包经营责任制度是农业生产中最有效的责任制度;家庭承包经营是社会主义农村集体经济的一个经营层次,而不是像某些人所指责的"变相私有化"。集体生产中建立有效的责任制度,既是中国农业集体化时代(三年自然灾害除外)主要农产品产量始终保持增长趋势和当今中国农村经济持续稳定发展根本原因和重要保障,也是最具中国特色和世界意义的农村集体经济发展的重要经验。

4. 历史名村(如五公村、西沟村、大寨村、沙石峪、石屋村等)的集体经济之所以有效发展,之所以成为农业集体化时代的楷模和"样板",是因为这些村域都有一个出色的精英式领头人物和一个团结、坚强的领导集体,都拥有一批同甘共苦的农民("铁汉子")创业团队。他们都有改天换地气概,坚定不移地跟共产党走的觉悟;他们先天下之忧而忧,后天下之乐而乐,都脚踏实地,以国家富强和村民富裕和谐为己任;他们爱国、爱家、爱集体,敢拼敢闯、天下为先、吃苦耐劳、百折不挠,并且以身作则,将农

---

① 薄一波:《若干重大决策与事件的回顾》(下卷),中共中央党校出版社 1993 年版,第 727 页。

民对党和国家的朴素感情转化为治山治水和农田水利基本建设的积极性；他们领导下的村域，在整个农业集体化时代，极大地改变了农业生产条件，保证了粮食和主要农产品持续稳定增长，并积极向国家缴售商品粮，为支援国家工业建设作出了重要贡献，同时发展壮大了集体经济，增加了农民收入，提升了农民生活品质，为中国"三农"发展做出了表率。他们所创立的艰苦奋斗、集体主义的核心精神文化，至今仍然是社会主义新农村建设不可缺少的宝贵财富，那些附着历史名村的过时的"政治痕迹"，不应影响我们坚持和弘扬他们的精神。

5. 农业学大寨运动经历了曲折发展过程，尤其是在"文化大革命"中极"左"思潮影响和危害下，这一运动由农业生产领域向政治领域转变，增加了许多不切实际的政治元素，比如生产关系上"穷过渡"，政治生活中阶级斗争和"斗私、批修"，集体生产管理上"评政治工分"等。但是，农业学大寨运动对中国农业发展产生了重大积极影响，为社会主义集体经济发展积累了宝贵经验：一是集体经济组织必须形成有效的领导核心，一个团结、坚强的领导集体，一个踏实肯干、不折不挠的农民创业团队；二是农业集体经济持续发展，必须高度重视环境改善、农田水利基本建设，不断提高农业装备和科学技术水平，不断改善农业生产条件；而且要做到这些，必须通过集体化道路和有效的集体行动，必须具备艰苦奋斗、科学治理、合理利用的科学头脑；三是始终把粮食生产放在农业生产的首位，把"确保粮食安全和主要农产品供给"作为广大农民的自觉行动，正确处理好国家、集体和农民个人利益，始终把集体经济和农民收入持续稳定增长放在重要位置，保障农民生活及社区基本功服务有效供给。这三条：既是大寨人的突出贡献，又是"大寨式"制度安排；既是"农业学大寨"运动的标志性成果，更是当今社会主义农村集体经济发展需要和必须弘扬的宝贵财富。

6. 农业集体化时代是近现代中国农业、农村和农民现代化进程中的非常重要又极其珍贵的一段历史，尽管其间出现过严重失误，但这一时期，中国成功实现了小农经济向集体经济的转变，农民合作化和农业集体化，促成中国农业经济自1949—1978年一直保持增长趋势，同时推动了中国农民的生产、生活方式、思想观念以及整个乡村社会面貌都发生了空前的变革；农业集体化时代为中国农村改革开放、双层经营体制形成和完善、农村工业化和城镇化快速推进，奠定了重要的物质基础和制度基础。

本章参考文献

[1] 中华人民共和国农业委员会办公厅：《农业集体化重要文件汇编》（1949—1957）（上册），中共中央党校出版社1981年版。

[2] 中华人民共和国农业委员会办公厅：《农业集体化重要文件汇编》（1958—1981）（下册），中共中央党校出版社1981年版。

[3] 中共中央办公厅编：《中国农村的社会主义高潮》，人民出版社1956年版。

[4] 王景新：《农村改革与长江三角洲村域经济转型》，中国社会科学出版社2009年版。

[5] 《"穷棒子"精神放光芒——西铺大队的经济发展》，人民出版社1975年版。

[6] 《当代中国的农业合作制》编辑室：《当代中国典型农业合作社史选编》（上册、下册），中国农业出版社2002年版。

[7] 薄一波：《若干重大决策与事件的回顾》（下卷），中共中央党校出版社1993年版。

[8] 海南省档案馆：《石屋（1959—1978）》2008年12月（内部印刷）。

第七章

中国村域集体经济转型发展现状与趋势

本章从三个维度研究中国村域经济转型发展现状及趋势。其一，村集体经济和农户经济发展的总体状况，是全国 217 个村集体经济组织、679 个农户问卷分析报告，同时利用相关统计数据，对问卷数据补充或修正，试图从"面"上反映"整体"状况。其二，"中国名村"集体经济发展现状及实现形式，一方面追踪中国历史名村的发展现状，另一方面调查研究当今"明星村"集体经济现状及其实现形式，希望从"点"上窥视"整体"状况。其三，长江三角洲村域集体经济转型发展现状及趋势。本节整合了课题组的阶段性成果[①]，借"发达区域"折射"整体"状况。

一 村集体经济和农户经济发展的总体状况

2011 年 7 月至 9 月，课题组招募和培训大学调查员，促其返回家乡进村入户问卷，共收回有效问卷 900 份，其中村集体经济组织问卷 217 个村，农户问卷 679 户，样本分布于中国大陆 20 个省、82 个县（市、区）、124 个乡镇（表 7-1）。

表 7-1 "村域集体经济历史变迁与现实发展研究"问卷样本数量及分布

省级单位	县级单位	乡级单位	行政村数	农户数	省级单位	县级单位	乡级单位	行政村数	农户数
湖南	5	7	12	44	四川	4	5	15	43

[①] 王景新、赵旦：《长江三角洲村域集体经济转型发展研究》，载《现代经济探讨》2009 年第 11 期；王景新、赵旦：《长江三角洲的村域集体经济》，载《中国社会科学文摘》2010 年第 4 期；赵旦：《长江三角洲村域集体经济转型发展研究》，浙江师范大学区域经济学硕士毕业论文，2010 年 6 月。

续表

省级单位	县级单位	乡级单位	行政村数	农户数	省级单位	县级单位	乡级单位	行政村数	农户数
海南	1	2	3	8	云南	3	8	8	36
山西	2	4	3	8	甘肃	6	8	11	45
河南	11	19	30	83	内蒙	3	6	12	35
湖北	7	8	15	44	河北	3	3	5	25
江西	8	9	19	66	福建	1	3	3	12
安徽	5	6	15	37	江苏	1	1	4	10
新疆	3	3	4	16	山东	4	9	17	59
广西	3	5	12	24	吉林	6	7	13	38
陕西	3	5	8	24	黑龙江	3	6	8	22

样本数量虽然略显不足，但却覆盖了中国大陆东中西部和东北地区等不同类型的区域，具有代表性。分析统计问卷数据及相关信息，我们得出如下结论：

（一）村域经济已具相当规模，未来发展的潜力巨大

第一，中国建制村大量减少，村域经济规模扩大，但撤并后的村组集体经济组织建设未跟上。改革开放 30 多年来，中国建制村撤并有两个高潮：1985—1990 年减少 19.73 万个；1990—2000 年较稳定；2000—2005 年进入第二轮撤并高潮，共减少 9.46 万个；2006 年末建制村 63.7 万个。2005 年以后，建制村的撤并速度放缓，到 2010 年末，农业部农村经济体制与经营管理司（经管总站）统计汇总的行政村 61.56 万个。与 1985 年相比较，减少了 34.6%（图 7-1）[1]。行政村数量减少，必然带来村域经济规模扩大。但是，撤村并组后，村、组集体经济组织建设未跟上，按照农业部经管司（总站）的统计，全国汇总的行政村、村民小组（497.9 万个）中，只有 24.91 万个村、72.7 万个村民小组有集体经济组织，尚有 59.5% 的村由村民委员会代行村集体经济组织的职能，85.4% 的村民小组没有集体经济组织[2]。村级集体经济组织不健全，组级集体经济组织严重缺失、集体经济组

---

[1] 数据系根据历年《中国农村统计年鉴》、第二次农业普查数据及农业部经管司（总站）农经资料整理。

[2] 农业部农村经济体制与经营管理司、农村合作经济经营管理总站：《全国农村经营管理统计资料（2010 年）》，内部资料，第 1 页。

织职能弱化的趋势显而易见。

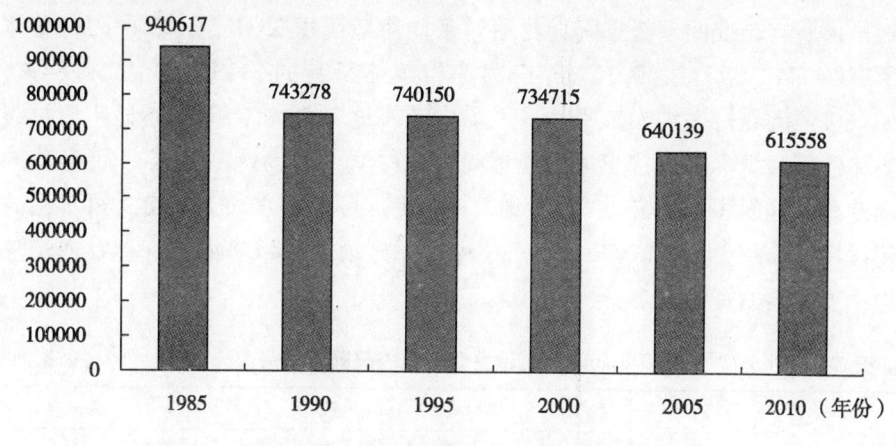

图 7-1　1985—2010 年，中国行政村数增减变化　单位：个

1985: 940617　1990: 743278　1995: 740150　2000: 734715　2005: 640139　2010: 615558

第二，村域所辖村民小组、农户、人口和劳动力已经相当于国外一个小集镇的规模。217 个村问卷显示，2010 年末，调查村平均：每村有村民小组 11 个，户籍农户 576 户，户籍人口 2215 人；外来户 54 户，145 人，相当于村域户籍总人口的 6.5%；全村总劳动力 1213 人，其中外出劳动力数 457 人，占村域劳动力的 37.68%（表 7-2）。人力资源集聚为村域产业集聚提供了条件。

表 7-2　　　　　　　2010 年问卷村域经济规模　　　　　单位：个、人、户、元

指标名称	村民小组	自然村	农户	户籍人口	外来户	外来人口
均值	11	4	576	2215	54	145
标准差	9	6	477	1508	409	774
最小值	2	1	13	289	0	0
最大值	69	40	3256	8400	5820	9943

指标名称	村总劳力	其中外出劳力	第一产业	第二产业	第三产业	村民人均纯收入
均值	1213	457	719	255	239	1848
标准差	1024	501	831	324	295	2427
最小值	145	0	56	19	23	1123
最大值	5200	3120	5109	1800	2151	10000

第三，村集体土地规模较大，仍然以村民小组集体所有为主，但有向村级集体所有转变的趋势。问卷村每村平均耕地面积3531亩，其中归村集体所有的1418亩，占40.16%，归村小组集体所有的2113亩，占59.84%。如果按照问卷村平均人口平均，人均占有耕地1.59亩。问卷还显示，村级集体经济组织可以直接支配的土地尚有：村均"机动地"72亩，可经营的山地和林地面积598亩，"四荒地"135亩，可养殖水面143亩，可出租的建设用地面积34亩（表7－3）。这种状况显示了村域集体经济和农户经济进一步发展的资源潜力。

表7－3　　　2010年问卷村土地资源所有权归属及利用情况　　　单位：亩、户

指标名称	耕地面积	村所有耕地	村小组所有	机动地	发包地	承包户数
均值	3531	1418	1984	72	231	519
指标名称	承包面积	林地或山地面积	其中集体经营面积	四荒地面积	可养殖水面	集体建设用地（可出租面积）
均值	3276	2724	598	135	143	75（34）

第四，村域经济中第二、三产业比例大致上已占到40%以上。从村域劳动力就业情况看，第二产业就业已达255人，占村域总劳动力21%，第三产业就业239人，占村域总劳动力的19.7%，村域劳动力非农产业就业比例（二、三产业之和）已达到40.4%（表8－1），农村第二、三产业发展状况还可以从村域企业状况得到印证。问卷村平均，每村有企业1.06个，就业21.1人，其中本村劳动力占97.8%（表7－4）。需要指出，村均企业数量逐年减少，2002年，农业部调查（固定观察点）316个村，村均企业9.91个[1]；2006年，农业部调查（固定观察点）323个村，村均企业7.2个[2]；2010年，本课题组调查时，村均企业已不足2个[3]。村均数据逐年减少，是村域企业向工业园区或小城镇集中的结果。这种状况，对节约和高效利用资源、提升企业的竞争能力有益，但对村域经济发展有一定负面影响。

---

[1] 农业部：《2003中国农业发展报告》，中国农业出版社2003年版，第145页。
[2] 王景新：《农村改革与长江三角洲村域经济转型》，中国社会科学出版社2009年版，第196页。
[3] 本次问卷，村均企业数量也有可能偏少。

表7-4　　　　　　　2010年问卷村域企业和就业情况　　　　　单位：个、人

指标名称	村企业数	就业人数	其中①集体企业		②合伙合作制企业	
			个数	就业人数	个数	就业人数
均值	1.06	21.1	0.03	2	0.05	1.11
标准差	3.17	85	0.22	22	0.3	10.9
最小值	0	0	0	0	0	0
最大值	30	690	2	300	3	150

指标名称	③股份制企业		④个体私营企业		企业就业的本村人
	个数	就业人数	个数	就业人数	
均值	0.1	0.38	0.88	17.65	20.64
标准差	1.25	4.7	0.3	76.5	80.7
最小值	0	0	0	0	0
最大值	1	67	3	600	690

第五，村集体资产总量增长，结构不断改善。2002年，农业部调查的316个村中，生产性固定资产171.98万元①。2010年，农业部经管司（总站）统计的村级集体账面资产，村均311.7万元。尽管统计口径不一致，但村集体固定资产总量无疑增加了。村级集体经济资产结构也在不断改善。2010年，全国村集体账面总资产中，流动资产7904.4亿元，占资产总额的42.8%，比2004年（40%）提高了2.8个百分点，村均133.3万元；农业资产233.5亿元，占资产总额的1.3%，村均3.9万元；长期资产10342.9亿元，占资产总额的56.0%，比2004年（60%）下降了4个百分点，村均174.4万元②。村集体资产总增长，是村域经济未来发展的重要基础。

（二）经营方式多样化，收入缓慢增长，但发挥作用重大

调查显示，村级集体经济的经营方式已经多样化。从农村集体产权制度安排看，既有村级集体经济组织集体投资或办企业的集中统一经营，又有村集体经济组织代表全体村民，将集体资源、资产和资金以委托、承包、租赁、入股的方式经营管理；从组织方式看，有个体和私人经营、合伙（合作）经营、股份制、公司制经营等；从经营对象或内容看，有土地经营、资本（投资）经营、房地产经营、社区治理与公共服务。此外，村民"一

---

① 农业部：《2003中国农业发展报告》，中国农业出版社2003年版，第145页。
② 农业部农村经济体制与经营管理司、农村合作经济经营管理总站：《全国农村经营管理统计资料（2010年）》，内部资料，第130页。

事一议筹资筹劳",以及帮扶机构及社会组织的结对帮扶等,也是当前村集体收入的来源之一。

村集体经营收益缓慢增长。2002年,农业部调查(固定观察点)的316个村中,调查村平均:每村集体当年经营总收入429.47万元,总费用322.0万元,当年可分配收益107.47万元[①]。2010年,本课题组问卷217个村,问卷村平均:每村集体经营总收入148.53万元,总费用30万元,可分配收入118.48万元(表7-5、7-6),可分配收入比8年前增长了10.24%[②]。

表7-5　　　　　2010年问卷村村均集体经济收入及结构　　　　　单位:万元

指标名称	总收入	统一经营收入	发包上交收入	投资收入	来自企业收入	企业上交收入	土地租赁收入
均值	148.53	75.5	17.77	0.69	2.04	0.69	4.73
标准差	815.25	580.72	168.6	6.94	15.56	7.04	26.4
最小值	0	0	0	0	0	0	0
最大值	8917.0	7134	2250	100	200	100	300.0
指标名称	土地征用补偿	房地产租赁收入	转移支付	专项补助收入	结对单位扶持收入	一事一议收入	其他
均值	3.22	0.87	6.43	5.26	4.58	2.0	24.75
标准差	25.14	6.43	28.55	17.08	26.45	5.54	18.14
最小值	0	0	0	0	0	0	0
最大值	300	80.0	300	150	260	33.0	17.58

表7-6　　　　　　　2010年问卷村村均集体支出　　　　　　　单位:万元

指标名称	总支出	村干部工资	误工补贴	办公费	卫生及巡逻费	医疗社保
均值	30.00	5.85	1.54	2.03	0.86	4.39
指标名称	文体活动	公益性支出	农业服务	经营性支出	债务总额	债权总额
均值	0.59	3.54	7.12	4.08	27.85	9.59

表7-6还显示,村级集体经济组织在村域生产、社区生活及公共服务等方面发挥着重要作用。2010年,问卷村集体经济组织村均支付:村级组

---

① 农业部:《2003中国农业发展报告》,中国农业出版社2003年版,第146页。
② 问卷调查获取的村均集体经济总收入数据略有偏高,是各地选择调查样本都偏重于经济强村的缘故。

织正常运转经费（干部工资、误工补贴、村卫生保洁及治安巡逻费、办公费）10.28万元，占当年村均总支出的34.27%；公益性福利性支出（公益性、医疗社保、文体活动）8.52万元，占当年村均总支出的28.4%；用于发展农业生产的7.12万元，占当年村均总支出的23.73%.；真正属于生产成本支出（经营性支出）只有4.08万元，占当年村均总支出的13.6%。当前中国农村维持村级组织基本正常运转和村域社区基本公共服务供给所需要的支出呈现快速增长趋势，值得关注。

（三）村级集体经济组织普遍贫穷，多极化严重

为了评估全国村级集体经济发展水平，课题组根据村域经济水平分组标准（见表0-3），将问卷村2010年的可分配收入分组，得出如下结果：在217个村中，极端贫困村（低于1万元的，含无经营收益村）的24村，占11.1%；绝对贫困村（1万—5万元的）45村，占20.7%；相对贫困村（5万—10万元的）39村，占18.0%；温饱型村（10万—20万元的）35村，占16.2%；总体小康村（20万—50万元的）33村，占15.4%；全面小康村（50万元以上的）41村，占18.9%。可分配收益低于10万元的贫困村比例达49.8%。事实上，全国村级集体经济的贫困面要大大高于本次问卷比例。课题组与农业部经管司（总站）联合完成的冀、黑、浙、云、疆5省（区）跟踪调查中，2007年，村集体经营收益低于1万元的村占55.13%（其中无经营收益的占45.4%），1万—5万元的村占12.78%；5万—10万元的村占10.40%。10万元以下的村合计占78.31%。到2010年末，上述5省（区）当年无经营收益的村占49.5%，有经营收益的村中，5万元以下的占27.0%，5万—10万元的村占8.8%，贫困村（三项合计）占85.3%，村集体贫困有扩大趋势。如果按照农经统计数据全国平均，2010年，无经营收益的村占53%，有经营收益的村中，5万元以下的占28.4%；5万—10万元的占7.9%，低于10万元的村合计占89.3%；同时有2.1%的村级集体经济组织，当年经营收益超过了100万元的高水平[①]。村级集体经济普遍贫困、多极分化的状况必须迅速的改善。

（四）农户经济水平普遍提升，土地承包经营仍然是重要渠道和来源

2010年末，调查村平均：每村农户576户，其中有承包耕地的519户，占农户总数的90.1%；户均人口4.18人，劳动力2.54人，实际经营耕地面

---

① 农业部农村经济体制与经营管理司、农村合作经济经营管理总站：《全国农村经营管理统计资料（2010年）》，第60—61页。

积 11.27 亩，承包期限 25.88 年（表 7-7）。

表 7-7　　　　　　　　2010 年问卷农户家庭基本情况　　　　　　单位：人、亩、年

指标名称	家庭人口	劳动力	承包耕地	承包年限	承包林地	承包园地
平均值	4.18	2.54	11.27	25.88	2.39	0.14
标准差	1.443	1.035	53.16	13.09	11	0.84
最小值	1	0	0	0	0	0
最大值	10	7	990	70	120	11

调查 30 多年来农户经营方式的变化：1980 年代初，主要从事土地承包经营的 572 户，占 84.24%，户均承包耕地 8.45 亩，32 户从事工商业个体户，占 4.71%（其余 11.05% 的农户未回答）；到 2010 年末，仍有 37.7% 的农户以土地承包经营为主要职业，32.4% 的农户收入主要依靠土地承包经营（表 7-8）。这组数据表明，承包土地经营仍然是 1/3 的农民家庭劳动力就业的最主要渠道、经济收入的最稳定来源。

表 7-8　　2010 年调查农户（679 户）的经营方式、收入来源及结构

		经营承包土地	以打工为主	以经商为主	其他
经营方式	农户数	257	271	98	55
	百分比	37.7	39.8	14.4	8.1
收入来源	农户数	220	300	98	61
	百分比	32.4	44.2	14.4	9.0

2010 年，问卷农户户均纯收入 2.56 万元，人均 6124 元，高于当年国家统计收入（5919 元）的水平，农民人均纯收入统计有偏低倾向。调查发现：无论东部沿海发达地区，还是西北荒漠化地区（如新疆）和西南民族自治地区（如广西），土地承包经营农户的经济水平普遍得到提升，只要无严重自然灾害，农户凭借土地承包经营就能获得家庭的基本生活来源。土地承包经营制度给农民带来了安定、就业和基本生活保障。家庭承包经营仍然是中国农户经济的基础，是保障农民就业、维持农户基本生活的重要来源，更是农村社会稳定的重要基础。家庭承包经营制度是农民最拥护的制度和政策之一，其制度绩效并没有释放完毕，农民和农村干部都希望"坚持统分结合的双层经营体制长久不变"。

二 "中国名村"集体经济发展现状及实现形式[①]

（一）翟城村乡建历史及村域经济现状

翟城村隶属于河北省保定市定州市东亭镇。1904年，翟城村乡绅米鉴三、米迪刚父子，在该村开展"村治"，开了"村治"及乡村建设的先河[②]。米氏父子的村治（1904—1916）历经12年，其内容包含办新式教育、发展村庄经济、改革纳税制度、改善乡村卫生和乡风民俗、设立义仓、村庄保卫等方面。翟城村治"自组创以来，一时风动，四方多被其影响，而参观仿效者，尤所在多有"[③]。翟城村自民国初年被定为模范村，其地位一直保留到20世纪20年代末。

1926年，以晏阳初为首的中华平民教育促进会选择定县为实验县，米迪刚和米阶平[④]邀请其首先到翟城村举办。此后，晏阳初及他所领导的"平教会"在该村开展了为期10年（1926—1936）的乡村建设，成绩斐然。梁漱溟考察后撰文介绍：他村中三百几十户人家，两千上下的人口，"几乎家家都有农家的副业，如纺纱织布种地，因此（家给人足）的一句老话，颇有此景象。""十数年中倡办打井是最有名的，仿佛村内外有一百多口井，平均两三家有一口……所以极易旱荒的大陆地方可以不怕旱，农产量为之大增。"梁漱溟评价，"以为我们现在所见，翟城村所负模范之名是可以相许的"[⑤]。但是，好景不长，抗日战争爆发后，晏阳初的翟城村实验被迫停止了。

2003—2006年，中国人民大学温铁军教授再次在该村开办乡村建设学院，开展新乡村建设。由于多方面原因，不足4年就停止了，翟城村重新归于平静。2013年1月初，笔者到该村调查，住在村支部副书记家里，走村串户寻找乡村建设的历史印记，了解了翟城村的乡土民情，并与村委会财务会记等人员座谈，初步了解了村域经济社会发展现状。

翟城村的历史印记有几处。一是村口竖立着"中国历史名村"碑墙，

[①] 因研究内容和文章篇幅局限，本节仅就历史名村集体经济发展现状作简短描述和分析，我们将在"中国名村历史变迁与农民发展研究"、"'明星村'乡村建设思想研究"等课题中再求深入。

[②] 陈序经：《乡村建设运动》，大东书局1946年版，第3页；李紫翔：《中国农村运动的理论与实际·中国乡村建设批判》，新知书店1936年版，第2页。

[③] 米迪刚、尹仲材：《翟城村》，中华报社1925年版，第165页。

[④] 米迪刚三弟，曾任翟城村副村长，时任北京政府农部司长。

[⑤] 梁漱溟：《北游所见纪略》，载《村治月刊》第1卷第4期，1929年6月。

上书：中国近代村民民主自治第一村；中国创办最早的村级女子学校所在地；中国创办最早的农民合作社——"因利协社"所在地；中国乡村建设运动的发源地。二是翟城村村委会办公楼上的"晏阳初展览室"，向人们展示村庄的历史。三是村落的西北角有一座偌大的已经废弃的校园，校门两旁上书写着"建设乡村、开发民力"两副标语，校门内的照壁位置树立着晏阳初半身像，塑像后的白色墙上书写着晏阳初先生的"九大信条"①。四是村民心中的晏阳初以及平民教育的历史印记。许多村民依旧怀念晏阳初先生对村域经济社会文化建设所作历史贡献，传承着乡村建设文化，在老农家中，笔者聆听了并录制了韩砚科（时年 81 岁）先生演唱的《农夫歌》："穿的土布衣，吃的家常饭；腰里掖着旱烟袋儿，头戴草帽圈；手拿农作具，日在田野间；受些劳苦风寒，功德大如天；农事完毕积极纳粮捐；将粮儿缴纳完，自在且得安然；士工商兵轻视咱，轻视咱，没有农夫谁能活天地间。"②这首歌是韩砚科的妈妈参加晏阳初平民教育时学会的并传给了他，歌词所贯穿的思想已经融入乡土民俗。

翟城村在社会主义新农村建设中面貌一新。至 2012 年末，全村 1200 户，4730 人，分 7 个片区，26 个村民小组。村民聚居于一个村落，形成了三纵七横的街区式布局，俨然一个小集镇。农业仍然是村域经济的支柱产业，全村共有耕地 8600 亩，保留和新建水井共 110 多眼，所有耕地都可水浇。土地承包经营，人均 1.47 亩耕地。农业种植结构为：苗木约占 50%，粮食（玉米和小麦轮作）、油料（花生、黄豆）及蔬菜约占 50%。访谈的 5 户农家，户均人口 5 人，承包土地 7.35 亩，纯收入 2.5 万余元，全村人均纯收入 5000 元。村级集体经济纯收入约 32 万元，主要来源于近 300 亩"机动地"以及 230 亩林地的发包。村级组织运转及村域基本公共服务年均支出约 30 万元。因此，村域基础建设只能依靠公共财政支持的各种项目经费以及"一事一议筹资筹劳"来完成。

（二）苏区模范乡村的集体经济现状

1. 长冈乡

长冈乡是中央苏区模范乡，因毛泽东著名的《长冈乡调查》而闻名天

---

① 民为邦本，本固邦宁；深入民间，认识问题，研究问题，协助平民解决问题；与平民打成一片；向平民学习；与平民共同协商乡建工作；不持己见，当因时、因地、因人制宜；不迁就社会，应改造社会；乡建是方法，发扬平民潜伏力使他们能自力更生是目的；言必行，行必果。

② 在河南和其他一些地方，这首歌的最后一句话是：人间百苦都尝遍，都尝遍，没有农夫谁能活天地间。

下。1977年,"毛主席长冈乡调查纪念馆"落户长冈村。长冈乡的行政建制延续至今。2010年,长冈乡总面积104平方公里,其中耕地2.8万亩,山地9.26万亩,乡人民政府下辖13个行政村,1.07万户农户,总人口4.2万人。长冈乡发生了翻天覆地的变化。从产业结构看:农业产业仍居主体地位。2011年,全乡种植烟叶1600余亩,收购烟叶53.5万斤,实现烟叶特产税95万元;十里桂花苗木基地基本建成,引进花卉苗木有限公司的项目总投资500万元;畜牧业发展起来了,2011年,引进扶持肉牛养殖基地一个,年产肉牛360头[①]。2011年,全乡实现财政收入559.77万元。

长冈乡原有村庄集体经济仍然比较贫穷。毛泽东调查当年,长冈乡4个行政村,现在合并为2个村,1984年,原塘背村更名为长乐村,于2002年并入长冈村,原新溪村也于2003年并入泗望村。到2010年末,长冈村辖17个村民小组,750户,3250人,耕地面积1974.7亩,全部承包到户(人均0.6亩);泗望村辖15个村民小组,596户,2350人,耕地面积1217.36亩,其中200多亩土(旱地),1000亩田(水稻田)。土地承包到户,较少流转,多为一家一户自己的承包地,一家最多4亩地,平均2亩地,有的组人均6分地,少的组3分地。种水稻亩均纯收入300多元[②]。

长冈、泗望两村没有工业企业,农业产业结构比较单一,以水稻种植为支柱。村域新经济体发育缓慢,当年以农民互助合作运动而闻名的"乡苏模范",当今却都没有专业合作社。因此,村域经济相对贫困。2010年,长冈村集体无经营收入,主要靠转移收入(每年42000元)维持村级组织运转,村集体尚有债务30万元,农民人均纯收入3290元,全村尚有低保户57户,150人。泗望村集体经济收入7万元,村级债务18万元,农民人均纯收入3180元。

2. 才溪乡

上下才溪乡也是中央苏区模范乡。因为毛泽东《才溪乡调查》而闻名。"毛泽东才溪乡调查纪念馆"已经落户才溪村,是红色旅游点之一。1993年2月,上下才溪撤乡建镇(才溪镇),到2009年,全镇辖14个行政村,167个村民小组,6616户,总人口约2.5万人。原上才溪乡现分为4个村,西溪村、西北村、中兴村和西东村;下才溪乡的下才村和才溪村仍然存在。

才溪镇域经济较长冈乡富裕。2010年,全镇社会总产值24亿元,财政

---

① 《长冈乡政府工作报告》(2012年3月29日),来源于兴国县政府公开信息。
② 数据源于课题组实地调查。

收入增长到 1200 万元左右。村级集体经济情况也好于长冈乡。才溪村以建筑业为主，农户收入较高，农户资产积累较大，目前，100 万—1000 万元资产的全村 50 多户；1000 万—5000 万元资产的 5 户，资产达到 1 亿元的 2 户；下才村是才溪镇第二大行政村，邻近镇区，2007 年，村集体收入 20 万元，农民人均纯收入 4985 元，是才溪镇比较富有的行政村之一；溪北村的支柱产业为脐橙种植、生猪养殖和劳务输出，2007 年村集体收入 13.1 万元，农民人均收入 4855 元。

（三）抗日根据地模范村的集体经济现状

1. 五公村

抗日战争时期，五公村因耿长锁①创办土地合伙组被誉为"华北平原上的社会主义之花"，农业集体化时代，又创造了辉煌成就。1983 年，五公村实行家庭承包责任制。改革开放初期，五公村村域经济仍然保持强劲的增长势头，到 1986 年：全村粮食总产量达 162.87 万公斤，亩产量 663 公斤，比 1983 年粮食总产量（148 万公斤）增长了 10%；村域棉花总产量 9.04 万公斤，亩产 90.4 公斤，是该村历史上最好的时期；同时，成立了村工商联合社，整合集体资源和资产巩固和发展村域工、商业。到 1985 年，工商企业摊点发展到 87 家（处），全村从事第二、三产业的达到 1040 人，占村域总劳动力（1343 人）的 77.4%，第二、三产业纯收入 80 万元，村域各产业总收入 260 万元。

目前，村域农户经济比较活跃。到 2012 年末，全村 700 多户，2937 人，耕地面积 3660 亩。五公村为镇政府驻地，农民依托这一特点，开了 173 户固定的门市和摊点，其中商店 153 多家，经营范围涉及编织袋、鼻烟壶、合线、加工企业，如饲料加工、塑钢门窗、面粉加工（4 家）等，餐馆饭店（10 户）等。还有一些村民在村子边沿地带，马路边上经营沙石等建筑材料，几乎每家农户除了种植的土地以外，都有自己的商业活动，经商也成为农户经济收入主要来源。另外，五公村养殖业也有一定的规模和特色。目前，全村养猪、鸡、貂、狐等稀有毛皮动物的养殖户 300 余户，其中从事特种养殖的约有 100 户，村域养殖业年创收 900 多万元。因此，五公村农户收入并不低，2012 年，上报农民人均收入 6100 元，事实上，农民人均纯收

---

① 耿长锁（1900—1985），全国著名劳动模范，曾任五公村党支部书记、五公公社社长、河北省第四届政协副主席和第五届人大常委会副主任。1985 年 11 月，耿长锁同志逝世。为了纪念老书记，五公村建立了"耿长锁纪念馆"，为他立了铜像。

入要高于上报数据。

但是,五公村集体经济远不如农户经济有活力。村办工业自1990年代中后期逐渐衰落,村办油脂化工厂、色染厂先后倒闭。目前,尽管五公村集体经济在五公镇尚属前列,但村集体经济收入数额相对较少,近几年,村集体每年约40万元的收入。主要来源:一是果园发包收入,村集体两个果园,合计120亩,因土地质量差,当年没人承包,由村集体经济组织发包和直接管理,至今已多次易主,现租给两个农户,土地租金较低;二是村集体在镇区的门店租赁收入。

五公村新型集体经济组织有一定发展。1986年前后,五公村成立了"特种养殖合作社";2004年,合作社在村内建立了养殖小区。2008年,因为受俄罗斯经济不景气、减少特种动物皮毛进口量的影响,许多养殖户退出了合作社。目前,合作社成员20多户,尚未统一生产经营,功能发挥有限。

2. 西沟村

西沟村在两位著名领头人李顺达[①]、申纪兰[②]的带领下,互助合作生产的成就在抗日战争时期就誉满根据地。农业集体化时代,西沟村绿化荒山和小流域治理、农田水利基本建设,以及粮食及主要农产品的生产、工副业发展等,都取得了巨大成就。农村改革新时代,西沟村又跻身于著名经济强村("明星村")之列。从抗战时期的"模范村"到今日"著名经济强村",70多年的历史中,"明星村"的旗帜一直高高飘扬。

2011年末,西沟村辖12个村民小组,660户,1950人,耕地面积310亩。村域经济总收入2379万元,其中,农林牧业收入40万元,占1.78%;第二、三产业收入2339万元,占98.3%。村域经济总收入中,村办企业和村组集体经营收入1475万元,占村域经济总收入的62%,居于主体地位;农户经济(家庭承包经营)收入729万元,占村域经济总收入的30.7%,专业合作社等新经济体收入和其他收入合计175万元,占村域经济总收入的7.3%(表7-9)。村域内各经济主体和谐发展。

[①] 李顺达(1915—1983)全国著名劳动模范、"爱国丰产金星奖"获得者,曾任西沟合作社社长、中共平顺县委书记、晋东南地委副书记、书记,并先后当选为中国共产党第八、九、十代表大会的代表和第九、十届党中央委员。1983年7月,李顺达逝世,为纪念这位全国劳动模范,西沟展览馆前树立了李顺达同志的铜像。

[②] 申纪兰,女,1929年12月生。历任金星农林牧生产合作社副主任、中共平顺县委副书记、山西省妇联主任、长治市人大常委会副主任、全国妇联第二至四届执委。1952年第一次被评为全国农业劳动模范;1979年、1989年两次获全国劳动模范称号;1983年获全国三八红旗手称号;2007年获首届全国道德模范敬业奉献模范称号;第一届至第十二届全国人大代表。

表7-9　　　　　　　　　2011年西沟村域经济结构　　　　　　　　单位：万元、%

项目	数量	占比	项目	数量	占比
村域经济总收入	2379.00	100.0	村域经济总收入	2379.0	100.0
按产业划分			按经营方式		
农林牧业	40.00	1.7	村办企业经营收入	1401	58.9
工业	1401.00	58.9	村组集体经营收入	74.0	3.1
建筑业	265.00	11.1	农民家庭经营收入	729.0	30.7
运、商、服务业	518.00	21.8	专业合作社经营收入	10.0	0.4
其他	155.00	6.5	其他经营收入	165.0	6.9

数据来源：实地调查时，从西沟乡经管站获取的农经统计资料。

村域经济发展，推动村集体和农户收入稳定增长。到2010年，村集体总资产达到2600万元。2011年，村集体经济组织总收入94万元，支出81万元，加上年初未分配收益，年末可分配收入53万元（表7-10）。2011年，西沟村农民可分配总额896.61万元，人均分配4598元。

表7-10　　　　　　　2011年西沟村集体经济组织收益分配　　　　　　单位：万元、%

项目	数量	占比	项目	数量	占比
总收入	94.0	100.0	总支出	81.0	100.0
经营收入	6.0	6.4	经营支出	1.0	1.2
发包及上交收入	52.0	55.3	管理费用	50.0	61.7
补助收入	10.0	10.6	其他支出	30.0	37.1
其他收入	26.0	27.7	当年净收入	13.0	
年末可分配收益	13.0＋年初未分配收益40.0＝53.0				

数据来源：课题组实地调查时从西沟乡经管站获取的农经统计资料。

西沟村经济社会发展之所以长盛不衰，笔者根据西沟村调查及与申纪兰书记的交流（专栏7-1）得出结论：一是两位优秀领头人一以贯之地带领村民艰苦奋斗；二是一以贯之地坚持集体发展、共同富裕的道路；三是把村域经济的后来发展牢牢钉在先前发展的基础之上，循序渐进；四是选择既符合时代特点，又适合本村实际的主导产业；五是选择集体经济有效发展的实现形式，但不论采用何种实现形式，始终坚持把培育和发挥农民群体的集体主义精神和严格的生产责任制度结合起来。

专栏7-1 访谈西沟村申纪兰书记(部分摘录)

王景新(以下简称王):申书记,您好!我们这次调查中共早期的模范村、农业集体化时代的"样板村"以及当今"明星村",想做三件事,第一,看看中国共产党领导下的农民生产、生活,九十多年来到底发生了什么变化;第二,了解名村领头人如李顺达、史来贺、陈永贵,包括您等,贯彻党的政策方面留下的思想痕迹和智慧;第三,就是从历史名村变迁来看中国农村集体经济发展的道路,那个年代怎么发展的集体经济,今天怎么发展?现在全国大致有60万个行政村,集体经济大部分还是比较贫穷。

申纪兰(以下简称申):这些问题确实应该总结总结。这是党领导走集体化道路的历史。没有集体化就成不了社会主义,从互助组到初级社、高级社,再到人民公社,一直走到联产承包,主题都是一致的——就是坚持集体发展、共同富裕的道路。李顺达同志是一个忠厚的共产党员,1938年入党,他最听党的话,跟党走。他是逃荒要饭从河南来到西沟的,所以他对党的感情特别深。在李顺达同志的带领下,人民公社时期,我们村不仅荒山荒坡治理了,粮食生产上去了;而且集体工副业也有了较大发展,村办企业有农机修造厂、木器加工厂、石灰窑、砖瓦厂、粉坊和建筑、运输等为农业生产服务的副业生产。到1970年代初,村集体的工副业收入就超过了农业收入。这是今天我们村工业化发展的基础。

王:我想问问,去年、前年,您村的集体经济收入,经营管理方面的情况。

申:2010年,我们村经济总收入2340万元左右,农民人均纯收入4600元。西沟村集体经济收入虽然不高,但西沟村经济中,集体经济因素比较多,我们还是同工同酬,统筹分配。集体办工厂、林场,目前,集体造林面积2.5万余亩,其中阳坡1万亩,阴坡是1.5亩;还有几百亩果园和零星植树,村范围内的大小山坡栽种树木100多万株,都是集体经营。一棵树就算1元钱,也是非常可观的经济资源,实际上远不止1元钱一棵树。我们的集体经营还是壮大了。西沟村农户经济较平衡,没有特别富的,也没有特别贫穷的。

王:我看过西沟村的材料,承包经营之初,集体办企业都是分专业队承包,按照规定上交,超额利润给予奖励,达不到利润的给予惩戒。现在的林场和果园,是承包给农户经营,还是专业队经营?

申：对，1983年开始承包。农田按户承包，自负盈亏，包交征购和提留，超收归自己；工业厂、副业厂（场）实行集体承包经营，厂长负责，上交纯利，超利分成；拖拉机、汽车承包到人，自负盈亏，包干上交纯利；集体林木，当时约15000亩，分成7段专人管护，实行奖罚责任制度；果园按照当时的市场价格招标承包，包上交纯利，验收原有果树（株）保存率。工业企业主要依靠村集体办：1984年，我带村干部参观河南七里营、江苏华西等地后，开始兴办工业，1985年9月，投资100多万元，动工兴建铁合金厂，1996年又投资360万元改建扩建，2003年再次扩容改造，形成了现在的西沟村冶炼公司；1997年，我们村与山西安泰集团合作，建成了纪兰饮料有限公司，1998年8月，山西纪兰产业公司在省城太原挂牌成立；同年10月，西沟饮料厂加入山西厦普赛尔集团；2000年，核桃露饮料通过了国家绿色产品认证；2003年，全村产值超过1亿元，是平顺县第一个产值超亿元的村。目前，工业企业都是集体经济，现在仍然是这个形式，集体承包，困难户进工厂工作。集体林场仍由承包专业队经营，同时户户都有林木和果园。总体来说，我觉得还是集体化好，个人不容易发展起来。

……

（三）农业集体化时代"样板村"的集体经济现状

1. 西铺村

西铺村是农业集体化时代的"样板村"。改革开放新时期，村域经济有新发展。2011年末，西铺村25个村民小组，530户，1743人，耕地1067亩，其中，村集体"机动地"约200亩，其中40多亩果园；耕地承包到户867亩，人均承包耕地0.5亩。

西铺村属于农业型村域经济类型，以农业种植业为主，"果品套种玉米"是西铺村主要耕作模式。果品种植结构中，板栗约占70%，核桃约占20%，苹果约占10%。无论干果、水果，符合套种条件的都套种玉米或者发展林下养殖，笔者调查（2012年），全村7户养马，7户果林下养鸡，2家猪场。

西铺村农户经济比较富裕。这是因为，经济林间作粮食和畜牧业的生产结构，再加农业集体化时代留下的农田水利基础设施，以及区域工业化带来的非农就业。板栗、核桃、苹果及其林下间作，农户收益可观。养马户和林下养鸡，户均收入7万—8万元；2家猪场都有一定规模，2011年，户均年出栏1000头左右，盈利约20万元①。此外，全村有50多人在唐山港务钢铁公司上班。

但是，村域工商业及其他非农产业发展相对滞后，落户该村的企业有两家，均为塑料编织袋厂，规模都不大，每个厂20多台设备，40名左右的生产工人，劳动力主要来源于本村。与村域非农产业不发达相关联，村集体经济经营方式和收入来源单一，只有"机动地"（包括果园）发包，年收入20万元左右。随着村级组织运转经费和社区公共服务刚性支出增长，村集体收入和支出基本平衡。因此，村庄建设和村域发展经费只能依靠各类项目资金和村民"一事一议筹资筹劳"。近几年，西铺村农电改造，省财政拨款10万元，市财政5万元，村民筹资人均30元。

2. 嵖岈山镇

嵖岈山卫星人民公社作为全国第一个成立的人民公社，在撤销人民公社、恢复和重建乡（镇）人民政府开始后，结束了它的历史使命。1983年12月，嵖岈山公社更名为嵖岈山乡②，2008年11月撤乡建镇。目前，嵖岈山镇总面积96平方公里，耕地面积3.56万亩，辖13个行政村，91个自然村，133个村民小组，总人口2.78万人，其中，农业人口2.48万人，占总人口的89.2%。

嵖岈山镇是遂平县重要粮食产区，以"小麦—玉米"轮作为主，种植面积达3.5万亩，占镇域总耕地面积的98.3%。经济作物主要有油菜、花生、芝麻、棉花、大豆、红薯、烟叶等。近年来，嵖岈山镇充分利用地处山区、宜林荒山荒坡近6万亩的资源优势，发展速生林、特色林果种植和以牛羊为主的养殖业，形成了7个小杂果基地（如魏楼村的冬枣基地、鲍庄红旗沟杂果基地、赵庄板栗基地），种植面积3500多亩。全镇森林植被覆盖率提升到38%。畜禽养殖业初具规模，全镇建有16个标准化养殖小区，鸡和猪的年出栏分别为6万只、4万头。镇域农民专业合作社也有一定发展。

嵖岈山镇经济总量中，农业经济和旅游业份额较高，2010年，全镇生产总值3.93亿元，其中农林牧渔业占36%左右，旅游业约占30%。2010年，全镇财政收入为158.1万元，农民人均纯收入5165元，2011年分别增

---

① 数据来源于课题组与西铺村干部的座谈。
② 2000年9月，嵖岈山卫星人民公社旧址被河南省人民政府公布为省级重点文物保护单位；2006年6月，被国家公布为全国重点文物保护单位。

加到191万元和5478元①。嵯峪山镇村域经济中非农产业发展缓慢，只有2—3个村有规模很小的加工工业（门窗、灯笼等）企业。因此，村集体收入来源单一，主要是"机动地"和荒坡地等的发包，每个村年均5万元左右②。集体经济处于贫困状态。

3. 大寨村

大寨村自新中国初级的互助合作运动就作出了成绩，人民公社初期声名鹊起，1964年成为"农业学大寨"的标杆。"文化大革命"结束后，大寨村曾有一段时间的沉寂。1991年底，郭凤莲同志重返大寨担任党总支书记，成立了大寨经济开发总公司，带领大寨村开始新一轮创业，大寨村走上了工业强村之路。2009年，大寨经济开发总公司改制为山西大寨经济发展集团有限责任公司，实现了集团公司党委会（大寨党总支）、村委会、董事会三权管理的村级经济组织。到2011年底，大寨经济发展集团公司资产总额达8.7亿元，从业人数达2242人，集团销售收入达到13亿元，上缴国家税金达到5800万元。

在大寨经济开发总公司及后来的集团公司主导下，自1992—2011年，大寨村集体经济总收入、农民人均纯收入、村集体积累和固定资产，以及上缴国家税收逐年增长（表7-11），实现了以农业为基础、工业为支柱、旅游业和其他服务业为支撑的协调、稳定的发展局面。2011年末，大寨村经济总收入43985万元，比1992年增长58.8倍；人均收入12600元，比1992年增长11.4倍，上缴国家税金1582万元，比1992年增长86.9倍。在当前村域经济总收入中，第一产业收入约占0.14%，第二产业收入约占98.79%，第三产业收入占村域经济总收入的1.07%。大寨村已经工业化、集镇化，成为名副其实的经济强村和社会关注度极高的"明星村"。

表7-11　　　　1992—2010年大寨经济发展状况逐年统计表　　　单位：万元、元

项目 年份	经济总收入	人均收入	集体积累	固定资产	上缴国家税收
1992	735	1017	60	500	18
1993	1006	1350	120	1700	30
1994	2064	1500	200	3000	42

---

① 数据来源：嵯峪山镇近3年（2009—2011年）政府工作报告；课题组与镇干部座谈。
② 数据来源：课题组在该镇调查座谈记录。

续表

项目 年份	经济总收入	人均收入	集体积累	固定资产	上缴国家税收
1995	3000	1800	280	3400	138
1996	3260	2100	325	4100	164
1997	4796	2700	465	5400	191
1998	5419	300	650	5400	292
1999	7142	3500	970	7050	340
2000	7400	3620	1200	7050	304
2001	9050	3910	1600	7500	375
2002	10000	4000	2200	7500	300
2003	10865	4100	2805	8000	310
2004	11026	5000	3000	8000	294
2005	11574	5500	3220	8300	700
2006	12000	6000	3500	8350	810
2007	12685	7000	3650	8350	800
2008	30000	10000	3916	12832	1791
2009	35935	10800	3988	12832	2355
2010	43701	12000	—	13834	2248
2011	43985	12600	—	—	1582

数据来源：课题组在该村调研时，村民委员会提供。

大寨村集体经济发展历程中，始终把处理好国家、集体利益和农民个人利益放在首位，这是大寨村的突出特点，随着大寨村域经济发展壮大和时代进步，大寨村更加注重把社会主义集体经济优越性，转变为农民能够分享的实实在在的好处。（1）大寨村公益事业建设成就斐然，近20多年来，村集体累计投资2.6亿元，用于村基础设施建设，仅2011年竣工的八项民生工程，投资就达5000多万元。（2）不断改进企业盈利和农民收入增长的关系，农民收入跃上了新台阶。2009年，村民入股大寨旅游业，村民每户入股2000元，当年户均分红1800元，2010年，户均分红2400元，2011年，户均分红3000元。（3）全村实现了养老保险、医疗保险、财产保险全覆盖：村里建有100平米的卫生室，配备2位保健医生，农村新型合作医疗参合率97%；全体村民福利补助人均1000元/年，取暖补贴每户600—1900元/年，60—70岁老人生活费补贴200元/月、70岁以上的300元/月，村里还组织企业向村民发放米、面、油、肉、酒、饮料等福利品；村民子女上小学免费，大学生每年有奖学金（大专800元，本科1000元），新建住房每户平均补助50%—70%。[①]

4. 沙石峪村

沙石峪村"万里千担一亩田"造田运动和水利建设，为村域经济持续发展奠定了坚实基础。2011年，沙石峪村246户，846人，1200亩耕地，其中700余亩属于当年人工造田，全村所有耕地至今仍然保有"水浇地"生产条件。

张贵顺书记生前曾规划，沙石峪村集体要种100万株树，产100万斤果，收入100万元现金。今天的沙石峪村已经实现了"三个一百万"的梦想。100万株树已经成为郁郁葱葱的森林；每年100万斤果的目标也基本实现了，2011年，全村葡萄年产量20多万斤、李子年产量10余万斤、杏子产量5万多斤，还有核桃和其他水果；每年100万元收入的目标已经大大超过。2011年，全村农民可分配收入549.9万元，人均纯收入6500元，村集体可分配收入15.6万元[②]。集体经济当前收入虽然不高，但是，沙石峪满山林果，旅游业正在蓬勃兴起，沙石峪村集体经济和农户经济未来发展充满希望。

5. 石屋村

石屋村在农业集体化时代有"南方大寨"之誉。到2010年末，石屋村域总面积7平方公里，辖石屋、富豪、冒坤、五岭、大坡新村5个自然村，全村412户，2180人（另有外来农户5户，人口21人），耕地总面积980亩，林地7200亩，四荒地200亩，可养殖水面20亩，劳动力970人（其中常年外出数220人）。村域经济以农业为主，全村劳动力中从事第一产业的750人，占77.32%；主要产业有水稻、橡胶、水果等种植业和养殖业。与农业集体化时代相比较，石屋村农户经济发展了，而村集体经济则衰落了。2010年，农民人均纯收入5000元；村级集体经济收入10.94万元，其中房地产租赁收入0.24万元，转移支付收入3.5万元，专项补助收入7.2万元。

（四）当今"明星村"的集体经济发展及其现实形式

中国农村改革30多年来，先后涌现出一批经济强村。我们若把村集体

---

① 大寨村所有资料数据均来自课题组在大寨实地调查时，大寨村委会提供。
② 沙石峪村数据均源于笔者访谈该村会计李凤忠以及在参观"沙石峪纪念馆"时拍摄的图片资料。

当年经营收益①超过100万元的富裕型村庄都当成经济强村,那么,到2010年,全国经营收益超过100万元的村有12000个,占当年农经统计汇总村数的2.1%②。另据统计,2007年底,村域经济产值超过1亿元的村,全国有8000个,其中,产值超过10亿元的村163个,100亿元以上的村12个③。所谓"明星村"都是上述经济强村中的佼佼者,是著名经济强村,也是社会知名度最高的那些村庄。

1. 刘庄集体经济发展及其实现形式

刘庄隶属于河南省新乡市七里营镇,距新乡市25公里。2011年末,刘庄村域面积1.5平方公里,364户、1784人,耕地面积1050亩。

刘庄是农业集体化时代模范村之一。1960年代,刘庄村域经济以粮棉生产为主导产业,实现了粮食亩产1000公斤、棉花亩产100公斤(皮棉)好成绩,成为全国最早一批解决温饱的先进村,自此,刘庄和老书记史来贺④的名字就响遍全国。20世纪70年代,刘庄村域经济以汽车、拖拉机的喇叭生产为主导产业,成为村级集体工副业发展的先进典型;80年代中期,刘庄以医药业作为主导产业,村域经济发展自此进入快车道,摘得"中原首富"的桂冠。90年代以来,刘庄与华西村、南街村一起,以"坚持集体发展化道路、工业强村,让农民既富裕又幸福"而闻名天下。今天,刘庄实现了"农业现代化、农村工业化、经济市场化、农民知识化、生活城市化"的目标。2011年,村集体经济销售收入20多亿元,缴纳国家税金5亿元,农民人均纯收入2.9万元。

刘庄一直坚持集体化发展道路,"统一管理、集体专业承包经营"是该村集体经济主要实现形式。(1)村级组织制度安排。"村党委(党组织)、村民委员会(自治组织)、农工商总公司(经济组织)三块牌子一套班子;村党委和村委会实行选举制,农工商总公司实行聘任制(一年一聘)。村党委、村委会聘任厂长经理,总经理提名副总经理、各厂的正职,副职由厂里提名交由职工代表大会讨论。书记、主任、总经理一肩挑,自史来贺书记以

---

① 经营收益=经营收入+发包及上交收入+投资收益-经营支出-管理费用。
② 农业部农村经济体制与经营管理司、农村合作经济经营管理总站:《全国农村经营管理统计资料(2010年)》,第129页。
③ 中华人民共和国农业委员会办公厅:《农业集体化重要文件汇编(1949—1981)》(上、下册),中央党校出版社1981年版,第3页。
④ 史来贺(1930—2003),河南省新乡市刘庄原党委书记,全国著名劳动模范。曾担任第五、六、七、八届全国人大常委会委员。刘庄纪念馆内有史来贺书记汉白玉塑像。

来一直都是这样,这套方式很民主、很有效。"① (2)集体经济组织治理结构。村集体经济组织是刘庄农工商总公司,公司之下有华星药厂、淀粉糖厂、绿园药业、机械厂、农场(13人,经营1050亩耕地)、商业公司、酒店、车队。总公司及其下属企业实行"集体专业联产承包责任制"。每年初,总公司向下属公司下达承包任务,任务包括经济指标(细分20多项)、员工管理、集体财产保值增值等几个方面。任务确定后,各分公司经理和厂长与总公司签订合同书,年末对任务合同检查验收,超产奖励,完不成任务受罚,奖罚都面对下属企业和单位的所有干部。(3)集体经济组织经营收益分配形式。集体经济盈余,一方面用于企业职工每月发奖金,年终统一分红;另一方面用于村庄建设,大到修路、绿化,小到房屋维修、物业管理费用,全部由集体经济统一支出,村民以享受基础设施分享剩余;第三方面供给村民居住、生活、福利。农民住宅,村集体建造后统一分配、免费提供(专栏7-2);面向全村农户每天发一次牛奶,每周一、三、五发一次蔬菜,每周一、五分一次肉品;集体经济还包揽村民面、油、粉条、瓜果、芝麻、糖的供给,以及医疗、子女入托上学等各方面,把人们向往已久的共产主义"供给制"写在了村民现实生活中。

专栏7-2 刘庄新村别墅比城市更令人向往

刘庄新村别墅,由南京东南大学建筑研究设计院规划设计,是集农村特色与城市化生活为一体的现代化建筑。别墅建设呈组团式,分A、B、C、D、E、F六个小区,每个小区内都有2—4个绿化休闲广场,其间宽广的道路纵横交错,绿化面积达15%。笔者参观新民居时看到:每套住房470平方米,4层,其中地下一层为健身房、乒乓球台、储藏室、车库等;二、三、四层居家,每层都有三室两厅,一厨一卫。内部精装修,木地板,并配有中央空调、宽带网、现代化家具、闭路电视、电话。别墅小区由专门的物业管理机构——刘庄新村别墅管理办公室管理。

2. 西王村集体经济发展及其实现形式

西王村隶属于山东省邹平县韩店镇,原名王家洼,1931年,梁漱溟创建山东乡村建设研究院,以邹平县为实验基地开展乡村建设,西王村是乡村

---

① 课题组在刘庄调查时与村党委副书记座谈记录。

建设的村庄之一。历史上,西王村以农业为主,村域经济贫困。1949年秋,邹平县人民政府将其更为现名。该村规模不大,新中国成立之初,只有130户,370人。2011年末,西王村也只有160户,680人[1],村集体尚有630亩耕地,是集团公司之下的现代农业示范园。

村民说,"西王村工业化致富之路经过了三个节点,1986年开始起步,1995、1996年有些滑坡,1999年控制住下滑的趋势,到2000年是个小高潮,2000年以后西王一年一个大步上来了"[2]。1986年,西王村现任党委书记、西王集团董事长王勇将自己的面粉厂捐给集体,在其基础上,西王村投资40万元筹建西王油棉厂,翌年6月建成投产,当年获纯利23万元。这是西王村集体经济发展的"第一桶金"。

经过20多年的快速发展,西王村展现出工业化、城镇化的新面貌。村域人口集聚3万余人,产业集聚——两大集团公司同村而立,相距不过千米,是国内仅有的玉米胚芽油产能超过10万吨的两家大型企业。其一,西王集团有限公司,是一家以玉米深加工和特钢为主业的全国大型工业企业,位列2012年中国企业500强第370位,旗下三家上市公司——控股企业西王糖业、西王食品、西王特钢。到2011年末,西王集团总资产220亿元,职工1.4万人,2011年实现销售收入232.4亿元,利税20.28亿元,上缴税金8.1亿元。其二,三星集团有限公司,旗下十几家子公司,一家(三星油脂中国玉米油)上市公司。到2011年末,职工0.5万人,销售收入75亿元[3]。西王村被中国食品工业协会冠名"中国糖都(淀粉糖)"、"中国玉米油城"。一个行政村域内有4家上市公司,实属罕见。

西王集团有限公司的前身是村办企业,2000年西王村办企业转变为民营企业集团。村办企业改制时,资产评估3000万元,留在西王集团作为流动资本,由此形成了"村企合一"的资产结构。这样产权制度下:(1)组织体系和经营管理"村企一体化"。西王村党委、村民委员会、西王集团公司三套班子合一,主要领导人交叉任职,西王村党委书记兼任集团公司董事长,西王村委会主任兼任西王集团副董事长,各党总支书记或党支部书记兼任下属的公司经理,党委、村委、企业集团三块牌子、一套人马,共同议

---

[1] 因为村域经济工业化,现在村域内有外来人口2万余人。
[2] 课题组与村干部座谈记录。
[3] 西王村所有数据均来源于课题组与村干部座谈记录,其中的历史数据参见《西王村志》,中华书局2011年版。

事，分工负责执行。村民称其为"党政企三权一体、同轴同心的管理体制"。在这个体系中，村民委员会对外是独立的机构法人，对内是集团公司专职负责村域社区管理的中层部门。(2)利益分享"村企一体化"。其一，为了让村民分享企业集团发展的红利，将集体资产中800万股量化到农户，作为分红依据。最近4年，分红比例均为30%，年分红240万元，2012年，村民人均纯收入超过5万元，这是村集体经济的实现形式之一。其二，企业集团无条件承担西王村建设以及村级组织运转、社区治理和公共服务的全部费用。用西王村农民的话说，"村里的事需要花钱，年初打报告，由集团审批，保障供给"①（专栏7-3）。(3)村民与集团公司"同生共荣"，兴衰荣辱"村企一体化"。200多个村民股东，村民在集团公司就业，子女大中专毕业后回企业安置，企业领导和中层管理岗位基本属于西王村民。"有这些纽带，把村民和企业全部扭在一块，形成了千丝万缕的联系和情感上互动。有了这些就乱不了套，这就是西王集团稳定发展的基础。"② 产权纽带和浓浓乡情把村民利益和集团公司的利益牢牢拴在一起，这是"村企一体化"的精髓。

专栏7-3 西王集团用于西王村的福利开支

全体村民共享的生活福利。为村民和企业职工缴纳了社会养老保险，实现统一免费供暖，每月向村民每人供应30斤面粉，3—4天按人口发放现代农业园区的新鲜蔬菜，每月发放50元超市消费卡。

村民子女的教育福利。小学到初中每生每月补助生活费20元，升入高中、中专的每生每月补助30元，考取大学每生每月补助50元；另外考上专科的奖励现金5000元，考入本科的奖励10000元，村民子女与企业签订合同可享受集团公费（15万元/年）支持出国留学；对小学至大学期间读书的学生每人每年发放医疗补助100元。

村民中的老人福利。年满60岁、55岁的男女村民每月发放生活补助金130元。村老年公寓属于"供给制"，村民65岁以上可入住老年公寓，现入住76位老人，年度运转（生活，水费，电费，人员工资，供暖、供热凉水等）经费约100万元，尚不包括房屋折旧和绿化环境等方面的开支。

---

① 课题组调查时村社区管理干部座谈记录。
② 课题组在该村座谈时集团总裁的发言记录。

3. 江南五村（集团）的集体经济发展及其实现形式

江南五村，即浙江省奉化市滕头村、杭州市萧山区航民村、金华市花园村、台州市方林村、上海市闵行区九星村。五个村都拥有实力强大的集团公司，个个都是享誉全国的著名经济强村（表7-12），在当代"明星村"中位列前茅，都树立了各自的产业第一村标杆[①]，盛名远播。

表7-12　　　　　2011年浙江4大名村企业集团经营状况　　　　　单位：亿元

村名	控股参股企业（家）	总资产	经济总量	纳税额	税后利润	对外投资
航民村（集团）	28	47.5	总产值90.0	2.91	4.16	6.38
花园村（集团）	29	46.3	总产值87.0	2.16	4.3	0.78
滕头村（集团）	15	15.6	总产值55.4	0.77	1.7	2.06
方林村（集团）	13	14.4	市场交易额136.6	1.65	2.1	1.63
九星村（集团）[②]	17	18.85	市场交易额280.0	2.61	2.5	3.08
五村集团合计	102	142.65	—	10.1	14.76	13.93

数据来源：根据课题组实地调查座谈记录整理。

五村转型发展历程基本相似。1949年以前，五村的农民无一例外地贫困潦倒；农业集体化时代，五村的农业资料严重不足，加上限制村域工商业发展，五村的集体经济都不富裕。五村的创业都始于农村改革开放之初：航民村第一家企业——漂染厂，是现任董事长朱重九利用航民大队队办企业积累的6万元，到上海市的某家废品仓库"捡"回来的设备，于1979年12月建成投产的；花园村第一家企业——蜡烛厂，是时任村支部书记邵福星、现任董事长邵钦祥及二哥邵钦培、花园村小学老师郭元奎各出资500元，于1979年下半年建成的；滕头村第一家企业——滕头服装厂，是时任村支部书记傅嘉良，五赴上海请技师，于1979年办起来的，傅企平是第一任厂长，当年获利6万元，这是村民们想也没有想到的；方林村第一个市场——"旧机械设备市场"，是时任方林村党支部书记的方中华上任后筹办的，于1984年10月挂牌营业，当时经营面积不足400平方米，现在的方林村已成为华东地区最大的汽车交易市场；九星村书记吴恩福于1994年上任，其时

[①] 航民印染第一村，花园红木家具第一村，滕头生态第一村，方林汽车市场第一村，九星综合市场第一村。

[②] 江南五村中，课题组对九星村尚未进行实地调查，统计数据源于"中国村企集团五村合作方林会议"材料。秉承"没有调查，就没有发言权"的精神，九星村案例留待下一步继续。

村集体负债1780万元，1998年5月，九星村人奋战100天，建成16000平方米的两个市场，自此走上了市场兴村的道路。

2008年，"五村合作组织"成立，2011年，"五村联合控股有限公司"注册（专栏7-4）。这意味着中国村域经济联盟发展新阶段的到来，意味着农民企业家战略管理能力的跃升，意味着著名经济强村未来发展方向和农民组织化的新趋势。

专栏7-4　五村合作组织及五村联合控股有限公司简介

江南五村简况：航民村，村域2平方公里，338户、1083人，可耕土地800亩、山林200亩、精养鱼塘126亩。花园村原有183户，496人，面积0.99平方公里。2004年10月，花园村与周边9个行政村合并组建成新花园村，现花园村农户1748户，总人口超近3万人（其中村民4393人），村区域面积达5平方公里。滕头村，村域面积约2平方公里，现有村民343户，830人，另有6500外来人口，耕地近千亩，主要经营观光农业。方林村，村域面积0.4平方公里，现有269户，1076人。村集体现有方林汽车城160亩，实际经营面积5万平方米。九星村，全村人口3800人，九星市场占地面积106万平方米，建筑面积60万平方米。

2008年9月6日，在浙江省金华市东阳花园村召开了"中国村企集团5村合作会议"，会议决定成立"五村合作组织"，按照"合作、创新、发展、共赢"的宗旨，共同闯市场，共同振兴村域经济。2009年8月9日，"中国村企集团5村合作九星会议"决定成立"五村控股有限公司"。2012年11月2日，"中国村企集团五村合作方林会议"召开，笔者应邀出席。在这次会议上，笔者从轮值主席、滕头村党委书记、滕头集团公司董事长傅企平的《中国村企集团五村合作组织2011—2012年度工作报告》以及"五村联合控股公司"董事长朱重庆等人的讲话中了解到：2010年6月，"五村合作组织"参股了农业银行上市股份；2011年2月，"五村联合控股有限公司"注册登记，注册资金1亿元；是年12月，杭州西溪五村集团项目园正式筹建，正在积极筹备组建"五村"村镇银行。

五村的企业集团与各自所在村的集体经济组织的关系各异，集体经济实现形式及其经营管理方式不尽相同。

航民村集体经济按"双层经营"模式控股村企集团。航民实业集团是股份有限公司，航民村集体经济组织（资产经营中心）和村民均为集团公司的股东。1997年，村办企业"改制"，成立浙江航民实业集团有限公司，注册资金3.25亿元（当年企业总资本）。改制时将其一分为二：其一，注册资本的56%（约1.82亿元）由村集体控股，成立村资产经营中心经营和管理，村资产经营中心作为村企集团的股东，行使股东权利，集体股（分红）年收益1500万—1600万元，由村民集体共享。其二，注册资本的44%（约1.43亿元）作为原始股，按村民（按村龄）占40%、村籍企业职工（按工龄）占40%、企业管理和有贡献科技人员占20%的比例认购。后又经过2006年、2010年两次配股。目前，航民集团的股权结构为：村集体控股51%，村民持股49%。股份按比例（9%）分红，是村集体经济的重要实现形式，2011年，航民村集体收入16000元，职工人均收入35600元，村民人均收入（加分红）40000余元。另外，村集体土地由集体经济组织直接经营，2011年的农业年产值170万元左右。

花园村集体以经营集体土地和房产的方式分享村企集团的发展成果。花园集团有限公司是民营企业。企业集团开发利用村集体土地，村集体经济组织经营土地和房产，村集体经济与企业集团产权边界清晰，经营管理及核算村企分开，互不纠葛。2011年，花园村集体土地及房产租金收入1.5亿元，农民人均年收入6.8万元。但是，花园集团发育、发展从来没有离开花园村；花园新村建设、村域社区管理、农民生活及福利保障，从来没有离开花园集团。这种相互依存的关系表现在组织体系上就是集团公司董事长，同时兼任村党委书记。这意味着企业集团和村域经济发展的责任集于一体。从这个意义上说，花园村与集团公司"村企一体"。

滕头村集体经济组织是村企集团的投资人，企业上缴利润是滕头村集体经济的重要实现形式。滕头集团公司是滕头村办企业，村集体经济组织拥有村企集团公司的100%的股权。组织体系上，村级组织与集团公司主要领导交叉兼职，滕头集团公司的五位董事，主要由村党委成员、村委委员兼任。但是，企业经营管理，村企严格分开，企业按照公司制运营模式运作，村企账目分开，集团公司利润上缴村集体经济组织。滕头集团总会计师说："滕头集团代替了一般行政村经济合作社的职能，村党委、村委会和集团公司三块牌子、一套班子，类似于一般的村党支部、村委会、经济合作社三块牌子、一套班子的架构。滕头村也有经济合作社，只履行投资人权利，集团公司有独立的经营管理权。"①截至 2011 年底，滕头集团公司旗下有 74 家企业，其中，滕头村控股或参大股的子公司 15 家。每年农历正月初十左右，集团公司都要召开经理会议，预（概）算各自企业经营利润和上缴数额。滕头村集体经济收入以村企集团利润上缴为主，数量不多的村集体直接经营收入为辅，比如村集体店铺租赁收入、山林承包收入等。2011 年，滕头村村集体可支配收入 7100 多万元。村集体经济收入主要用于村域基本建设、村政管理和社区治理的日常费用、公共服务和村民福利。村会计介绍，2012 年，滕头村仅劳保和福利开支，每月近 140 万元。其中村民人人（自孩子出生、户口报进开始）均享的福利补贴，每月每人 1300 元，仅此一项村民人均年收入就有 1.56 万元，2011 年，村民人均纯收入 36000 元。村民总结这种实现形式为"基本生活靠集体，发家致富靠自己"。滕头村是中国 2010 年上海世界博览会"城市最佳实践区"参展案例中唯一入选的乡村案例，滕头村依据上海世博会"城市，让生活更美好"的主题，提出"乡村，让城市更向往"，滕头村已经达成了这样的目标，世界各地游客称滕头是"城市化的现代乡村、梦想中的宜居家园"。

方林属于市场型村域经济类型，村集体经济组织直接办市场。方林集团有限责任公司于 1999 年成立，其性质为村集体全资公司。目前，方林村有三大市场，即二手设备市场、二手汽车市场和汽车城。三大市场的土地、设施等固定资产都属于方林村集体所有，方林村民大会履行集团公司决策权。方林市场是汽车专业市场，其经营管理需要专业知识和管理经验，村企集团聘请职业经理人负责市场的经营管理，实行职业经理负责制。村民委员会主要成员担任市场副职（如副总经理），协助职业经理，协调各方利益并监督市场合法、规范运营。方林集团的经营利润全部归村集体所有。2011 年，方林村集体可分配收入 5120 万元，主要来源于三大市场的经营利润；另外，2011 年，村办企业的工农业总产值 10.78 亿元，利润 300 万元左右②。

三 长江三角洲村域集体经济转型发展现状及趋势

（一）长江三角洲村级集体经济发展现状及区域比较

在国内比较，长三角村级集体经济发展处于全国领先地位。如果按照村

---

① 课题组滕头村调查是与集团公司总会计师座谈记录。
② 方林村数据均来源于课题组实地调查时的座谈记录。

均集体经济年度收益排序①，2010年，全国平均为15.72万元，广东省村均为155.04万元，处于全国第一的位置，其下分别是：上海76.5万元、江苏43.52万元、浙江36.80万元（表7-13），苏浙沪分别高出全国平均水平的3.87倍、1.7倍和1.34倍。

表7-13 浙江省村级集体经济主要指标与其他发达地区比较（2010年） 单位：万元

地区	村均总收入	村均总支出	村均本年收益	村均可分配收益	按村均本年收益排序
全国	51.38	35.66	15.72	19.07	—
广东	281.50	126.46	155.04	178.06	1
上海	521.03	444.78	76.5	150.77	2
江苏	131.59	88.07	43.52	48.77	3
浙江	74.90	38.10	36.80	49.44	6

数据来源：根据农业部农村经济体制与经营管理司、农村合作经济经营管理总站《全国农村经营管理统计资料（2010年）》，第62—66页。

长三角区域内比较。江苏省无收益村和高收入村的比例有同时增长的趋势。无收益村的比例，由1990年的12.8%增加到2007年的28.3%；可分配收入在10万元以上的村由1990年的15.7%增长到2007年的26.8%（表7-14），说明江苏省村经济合作社经营收入能力还处在不可控性阶段，需要继续探索村集体经济发展的规律性。

表7-14 1990—2007年江苏省村经济合作社可分配收入变化 单位：个/%

年份	汇入本表村数	无收益的村	有收益的村	其中有集体经营收入的村	5万元以下	5万—10万元	10万元以上
1990	35831	4586/12.8	31245	26218	13255	7353	5610/15.7
1995	35928	4167/11.6	31761	22808	13213	9595	
2000	33250	5591/16.8	27659	19144	9173	4040	5931/17.8
2006	18238	5721/31.4	12517	9775	3636	1331	4808/26.4
2007	18564	5262/28.3	13302	9807	3419	1417	4971/26.8

数据来源：江苏省农林厅、浙江省农业厅经管系统历年统计资料。

---

① 按照农业部农经统计指标惯例，村均集体经济本年度收益是当年集体经济总收入减去总支出的余额，能够准确反映村级集体经济组织的当年经营效益。

浙江省村经济合作社①的经营收入能力略好于江苏省（表7-15）。其表现：（1）收入极低和贫困的村庄呈现稳定下降的趋势。收入低于1万元的极贫村由1993年的33.7%减少到2008年的22%；收入1万—5万元的绝对贫困村的比例，由1993年的32.6%减少到15.9%。（2）100万元以上的全面小康村快速增长，由1993年的1.8%增长到15.7%。（3）可分配收入超过500万元的富裕村和超过1000万元的巨富型村庄，近两年也出现了增长趋势。绝对贫困村平稳减少，全面小康村、富裕村和巨富型村快速稳定增长的趋势表明，浙江省村集体经济发展进入到可控制性阶段，掌握了主动权。

表7-15　　1993—2007年浙江省村经济合作社可分配收入变化　　单位：个/%

	汇入本表村数	1万元下的村数/占比	1万—5万元的村数/占比	5万—10万元的村数/占比	10万—20万元的村数/占比	20万以上的村数/占比	100万以上的村数/占比
1993	41752	14062/33.7	13622/32.6	5887/14.1	7414/17.8		767/1.8
1995	41732	11115/26.6	11829/28.3	6076/14.6	11479/27.5		1233/3.0
2000	41721	9118/21.9	12410/29.7	5784/13.9	5302/12.7	7067/16.9	2040/4.9
2005	35282	8657/24.5	7273/20.6	4089/11.6	4034/11.4	7859/22.3	3370/9.6
2007	31542	7317/23.2	5177/16.4	2745/8.7	3322/10.5	8287/26.3	4694/14.9
2008	31019	6831/22.0	4935/15.9	2714/8.8	3257/10.5	8421/27.1	4861/15.7

数据来源：江苏省农林厅、浙江省农业厅经管系统历年统计资料。

上海市村级集体经济组织的经营和盈利能力在长三角处于领先地区，但其县域差距很大。低收入村集中在崇明县，可分配收入低于50万元的村所占比例为90.8%；高收入村集中在闵行区，可分配收入超过500万元的村所占比例高达49.2%（表7-16）；30%的村集体拥有收入稳定的产业和城市文化支撑，集体经济组织经营收入水平比较富裕，能够满足村级运转和社区公共服务需要；50%左右的村有比较稳定的收入来源，基本满足村级组织运转需要，并为村民提供必需的服务；20%的村经济组织缺乏稳定的收入来源，不能保障村级组织正常运转和社区公共服务需求。

---

① 长江三角洲的村级自治组织与村经济合作社"两块牌子、一套班子"，本章中村经济合作社即村级集体经济组织。

表7-16　　　2005年上海市十个区县村级集体可分配收入比较

	50万元以下		50万—100万元		100万—200万元		200万—300万元		300万—500万元		500万元以上		合计
	村数	%	村数	%	村数	%	村数	%	村数	%	村数	%	村数
全市总计	555	29.5	358	19.1	413	22.0	164	8.7	171	9.1	218	11.6	1879
青浦区	18	10.1	37	20.8	61	34.3	25	14.0	25	14.0	12	6.7	178
松江区	21	15.6	46	34.1	27	20.0	16	11.9	16	11.9	9	6.7	135
南汇区	84	45.4	38	20.5	38	20.5	12	6.5	7	3.8	6	3.2	185
金山区	9	6.6	48	35.3	59	43.4	13	9.6	6	4.4	1	0.7	136
宝山区	4	3.4	5	4.3	24	20.7	14	12.1	26	22.4	43	37.1	116
崇明县	246	90.8	10	4.0	6	2.0	5		3	1.1	1	0.3	271
奉贤区	102	36.6	80	29.3	60	21.7	13	4.7	12	4.4	9	3.3	276
闵行区	9	5.5	17	10.4	31	19.0	11	6.7	15	9.2	80	49.2	163
嘉定区	13	7.7	21	12.5	28	16.7	25	14.9	38	22.6	43	25.6	168
浦东新区	49	19.5	56	22.3	79	31.5	30	12.0	23	9.1	14	5.6	251

数据来源：王景新：《农村改革与长江三角洲村域经济转型》，中国社会科学出版社2009年版，第212—213页。

（二）长江三角洲村级集体经济经营方式转型

改革初期，长三角村组集体经济组织的经营方式比较单一，收入能力有限。从经营方式看，发包和管理集体办企业、土地、鱼塘、林木等是最主要的经营方式，收入来源也主要来自村提留和农户上交的承包收入。从1978—2000年，村集体收入中集体提留占当年农村可分配纯收入的比重逐年下降。从表7-17和7-18看出，浙江省由改革初的2.9%下降到2000年的0.9%，江苏省由改革初的10%左右下降到1983年的1.3%。而2000年以前，两省都几乎没有村集体经营所得。自2000年农村税费改革之后取消了村集体提留，集体经营所得逐年提高，并成为村集体经济收入的主要来源。

表7-17　　1983—2009年浙江省农村经济收益分配中的集体提留变化　　单位：万元

	当年可分配纯收入总计	1.集体提留		其中			2.集体经营所得
		合计	%	#公积金	#公益金	其他	
1983	898550	26045	2.9	16738	7621	1686	—
1993	6510783	125579	1.9	57200	31209	37170	—

续表

	当年可分配纯收入总计	1. 集体提留		其中			2. 集体经营所得
		合计	%	#公积金	#公益金	其他	
2000	22811279	199187	0.9	77797	38948	82442	105421
2005	43086029	—		—	—	—	337952
2007	58533497	—		—	—	—	531690
2009	64067431	—		—	—	—	9322313

数据来源：浙江省历年农经统计资料。

表7-18　1978—2007年江苏省农村经济收益分配中的集体提留变化　　单位：万元

	当年可分配纯收入总计	1. 集体提留		其中			2. 集体经营所得
		合计	%	#公积金	#公益金	其他	
1978	548573	96278	17.6	58074	18768	19436	—
1980	794004	85364	10.8	47076	19496	18793	—
1985	2036173	74206	3.6	31779	31543	10884	—
1990	5066179	157838	3.1	70611	47229	39999	—
1995	16955208	271612	1.6	143637	73138	55037	—
2000	24163050	318618	1.3	116623	73487	128508	881431
2006	52350394	—		—	—	—	773767
2007	64602574	—		—	—	—	987119

数据来源：王景新：《农村改革与长江三角洲村域经济转型》，中国社会科学出版社2009年版，第202—203页。

从20世纪90年代开始，村经济合作社的经营和收入方式开始转型。这一时期，集体经济组织除收缴承包企业和农户的承包资金外，直接经营、投资经营成为新的经营方式和收入来源。村经济合作社直接经营收入，浙江省由1992年的34223万元，增长到2009年的543836万元，增长了15.9倍（表7-19）；江苏省由1990年的20156万元，增长到2007年的230858万元，增长了10.5倍（表7-20）。村经济合作社投资收益，浙江省1995年前的村投资收益忽略未计，到2000年为32179万元，2009年增长到72204万元，9年增长了2.24倍；江苏省由1990年的1738万元，增长到2007年的33959万元，增长了18.5倍。另外，上级补贴收入和土地征用补偿成为村级集体收入的重要来源。

第七章　中国村域集体经济转型发展现状与趋势　　255

表7-19　　1993—2007年浙江省村级集体经济组织收入和使用情况表　　单位：万元

项目/年份	1992	1995	2000	2005	2009
1. 年内收入合计	328634	824146	1134927	1965720	2405109
村统一经营净收入	34223	77852	120218	355839	543836
投资收入	—	—	32179	34339	72204
企业上交收入	63742	150554	289191	292063	
农户上交承包金	29346	45615	—		
联户企业上交收入	1378	4677			
土地征用补偿	110782	289354	362970	759931	806390
上级补贴收入	20845	33378		222392	543606
统筹款	16929	26676			
其他收入	51389	196040	330369	301156	439073
2. 年内支出合计	263654	660191	472290	444990	1044405
3. 可分配收入	64980	163955	662637	1520730	1360704
4. 汇如本表村数	42189	41732	41721	35282	31054
5. 村均可分配收入	1.54	3.93	15.88	43.10	43.82

数据来源：浙江省历年农经统计资料。

表7-20　　1990—2007年江苏省村级集体经济组织收入和使用情况　　单位：万元

项目/年份	1990	1995	2000	2006	2007
1. 年内收入合计	352895	941114	1146929	1288887	1636997
村直接经营净收入	20156	109730	220650	197442	230858
投资收入	1738	8339	19729	27132	33959
来自企业收入	77428	354262	430982	592264	659877
来自农户的收入	143905	246464	224771	—	—
联户企业上交收入	625	3554			
土地占用收入	20695	52662	—	—	—
补贴收入	4281	14725		71086	240943
其他收入	84067	151378	250797	400963	471360
2. 年内支出合计	337293	732690	776594	952157	952157
3. 可分配收入	15602	208424	370335	336730	684840
4. 汇如本表村数	35831	35928	33250	18238	18564
5. 村均可分配收入	0.44	5.80	11.14	18.46	36.89

数据来源：王景新：《农村改革与长江三角洲村域经济转型》，中国社会科学出版社2009年版，第202—203页。

上海郊区农村与全国其他农村地区相比，村级集体经济是在高度工业化和城市化、总体人均纯收入超过小康水平、国际化大都市中心城区辐射半径不断扩大的条件下发展起来的。因此，20世纪80年代初，上海郊区村级集体经济经营方式和收入结构，已从经营企业和企业上缴利润为主，转变为主要经营土地和房地产。

（三）长江三角洲村级集体经济产权改革

1. 村集体资产股份合作制改造的总体状况

在工业化、城镇化、现代化迅猛推进的背景下，长三角村域集体资产总量增长、资产结构优化，投资、经营和收益的综合实力增强；村域社会成员迁徙、流动快，加上撤并建制村、"撤村建居"或"城中村"改造，集体成员边界及其相对应的资产占有状况需要清理、审计和重新界定，由此，推动了长三角村集体资产股份合作制改造。

苏南地区村级股份合作社改造，始于无锡北塘区黄巷镇陈巷村（2002.12），到2006年底，无锡市已有165个村完成了集体资产股份合作制改造，2007年底，累计有230个集体经济可支配年收入200万元以上村完成改革任务，2008年，扩展到村级集体经济可支配收入年超过150万元的村。到2008年底，江苏省农村社区股份合作社2910家，量化净资产总额200亿元，成员人数达345万人，带动115万户。苏南村集体资产股份合作制改造，是遵循股份制和合作制的基本原则，按照一定的程序和方法，将村级集体净资产的部分或全部评估量化，按人口和劳动量贡献折股，使村集体资产和收益分配明晰到人，形成适应现代市场经济发展要求的新型合作经济组织和运作机制。操作办法是：（1）清产核资，查实资产家底，依法界定所有权归属关系。（2）折股量化和设置股权。折股量化原则上只包括村集体的经营性资产。股权设置分集体股和分配股两种，分配股再细分为人口股和贡献股，人口股体现成员对集体资产共有和福利原则，贡献股体现成员对发展集体经济所作的贡献份额。两种三类股份的比例各地略有区别，大致为集体股占30%—50%，分配股一般50%—70%（分配股中人口股约占3成，成员贡献股约占7成）。（3）按照上述比例划分和分配股权，量化到人到户，以股权形式确定持股成员在股份经济合作社所占集体经济的份额，颁发股权证书并建立档案。股权仅作为股民享有股份分配的依据，可以依法继承，不得退股及提现。

浙江省的做法大同小异：（1）到2009年底，在完成改制的1439个村股份合作社中（表7-21），经营性资产折股量化的占69.08%，其中将土地折股量化（一般为承包土地，不设计村集体其他土地、宅基地等）的占1.18%。(2) 股权结构中人口股占75%，农龄股占22%，集体股只占1%，其他股占2%。集体成员按人口平均占有集体资产仍然为第一原则，但是，股权结构中已经比较注重效率原则，农龄股的比例已达22%。(3) 股权参与经营收益分配得到了体现，在可分配收益中社员分配的比例达到4.49%，共329232万元，按照当年享受股份人口221万人，人均从股份合作社获得了669.4元的收益。到2011年末，浙江省已改制组建村级股份合作社增加到1842家，其中全部资产折股量化的村380个，占20.6%；仅经营性资产折股量化的村1345个，占73.0%；仅土地折股量化的村14个，占0.8%，其他方式折股量化的村103个，占5.6%[①]。

表7-21　　　2009年浙江省村级股份合作社改制和经营状况

一、完成改制的村级股份合作社（个）	1439	五、享受股份的人口（万人）	221
其中：1. 资产全部折股量化的村	349	六、经营状况	
2. 仅经营性资产折股量化	994	1. 本年集体经济总收入（万元）	491911
#净资产在100万以下	141	其中：①直接经营收入	258662
#净资产在100万—5000万元	250	其中物业租赁收入	212800
#净资产在500万—1000万元	161	②资源发包收入	41638
#净资产在1000万元以上	442	③投资收入	33823
3. 仅土地折股量化的村	17	④其他收入（含补助收入）	157788
4. 其他方式折股量化的村	79	2. 本年集体经济总支出	184995
二、集体资产总额（万元）	5158747	其中：经营支出	56880
其中：货币资金		管理费	86830
经营性净资产总额	2369864	其他	41286
三、量化资产总额（万元）	2215770	3. 本年收益	306915
其中：经营性净资产总额	1614647	七、年初未分配收益	22317
土地折股量化总额	234688	八、本年可分配收益	329232
四、股份总额（股）	1253451435	其中：1. 提取公积金公益金	65658
其中1. 人口股	937129907	2. 提取福利费	75881
2. 农龄股	281476842	3. 社员分配总额	147951
3. 集体股	7362459	其中当年按股分红	134649
4. 其他股	27482227	九、正在股份制改革的村社数	40

数据来源：浙江省农业厅：《浙江省农经统计资料简要本（2009年）》，第42—44页。

[①] 浙江省农业厅：《浙江省农经统计资料简要本（2010）》，第46页。

上海市郊区村级集体经济股份制改革大体上有三种模式：其一，对村级集体资产全部量化，按"农龄"以股权形式量化到人，同时，将村民委员会转变为居民委员会，在股份制改革中同时完成"村改居"的工作（如闵行区虹桥镇虹五村）。其二，对村级集体经济资产部分量化（尚不可量化的资产仍由村民委员会管理），同时，保留村民委员会及行政村建制（闵行区七宝镇九星村）。其三，资产不量化，分红按股来，比如松江区九亭镇九里亭居委会，没有对村集体资产进行评估和股权量化，集体资产仍由九里亭实业公司统一经营，年终将净资产的8%以红利形式返还给原村民，村民仍按股分红（原九里亭村村民按劳动力的不同年龄段折算股份，最高为10股，如16岁以下算3股）①。

截止到2010年末，长江三角洲完成产权制度改革的村0.49万个，占全国完成村总数（1.29万个）的38%。显然，长三角的改革快于其地区域（表7-22）。

表7-22　　　　2010年末长三角村集体经济组织产权制度改革情况

地区	完成改革的村（个）	量化资产额（万元）	股东总数（人）	集体股东（个）	社员股东（人）	累计分红（万元）	当年分红（万元）
全国合计	12933	25281189	17186375	28731	15031346	4406294	878170
长三角合计	4911	5663370	9136782	10345	8548744	1309660	287619
江苏	3040	2660088	5654744	10117	5068734	382747	107264
浙江	1842	2775903	3442016	217	3439999	827741	168338
上海	29	227379	40022	11	40011	99172	12017

数据来源：农业部农村经济体制与经营管理司、农村合作经济经营管理总站：《全国农村经营管理统计资料（2010年）》，第84—85页。

2. 村股份合作社改造的典型案例简介

上海闵行区虹桥镇虹五村股份合作社改造②。该村地处上海近郊，原为上海市蔬菜生产老基地。村域原有11个生产队，1250户农民，1520亩耕地，农业人口2600多人，劳动力1400多人。自邓小平视察南方谈话发表后，上海城市化快速推进，虹五村大量土地被征用，村域工业快速发展，1993年，村级集体经济改造为社区股份合作社，合作社又组建了"虹欣股

---

① 黄勇娣、刘颖：《上海村级集体经济组织改革拉开大幕》，人民网，2005年6月15日，详见http://theory.people.com.cn/GB/40557/49139/49140/3471752.html。

② 上海市郊区经济促进会圃西委员会：《村级社区股份合作是强村富民之路——虹五村集体经济改革创新十五年纪实》，载《上海农村经济》2008年第8期，第8—11页。

份合作实业公司"。股份合作社初创期，对村级集体资产进行了清理评估并将其作为集体股，同时发动村民投入现金将其作为股份合作公司的个人股，并且以投一配一的比例，即村民每投入1元现金配给1元集体资产，作为股份合作公司的共享股，然后建立了股东代表大会、董事会，形成了初步的现代企业制度框架。随着时间推移，虹五村股份合作公司逐渐壮大，村域社区逐渐城市化，村人口早就全部农转非，1999年9月，虹五村撤销了11个生产队，随后撤销虹五村村民委员会建制改成居民委员会。从2000年开始村级集体经济股份制改革。先对集体资产进行清理评估，将虹欣实业公司4100万元可处置净资产，按"农龄"以股权形式量化到人，发给股权证，作为村民享有所有权、继承权和收益权的凭证，还可以在本公司股东之间相互转让，从而彻底明晰了农民对集体资产的所有权。改革后，村级集体资产迅速增长，到2007年，公司的总资产达到3.1亿元，比1994年的2136万元增长13.5倍；社会总产值8.75亿元，比1994年的1.2亿元增长6.3倍；纯收入4934.5万元，比1994年的329万元增长14倍。公司每年盈利按股权分红。2007年，每个劳动力的年均收入3.54万元，股东分得的红利累积达到4073万元，平均每个股东分得红利4.75万元。在此基础上村域社会保障不断完善，每年都会提取一定比例的民生基金，为征地下岗人员全部安置就业，对家庭困难者给予生活补贴，全村村民都参加了养老保险和医疗保险，养老补贴，等等。

浙江省绍兴市五里浦村股份合作社改造[1]。五里浦村地处景观大道西侧，全村267户，678人。从2001年开始，村域土地陆续被国家征用，用于市领带工业园区的建设。到2005年村集体土地已经全部被征用。五里浦村已成为城中村。2004年5月11日，五里浦村召开股份制改革动员会，会后组建股份制改革工作组，确定改革方向：一改集体共同所有为村民股份所有；二改"按劳分配"为"按股分红"；三改不能继承为可以继承。随后，委托市农经总站全面核实村集体资产家底，清算后集体净资产为1791.73万元，除去不做量化的固定资产（公益性资产）153.70万元，剩余净资产1638.03万元，其中提取今后投保被征地农民养老保险140万元，提取（1638.03 - 140）×10% = 149.80万元作为公益金，剩余净资产共1348.22万元，全部量化到个人。股份合作社总股本为1348.22万元，总股数为633.66股，每股金额为21276.75元。股权结构为人口股和户龄股两种，其

---

[1] 案例来源于课题组实地调查。

中人口股70%，户龄股为30%；户龄计算时间从1982年6月1日至2004年5月31日为止。户籍在五里浦村满20年及以上的，全额享受户龄股；不足20年的，每少一年按二十分之一的比例减少股份。户籍年限不足一年的以一年计算。股份合作制改造后，五里浦村集体经济快速发展，2008年，五里浦已拥有固定资产3000多万元，村级集体可分配收入是390万元，其中提出20%作为公益金、公积金，90万元用于村民股份分红，剩余作为村域公益事业开支。在养老补贴方面，每个老人（男60岁、女50岁）每年可享受社保金和各项福利2300元，年分红1500元，年股份分红1250元，合计5000多元。2008年，村民人均纯收入达到1.5万元。

江苏省无锡市北塘区黄巷镇陈巷村股份社改造。无锡黄巷民国时期是江苏省立教育学院高践四等人的乡村建设实验区之一。当年被称为"无锡模式"。1995年前后，江苏省乡镇企业改制，集体资本从中退出，土地越来越少。黄巷镇的14个村中有6个村都没有一分土地。2001年，无锡市做出建设"特大城市"的规划，北塘区、崇安区、南长区的4个乡镇共41个村庄在接下来的一两个月内全部撤并。因此，陈巷村需要在即将到来的并镇并村前把村资产理明晰。2002年下半年，陈巷村集体经济股份合作社改造拉开序幕。第一步，他们把资产分为资源性资产（农用耕地、征用土地等共263.98亩）、增值性资产（如道路、桥梁、办公楼等公益性资产329.88万元）和经营性资产（厂房、店面等资产2491.52万元）。第二步，对村级经营性资产进行量化，以1000元为1股，共计25000股，设置集体股、人口股和成员贡献股。集体股，占40%，计10000股，集体股归所有股东共同拥有，收益主要解决村日常的行政、社会事业开支；人口股占15%，计3750股，体现出照顾过去一直沿袭的村民无差别占有集体公有财产的事实；成员贡献股45%，计11250股，体现村集体成员劳动力投入的历史贡献。又制定了人口股和成员贡献股的具体对象和计算办法，将股权全部量化到人，颁发了农村集体资产产权证书。股权仅作为享有每年股份分配的依据，可以依法继承，但不得转让、退股和提现。在此基础上，于2002年12月，组建陈巷村股份经济合作社。改革后，明晰了集体资产的产权归属关系，集体资产不断增加。每年年终结算后，陈巷村股份合作社提取10%的公益金，用于公共设施建设和福利支出；提取30%的公积金，用于扩大再生产；剩余的用于股东分红。

3. 村股份合作社改造典型案例的理论总结

第一，村集体资产股份制改造需要一定的条件。首先，村级集体经济结构、综合实力、市场竞争力等增强，是村集体资产股份合作制改造经济基础。上述三个案例村在进行股份制改革之前，村级集体的经营性资产量多超过了 1000 万元。村级集体经济股份合作制改造初期，无锡市曾经规定，村集体经济组织净资产超过 1000 万元的村可以进行改造。无锡市北塘区下辖黄巷、山北两镇，共 22 个村。"2003 年全区村级总资产 6.23 亿元，其中经营性资产 3.81 亿元，2003 年村级完成纳税销售 80.63 亿元，缴纳税金 1.6 亿元，村级可支配收入 1.1 亿元，村均达 500 万元，每个村工商两业销售额都超亿元，农民人均收入 7210 元。号称无锡改革第一村的北塘区黄巷镇陈巷村，村级集体净资产从 1980 年的 28 万元增加到改革当年（2002 年）的 2821 万元，村集体年可支配收益从 1980 年的 42 万元增加到 650 万元以上。"[1] 其次，村域人口集聚、流动性增强，加上行政体制剧烈变动引起的集体成员身份和隶属关系的变化，农民在退出原集体经济组织之前，需要弄清楚自己对村集体经济的贡献和目前应该占有的份额，很希望用产权形式明确自己的贡献。

第二，长江三角洲村级集体经济股份合作社改造方法各异，但实质上都是通过改造，使村集体资产和收益分配明晰到人，形成适应现代市场经济发展要求的新型股份合作制的经济组织和运作机制。比如，虹五村首先参照《公司法》组建虹欣股份合作实业公司，然后再将该公司的资产评估量化到人；五里浦村因其土地已被全部征用，采用的是将整体资产（除公益性资产外）全部量化到个人；陈巷村采用部分资产量化到人的方式，因其还有部分土地没有被征用，仍由原村组集体经济经营。

第三，村集体资产股份合作制改造带来了村级集体产权制度的重构。其一，农民集体所有，由改造前农民无差别共同共有，转变为改造后农民按贡献（劳动年龄）有差别按分共有。改造后，村级集体资产的股权清晰化并明确到人，股权参与剩余分配，参与集体资产经营管理。其二，集体资产的所有权与经营权职能真正分离，增强了农村集体经济的活力，促进了农村劳动力的转移，有利于社会的稳定。虹五村、五里浦村、陈巷村进行股份制改革以后，把集体的利益和股东的利益紧密联系在一起，利益共享、风险共担，不再是过去的"人人所有，人人没有"的模糊关系。其三，集体经济引入了现代合作经济及股份企业的治理结构。集体经济改革以前，村级组织结构一般是村党支部、村委会和村经济合作社三块牌子，一套班子；股份制

---

[1] 王景新：《乡村新型合作经济组织崛起》，中国经济出版社 2005 年版，第 202 页。

改造后，村级集体经济组织是一个具有独立法人资格的股份合作企业。

第四，村集体资产股份合作制改造，强化了村级组织的村域社区公共服务能力。案例村都设置了集体股，保证了村级集体经济组织稳定收入来源，同时按照股份合作制规则在剩余分配前提取公益金、公积金，保证了农民集体公有财产的积累能力。我们从三个案例村观察到，村域社区公共服务功能增强了，如2008年五里浦村60岁以上老人享受5000元左右的股份分红、养老金、医疗补贴等各项福利；虹欣股份合作实业公司每年会提取一定的民生基金，对家庭困难者给予一定的补助，还在村民的住房、教育卫生、社会保障等方面提供资金帮助；陈巷村每年提取红利的10%用于公共设施建设和福利支出，对所有村民的教育、医疗卫生、养老等各项社会保障进行补贴。

村级集体经济股份制改革以及村集体股份合作社的诞生，是发达村域经济社会发展一定阶段的必然产物，是集体所有制的具体实现形式，是对建立在个人所有制基础上的差异性共有制的一种实践和创新。村级集体经济股份制改造毕竟还处在发展过程中，还有一些问题需要进一步研究并通过实践的进一步检验完善。比如：案例中三个股份合作社都设置了集体股，而且处于控股地位（30%）左右，如何看待集体股？我们仍然坚持"有必要设立集体股"的观点，重申本人在《乡村新型合作经济组织崛起》中提出的完善建议："（1）应该按照物权性逐步完备和依法保障社员个人股产权，用法律制度扫除股份合作制发展的障碍。（2）合理处理目前尚未处理好的一些关系，比如还未折价入股的资源性资产将来如何处理；新增成员、外来农民工、投资者等如何取得'成员资格'，在股份流转和继承过程中如何防止'微量股'和'持大股'的两极分化等。（3）逐步打破股权的社区封闭性，允许并鼓励股权合理、合法流转、继承，逐渐建立现代企业治理结构，将社域性股份合作社转变成独立的法人企业实体。"[①] 此外，应该突破村级集体经济股份制改造适用范围，逐渐由"富村"向一般村庄推广。

（四）长江三角洲村集体资产流向及结构变动

第一，集体土地资本化趋势明显，坚持村民小组边界。长三角土地市场价值充分显现，成为村域集体最有价值的资本和收入来源。但因为土地资源价值评估困难，大多数村组集体（包括那些进行村级合作社股份制改造的村）都未量化集体土地资产，土地所有权仍然按照人民公社六十条规定的

[①] 王景新：《乡村新型合作经济组织崛起》，中国经济出版社2005年版，第222—223页。

边界，由村小组全体成员共有。

第二，土地以外的资产逐渐向村级合作经济组织集中，由村级合作经济组织代表全体村民经营和管理，所有者权益和经营收益全体村民共同享有，而且总量大幅度增长。长三角村级合作经济组织已成为村域集体经济的主体。2007年，江苏省村级合作经济组织的资产总额为8991043万元，村均487.97万元；浙江省村级合作经济组织的资产总额15880342万元，村均503.47万元（表7-23）。

表7-23　　　　2007年苏浙地区村级合作经济组织资产状况　　　　单位：万元

项目	江苏省 数量	江苏省 占比	浙江省 数量	浙江省 占比
资产合计	8991043	100.00	15880343	100.00
1. 流动资产	3799688	42.3	6236575	39.3
①货币资产	882654		3508866	
②短期投资	216549		342293	
③应收款	2679451		2367052	
④存货	21034		18364	
2. 农业资产	4162	0.05	81427	0.5
①畜牧业资产	44		392	
②林木资产	4118		81035	
3. 长期资产	5187193	57.7	9562341	60.2
①长期投资	1358934		986732	
②固定资产	3711331		8374547	
其中固定净资产	2912600		5128049	
③其他资产	116928		201062	
4. 村均资产	487.94		503.47	

数据来源：江苏省农林厅、浙江省农业厅经管系统统计资料。

第三，村级集体资产结构优化、投资能力增强。其一，集体流动性资产比例增高。2007年，苏浙两省村级流动性资产的比例已达40%左右，其中货币资产占总资产的比例，江苏为9.8%，浙江为22.1%。在长三角典型村域调查发现，许多村集体拥有数千万元至上亿元的货币资本，合作经济组织已经熟练地掌握了资本经营、民间借贷等投资手段，投资收入已经成为长三角村级集体收入的重要来源。其二，村级合作经济组织的长期投资能力增强。2007年，苏浙两省村级长期资产的比例约为60%。其中，长期投资占村级总资产的比重，江苏为15.1%，浙江为6.2%。其三，村集体资产存量盘活，增值能力极大提升，发达地区尤为明显。作者在无锡市调查了解到，2004年，全市1285个行政村，净资产总额153.34亿元，可支配总收入18.9亿元；全市村均净资产1193.31万元，可支配收入147.08万元。该市北塘区22个行政村，村集体总资产6.23亿元，其中经营性资产3.81亿元，村级完成纳税销售80.63亿元，缴纳税金1.6亿元，村集体可支配年收入1亿元，村均达500万元。

第四，村组集体生产性固定资产呈现快速增长趋势，但农业资产的比例明显偏低。村组集体生产性固定资产总量，江苏省由1985年的536302.5万元，增长到2003年的4731959万元，18年间增长了7.8倍；浙江省由1984年的66045万元，增长到2000年的3642619万元，16年间增长54.2倍（表7-24）。但农业资产太弱，2007年，苏浙两省农业资产占总资产的比例为0.1%—0.5%。

表7-24　1984—2003年苏浙两省农村生产性固定资产变化（年末原值）　　单位：万元

		合计	乡一级所有	村组集体	新经济体	农民家庭
江苏省	1985	1730179.7	710146.2	536302.5	13371.6	470359.4
	1990	4539674.0	2237914.0	1187234.0	17131.0	1097395.0
	1995	16945308.0	8680149.0	4678568.0	103800.0	3482791.0
	2000	20654277.0	7122959.0	4274346.0	1350219.0	7906753.0
	2003	29260113.0	8927940.0	4731959.0	4404735.0	11195479.0
浙江省	1984	205518		66045		139473
	1993	5421253	2481818	1193481	462870	1283084
	1995	10574917	4844613	2272478	1058546	2399280
	2000	21090624	10064317	3642619	1837503	5546185

数据来源：江苏省农林厅、浙江省农业厅经管系统历年统计资料。

四　小结

从全国层面看：(1) 中国村域经济已具相当规模，人力资源和土地资源集聚，农业发展基础改善，非农产业不断发育发展，村级集体资产总量较快增长、结构不断改善，中国村域经济未来发展的潜力巨大；从村级集体经济组织拥有的资源看，他们只要合理安排产权制度，有效配置和管理集体资源，就能获得保障村级组织运转和村域基本公共服务所需要的收入。（2）村域集体经济经营方式已经多样化，集体经济总收入、总费用和可分配收益极大增长，在村域生产、社区生活及公共服务等方面发挥着其他组织不可替代的重要作用；但是，村集体经济仍然普遍贫穷，多极分化严重，到2010年末，无收益或有收益但低于10万元的绝对贫困和相对贫困的村集体经济组织，比例高达85%，同时有2.1%的村级集体经济组织，当年经营收益超过了100万元的高水平。（3）作为村集体经济实现形式之一的农户经济（家庭承包经营），其水平普遍提升，问卷农户户均纯收入2.56万元，人均6124元，高于当年国家统计收入（5919元）的水平，显示出"农村土地集体所有、家庭承包经营"制度的优越性。家庭承包经营制度的绩效并没有释放完毕！农民普遍希望"坚持统分结合的双层经营体制长久不变"。

追踪中国名村集体经济历史变迁过程发现：一些村曾经开了村庄自治和乡村建设先河，盛极一时，但很快归于平静，至今并不富裕；一些村在中国革命风暴的岁月里，不仅为支持革命战争胜利作出过重大贡献，而且成为探索新中国经济建设尤其是新农村建设的先驱，但终因种种因素制约，村域经济发展困难，有的至今还很贫穷；一些村自中共早期开始，伴随着中国革命和建设的艰难曲折路程一路走来，始终保持"明星村"的地位，战争年代是"模范村"、农业集体化时代是"样板村"、改革开放新时代又跻身于全国"著名经济强村"之列，其中突出的代表如西沟村、大寨村、华西村、刘庄等，半个多世纪以来红旗不倒。

当前中国农村涌现出越来越多的经济强村，其中社会知名度极高的"明星村"，村域经济发展，社区城镇化，集体和农户收入极高，农民生活富庶，形成了"基本生活靠土地，社会保障靠集体，发家致富靠自己（农外就业、创业）"的生活方式，像滕头村那样，发展成为"城市化的现代乡村、梦想中的宜居家园"，实现了"乡村，让城市更向往"的目标。"明星村"向我们展示了一组村域集体经济有效发展的珍贵案例。归纳村集体经济实现形式有三种：（1）集体所有，所有权和经营权不分离，由村集体经济组织统一组织生产和管理。其下，或者由总公司与分公司签订合同，集体专业承包经营（如刘庄农工商总公司）；或者实行职业经理负责制，由村企集团（如方林集团有限责任公司）聘请职业经理人经营。无论采用哪种经营方式，其经营利润全部归村集体所有。（2）集体所有，集体办企业，所有权与经营权分离，村集体经济组织代表全体村民履行投资人权利和义务，村企集团独立经营。村企集团的经营利润或者按年度预算全部上缴村集体（如滕头村）；或者按集体股和个人股，由企业集团、村集体、村民和企业管理者和技术骨干按比例分红（如航民村）。（3）"村企一体"，村集体经济组织和村企集团的产权关系没有严格边界，企业集团按公司制治理结构经营管理，村民以股本、劳动力投入等介入企业经营管理和分红（如西沟村、大寨村、西王村）；或者"村企分开"，村集体提供企业发展所需要的土地、劳动力及其他社区资源，村企集团独立经营管理（如花园村）。但无论"村企一体"还是"村企分开"，产权关系是否明晰，村级党政企"三位一体"组织管理结构、千丝万缕的利益关联及浓浓的乡情，把村集体利益、村民利益和村企集团利益牢牢拴在一起，村集体、村民无保留地为村企集团提供一切发展条件；村企集团则无条件地保障村庄建设、村级组织运转、村域社区公共服务的供给，兴衰荣辱"村企一体化"。

典型村域案例向我们展示了未来集体经济发展方向。中国当今"明星村"中，工业型村域经济类型占绝大多数，市场型村域经济类型为数较少，依靠农业经济而发展为著名经济强村的为零。仅仅依靠农业现代化是否能够将村域经济带入富裕村行列特别需要研究。另外，历史名村和当今"明星村"无一例外地把旅游业作为未来发展重要产业。比如：苏区模范村的红色旅游，农业集体化时代"样板村"教育基地游，著名经济强村的新农村建设考察游、主打产品采购游、田园生态休闲观光游等，方兴未艾。

当前中国村域集体经济发展差距巨大，多极分化严重。但是区域经济传统理论却不能解释这样的村际差距。有的村同样处在生存条件很差的大山区，不具备任何资源优势，区位上既不沿边、沿江和沿海，又远离政治、经济中心，但是，这些村经济社会发展长盛不衰。西沟村、大寨村、华西村、刘庄等与他们周围的村庄相比较，没有什么资源禀赋、区位、政策差异等不同。比较研究的结果是：村域是否有一个集政治家、企业家于一身的领头精英，是否培养了一个与领头人品格一致的创业农民群体；是否一以贯之地坚持集体发展、共同富裕的道路，一以贯之地带领村民艰苦奋斗；是否把村域经济的后来发展牢牢钉在先前发展的基础之上，有效利用先前资源、资金、资产积累，选择既符合时代特点，又适合本村实际的主导产业，循序渐进地扩张；是否始终把执行严格的生产责任制度与弘扬农民群体的集体主义精神、奉献精神有机结合，并将其转变为集体经济经营和管理绩效，克服不同实现形式和经营方式的弊端。如果回答是肯定的，村域经济必定长期快速发展；如果回答是否定的，村域经济必然滞后；如果哪一天具备这些条件，村域经济就发展，如果哪一天失去这些条件，村域经济就衰退。

　　长江三角洲是中国经济增长最具活力的地区之一，率先经历了撤并村、城中村改造、村集体产权改革和经营方式转变、新型集体经济发育成长的过程，在一定程度上代表和反映了中国村域集体经济转型发展的未来趋势。课题组研究结论是：（1）长三角村级集体经济发展处于全国领先地位，按照村均集体经济年度收益排序，2010年，广东省第一（155.04万元），上海第二（76.5万元）、江苏第三（43.52万元）、浙江第四（36.80万元），苏浙沪分别高出全国平均水平（15.72万元）3.87倍、1.7倍和1.34倍。（2）长江三角洲村集体经济经营方式已经由发包和管理集体资源为主，转变为经营工商业企业、土地和房地产为主；村集体收入来源由以村提留和农户上交承包收入为主，转变为以直接经营、投资经营和房地产租赁经营收益为主。（3）长江三角洲村集体产权制度改革明显快于全国其他经济区域，目前已完成产权制度改革的村，占全国已完村总数的38%。长江三角洲村级集体经济股份合作社改造方法各异，但实质上都是通过改造，使村集体资产和收益分配明晰到人，形成适应现代市场经济发展要求的新型股份合作制的经济组织和运作机制。村集体资产股份合作制改造带来了村级集体产权制度的重构：农民集体所有由改革前无差别共同共有，转变为改革后农民按贡献有差别按分共有；集体资产所有权与经营权职能真正分离，增强了农村集体经济的活力，促进了农村劳动力的转移，有利于社会的稳定；集体经济引入了现代合作经济及股份企业的治理结构。长三角村级集体产权制度改革给村集体经济进一步发展奠定了基础，促进了农民收入增长，强化了村级组织的村域社区公共服务能力。（4）随着村域经济迅速发展，长江三角洲村集体资产流向及结构变动：集体土地资本化趋势明显；土地以外的资产逐渐向村级合作经济组织集中；村级集体资产结构优化、投资能力增强。预示着村域集体经济将进入一个新的发展和扩张时期。

本章参考文献

[1] 王景新：《农村改革与长江三角洲村域经济转型》，中国社会科学出版社2009年版。

[2] 王景新：《乡村新型合作经济组织崛起》，中国经济出版社2005年版。

[3] 张仕东：《60年东部村庄发展记录》，中国农业出版社2009年版。

[4] 农业部：《2003中国农业发展报告》，中国农业出版社2003年版。

［5］浙江统计研究与信息发布中心：《浙江农户经济行为研究》，载《浙江经济参考（分析篇）》，2009年2月3日。

［6］中华人民共和国农业委员会办公厅：《农业集体化重要文件汇编（1949—1981）》（上、下册），中共中央党校出版社1981年版。

第八章

工业化进程中村集体经济结构演变

——浙江实证研究

本章研究了浙江省工业化发达期的村集体经济经营方式、收入水平、结构、走势、区域差异,分析了村级集体经济经营方式及结构演变的阶段特征。研究结论是:农业自然资源及村域所处区位是村集体经济发展的重要条件但不是决定因素,村集体产权制度安排及集体经济组织配置和管理资源的能力的差异是村集体经济发展差异的决定性因素。因此,加快村集体产权制度改革,提升村集体经济组织配置和管理资源的能力,同时加快村域现代农业和非农产业发展,应该成为中国政府继续推进村级集体经济发展的战略措施。

一 前言

长期的农村集体经济调查使我们认识到:村级集体经济发展水平与区域工业化水平有着极其密切的联系。为了证实或证伪这一感性认识,并深入研究工业化发达期的村级集体经济经营方式、收入水平、结构、走势、区域差异及其在工业化不同阶段的演变,本课题组选择浙江省作为实证研究样本。

改革开放以来的30多年间,浙江省域工业化走过了从初期到发达期的完整过程。按照钱纳里工业化阶段理论[1][2]和相关学者的研究(浙江省统计

---

[1] 钱纳里以人均GDP(1970年的美元价格)衡量工业化发展阶段,认为:140—280美元是初级产品生产阶段;280—560美元是工业化初期;560—1120美元是工业化中期;1120—2100美元是工业化成熟期;2100—3360美元是工业化发达期;3360—5040美元是发达经济阶段。

[2] H.钱纳里等:《工业化和经济增长的比较研究》,上海三联书店1989年版。

局,2008①;徐剑锋,2009②;黄祖辉、朱允卫,2006③),1978—2008年的30年间,浙江工业化大体上经历了三个阶段。(1) 1978—1991年,浙江省农村工业大发展,农村工业总产值占全省工业总产值比重从1978年的16%上升至1991年的48.3%(2003年这一比重提升到65.5%)④。这一阶段,农村工业成为浙江省域工业化的主要推动力量。1978年,浙江省工业增加值占全省GDP的比重只有38%,人均GDP仅为331元(人民币),省域工业化还处在初级产品生产阶段;到1991年末,工业增加值占全省GDP比重达到40.2%,人均GDP上升到2558元(人民币),省域工业化进入到初级阶段。(2) 1992—2001年,浙江省全面工业化。这一阶段,工业增加值占GDP的比重显著提高,由1992年的42.3%提高至2001年的46.1%。2001年,全省人均GDP达14664元(人民币),标志着浙江省工业化进程已处于中期阶段。(3) 2002—2008年,是浙江省新型工业化阶段,工业增加值占全省GDP的比重由45.5%提高到48.1%。2008年,浙江省人均GDP达到41405元(人民币),按当年平均汇率计算为6078美元,"相当于1970年的2269美元,表明浙江省已跨过工业化成熟期、跨进工业化发达期的门槛"(徐剑锋,2009)。应该指出,随着工业化由中期向成熟期迈进,第三产业增加值占全省GDP比重大幅度提升,引起工业增加值在GDP中的比重下降。浙江省工业增加值的高峰期是1998年和1999年,这两年的比重均为49.2%,2000年下降为48.0%,以后逐年下降,到2010年为45.7%。这一变化不断改变着省域生产总值中的构成。到2010年,浙江省第一、二、三次产业的构成为4.9∶51.6∶43.5。另外,2010年浙江省人均GDP已达52059元(人民币)⑤⑥,按年平均汇率折算,为7690美元⑦,浙江省已经接近工业化发达期中等水平。

---

① 国务院第二次全国经济普查领导小组办公室:《第二次全国经济普查优秀论文汇编2008(第二产业篇)》,中国统计出版社2011年版。
② 徐剑锋:《进入工业化发达阶段后的浙江经济发展》,载《浙江经济》2009年第19期。
③ 黄祖辉、朱允卫:《浙江农村工业化的发展与启示》,载《中国经济史研究》2006年第2期。
④ 参见浙江省统计局《浙江企业调查》2004年第17期。
⑤ 黄祖辉、朱允卫:《浙江农村工业化的发展与启示》,载《中国经济史研究》2006年第2期。
⑥ 浙江省统计局编:《浙江统计年鉴(2011)》,中国统计出版社2011年版,第14—18页。本书凡源于此年鉴的均用的格式表达。
⑦ 《2010年浙江省国民经济和社会发展统计公报》(2011年1月)。

但是，浙江省域内各地区的工业化水平差异明显，从而导致了区域经济的不平衡性。大体上，宁波、杭州处在前列，衢州、丽水处在后列。自2007年以来，浙江省统计局以地区人均GDP、第一产业劳动生产率、第二三产业从业人员比重、人均地方财政收入、城乡居民收入差距倍数等为主要指标，进行"浙江省城乡统筹发展水平综合评价"，评价结果显示：宁波市综合得分一直为全省最高，2009年综合得分87.09分，已进入城乡"全面融合"阶段[1]；舟山、嘉兴和杭州次之，2009年的综合得分为84.82分、84.29分和84.04分，接近"全面融合"阶段；衢州和丽水排名一直处在后列，2009年的综合得分为67.33分和65.24分，刚刚跨过"基本统筹"阶段[2]。

省域工业化整体水平较高，同时省域内区域经济差异明显，样本能满足研究需要。加上本课题组"身"处浙江，与浙江省农业厅共建了"21216"动态监测体系[3]。这些条件促使我们最终将"工业化发达区域的村集体经济经营方式及结构演变"实证研究样本选择在浙江省。

二 工业化发达期的村级集体经济经营方式及走势

2010年，浙江全省村级集体经济总收入230.91亿元，本年收益113.44亿元，当年可分配收益152.41亿元[4]，村均总收入、本年收益和当年可分配收益分别为74.90万元、36.80万元和49.44万元，比全国村平均水平分别高出28.02万元（54.53%）和21.08万元（134%），显示出工业化发达区域的村集体经济整体水平比较高。比较发现，浙江省村集体经济呈以下特点和走势。

---

[1] 《浙江省2009年城乡统筹综合发展水平综合评价报告》将其发展水平分成四个阶段，即初步统筹（综合得分45分以下）、基本统筹（45—65分）、整体协调（65—85分）、全面融合（85分以上）。

[2] 浙江省统计研究与信息中心编：《浙江经济参考（分析篇）》，2009年10月12日，2010年11月18日。

[3] 从2007年开始，浙江省农业厅、浙江师范大学农村研究中心（RCC）联合，在浙江省建立"21216"动态监测体系，即对20个县、100个乡镇、200个村、1000户农户和60家农民专业合作社进行定点动态观察，建立数据共享平台。

[4] 按农业部农经统计口径，村集体经济组织当年可分配收益＝本年收益＋年初未分配收益＋其他转入收益；本年收益＝村集体总收入－村集体总支出。

(一) 村级集体经济收入随省域工业化程度提升而加速攀升

比较浙江省域"十一五"期间的村级集体经济发展过程发现:"十一五"期间,浙江省村级集体经济总收入由2006年的139.9亿元,增加到2010年的230.9亿元,增长了65%(图8-1)。但这一时期,省域村级集体经济增长波动较大,很不稳定。2007年比2006年增长20.8%;2008年是浙江省跨出工业化成熟期、跨入工业化发达期的门槛的一年,但恰恰在这一年,村级集体经济收入增长幅度由2007年的20.8%下降为5.3%,增幅减少了15.5个百分点;2009年增幅快速上升了8.8个百分点,达到14.2%;2010年的增长幅度比上年又减慢了0.6个百分点。波动如此剧烈,与区域工业化道路转型、政府干预村级集体经济发展的力度及效率等相关。

应该指出,浙江省域内村级集体经济不平衡矛盾仍然突出。2010年,全省低于5万元的贫困村(12795个村)占汇总村数的比例高达41.02%,而100万元及以上收入的富裕型村(5128个)占汇总村数的16.64%。浙江省农业厅的调查证明:"15%的村拥有至少全省40%的村集体经济收入,而40%的经济薄弱村只占了全省0.5%的村集体经济收入。"[1] 如果考察村集体经济运行效率,我们发现"当年无经营收益的村"[2] 比例很大,2010年,浙江省当年无经营收益的村1679个,比例高达53.83%,表明至少有半数以上的村,主要依靠补助收入和其他收入来维持村级组织运转和村域社区基本公共服务。

(二) 工业化程度越高的地区,村级集体经济收入水平越高

浙江省内工业化程度较高的地区(宁波、杭州)和工业化程度相对较低的地区(衢州、丽水)的村级集体经济发展水平差距明显(表8-1)。2010年,村集体经济达到小康及以上水平村的比例,杭宁地区占72.61%,而衢丽地区却只有13.37%。进一步比较还发现,越富裕地区,集体经济贫困村的比例越小,富裕型村集体经济的比例越高;反之则相反。2010年,经营收入低于5万元的村,杭宁地区占汇总村数的11.05%,高于500万元及以上收入的村占汇总村数的6.93%;而衢丽地区的这两项指标分别为72.77%和0.21%。

---

[1] 浙江省农业厅编:《浙江省农经统计资料简要本(2010年)》,第2页。
[2] 村集体经济组织当年经营收益,是当年村集体的经营收入、发包及上交收入及投资收益之和减去经营支出和管理费用后的余额,它显示村集体经济组织的自我发展能力。

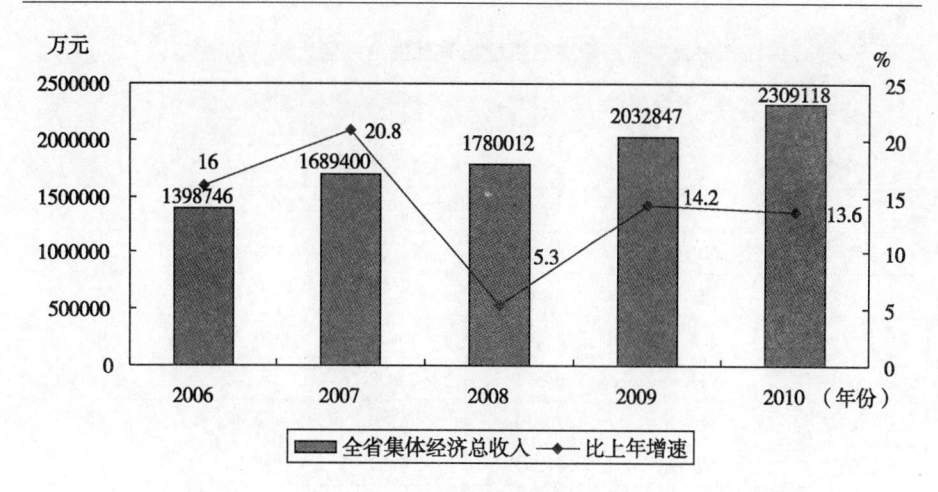

第八章　工业化进程中村集体经济结构演变　　273

图 8-1　2006—2010 年全省集体经济总收入及其增长速度

表 8-1　2010 年浙江省及不同地区的村级集体经济发展水平评价

类型		分组指标	占汇入本表行政村总数的比例%					
			全省 (31191 村)		杭州宁波 (5262 村)		衢州丽水 (5377 村)	
			村数	占比	村数	占比	村数	占比
贫困村	极端贫困村	<1 万元	6959	22.31	188	3.57	2094	38.94
	绝对贫困村	1 万—5 万元	5836	18.71	425	8.08	1819	33.83
	相对贫困村	5 万—10 万元	2436	7.81	382	7.26	373	6.94
温饱型村		10 万—20 万元	2900	9.30	446	8.48	372	6.92
小康村	总体小康村	20 万—50 万元	4463	14.31	877	16.67	416	7.73
	全面小康村	50 万—100 万元	3469	11.12	814	15.47	193	3.59
富裕村	富裕型村	100 万—500 万元	4500	14.43	1765	33.54	99	1.84
	极富型村	500 万—1000 万元	382	1.22	196	3.72	9	0.17
		≥ 1000 万元	246	0.79	169	3.21	2	0.04

资料来源：根据浙江省农业厅《浙江省农经统计资料简要本（2010 年）》第 72—87 页的数据整理。

　　比较浙江省与大陆其他省域的村级集体经济主要指标（表 8-2），它们更清楚地显示：工业化程度越高的地区，村级集体经济收入水平越高；但是，如果地方政府重视村级集体经济发展，可以在一定程度上弥补工业化不足对村集体经济的影响。

表8-2　浙江省村级集体经济主要指标与其他发达地区比较（2010年）

地区	村均总收入（万元）	村均总支出（万元）	村均本年收益（万元）	村均可分配收益（万元）	按村均本年收益排序
全国	51.38	35.66	15.72	19.07	—
广东	281.50	126.46	155.04	178.06	1
上海	521.03	444.78	76.5	150.77	2
江苏	131.59	88.07	43.52	48.77	3
北京	325.25	284.69	40.56	-0.28	4
天津	133.43	95.15	38.28	40.41	5
浙江	74.90	38.10	36.80	49.44	6
云南	71.98	53.94	18.04	32.90	7
山东	61.86	49.02	12.84	16.40	8

资料来源：根据农业部农村经济体制与经营管理司、农村合作经济经营管理总站《2010年全国农村经营管理统计资料》第62—66页的数据整理。

"本年收益"是反映村级集体经济效率的指标。如果按照村均本年收益排序，浙江省处在上海、北京、天津、广东和江苏之后。这一格局，与华东各省工业化综合指标得分以及大陆省域（2010年）人均GDP排名相吻合[1]。这表明，村级集体经济收入水平与所处区域的工业化程度正相关。但也有例外，处于西部地区的云南省村级集体经济收入表现较好，这是近几年云南省各级政府加强村级集体经济发展干预的结果[2]。

（三）村级集体经济收入差距随区域工业化水平提升而逐渐缩小

随着区域工业化由成熟期向发达期过渡，省域内低收入村集体的数量减少，高收入村集体数量相应增加。"十一五"期间，浙江省村集体当年收入低于10万元的村占全省行政村总数的比例，由2006年的52.44%下降到2010年的48.82%，下降了3.62个百分点；村集体当年收入大于等于100万元的村所占比例则由2006年的12.31%上升到16.45%，上升了4.32个百分点（表8-3）。低收入村的比例下降和高收入村比例提升的趋势，显示出村级集体经济收入差距随着工业化程度的提升而逐渐缩小的走势。

---

[1] 2008年，浙江省统计局评价华东六省一市工业化（人均GDP、产业结构、工业结构、空间结构、就业结构）综合指数得分，上海85.0、浙江68.9、江苏65.2、山东55.1；2010年，中国大陆省域人均GDP排名：前七位依次为上海（93488元）、天津（79153元）、北京（78194元）、江苏（52448元）、浙江（51800元）、内蒙古（49467元）和广东（47689元）。

[2] 参见作者调查《边境山区村域的绿色田园生活》，见《中国经济时报》2010年8月24日。

表8-3 "十一五"期间浙江省村集体当年收入按村分组及变动趋势

	2006	2007	2008	2009	2010
<10万元	52.44	48.31	46.49	49.42	48.82
10万—20万元	11.55	10.53	10.56	9.9	9.3
20万—100万元	23.88	26.28	27.24	26.37	25.43
≥100万元	12.13	14.88	15.71	14.31	16.45

当我们把目光聚焦于低收入组中的绝对贫困村（当年收入<5万元）和富裕村（≥500万元）时，发现：随着区域工业化水平的提升，集体经济极贫村和极富村出现了双向减少并向中等收入"靠拢"的势头（图8-2），展现出随着工业化程度的提升，村级集体经济两极分化逐渐减弱的趋势。

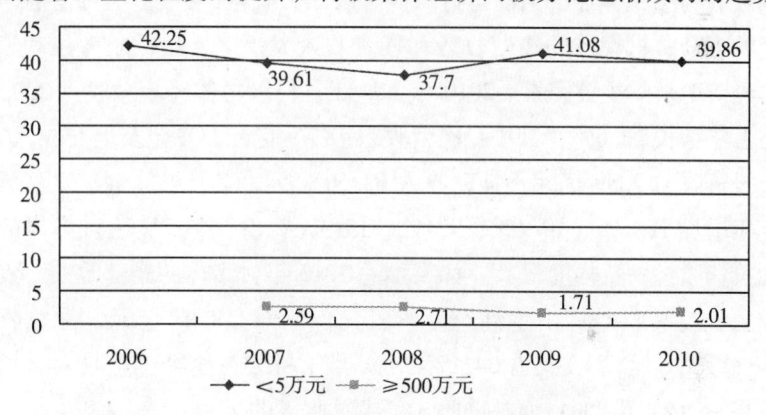

图8-2 "十一五"期间浙江省村级集体经济最低收入和最高收入村占总村数比例变化

延伸观察还会发现：在改革开放初始阶段，浙江省域的村级集体经济收入普遍较低但却较平均；工业化进入起飞阶段后，村级集体经济收入水平整体提高，但差距也随之拉开；跨过工业化成熟期后，村级集体经济收入差距才又呈现减弱趋势。

（四）村集体经济组织自我发展能力随工业化、城市化水平的提升而增强

1. 村集体经济收入结构与区域工业化水平和其离中心城市的距离相关。一般而言，如果村域远离中心城市，处在工业化严重不足的区域，那么，村集体经济的经营方式将被局限于集体土地（"机动地"）、林木、水域等农业资源的招标、发包和管理，没有条件开展房地产租赁、物业管理及社区服

务、投资等利润率较高的经营活动。表现在村集体经济收入结构上，就是"经营收入"、"发包及上交收入"、"投资收益"等内生性收入严重不足或者为零，而上级补助（含转移支付和专项补贴）则成为收入主体，表现出较强的"补贴依赖"。如果村域处在工业化成熟区域或城市群辐射范围内，或者村域内工业和商业也比较发达，那么，这些村的集体经济组织除了保留着集体农业资源发包管理的经营方式以外，多数村集体已将其主要经营方式转向集体土地、房地产、工商业设备的租赁、物业管理服务、资本经营（投资或民间信贷），表现在收入结构上，就是"经营收入"、"发包及上交收入"、"投资收益"等内生性经营收入的极大增长，自我发展能力增强，逐渐摆脱"补贴依赖"。

浙江省村级集体经济当前运行特征可以证实上述"猜想"。随着省域工业化程度的提升，村集体的经营收入和投资收入大幅度增长，成为拉动浙江省村集体经济增长的主要因素。2010年，浙江省村级集体经济总收入230.91亿元，比上年增长13.6%，其中：经营收入78.79亿元，发包及上交收入32.40亿元，投资收益7.89亿元，补助收入62.66亿元，其他收入49.17亿元，分别比上年增长15.1%、10.4%、9.4%、15.3%、12.0%，显然村集体的经营收入和投资收益增长幅度最大。如果加总2010年村集体的经营收入、发包及上交收入、投资收益等内生性经营收入，合计为119.08亿元，占总收入的51.57%，其中：经营收入占34.12%，对当年村级集体经济总收入增长的贡献率最高，达到36.2%；而补助收入仅占总收入的27.14%（表8-4），村级集体经济已经显著减弱了对政府的"补助依赖"。

表8-4　　2010年浙江省村级集体经济组织经营方式的区域比较

科目	全省合计 收入（万元）	全省合计 占比（%）	杭州、宁波地区 收入（万元）	杭州、宁波地区 占比（%）	衢州、丽水地区 收入（万元）	衢州、丽水地区 占比（%）
总收入	2309118	100	981333	100	85467	100
#经营收入	787852	34.12	418446	42.64	8504	9.95
#发包及上交	323979	14.03	94182	9.60	15800	18.49
#投资收益	78962	3.42	42917	4.37	914	1.07
#补助收入	626613	27.14	215776	21.99	42258	49.44
#其他收入	491712	21.29	210012	21.40	17991	21.05

资料来源：根据浙江省农业厅《浙江省农经统计资料简要本（2010年）》第114—126页数据整理。

2. 村集体经济组织自我发展能力随工业化、城市化水平的提升而增强。我们将村集体的"经营收入"、"发包及上交收入"、"投资收益"占本村集体总收入的比重，作为衡量村集体经济自我发展能力的指标，根据相关统计资料计算 2010 年杭宁、衢丽地区村集体平均比例，杭宁地区为 56.61%，衢丽地区为 29.51%，杭宁地区比衢丽地区高 27.1 个百分点；而补助收入占总收入的比重，杭宁地区比衢丽地区低 27.45 个百分点。这表明，杭宁地区村集体经济自我发展能力较强；衢丽地区村集体经济对政府"补助依赖性"较大。

（五）农户经济转型对村集体经济收入有重要影响

在中国，"家庭经营"内含着以家庭为单元经营第一、二、三产业的所有农户和个体户，但不包括私有民营的法人企业，我们称其为"农户经济"。农户经济作为农村集体经济的一个层次、一种有效经营方式，其转型发展程度对村集体经济收入有重要影响。其规律是：农户越早完成原始积累、采用先进科技手段，就越早实现土地集约化经营和解放劳动力，进而促进农民创业、村域精英成长及新经济体发育；而村域新经济体发育成长是村域集体经济增长的重要源泉[①]。浙江省庞大的农民创业群体推进了农村工业化、城镇化发展，为村集体经济经营方式转向土地房地产租赁、资本经营创造了前提条件，"千万农民创业，带来浙江农业、农村发展的千姿百态"，农户经济转型发展同时极大地促进了村集体经济发展。

目前，浙江省农户经济运行的主要特征是：家庭经营中，经营第二、三产业纯收入比例高于经营第一产业纯收入比例；非家庭经营纯收入接近了家庭经营纯收入比例。表 8-5 显示，2010 年样本农户的家庭经营纯收入中，经营第一产业纯收入占 26.13%，经营第二、三产业纯收入占 28%；非家庭经营（工资报酬性收入、财产性和转移性收入、土地征用补偿等）纯收入占 45.87%。加总浙江农户纯收入中来自于非农产业的比例，达到了 73.87%。另外，在农户获得报酬性收入中，来源于在本乡镇内获报酬纯收入比例（25.94%）要高于在本乡镇外获报酬纯收入比例（16.28%），这表明浙江农村工业化提供给当地农民更多在本土非农单位就业的机会，这也隐含着当地村集体经济发展具备了更多有利条件。

---

① 王景新：《村域经济转型发展态势与中国经验》，载《中国农村经济》2011 年第 12 期。

表 8-5　　　　2010 年样本区农户（1000 户）家庭经营状况统计表　　　　单位：万元、%

项目	合计	户均	比例	项目	合计	户均
家庭纯收入	4338.71	4.34	100	家庭总支出	2385.7	2.39
1. 家庭经营纯收入	2348.38	2.35	54.13	1. 家庭经营支出	1044.49	1.04
其中：第一产业纯收入	1133.5	1.13	26.13	2. 家庭教育支出	293.9	0.29
第二产业纯收入	631.22	0.63	14.55	3. 家庭建房支出	117.08	0.12
第三产业纯收入	583.66	0.58	13.45	4. 家庭计划生育支出	4.5	0.01
2. 报酬性收入	1831.71	1.83	42.22	5. 家庭殡葬支出	13.4	0.01
在本乡镇外获报酬纯收入	706.27	0.71	16.28	6. 生活水电支出	106.15	0.11
在本乡镇内获报酬纯收入	1125.44	1.13	25.94	7. 家庭医疗支出	206.11	0.21
3. 财产性收入	111.22	0.11	2.56	8. 家庭成员外出务工支出	58.23	0.06
4. 转移性收入	0	0	0	9. 家庭文化支出	38.75	0.04
5. 土地征用补偿费收入	47.4	0.05	1.09	10. 家庭农机具支出	16.85	0.02
—	—	—	—	11. 个体工商户支出	83.3	0.08
—	—	—	—	12. 家庭人情往来支出	324.48	0.32
—	—	—	—	13. 其他支出	78.46	0.08

资料来源："21216"动态监测体系数据平台。

（六）村集体经济在村域发展、农民增收和公共服务中发挥着重要作用

无数案例证明，村级集体经济在村域经济社会发展、农民收入增长、基层组织运转、保障社区稳定和基本公共服务方面发挥着不可替代的作用。浙江省域村集体收入持续增长，集体经济组织实力增强，成为保障村级组织服务区域经济发展、社区稳定和保障基本公共服务供给的重要基础或手段。

2010 年，浙江全省村集体经济用于保障村级组织运转（干部工资、报刊费）的经费为 510271.34 万元，村均 16.36 万元；用于农业发展支出的经费为 165666.79 万元，村均 5.31 万元；用于当年扩大再生产（扩大生产规模新购建、改扩建固定资产）支出的经费为 244609.86，村均 7.84 万元；投入当年公益性基础设施（村域道路、水利、电力、文化、卫生、体育、教育等公益性设施）建设共 1402916.47 万元，其中各级财政投入（含"一事一议"奖补资金）257658.43 万元，村集体投入 1145258.04 万元，村均 36.72 万元；村级组织支付当年公共服务费用 160832.90 万元，村均 5.16 万元。加总上述各项，村均支出 71.39 万元。村集体经济组织成员直接从村集体经济增长中得到实惠。2010 年，浙江省村级集体经济组织的收益分配中用于集体成员农户分配共 290721.39 亿元，村均 9.32 万元；提取公积金、公益金570186.49万元，村均18.28万元；提取应付成员福利费477128.84万元，村均15.30万元[①]。

三 村级集体经济经营方式及结构演变的阶段特征

为便于表述，我们首先整理1992—2010年间浙江省村级集体经济总收入及其分项收入（表8-6）作为基本数据。

表8-6　　　1992—2010年浙江省集体经济总收入及收入状况　　　单位：万元

项目 年份	集体经济 总收入	经营收入	发包及上 交收入	投资收益	补助收入	其他收入
1992	328644	34223	111396	—	20854	162171
1993	514172	49173	140794	—	22060	302145
1994	658298	68290	183569	—	24765	381674
1995	824146	77852	227522	—	33378	485394
1996	645118	122731	227266	18390	—	276731
1997	667765	124122	257995	29075	—	256573
1998	730203	149328	259845	33568	—	287462
1999	713814	111003	272005	30949	—	299857
2000	771957	120218	289191	32179	—	330369
2001	838994	114911	299091	31376	—	393616
2002	884819	116998	336930	29800	—	401091
2003	985010	117170	378109	33641	—	456090
2004	1079437	106054	442292	35244	70096	425751
2005	1205789	355839	292063	34339	222392	301156
2006	1398746	440934	273045	43492	315317	325958
2007	1689399	519728	298041	48492	462152	360986
2008	1780013	585141	287881	58361	454984	393646
2009	2032847	684476	293487	72204	543606	439074
2010	2309118	787852	323979	78962	626613	491712

资料来源：《浙江农经统计资料简要本（1992—2010年）》。其他说明：（1）为了统计口径一致性，1992—1995年的土地征用补偿计入到其他收入之中；（2）发包及上交收入中的阶段性变化被抽象掉了，比如：1992—1995年的发包及上交收入主要是农户承包费、村级企事业上交、联户企业上交和向农户和村企事业单位统筹；1996—2005年的发包及上交收入主要是农户承包费、企事业上交和村三项提留；2006—2010年的发包和上交收入中不再有农户承包费和村提留；（3）1996—2003年的补助收入在原统计中被归入其他收入之中。

---

① 浙江省农业厅编：《浙江省农经统计资料简要本（2010年）》，第32—33页。

(一) 村集体经济收入增长速度阶段性特征明显，呈现先快后慢趋势

1. 省域工业化腾飞阶段是村级集体经济总收入高速增长的阶段。1992年初邓小平的南方谈话及随后确立的"建立社会主义市场经济体制"的改革目标，推动着已初具规模的浙江工业化加速发展。1992—1997年是浙江工业化腾飞阶段，也是浙江省村集体经济收入高速增长的阶段（图8-3），1992—1995年的年均增长速度达到23.7%。其中，1992年和1993年的村集体经济总收入增长是浙江省自改革开放以来最快的两年：1992年比1991年（20.96亿元）增加了11.9亿元，增长了56.8%①，1993年比1992年增长56.5%。从1994年开始，村集体经济总收入增长速度逐渐趋缓。

2. 省域工业化中期阶段村级集体经济收入增长速度明显回落。1998年和1999年，浙江省村级集体经济总收入增长速度大幅度连续下降，尽管2000年出现两位数增长，但自2001年又开始回落，其中2002年同比增长速度回落到5.5%（图8-3）。

3. 省域工业化成熟期村级集体经济总收入增速趋于稳定。2003—2010年，除2007年的增长率20.8%及2008年的增长率5.3%以外，其余年份基本保持在12%左右（图8-3），浙江省村级集体总收入增长速度趋于稳定，波动明显减少。

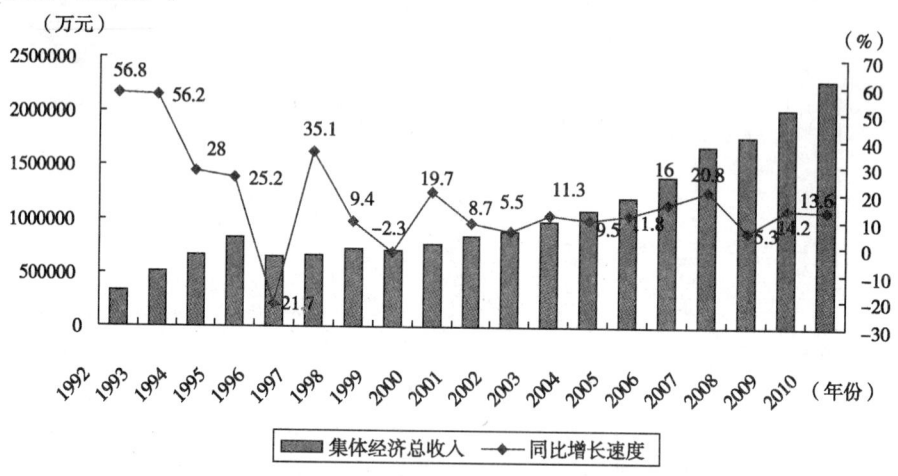

图8-3 1992—2010年浙江省集体经济总收入及增长速度②

---

① 浙江省农业厅编：《浙江农经统计资料简要本（1992年）》，第3页。

② 浙江省农业厅编：《浙江省农经统计资料简要本（1992—2010年）》。1996年出现负增长是因为自这年起土地征用补偿收入不再计入村集体经济总收入而引起的数据减少，村集体总收入事实上并没有减少。

（二）村级集体经济经营方式和收入结构随工业化程度提升而逐渐转变

1. 省域工业化腾飞阶段，村集体经济的经营方式主要是自办企业、资源发包、管理村域各类企业；收入结构以经营收入、发包及上交、土地征用补偿为主体。工业化腾飞阶段，浙江村域集体、联户、个体和私营工业企业迅猛发展，同时，工业产业集聚又推动了农村中小城镇发展，农村集体土地被大量征用。这个背景下，村级集体经济组织内生的经营方式表现为自办企业统一经营，村集体资源、资产（厂房和设备）发包以及管理村域的个体、私用及联户企业；外生的经营方式主要是土地征用补偿和国家拨款及上级补贴。与此相关联，村统一经营收入、发包及上交收入（包括村域企业事业上交及统筹、农户承包费及统筹）和土地征用应补偿收入等，构成村级集体经济收入主要来源。

1992—1995年间，村集体统一经营和发包及上交收入合计占总收入的40%左右，其中1992年占44.4%，其余各年都占37%左右；土地征用补偿最高时（1993年）达到41.5%，其余年份都在33.7%以上（表8-7）。这一阶段，村集体统一经营收入、发包及上交收入、土地征用补偿收入合计占村集体经济总收入的比例高达约74%。

表8-7　1992—1995年浙江省村集体经济收入结构　　　　单位：万元、%

	总收入	（1）村统一经营		（2）发包及上交收入					
		收入	比例	企事业上交	农户承包费	农户和村企事业单位统筹费	联户企业上交	合计	比例
1992	328644	34223	10.4	63742	29346	16929	1379	111396	33.9
1993	514172	49173	9.6	91070	30088	17114	2522	140794	27.4
1994	658298	68290	10.4	123751	35226	20376	4216	183569	27.9
1995	824146	77852	9.4	150554	45615	26676	4677	227522	27.6

	（3）土地征用补偿		（4）国家拨款和上级补助		（5）其他收入	
	收入	比例	收入	比例	收入	比例
1992	110782	33.7	20854	6.5	51389	15.5
1993	213601	41.5	22060	4.3	88544	17.2
1994	241289	36.7	24765	3.8	140385	21.2
1995	289354	35.1	33378	4.0	196040	23.9

资料来源：参见《浙江农经统计资料简要本（1992—1995年）》。

2. 省域工业化中期阶段，投资逐渐成为村级集体经济经营方式之一，与村集体经济组织经营管理活动无直接关系的各项收入比例越来越高。1996—2001年，村集体统一经营收入比工业化初期有所上升，但所占比例呈下降趋势，由1996年的19.1%下降到2001年的13.8%。发包及上交收入仍然是村级集体经济收入的主体之一，6年间基本保持在37%左右。随着村集体经济原始资本积累增加，投资经营方式开始出现，在总收入中的比例逐年缓慢增长，由1996年的2.8%提升到2001年的3.7%。其他收入（即与村集体经济组织经营管理活动无直接关系的各项收入①）占村集体经济总收入的比例越来越高，其比例一直保持在42%左右（图8-4）②。

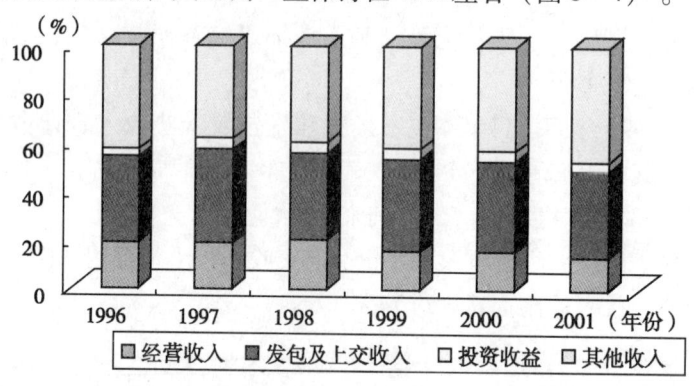

图8-4 1996—2001年浙江省集体经济收入构成

3. 省域工业化成熟期，村级集体经济组织的经营能力大幅度提升，发包及上交收入的构成发生了重要变化。图8-5③反映了1992—2010年间，浙江省村级集体经济主要经营方式及其收入占村集体经济总收入比例变动的趋势。1992—2004年中的绝大多数年份，村集体统一经营收入占村集体经济中收入的比例始终在15%上下。然而，2005年村集体经济统一经营收入占总收入的比例提高到29.6%，以后几年保持平稳增长，到2010年，这一比例上升到34.1%。尽管直到工业化成熟期，投资收益占村集体总收入的比例一直不高——始终在3%上下徘徊，但其增长速度是比较迅速的，2003—2010年，年均增长11.3%。这表明，工业化成熟期内，村级集体经济可持续发展能力得到加强。

---

① 1996—2003年间，浙江省农业厅农经统计中都没有国家拨款和补助收入。
② 根据本章表8-6的数据绘制。
③ 同上。

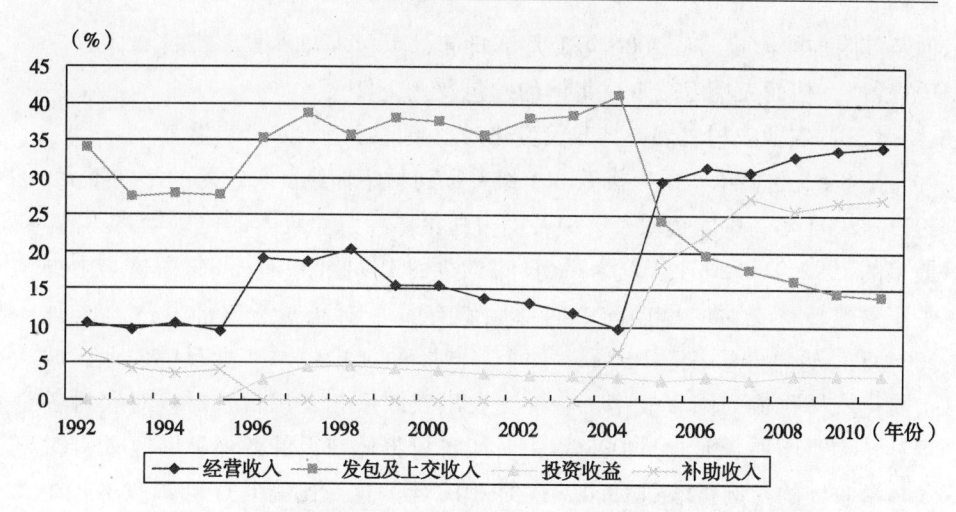

图 8-5 1992—2010 年浙江省集体经济各项收入占总收入比例变动

浙江省村集体发包及上交收入及其在村集体总收入中的比重都经过了先逐年增长、后逐年下降的过程：工业化初期和中期阶段，资源、资产发包及对村域企业的管理是村级集体经济组织的主要经营方式，其收入绝对量逐年增加；而在工业化成熟期，资源发包及上交收入的绝对量及其在村级集体经济总收入中的比例都出现下降。从发包及上交收入的绝对量来看，1992—2004 年，由 111396 万元增加到 442292 万元，2004 年达到最高；2005 年开始下降，降至 292063 万元，2006 年继续下降为 273045 万元。从比例上来看，1992—2004 年，村集体发包及上交收入占村集体总收入的比例始终在 35% 上下变动，2004 年达到最高，为 41.1%，到 2005 年，这一比例陡降至 24.2%，之后逐年下降，到 2010 年下降至 14.0%（表 8-5）。

深入观察发现，村集体发包及上交收入绝对量及其所占比例的上述变化主要由三个因素引起。(1) 工业化、城镇化的推进以及农村人口的增加，使村集体可利用农业自然资源大量减少，从而导致资源发包收入锐减。(2) 集体资产结构发生了重要变化，工业化初期集体资产以基础设施、机器设备为主，村集体发包及上交收入中除了资源发包以外收入外，还包含村集体企业上交、联户企业上交、向农户和村域企事业单位筹款等，1996 年以后村域企业完成了由集体企业向私有和共有私营企业的改制，加上减轻企业负担的限制，造成村集体的发包及上交收入大量减少；工业化成熟期集体资产以房地产（标准厂房、住宅楼、商业楼等）为主，而房地产租赁收入被列入村集体经营收入之中。(3) "三农"政策重大调整，特别是废止农业税及其附加的影响,从 2006 年 1 月 1 日起,承包农户不再上交村集体"三项提留",从而大幅度减少村集体的发包及上交收入。

(三) 农业农村发展支持政策变化对村集体经济收入影响重大

图 8-5 还显示,国家拨款和上级补助对村集体经济总收入的影响重大。1992—2004 年,国家拨款及上级补助占村集体经济总收入的比例始终不高,最多的 1992 年和 2004 年均为 6.5%,最少的 1994 年只有 3.8%。这与中央关于财政转移支付的重点向中西部倾斜有关(浙江属于东部发达地区)。2004 年,胡锦涛总书记作出了"两个趋向"的判断①,"工业反哺农业、城市支持农村"成为国家战略,各种支农惠农政策相继出台,财政对农村各项补贴大量增加。因此,2005 年,浙江省村集体获得的各项补助收入占村集体总收入的比例猛增到 18.4%;到 2010 年,这一比例上升到 27.2%。在浙江省的经济欠发达地区,补助收入甚至成为许多村集体经济收入的主要来源或重要依赖。

四 村级集体经济经营方式及结构转型的区域差异

(一)"城中村"与"腹地村"的发展差异

OB 镇②是温州著名经济强镇,镇总面积 128 平方公里,辖 73 个行政村,12 个社区,户籍人口 13 万人,外来流动人口 22 万人。到 2009 年末,镇区建城区面积已达 30 平方公里,地区生产总值 113.5 亿元,经济总量占所在县总量的 70%,财政收入 17.5 亿元,农民人均纯收入 17018 元。OB 镇人口规模、建城区面积、经济总量及结构、财政收入等,均达到了国务院规定的相关设市标准③,因此,该镇成为 2010 年温州市的五个"强镇扩权"(镇改市)的试点城镇之一。

OB 镇原本是以农业经济为主的镇,村级集体经济组织主要依靠集体果

---

① 2004 年 9 月召开的十六届四中全会上,胡锦涛同志提出:"在工业化初始阶段,农业支持工业、为工业提供积累是带有普遍性的趋向;在工业化达到相当程度后,工业反哺农业、城市支持农村,实现工业与农业、城市与农村协调发展,也是带有普遍性的趋向。"

② 遵循相关学术规范,同时为了保护被调查者的隐私,本书隐去了乡(镇)、村真名,用其名称的(汉语拼音)首字母替代,县(市)以上区域用真名,全书同。

③ 人口密度 350 人/平方公里以上的县,撤县设市的标准:政府驻地所在镇总人口不低于 12 万人,其中非农人口不低于 10 万人;全县国内生产总值不低于 60 亿元,财政收入不少于 3 亿元;第二产业、第三产业产值在国内生产总值中的比重达 75% 以上;城区公共基础设施和社会服务设施较为完善。每平方公里人口密度为 100 人至 350 人的县设市的标准更低一些。

园、水域资源等发包获得收入，镇域内的大部分村级集体，年收入不超过5万元，整体水平不强。在温州地区农村工业化、城市化快速推进的过程中，村级集体经济走过了由弱变强的过程。2003年，村级集体总资产3.7亿元，村均（含12个社区在内，下同）435万元。2003年以后，镇域经济迅速崛起，镇区迅速城市化，被称之为"温州的浦东"，这样的经济背景使镇域村级集体经济经营方式迅速转型，以租赁和管理标准厂房、商业性用房、写字楼等房地产作为主要形式，房地产租金收入成为集体经济的主要来源，从而使全镇村级集体经济实力呈几何倍数增长。到2009年，全镇村级集体经济组织的总资产已达到22.4亿元，可使用的货币资金4.1亿元，当年村级集体经济组织账面发生额达12亿元，村均分别为2635.29万元、482.35万元和1411万元。但是，村域村级集体经济发展极不平衡，那些处在城镇经济辐射范围之外的村级集体经济发展乏力。我们选出该镇不同区位的8个村进行比较（表8-8）。

表 8-8　　　　2009 年 OB 镇 8 个村级集体收入、支出情况　　　　单位：万元

村名	区位	收入	收入构成	支出
LF 村	城区	1200.00	商贸城租金 785.00，其他 415.00	—
CQ 村	城区	1036.00	商业楼出租 600.00，菜市场租金 80.00，投资和其他 356.00	
JBL 村	城郊	28.01	办公楼出租 9.00，各项建设达标评比补助 8.92，社会赞助 10.00，利息 0.09	22.58
LH 村	农村腹地	9.89	各项建设达标评比补助 8.91，利息 0.57，其他 0.41	22.54
ZJ 村	农村腹地	3.22	各项建设达标评比补助 1.89，利息 0.67，其他 0.66	15.82
JB 村	农村腹地	5.80	各项建设达标评比补助 5.73，其他 0.07	6.22
JL 村	农村腹地	3.41	各项建设达标评比补助 2.07，利息 0.84，其他 0.5	50.31
FY 村	农村腹地	15.02	山地山林出租 15.00，其他 0.02	19.1

说明：①数据来源：城区村来源于作者调查资料，其余为 OB 镇经管站 2010 年专项调查资料。②非城区各村支出结构大体相同，其中包括：经营支出（主要是出租物的费用）；管理费用包括干部工资和办公费；农业发展（农田水利、补农和农业服务）支出；社会发展（计生、医疗、社保、环卫、治安、救助、设施维修、路灯费）支出；其他（赞助、森林防火、防汛、水电亏损）支出。③JL 村支出过大，主要是因为管理费和社会发展支出过大，其中：管理费 23.46 万元和社会发展 26.85 万元（其中医保 8.97 万元、保洁 4.20 万元）。

列入表 8-8 中的 8 个村隶属同一镇（乡），其中 2 个村处于城镇中心区

（"城中村"），1个村处在城镇郊区（"城郊村"），5个村远离城镇（"农村腹地"）。比较发现："城中村"、"城郊村"和"腹地村"集体经济的经营方式完全不同，"城中村"集体主要是出租商贸城和商业楼，经营村有现金资本（投资）；"城郊村"集体尽管经营房地产租赁，但收入渠道远不如"城中村"；而集体收入水平随村域离城镇中心距离拉开而呈现梯级差异，离中心城区越近，村集体经济年收入水平越高，实力越强，离中心城区越远，村级集体年收入水平越低，经济实力越弱。

"城中村"集体经济和农户经济等经济主体的"超常规"发展有其特殊的路径（专栏8-1）。随着中心城市的快速扩张，原"城郊村"变成了"城中村"，村集体土地大部或全部被征，村域经济发展模式"被强制"转向非农产业：集体经济和农户经济再无经营农林牧渔业的条件，必须到工商业领域寻求发展；城市工商业迅猛扩张、大量涌入城镇的务工经商人员以及土地返还，为村域经济主体的经营方式转向工商业、房地产业和物业管理服务业准备了必要条件；集体及农户均获得了数额庞大的征地补偿资金，拥有了经济转型和起飞必需的原始积累。这是"城中村"集体经济飞跃发展的重要原因，也是"城中村"农民生产、生活方式"超市民化"的重要条件。

专栏8-1 温州市OB镇CQ村的集体和农户经济

CQ村是OB镇城区的"城中村"，辖8个村民小组，308户，户籍人口1300人。截止到作者调查时（2010.7），全村有耕地100亩（承包到户），仍属于村集体经营的山地（树林）300多亩。2009年，村集体经营收入1036万元，其中商业楼出租600万元、村集体1000多平方米的菜市场年租金80万元，物业管理、资本投资和其他收入356万元。村民人均纯收入3万元，属于极富型村庄。

CQ村的富裕与其村域所处城区及国家和地方政府的征地政策紧密相关。近几年，CQ村集体土地被征400多亩，按照当地政府相关政策，征地后按10%的比例（共40多亩土地）返还给村集体作为建设用地（其性质等同于国有划拨土地）。该村按照城市建设规划，分六期建设村民安置用房，到作者调查时已完成4期，共用地34亩，建成安置房396套（层高30层）。其中，所有安置房的一楼全部建成商业用房（合计16200平方米），其产权归村集体经济组织，用于出租。2009年，前三期15200平方米商业楼，年租金600万/年，是当年村集体主要收入来源。村干部介绍，若六期安置房建设工程全部完工，村集体出租商业楼的租金可达到1000多万元/年。

安置房则分配给本村农户，其分配办法是：户籍在CQ村的农户，每户分1套；农户承包土地被征1亩再分配1套。按此标准，全村最多一户村民分配了8套安置房（户籍1套，征地4亩分4套，城区老铺面置换3套）。农户拥有多套房产时必然设法让其变现（出卖或出租）。CQ村集体经济资本雄厚，通过集体申请，以当年温州市国有土地出让（招、拍、挂）均价（150万元/亩），向国有土地管理部门支付了土地出让费，将这40多亩国有划拨建设用地，变成了国有出让土地性质。这样一来，该村所建的村民安置房全部成为商品房，可以上市交易。由此，大大提高了村民的收入能力（村民计算，出卖一套安置房可赚100万元）。

CQ村集体收入主要用于村域社区的生产、治理和基本公共服务。2009年，村集体已经偿还了村民安置房建设贷款和工程款（共1500万元），其余经费用于：（1）继续投资安置房建设，支付国有土地出让金1000余万元；（2）支付保洁和治安经费，全村2名清洁工、6名联防队员的工资，监控网络（投资30多万元购买安装16个监控设施）；（3）老年人协会活动及福利支出300万元，包括重阳节支出、每年一次的老人旅游支出、老年人生活补贴支出（国家支付失地农民保险370元/月，村集体再配套补贴每人700元/月）；（4）妇联活动经费10万元/年；（5）村民分红，每人分配5000元/年。

农村腹地的村域经济发展没有"城中村"那样的条件，如果村域内非农产业发展不足，村域经济发展只能仍然依靠农业。但是，"腹地村"集体农业资源严重贫乏，5个"腹地村"中，只有FY村发包山地山林获得了15万元收入，其他4个村集体经济组织经营方式极其单一，主要依靠新农村建设中各建设达标评比后的奖补[①]。这种经营方式的必然结果：一是村集体经济组织当年收入有限；二是因建设投入过高而导致集体当年开支过大，可能积累巨额债务。

（二）山区村的集体经济发展差异

比较而言，山区村的集体经济经营方式相对传统，收入水平在同一区域最低。但是还要看到，山区村的集体经济经营方式和收入水平，除了受制于

---

① 废止农业税及其附加后，各地都在探索村级公益事业建设投入的新机制，改变过去扶持拨款为各项建设（如"千村示范、万村整治"工程，"道路硬化、路灯亮化、庭院绿化、环境美化、河渠净化"）申请立项、检查验收、合格后奖补的办法拨款。

区域工业化、城镇化水平之外，更要受制于村级组织和精英的资源配置和管理能力。

1. 区域旅游业发展差异导致的发展差异

山区村有丰富的旅游资源，充分利用村域优质旅游资源发展旅游业，将是山区村集体经济转型发展的新空间。永嘉县DRY镇是楠溪江流域著名旅游重镇，该镇DT村和DYX村旅游业都有较好发展，因此村集体经济和农户经济都有较好的表现（专栏8-2）。

专栏8-2 旅游重镇内的村集体经济都有较好发展

DT村是楠溪江中下游保存较完好的古村落之一。村域面积2.5平方公里，辖5个村民小组，347户，1420人，耕地面积280亩，丘陵山地4800亩（其中村集体杨梅林320亩）。2010年，DT村集体经济经营收入（不含政府补助）23万元，其中：门票收入（10元/张）20万元；集体杨梅林发包收入3万元。另外政府补助109万元，主要用于生态停车场、石板路建设，水潭整治和农田拦水坝建设，自来水主管道维修、古民居维修。村域旅游产业发展，使村民收入增加，如青少年教育基地、农家乐、蔬菜种植等，至少使人均收入增加1000多元。

DYX村现有360户，1400人，耕地280多亩，山地100亩，山林7000多亩。村域主导产业是生态旅游和红色旅游。近年来，该村集体投资300万元用于生态保护和开发石门台景点。2010年，村集体经济纯收入758万元（不含政府补助），其构成是：石门台景区门票收入750万元（拥有陶公洞三分之一的股份），生态公益林收入8万元。另外，政府补助400多万元，主要用于溪流治理。

但是，村域旅游业的发展对区域经济环境存在较强的依赖性，一些县域的山区村虽然拥有优质旅游资源，但村集体经济发展缓慢，究其原因，或者因为县域旅游业发展整体水平的限制，或者因为旅游管理体制障碍（专栏8-3）。

专栏8-3 不同县域的山区村集体经济发展差异

SHG村隶属丽水市景宁畲族自治县（全国唯一畲族自治县），属于浙江重点扶持欠发达县之一。全村现有76户，325人，畲族人口占85%；现有耕地163亩，山林面积300亩，其中毛竹800亩，森林覆盖率80%，生态环境良好，而村域旅游业受条件限制而逐渐萎缩。2004年以前，该村集体收入主要来源于山林承包租金、旅游点收入提成、村办砖瓦厂出租收入。2004年以后，村域旅游点停办，砖瓦厂转让，山林承包租金被取消，中断了村集体收入渠道，目前，村集体处于零收入状态。

BQ村隶属金华市婺城区，位于金华北山之巅，平均海拔高度在1000米之上。BQ村由两个自然村组成，全村239户，635人，村域面积7074亩，山地种植面积2000亩，其中耕地584亩，人均山地和耕地共3.15亩。该村虽然紧邻双龙风景区，但并不隶属风景区管辖，村域旅游业发展迟缓，目前仅限于农户经营的"农家乐"（餐饮、住宿），从业人员10余人。村域主导产业仍然是农业，农业从业人员达90%，以种植高山蔬菜、中药材为主，尤以反季节无公害高山萝卜（北山萝卜）、番茄闻名，因此，农户经济显出活力，2010年村民人均纯收入超过7000多元。但村集体经济发展乏力，2010年村集体没有经营收入，仅靠政府补助收入8万元（其中水利局项目2万元、社区建设项目2万元、老年人星光之家1万元、扶贫结对1万元、文教体卫1万元）勉强维持村级社区运转。

专栏8-2、8-3展示了不同县域的4个山区村域经济现状。(1)发展旅游业是推进山区村集体经济转型发展的重要途径，但是，必须克服其中的影响和制约因素：处在楠溪江中下游风景区内的两村，借助于区域旅游业发展的有利条件，使村域经济由单一农业型村域经济，转变为以农业为基础、旅游业为主导的新经济类型，农村产业拓展促进了村域经济转型，村域农户经济和集体经济都有较高水平的发展；另外两村，虽然村域具有优质旅游资源，也尝试了村办企业（砖瓦厂）和山区旅游产业开发，但受区域经济环境的制约，村域产业拓展困难，从而制约村域经济转型，因此，无论农户经济还是村集体经济发展都异常困难。(2)现代农业发展对山区村域经济发展至关重要，用心经营现有农业资源和特色农产品，可以弥补山区村域工商业发展滞后的影响。金华BQ村的案例给我们的重要启迪是，利用山区的气候优势和土壤条件，发展反季节、无公害特色农产品，在"人无我有、人有我优、人优我早"上做文章，提升农业经济效益，使其真正达到高产、高效、优质的要求，从而使村域各经济主体都受益于现代农业发展。

2. 资源配置方式和管理效率差异导致发展差距

相同的县域经济环境下，因为村级组织和村域精英配置和管理资源的能力差异而导致村域经济发展水平的差异，从而影响村集体经济发展（专栏8-4）。

专栏8-4 永嘉县山区村集体经济发展差异

XL村和WL村均隶属于永嘉县，同处楠溪江流域的中上游。

XL村全村6个村民小组，228户，827人，耕地面积210亩（人均0.25亩），归村集体所有，集体留有5亩"机动地"，其余平均发包给农户经营。全村山场1877亩（人均2.28亩），其中680亩由集体经营，1197亩山场以"自留山"的形式平均分给本集体经济组织成员各户，"四荒地"300亩（人均0.36亩），通过招标投标的形式发包给50多户农户，承包期30年。2009年，XL村农民人均纯收入5800元，村集体收入8.05万元，其中：300亩"四荒地"年承包费3万元；200亩杨梅年承包收入4万元；专业合作社承包村集体红柿基地年收入1万元；村集体的水塘2亩，每年承包费500元。

WL村全村村民小组6个，149户，502人，劳动力250人，其中20%外出打工；耕地202亩（人均0.40亩），其中40亩为农民自留地，其余162亩承包给农户经营；林地2215亩（人均4.41亩），其中农民自留山1100亩，其余1115亩土地使用权归村集体所有。除此之外，还有400亩河滩地（楠溪江畔）种植枫树、杨柳、松树等，以及产权归属尚不清楚的山场1000亩（13个村共享，因产权不清闲置）。该村有专业合作社2个，种植葡萄、杨梅，由村长领头创办，50户参与。2009年，全村农民人均收入11000元，村集体可分配收入5970元，主要是1100亩林地承包收入。

比较而言：XL村处于山顶，WL村滨楠溪江；XL村人均土地资源共2.28亩（包括耕地、山地林地、四荒地，不包括限制使用的河滩地及产权不清的山场），而WL村人均土地资源共4.81亩（是XL村的1.83倍）；XL村集体经济组织拥有使用权的资源包含5亩"机动地"、980亩山场及"四荒地"，WL则拥有1115亩林地和可利用的400亩河滩地，后者仍然占优势。但是，村级集体经济组织收入却相反，2010年，XL村集体收入超过8万元，WL村尚不足1万元。

差距形成的原因主要是村集体资源发包管理方式上的差异：XL村的收入源于300亩"四荒地"、200亩杨梅和2亩水塘的承包费，村集体红柿基地的收入虽然很小但有发展潜力；WL村1100多亩山林分三批发包，第一批，1995年发包400亩，期限长达25年（2020年到期），承包费每年3700元，亩均只有9.25元；第二批，1991年发包300亩，期限18年，2009年到期后再续40年期限，每年承包费1570元，亩均只有5.23元；第三批，2001年发包400亩，期限30年，每年承包费700元，亩均1.75元。

两个村的案例告诉我们：资源是村集体经济发展的重要条件，但不是村集体经济发展水平高低的决定因素，在农业经济条件下，决定村集体收入高低的主要因素是村级组织配置和管理资源的能力；山区村集体经济组织只要有效配置和管理集体资源，就能获得保障村级组织运转及村域社区基本公共服务供给所需要的收入。山区村集体经济组织应该通过集体产权制度改革盘活村集体资源、提升资源配置和管理效益，同时发展现代农业社会化服务业，从而提升村集体经济收入水平。

（三）丘陵、平原（水乡）和海岛村级集体经济发展差异

农业经济时代，农业自然资源（尤其是土地资源、水资源、气候资源）是影响村域经济发展主要因素。农村工业化、城镇化的趋势下，降低了村域经济对农业自然资源的依赖，课题组在浙北德清县选取6村作为丘陵村样本，在浙东宁绍平原余姚市选取6村作为平原村的样本；在中国第一个以群岛设市的地级市舟山[①]选取6村作为海岛村的样本。每一个县域都按照经济较发展、一般和较落后三个层次平均取样，然后进行比较研究，以揭示农业自然资源对村级集体经济发展的影响。

1. 丘陵村集体经济发展状况

德清县隶属湖州市，地处浙北杭嘉湖平原向天目山余脉过渡地带，县域面积936平方公里，境内地势自西向东倾斜，西部为天目山余脉，群山连绵，以早园竹、毛竹生产为主；中部为丘陵、平原区，主产粮、畜、林、茶；东部为平原水乡，为全县粮食、蚕茧、淡水鱼、畜禽的主要产区。德清县是浙江省经济强县和全国百强县之一。我们选择ZG镇和XA镇6个村（每镇各3村）作为丘陵村集体经济研究样本（专栏8-5）。

[①] 舟山市由1390个岛屿组成，素有"东海鱼仓"和"中国渔都"之美称。海南省三沙市于2012年6月21日经国务院批准正式成立，是第二个以群岛设市的地级市。

专栏 8-5　丘陵地区样本村集体经济组织基本情况

其一，ZG 镇 DQ 村、GT 村和 GL 村

ZG 镇是德清县经济强镇之一，也是湖州市新农村建设实验示范镇。2010 年，全镇地区生产总值 23.95 亿元，财政总收入 3.02 亿元，农民人均纯收入 15060 元。

DQ 村辖 19 个村民小组，有农户 491 户，总人口 1817 人，耕地 2739.07 亩，其中水田 2150.51 亩、桑地 530.56 亩、鱼塘 58 亩。该村产业结构以种养殖业为主：种植业以山菜、西瓜、苗木、水稻为主；养殖业以肉鸭、蛋鸭、青虾、河蟹、甲鱼、龙虾为主。家庭工业正在兴起。曾先后被评为"中国和美家园特色村"、"湖州市全面小康建设示范村"。

GT 村，村域面积 4.03 平方公里，辖 21 个村民小组，有农户 570 户，总人口 2148 人。现有耕地（水田）2256 亩，桑地 520 亩，鱼塘 360 亩。2010 年全村工农业总产值 2.73 亿元，村集体经济可支配收入 72.5 万元，农民人均收入 14556 元。被评为 2010 年度中国和美家园建设精品村。

ZG 村处于镇城区，村域面积 6 平方公里，辖 29 个村民小组，现有 1133 户，其中农户 717 户，非农 416 户；总人口 3568 人，其中农业人口 2279 人，非农业人口 1289 人。总劳动力 2541 人，其中从事农业的 533 人（占 18%），从事第二产业 1782 人（占 68%），从事第三产 226 人（占 14%）。全村现有耕地 2178 亩，桑地 920.6 亩，鱼塘 374 亩。2010 年，农民人均纯收入 15300 元。

其二，XA 镇 GL 村、SB 村和 SX 村

XA 镇属粮桑地区，素有"鱼米之乡"、"丝绸之府"之美誉。2010 年，全镇地区总产值 78.7 亿元，财政总收入 1.18 万元，农民人均纯收入 13348 元，是全国"千强乡镇"之一。

GL 村地处镇城区中心，村域面积 7.5 平方公里，辖 38 个村民小组，总人口 4077 人，其中劳动力 2654 名；现有耕地（水田）2968 亩、桑地 1031 亩、鱼塘 497 亩。村域现有个私营企业 122 家，特种水产养殖面积 992 亩，其中青虾 696 亩、白鱼 100 亩、甲鱼 190 亩、牛蛙 6 亩。2010 年，村域工农业总产值 83821 万元，其中工业总产值 81428 万元，村级集体经济总收入 403.6 万元，村民人均收入 13598 元。

SB 村由两个行政村合并而成，村域面积 4.5 平方公里，辖 22 个村民小

组,总人口 2023 人,其中劳动力 1206 名。全村耕地(水田)2808 亩、桑地 870 亩、鱼塘 220 亩,农业以种植水稻、水产养殖为主,栽桑养蚕和畜牧养殖为辅。2011 年,村域工农业总产值 66522 万元,其中工业总产值 64770 万元、税利 5829 万元,村级集体经济总收入 187.1 万元,村民人均收入 15762 元。

SX 村由 3 个行政村合并而成,村域面积 3.8 平方公里,辖 30 个村民小组,总人口 2389 人,其中劳动力 1545 名,全村耕地(水田)2898 亩、桑地 897 亩、鱼塘 120 亩,全村特种水产养殖面积 702 亩,其中白鱼 82 亩、青虾 620 亩。村域现有个体私营企业 22 家。2011 年,村域工农业总产值 21233 万元,其中工业总产值 19501 万元、税利 1407 万元,村级集体经济总收入 104.29 万元,村民人均收入 14175 元。

我们采集样本村集体(2010 年)收支数据(表 8-9),比较村集体当年的总收入、总支出,数量最高是 GL 村,分别为 403.62 万元、147.8 万元,数量最少是同镇(乡)SX 村,分别为 33.08 万元、51.08 万元,最高和最低相差 12.2 倍和 2.89 倍;比较村集体本年收益,仍然是 GL 村最高,为 255.81 万元,最低则是 ZG 镇的 DQ 村,为 30.5 万元,XS 村倒数第二(-18 万元),本年收益最高的村和最少的村相差 9.39 倍。

表 8-9　　　　　2010 年德清县 6 个样本村集体经济收支状况　　　　单位:万元、%

项目 村名	总收入	经营收入	发包及上交收入	投资收益	前三项合计占比	补助收入	其他收入	后两项合计占比
DQ 村	48.1	0	5.90	0	12.27	38.5	3.7	87.73
GT 村	72.53	0	52.94	0	72.99	10.25	9.34	27.01
ZG 村	138.46	0	69.69	0	50.33	14.73	54.04	49.67
GL 村	403.62	0	149.23	7.00	38.71	28.84	218.55	61.29
SB 村	133.43	0	99.60	0	74.65	18.89	14.94	25.35
SX 村	33.08	0	2.00	0	6.05	7.49	23.59	93.95
合计	829.22	0	379.36	7.00	46.60	118.70	324.16	53.40
村均	138.20	0	63.23	1.17	46.60	19.78	54.03	53.40

项目 村名	总支出	经营支出	管理费用	农业发展支出	其他支出	本年收益
DQ 村	78.60	0.90	57.80	15.00	4.90	-30.50
GT 村	73.21	0	34.16	33.65	5.40	-0.68
ZG 村	98.13	0	55.31	13.16	29.66	40.33

续表

项目 村名	总支出	经营支出	管理费用	农业发展支出	其他支出	本年收益
GL 村	147.81	0	127.76	13.03	7.02	255.81
SB 村	97.47	0	33.10	9.24	55.13	35.96
SX 村	51.08	0	28.03	12.05	11.00	-18.00
合计	546.30	0.90	336.16	96.13	113.11	282.92
村均	91.05	0.15	56.03	16.02	18.85	47.15

资料来源：样本镇农经站统计资料。

进一步分析可知：GL 村位于 XA 镇城区，村域内聚集了 122 家企业；XS 村和 DQ 村都远离城区，XS 村只有 22 家企业，企业数量大大小于 GL 村，DQ 村的"家庭工业正在兴起"。村集体的收入差距在发包及上交（尤其是房地产租赁）收入上表现出来，GL 村集体发包及上交收入为 149.23 万元，XS 村和 DQ 村分别只有 2 万元和 5.9 万元，差距由此而凸显。

2. 平原（水乡）村

余姚市位于浙东宁绍平原，境内地势南高北低，北部为滨海冲积平原，中部为姚江平原，全市耕地 64.35 万亩，园地 9.84 万亩，林地 72.15 万亩。水稻生产是余姚市平原区的主要农产品，2009 年，余姚市开始规划建设 16.8 万亩的"粮食功能区"。课题组在余姚市"粮食生产功能区"选择 3 个镇（街办）6 村作为样本（专栏 8-6）。

专栏 8-6　平原区（粮食功能区）样本村集体经济组织基本情况

其一，SQS 镇 SQS 村和 SL 村

SQS 镇地处宁绍平原腹地，镇域面积 68 平方公里，辖 12 个行政村，2 个居委会，总人口 3.2 万余人，2010 年，全镇工农业总产值 46.57 亿元，农村居民人均纯收入 12027 元。

SQS 村是由 4 个行政村合并的一个较大村庄，下辖 16 个村民小组。村域面积 10875 亩，现有 1184 户，3312 人，农村劳动力 2017 人，其中从事农业的 562 人，占全村总劳动力的 27.86%，外出打工 25 人，占 1.24%。农户承包耕地合计 1754 亩（水稻田），集体没有"机动地"。2010 年农民人均

纯收入12899元。

SL村现有18个自然村，15个村民小组，860户，2285人，农村劳动力780人，其中从事农业的560人，占全村总劳动力71.79%，外出打工195人，占25%。全村土地总面积5280亩，农户承包耕地合计2956亩（水稻田），人均1.28亩是SQS镇人均土地面积最多的村，村集体没有"机动地"，但有山林630亩，其中杨梅200亩，其余荒山。2010年农民人均纯收入11777元。

其二，DT街办LC村和XZX村

DT街办处在余姚城区正北12公里处，境内东南部是丘陵地带，西北部为平原，海拔4.5—5米（按吴淞高程）。因为靠近市（县）城区，村级集体经济发展水平在全市处于领先地位。

LC村距街办驻地2公里，村域面积2.25平方公里，辖15个村民小组，1193户，3257人，劳动力2438人，其中从事农业的292人，占全村总劳动力的11.98%。家庭承包经营耕地1650亩（人均约0.51亩），其中水稻播种面积1200亩。

XZX村辖15个村民小组，全村1005户，2672人，全部为农业人口，劳动力1872人，其中从事农业的463人，占全村总劳动力的24.73%。家庭承包经营耕地1751亩，其中水稻播种面积1940亩。

因为两村占有地理区位的优势，村域非农产业较发达，村内外来务工人员较多；两村农机合作社较多，主要从事农机服务作业，两村农业生产的机械化程度较高。2010年，LC和XZX两村农民人均纯收入分别为14000元和13800元。

其三，HJB镇HT村和SLH村

黄家埠镇位于宁绍平原中部，辖10个行政村、2个居委会。2011年，全镇社会总产值138.7亿元，财政一般预算收入2.27亿元，农民人均收入14508元。

HT村。全村21个村民小组，1511户，4755人，劳动力3256人，其中从事农业658人，占全村总劳动力的20.21%。耕地3706亩，主要种植水稻。集体"机动地"228亩。2010年，农民人均纯收入9740元。

SLH村。该村处在杭州湾冲积平原、余姚县西部。全村4.8平方公里，20个村民小组，1438户，4513人，劳动力2922人，其中从事农业的963人，占全村总劳动力的32.96%。耕地3095亩，主要种植水稻、棉花、榨菜。集体"机动地"123亩。村域内有玻璃珠厂、榨菜加工厂、棉花加工厂等私人企业。2010年，农民人均纯收入11192元。

样本村之间的集体收入同样存在较大差距（表8-10），但并不是因为农业自然资源禀赋差异造成的。村集体总收入、总支出和本年收益最高的村LC村人均承包耕地不过0.51亩，村集体没有可供发包的"机动地"、林地、养殖水面等农业自然资源。该村凭借近邻城区的优势，走"工贸强村"的路子，2010年，村集体总收入343.77万元（2011年达到400万元），总支出114.51万元，本年收益229.26万元。LC村集体收入能力表现在集体经营收入能力上，2010年经营收入达197.65万元，占当年村集体总收入的57.5%，其中：村经济合作社利用土地征用补偿款作价入股宁波芦城国际物流公司，占该物流公司30%的股份，每年有分红收入；投资建设姚北金属材料市场，市场房租每年74万元、各类管理费70余万元（目前LC村正在投资建设金属材料市场二期工程，建成后每年将为村集体经济创收300万元）。

表8-10　　　　　2010年余姚市6个样本村集体经济收支状况　　　　单位：万元、%

项目 村名	总收入	经营收入	发包及上交收入	投资收益	前三项合计占比	补助收入	其他收入	后两项合计占比
SQS村	60.33	17	2.23	0	31.87	12.71	28.39	68.13
SL村	30.92	4.77	0.76	0	17.88	23.8	1.59	81.12
LC村	343.77	197.65	13.05	42.36	73.61	85.75	4.96	26.39
XZX村	184.56	95.5	25.72	0	65.68	59.6	3.74	34.32
HT村	79.16	0	24.81	0	31.34	29.9	24.45	68.66
SLH村	180.57	0	62.04	0	34.36	63.51	55.02	65.64
合计	879.31	314.92	128.61	42.36	55.26	275.27	118.15	44.74
村均	146.55	52.49	21.43	7.06	55.26	45.88	19.69	44.74

项目 村名	总支出	经营支出	管理费用	农业发展支出	其他支出	本年收益
SQS村	118.97	0	53.77	19.24	45.96	-58.64
SL村	80.24	1.08	28.85	29.6	20.71	-49.32
LC村	114.51	25.98	62.65	13.55	12.33	229.26
XZX村	84.92	18	53.44	8.26	5.22	99.64

续表

项目\村名	总支出	经营支出	管理费用	农业发展支出	其他支出	本年收益
HT 村	48	0	27.15	9.03	11.82	31.16
SLH 村	142.63	0	40.65	73.5	28.48	37.95
合计	589.27	45.06	266.51	153.18	124.52	290.05
村均	98.21	7.51	44.42	25.53	20.75	48.34

资料来源：样本镇农经站统计资料。

SL村人均耕地面积和村集体可发包的农业自然资源是所在乡（镇）最多的村，但2010年的村集体总收入和本年收益都很低，总收入（30.92万元）低的原因在于：一是经营收入偏低，只有4.77万元，集体资源的发包和管理效率不高，只有0.74万元的发包和上交收入，没有投资收益，三项合计只占总收入的17.88%。村集体的自我发展能力明显低于LC村。同时，由于当年新农村建设投资过大，该村当年收入-49.32万元，积累了村级债务。

县域内各乡（镇）村级集体经济差距也显示了同样的规律：样本中的3个乡（镇、街办）都处于平原（水乡），农业自然资源基本相同，不同的是区位条件而导致的乡际间工商业发展的差异。DT街办的地域优势明显，境内工业化程度高、商业发达，因此，村级集体经济发展水平在余姚市处于领先地位。2010年，街办所属11个村，当年收入（不含征地补偿）100万—500万元的村，就有10个，500万—1000万元的1个；当年村集体总收入3198.75万元（不含土地征用费），村均290.8万元，比2008年增长31.12%，最高的村达到508.36万元，最低的村也有134.35万元。

比较而言，SQS和HJB镇要低许多。2010年：SQS镇12个村中，集体当年收入（不含征地补偿）100万—500万元的只有2个村，其余均处在100万元以下层次，同时由于新农村建设投资过大，收支相抵后只有2个村的本年收益超过20万元，全镇村均-5.96万元；HJB镇10个村中，2010年，村级集体收入达到100万—500万元的5个，村均本年收益30.14万元。

3. 海岛村集体经济

舟山市由1390个岛屿组成，是中国第一个以群岛设市的地级市[①]。近

[①] 2012年6月21日，经国务院批准，海南省三沙市成立，是第二个以群岛设市的地级市。

几年，舟山市经济社会加速发展，2010年，全市地区生产总值633.45亿元，三次产业结构为9.9：45.5：44.6，人均生产总值65458元（按年平均汇率折算为9670美元）①，人均GDP在浙江省11个地级市中的排名已经上升到第四位②。浙江省城乡统筹发展水平综合评价排名也处在全省前列（2008、2009年均处于第二）。为便于比较，海岛样本同样在一个县域内选择6个村，而且村域经济属于农业经济（而非渔业经济），样本MA镇和XS镇都远离定海市区（专栏8-7）。

专栏8-7 海岛样本村集体经济组织基本情况

其一，MA镇MA村、TJ村和BH村基本情况

MA村是由三个行政村合并的一个规模较大的村庄，处在镇政府驻地。2010年末，村域面积4.5平方公里，17个村民小组，650户，1692人（常住人口4000多人），农村劳动力1148人，其中从事农业的76人（占6.62%），常年外出务工达到426人（占37.11%）；家庭承包经营的耕地，全村只剩下819.84亩，农民人均纯收入13994元，其主要来源于"农家乐"经营。

TJ村由原四个行政村合并而来，2010年末，辖17个村民小组，791户，2081人，劳动力1717人，其中从事农业的135人（占7.86%），常年外出务工139人（8.10%），全村家庭承包经营的耕地面积1503.4亩，农民人均纯收入11105元。

BH村现有14个村民小组，724户，1771人，劳动力1285人，其中从事农业的281人（占21.87%），常年外出务工390人（30.35%），全村家庭承包经营的耕地面积716亩，2010年，农民人均纯收入11798元。

其二，XS镇GH村（HT经济合作社和HG经济合作社）

该镇原有13个行政村，2002年合并成6个行政村，但仍然保留原13个村级经济合作社，即基层组织、社区治理和基本公共服务等已经合并成一个行政村，以村为单元；生产和分配仍然以原13个村级经济合作社为单元③。

---

① 《舟山市2010年国民经济和社会发展统计公报》，http://www.tjcn.org/plus/view.php?aid=18950。

② 参见《浙江统计年鉴（2011）》，中国统计出版社2011年版，第532页。

③ 参见作者《撤并建制村后的村级合作社建设问题》，载《中国经济时报》，2008年10月15日。

第八章 工业化进程中村集体经济结构演变

我们调查的 GH 村由原 HT 村和 HG 村合并,但生产、分配仍然保留两个合作社,以下是两个合作社的基本情况。

HT 经济合作社。现有 21 个村民小组,476 户,1187 人,劳动力 696 人,其中从事农业的 267 人（占 38.36%）,常年外出务工 222 人（占 31.90%）,全村家庭承包经营的耕地面积 819 亩。2010 年,农民人均纯收入 13000 元。

HG 经济合作社。现有 15 个村民小组,437 户,1071 人,劳动力 646 人,其中从事农业的 237 人（占 36.69%）,常年外出务工 225 人（占 34.83%）,全村家庭承包经营的耕地面积 765 亩。2010 年,农民人均纯收入 12500 元。

盘点 2010 年样本 6 村集体总收入、总支出和本年收益,除 XS 镇 HG 经济合作社（原为行政村）分别只有 4.1 万元、6.28 万元和 -2.18 万元以外,其他 5 个样本村集体经济比较平衡（8-11）。加总平均,样本村村均总收入、总支出和本年收益分别为 80.30 万元、63.89 万元和 16.91 万元。在村均总收入中,经营收入、发包和上交收入和投资收益合计 11.93 万元,占村均总收入的 14.85%。XS 镇的 HT 和 HG 两村总收入、总支出流量以及本年收益量比 MA 镇 3 个样本村都小,这是因为 XS 镇的农经统计中未计算政府补助收入的缘故。

表 8-11　　2010 年舟山市定海区 5 个样本村集体经济收支状况　　单位:万元、%

项目 村名	总收入	经营收入	发包及 上交收入	投资收益	前三项 合计占比	补助收入	其他收入	后两项合 计占比
MA 村	132.45	27.19	2.67	3.6	25.26	85.45	13.54	74.74
TJ 村	132.00	0.1	0.73	0	0.63	125.25	5.92	99.37
BH 村	117.51	4.45	1.81	0	5.33	100.55	10.7	94.67
HT 村	15.45	9.14	5.91	0.08	97.93	0	0.32	2.07
HG 村	4.10	2.00	1.91	0	95.37	0	0.19	4.63
合计	401.51	42.88	13.03	3.68	14.84	311.25	30.67	85.16
村均	80.30	8.58	2.61	0.74	14.85	62.25	6.13	85.15

项目 村名	总支出	经营支出	管理费用	农业发展支出	其他支出	本年收益
MA 村	98.64	0	33.88	8.88	55.88	33.81
TJ 村	110.09	0	31.59	10.17	68.33	21.91

续表

项目 村名	总支出	经营支出	管理费用	农业发展支出	其他支出	本年收益
BH 村	95.56	1.19	33.75	2.73	58.89	20.95
HT 村	5.36	1.83	2.87	0.06	0.60	10.09
HG 村	6.28	1.55	3.31	0.52	0.90	-2.18
合计	315.93	4.57	105.40	22.36	184.60	84.58
村均	63.39	0.91	21.08	4.47	36.92	16.91

资料来源：样本镇农经站统计资料。

样本村的这种状况与两镇所有12个村（每镇都是6个行政村）的比较结果相同：2010年，MA镇6个村，村均总收入、总支出和本年收益分别为130.66万元、97.38万元和33.28万元，XS镇6个行政村，村均总收入、总支出和本年收益分别为19.58万元、10.10万元和9.48万元。XS镇村集体组织的收入和支出流量明显小于MA镇，村均本年收益只有MA镇的28.49%，形成差距的重要原因在于XS镇的农经统计中没有计入政府补贴收入。

案例同样证实，浙江省海岛地区村级集体经济同样摆脱了对农业资源的依赖，村域工业化和城镇化水平成为影响集体收入的主要因素：MA村处于镇政府所在的城区，是其所在镇6个村中唯一具有投资收益和房地产租赁收入的村，也是所在镇6村中收入是最高的；HT和HG两村合并后命名为GH村，耕地保持村民小组所有制，以组为单位发包，属于原村级集体的农业资源仍然由原村经济合作社发包和管理。2010年，该村发包和上交收入合计7.82万元，其中，HT合作社5.91万元，HG合作社1.91万元，这是两合作社集体资源差异的表现；但是，HG合作社区内现已入住3家企业（机械加工、冷库等）。所以，从2011年开始，该合作社房地产租赁收入3.4万元/年。可以预见，随着村域工业企业的发展，HG合作社集体经济还有很大增长空间。

将上述丘陵、平原（水乡）海岛地区样本村的村平均数据放在一起比较（表8-12）：样本村村平均数据显示，村级经济组织的总收入水平以及本年收益（经营效益），平原（水乡）地区最高，丘陵地区次之，海岛地区最低。

表 8-12　2010 年丘陵、平原（水乡）和海岛集体经济村均收支比较　单位：万元、%

项目 村名	总收入	经营收入	发包及上交收入	投资收益	前三项合计占比	补助收入	其他收入	后两项合计占比
丘陵村	138.21	0	63.23	1.17	46.60	19.78	54.03	53.40
平原村	146.55	52.49	21.43	7.06	55.26	45.88	19.69	44.74
海岛村	80.31	8.58	2.61	0.74	14.85	62.25	6.13	85.15

项目 村名	总支出	经营支出	管理费用	农业发展支出	其他支出	本年收益
丘陵村	91.05	0.15	56.03	16.02	18.85	47.15
平原村	98.21	7.51	44.42	25.53	20.75	48.34
海岛村	63.38	0.91	21.08	4.47	36.92	16.91

深入观察发现：地区农业资源的差异对村集体经济发展还是有影响的，丘陵地区兼得农林牧渔资源优势，所以丘陵地区村均发包和上交收入最高，平原地区次之，而海岛地区最低；但是，依赖农业自然资源收入的村集体并不是总收入和本年收益最高的村，平原地区的村集体依赖工商业发展而获得了大量经营房地产和物业管理服务收入，从而成为村级集体经济发展的佼佼者。

五　小结

农业自然资源及村域所处区位是村集体经济发展的重要条件但不是决定因素，村集体产权制度安排及集体经济组织配置和管理资源的能力差异是村集体经济发展差异的决定性因素。

农业经济条件下，村集体经济组织配置管理的主要是土地、水源和水利设施及绝对不动产资源，由于集体土地等资源的发包主要遵循公平优先、兼顾效率原则，因此，村域产权制度安排及资源配置管理能力的差异所导致的村级集体经济发展差异并不明显，只要产权制安排合理、村集体经济组织有效配置和管理集体资源，就能获得保障村级组织运转及村域社区基本公共服务供给所需要的收入。

工业经济条件下，村集体经济组织配置管理由土地等农业自然资源拓展到厂房、机器设备等相对不动产及数量可观的资金，集体资源、资本、资金有条件转变为产业资本和金融资本，经济活动范围及其利润空间加大拓展，因此，村域产权制度安排及资源配置管理能力的差异所导致的村级集体经济发展差异凸显出来，从而涌现出类似滕头村、花园村、航民村、方林村等著名经济强村（"明星村"）。

课题组建议：加快村集体产权制度改革，提升村集体经济组织配置和管理资源的能力，同时加快村域现代农业和非农产业发展，应该成为中国政府继续推进村级集体经济发展的战略措施。

本章参考文献

［1］H. 钱纳里等：《工业化和经济增长的比较研究》，上海三联书店1989年版。

［2］国务院第二次全国经济普查领导小组办公室：《第二次全国经济普查优秀论文汇编2008（第二产业篇）》，中国统计出版社2011年版。

［3］徐剑锋：《进入工业化发达阶段后的浙江经济发展》，载《浙江经济》2009年第19期。

［4］黄祖辉、朱允卫：《浙江农村工业化的发展与启示》，载《中国经济史研究》2006年第2期。

［5］王景新：《村域经济转型发展态势与中国经验》，载《中国农村经济》2011年第12期。

第九章

民族自治地区村集体经济演变与发展

——广西案例研究

本章由两份已发表的阶段成果组成。其一,"村域集体经济历史发展——广西万秀村的印迹"[①]。主要观点是:宗族公有和村社公有是宗族共同体和村社共同体维系运转的历史产物;农业经济中的互助合作运动及其制度变革是成功的;公社体制下的农业经济在历次政治运动中一直保持增长态势,但这一体制下的村域工业副业经济远不如农业经济发展的成功;双层经营体制下,村域农业经济空前发展,但村域工业经济发展并不顺利;随城市化快速推进,房地产租赁和服务业上升为村域集体,尤其是城市文明辐射范围内的村域集体收入的主要来源。其二,"村域集体经济现实发展——南宁、钦州调查报告"。报告认为:广西壮族自治区村级集体经济总收入、总支出和本年收益都低于全国同期平均水平,处在5个民族自治区后列;区域内村级集体经济发展差异除了村域区位和非农产业发展等因素外,主要表现为村级集体经济组织在资源配置和管理上的差异。因此建议:一方面在国家"十二五"扶贫攻坚计划中增加支持村级集体经济转型发展的相关政策;另一方面,清理村组集体资源、资产和资金,培训提升村组集体经济组织负责人配置和管理集体"三资"的能力,发展壮大集体经济。

一 村域集体经济历史发展——镌刻在万秀村的印记

万秀村隶属于广西壮族自治区南宁市西乡塘区北湖街道办事处,是南宁市北郊城乡结合部的一个行政村。截至笔者调查时(2011.10),全村有6

[①] 王景新、余勇亮:《村域集体经济历史发展:广西万秀村的印迹》,载《广西民族大学学报》(哲学社会科学版)2012年第6期,第2—10页。

个村民小组，1130户，4500人，另有外来人口6万人。村域土地总面积与1949年相同，共5.534平方公里，耕地面积因国家征收和村民住宅等建设用地占用，已由1949年的5327亩（人均3.17亩）减少到2003年的零亩。万秀村为我们留下了中国近现代村落变迁的完整历史印记：这个昔日邕州和岭南西道节度使驻地①外围的"城郊村"，直到1949年还保留着原始农村公社的痕迹；而今，南宁市的扩张早将万秀村变成了"城中村"，但该村建制及行政区划自1942年至今没有变更过；农民撰写的《万秀村志》②，不仅"……让史籍留下自己的足迹"③；而且在不经意间，把村域经济社会微观层面的变化，与新中国的土地改革、农业合作化、人民公社、家庭承包责任制等不同历史时期宏观制度变迁联系了起来，记录了新中国农业、农村和农民发展的历史。本书追寻万秀村的历史印记，探讨村域集体经济的历史发展脉络及其运行规律。

（一）宗族公有和村社公有：万秀村域集体经济的历史形态

1. 万秀村域宗族公有和村社公有的形式

据《万秀村志》载，1949年，万秀村有5个自然坡④，169户，1364人⑤，全村72座公堂、公地，土地面积达1819.43亩（表9-1），占村域土地总面积的19.3%。

表9-1　　　1949年万秀村的公堂、公地名称及占有土地面积状况　　　单位：亩

编号	公堂名称	面积	编号	公堂名称	面积	编号	公堂名称	面积
1	万安寺	50	26	德表公	70	51	老塘	3
2	太子庙	15	27	宽晓公	7.5	52	大门塘	7
3	心圩江北	36	28	茂华公	7.5	53	土地公	7.5
4	观音堂	2.25	29	邓济公	6	54	大塘	
5	花园土地	2.25	30	子华公	5	55	细塘	6
6	天佑公	2	31	增吉公	5	56	门口塘	

---

① 邕州即今南宁。唐贞观八年（634），原南晋州更名为邕州。唐咸通三年（862），岭南西道节度使亦驻邕州，统辖原属邕、容、桂三管之地。这是南宁作为省级政权驻地的开始。
② 苏树远、邓耀燊：《万秀村志》，广西人民出版社2009年版。
③ 孙达人：《中国农民变迁论——试探我国历史发展周期》，中央编译出版社1996年版，第7页。
④ "坡"相当于自然村，广西南宁一带把村民聚居的自然村称为"自然坡"。
⑤ 苏树远、邓耀燊：《万秀村志》，广西人民出版社2009年版，第12页。

续表

编号	公堂名称	面积	编号	公堂名称	面积	编号	公堂名称	面积
7	大成会	1.75	32	国英公	5	57	太子庙堂	3
8	林周公	1.25	33	四公坟	2	58	秀竹	120
9	林鸿公	1.25	34	飞熊公	1	59	罗山	120
10	师公会	1.25	35	适均公	—	60	九曲	
11	合成堂	1.25	36	龙根底塘	3.9	61	敬修书屋	250
12	林焕公	1.25	37	坟头塘	2.47	62	汝铨公	250
13	摧粮田	1.25	38	猪屎塘	5.5	63	渌影礼	300
14	林炤公	1.25	39	水葡萄塘	3.74	64	长苍	—
15	林康乐堂	87.5	40	周礼屋田	2.32	65	三桥	—
16	福德贮	9.5	41	黄氏宗祠	220	66	四合公	10
17	天成公	7.5	42	土地坊	73	67	新会公	2.5
18	天显公	4.5	43	和睦堂	15	68	菩鸾公	2.5
19	林子公	6.5	44	丁本堂	10	69	从屋塘	5
20	老土地	4	45	梁山畏堂	10	70	四方塘	2
21	林厚堂	37	46	梁慎远堂	20	71	下底塘	1
22	四合会	25	47	大桥	30	72	长塘	2
23	众大门塘	3.5	48	集远堂	2			
24	邓姓祠堂	5	49	后背堂	3			
25	香五庙	20	50	八尺江	10	总合计		1819.43

资料来源：苏树远、邓耀燊：《万秀村志》，广西人民出版社2009年版，第37页。

表中所列公堂、土地、塘堰等公共资产分成两个类型。(1)宗族公有。其下再分两个层级，即同宗成员全体共有，或者同宗子孙各房族（子祠或宗厅）成员共有。比如：表9-1中的邓姓祠堂是万秀村域所有邓姓成员共有的大公堂；茂华公、子华公、增吉公、国英公等是同宗但分别属于不同房族成员的共有资产。观察表9-1可知，宗族公有是以宗族总祠（大公堂）、子祠（宗厅）、屋田、坟地、塘堰、会（如四合会）等形式存在、经营和管理的。(2)村社公有也分成两个层级，即自然坡（村）公有和建制村公有。比如：表9-1中的万安寺、太子庙等是属于万秀村全体村民公有的、宗教性的公共资产；邓屋祠堂既是邓姓宗族的资产，也是邓姓坡这个自然村落成员的公有资产。村社公有以不同村社范围内全体成员公有共享为特征，以公地、塘堰、河流（如八尺江）、公共设施（如三桥）等集体资产的形式存在、经营和管理。

2. 万秀村域宗族公有和村社公有的形成

万秀村域宗族公有制的形成大致有两种途径。其一，宗族遗产传承。万秀村的村民先辈均属于宋、明两朝南下广西的最早的汉族族群之一。北宋中期及明朝后期，万秀村邓、陈、梁、黄、林、苏六个姓氏的祖先，先后从山东、江西、河南等地迁徙到此定居。他们以姓氏为基础，建立了邓姓坡、陈姓坡、仁里坡（黄姓和梁姓）、敬修坡（黄姓和苏姓）、林姓坡五个自然坡，其中邓姓坡、陈姓坡和林姓坡是单姓氏血缘村落，仁里坡和敬修坡则属于黄、梁、苏姓宗族多姓氏共同聚居。六个姓氏的祖先在万秀村这片土地上开疆拓土，购置土地和房产。这些资产又随着始迁祖的后裔繁衍而不断被分割。在土地和其他资产被分割、再分割的过程中，总有一些距离较远、土质较差、生产不便的山林和土地未被分割，抑或因为宗族的共同需要（如宗祠维修、修坟、祭祖、养老、子女教育、宗族集体之间的讼事等）而预留一些公有土地和资产，从而形成了以姓氏为边界的宗族公有制经济。其二，宗族共同体因公共需要，向其成员摊派或者向其成员中的殷实、富裕户募捐而累积下来的资本和资产。

万秀村域的村社公有制是血缘共同体和村落共同体演变，以及宗族和村社公共利益演变交汇融合的结果。非单姓氏村落里居住着不同宗族，每个宗族都有属于自己的氏族公产，为了某些需要，不同宗族的公产合并在一起便是村社公产。万秀村域在漫长的演变过程中，一直以邓、陈、梁、黄、林、苏六姓氏的成员为主体。到2007年，全村1231户、3967人中，邓姓887人（占22.4%）、陈姓380人（占9.6%）、梁姓176人（占4.4%）、黄姓777人（占19.6%）、林姓591人（占14.9%）、苏姓120人（占3.0%），六姓氏人口合计占村域总人口比例为73.9%。其余26.1%的人口为方、马、蔡、江四姓氏。如前所述，传统中国乡村的血缘共同体大多拥有宗族公产。在血缘共同体演变过程中，村落共同体也在演变。其中，单姓氏的村落共同体内，宗族共同体公共财产，同时也是村落共同体的集体财产，宗族公有和村社公有是重合的。在多姓氏共同居住的村落共同体内，无疑也会产生基础设施建设、修缮和共同防御等方面的公共需求，于是，不同宗族的公有财产又合并一起，便是村落共同体的公共财产。后来，五个自然坡合并为三个村，其中林姓坡、陈姓坡并为合栋村，敬修坡、仁里坡并为敬仁村，邓姓坡（演化为两个自然坡）并为秀东村。这时，自然村落的功能逐渐弱化，三个建制村演化为村民生产、生活及治理的基本单元。民国三十一年（1942），三个建制村又合并为一个建制村，起名"万秀村"，隶属邕宁城区邕北镇管辖①。自1942年至今，万秀村的行政建制及区划边界再也没有改变②。一个建制村长期存在和稳定运行，为村域集体的公共财产形成和积累创造了条件。

3. 万秀村域宗族公有和村社公有的性质及经营管理

在传统中国，把经营管理宗族公有和社区公有的祠堂、寺庙、义仓、学田、会、社等公有财产的行为统称为"管公堂"。新中国建立初期，"管公堂"被看成是一种剥削行为。1950年《政务院关于划分农村阶级成分的决定》规定，凡属为少数人把持，"有大量封建剥削收入的公堂，管理公堂的行为，应该是构成管理者阶级成分的一个因素"。由工人、农民、贫民、群众轮流管理的小公堂，因剥削量极小，"则不能作为构成管理者阶级成分的一个因素"。那么，这些原本分别属于宗族公有、社区公有的集体财产，为什么其中大部分会逐渐沦为地主剥削农民的资本，万秀村的历史印记似乎可以说明其原委。

万秀村"管公堂"的模式与当今现代企业制度中的公司治理结构非常相似。首先，成立"评议委员会"作为公堂公地所有权人的代表，受所有权人的委托经营管理宗族公产和村社公产。"评议委员会"的主要职能是，决定租田、放债、卖谷、清账、祭祖、会餐、派捐、办公事、定丰年（加租率）等一系列大事的原则。其次，每个公堂选出1名"总理"（即总经理，也有少数是几个公堂共选1名总理），作为"管公堂"际负责人。一般情况下，"总理"并不直接经营宗族公产或村社公产，而是将这些公产出租给某些农户经营。"总理"管理出租、收租、放债、收债、派钱派工，并组织每年例行的季节活动（如更新和清算账目、预丰收、收谷、卖谷、会餐③等）。这一管理模式中，从所有者到经理人员形成了三级委托代理关系：宗族成员或村社成员是所有者（相当于股东），也是第一级委托人；"评议委员会"接受所有者的委托，是一级代理人（相当于董事会），同时又是二级委托人；"总理"是二级代理人（相当于经理），同时又是三级委托人，将

---

① 苏树远、邓耀燊：《万秀村志》，广西人民出版社2009年版，第1、8页。

② 万秀村的村名，是按照村落附近的"万安寺"和"明秀寺"各选一字组合而成的。自1942年至今，万秀村的行政建制及区划边界再也没有改变，尽管在不同历史阶段万秀村被冠以不同的称谓，如万秀村、万秀乡、万秀红旗公社、万秀生产大队、万秀村公所、万秀村民委员会。

③ 会餐，一般是在清明节、中元节、冬至节等令节期间组织，公堂或村社人人有权参加；其他会餐只有"评议委员会"成员和总理参加。

宗族公有或村社公有的财产再次委托和出租给经营农户（三级代理人）。根据现代企业管理经验，如果三级委托代理合约科学有效，宗族公有和村社公有的集体经济的经营管理是有效的。这可能是万秀村宗族公有、村社公有之类的集体经济能够长期存在、有效运行的重要原因。

但是，万秀村域的"评议委员会"成员及"总理"人选要求是，"父老绅士"、有文化，在村里、族里能"讲的话"①。按照这些条件，能当选的人大都是地主和富农。因此，"管公堂"的实际权力——无论是决策权，还是经营管理权，都落在了地主和富农手上。拥有经营管理宗族公产和村社公产"公权力"的地主富农，一方面利用这种公权力"合法提取"公益性开支（比如万秀村的祭祖、例行活动及会餐等），另一方面打着宗族和社区"公益性"需求的旗帜而中饱私囊，进行盘剥。而且，随着时间的推移，后一种情况越来越普遍，所以才有了《万秀村志》专门记载的"公堂剥削"现象。

（二）从互助组到人民公社：万秀村域集体经济发展及制度演变

1. 万秀村域农业社会主义改造的道路和历程

中国农业社会主义改造的道路是一个渐进的过程。"就是经过简单的共同劳动的临时互助组，和在共同劳动的基础上实行某些分工分业而有少量公共财产的常年互助组，到实行土地入股、统一经营而有较多公共财产的农业合作社，到实行完全社会主义的集体农民公有制的更高级的农业生产合作社"②；然后再通过"规模较小的农业生产合作社合并和改变为规模较大的、工农商学兵合一的、乡社合一的、集体化程度更高的人民公社"③。

万秀村紧随新中国的农业社会主义改造步伐。1949年12月4日，邕宁县驻地南宁城获得解放。自此，这个远离北京、处在祖国大西南的村庄，紧紧跟随中共中央的决策、合着新中国土地改革和农业社会主义改造的节拍律动，其反应之快、步调之紧密令人惊奇。

——1950年4月，万秀村建立了农民协会，并作为南宁市郊区政府"清匪反霸"减租减押的试点村，当年10月10日，中共中央即发出《关于镇压反革命活动的指示》。毫无疑问，万秀村和其他试点村探索的经验，是

---

① 苏树远、邓耀燊：《万秀村志》，广西人民出版社2009年版，第38页。
② 国家农业委员会：《农业集体化重要文件汇编》（1949—1957），中共中央党校出版社1981年版，第207页。
③ 同上书，第68页。

新中国成立初期清匪反霸政策的重要来源之一。

——1950年6月,《中华人民共和国土地改革法》颁布,万秀村在较短的时间内(1951.10—1952.1)即完成土地改革任务。

——1951年12月,中共中央颁布《关于农业生产互助合作的决议(草案)》。翌年底,万秀村第一个互助组——黄肖妹、黄煦互助组成立;接着第二个互助组(林德清互助组)成立。到1953年底,万秀村共建成15个常年互助组和36个季节性互助组。

——1953年12月,中共中央颁布《关于发展农业生产社的决议》。翌年8月1日,万秀村林绍安和陈祖滨分别组建了"万秀乡①第一初级合作社"和"万秀乡第二初级合作社"。随后,另外三个初级合作社相继成立。到1955年底,加入合作社的农户307户,占全乡(村)总农户数(402户)的76.4%,1956年1月,全村农户100%加入了初级合作社。

——1956年11月30日,全国人大常委会通过了《高级农业生产合作社示范章程》。此前(1956.1),万秀乡(村)已将7个初级合作社组建成高级农业合作社——"万秀红旗农业合作社"。

——1958年8月17日,中共中央政治局在北戴河召开扩大会议,这次会议通过了《中共中央关于在农村建立人民公社问题的决议》(8.29)。比中共中央的决议早3天,广西壮族自治区党委发出《关于在农村建立人民公社的指示》(8.26)。8月27日晚,万秀村连夜召开社员大会,一致通过决议,与周边其他村的6个农业合作社联合成立"中苏友好人民公社",万秀村组建成"万秀生产大队"(隶属中苏友好人民公社),生产大队之下,按照五个自然坡设立了五个生产队。万秀村的"人民公社化运动仅一个晚上就完成了"②。自此,万秀生产大队便在公社体制下运行。

2. 万秀村域集体经济制度的发育、发展及演变

第一,村域集体经济制度在互助组发展过程中萌芽

土地改革后,农户的耕地、生产工具、耕畜等生产资料和劳动力此余彼缺的情况普遍存在,农户之间亟须通过互助合作发展生产,互助组应运而生。就全国普遍性而言,互助组由相邻的4—5个农户组成,土地及生产资料农户私有,自主(决策)经营,劳动力、农具及畜役在互助组内调节,或者串工换工,或者以人工换畜役力,土地收益归农户。万秀村黄肖妹、黄

---

① 1952年7月,村改为乡制,万秀村改为万秀乡。
② 苏树远、邓耀燊:《万秀村志》,广西人民出版社2009年版,第40页。

煦互助组和林德清互助组都是由5户贫农组成的。

互助组有临时互助组和常年互助组之分。万秀村36个季节性互助组属于临时互助组。农忙时节，临时互助组成员之间协作生产，通过串工、换工等方式调节户际之间的劳动力、生产工具、耕畜等的余缺。临时互助组的实质是农户个体经济联合体，尚不具备集体经济的完整形态。村域15个常年互助组，形成了劳动合作与分工，拥有少量公共财产，并在集体成员中分配剩余。常年互助组具备了集体经济的基本特征与核心内涵，村域集体经营管理农业经济的制度在互助组发展过程中萌芽了。

第二，村域集体经济制度在合作化过程中初步形成

农业生产合作社是在互助组的基础上形成的，它经过了初级社和高级社两个阶段。万秀村的7个初级合作社都是在互助组的基础上构建的。初级合作社阶段，"它统一地使用社员的土地、耕畜、农具等主要生产资料，并且逐步地把这些生产资料公有化；它组织社员进行共同的劳动，统一地分配社员的共同劳动成果"[①]。万秀村农民概括本村初级合作社的特点是，"土地入股、按劳分配"，点出了初级合作社的实质。万秀村的高级农业生产合作社是由7个初级合作社联合组建的，高级合作社阶段，社员的土地和其他生产资料都要入社，公有化程度更高了，但社员的生活资料仍然不必入社。

由初级农业合作社到高级农业合作社，村域集体农业的经营管理制度安排发生了明显变化：（1）产权制度变化，初级社阶段，农民所有的土地和其他生产资料虽然入了社，但入社农户可以以股份分红的形式，享受生产资料的收益权；高级社阶段，农户入社的土地和其他生产资料所占股份及其分红都取消，按劳动分配成为合作社收益分配的唯一方式。就这样，农户通过土地改革获得的私有土地及其他生产资料，悄然、无偿地公有化了。（2）村域集体公有财产（包括资源、资产和资金）的积累机制正式形成。土地资源和其他生产资料的公有化，组成了村域社区集体所有的原始资源；统一经营、集中劳动，按劳分配劳动产品及剩余的机制，形成了村域社区集体的原始积累机制（分配之前的集体提留）。（3）由于前两个变化，村域集体经济组织的公共服务职能被拓展出来。农户私有土地和生产资料等资源性资产交给了高级社，农民成了高级社的社员，高级社必须为其社员提供社

---

① 国家农业委员会：《农业集体化重要文件汇编》（1949—1957），中共中央党校出版社1981年版，第480页。

保障；高级社公共积累增长及其制度化，使其有能力供给其社区内的农业基础设施建设、公益活动、医疗等基本公共服务。这表明，发展到高级社阶段，村域集体经营管理农业经济的制度初步形成了。

第三，村域集体经济制度在公社化过程中正式形成并定型化

自1958年8月人民公社成立至1959年1月，万秀村域的农业生产关系突击性地向"高级阶段"过渡。(1)社员私有宅基地、自留地、坟地等生活资料，以及小农具、牲畜、房前屋后的零星树木等私有财产全部归公；同时，取消了社员加入农业生产合作社时以土地及其他生产资料折价入股的股份。(2)中苏友好人民公社统一组织农业生产和核算，并对各大队、生产队实行"一平、二调、三收款"①。在不到一年的时间内，公社平调了万秀大队现金2.5万元、稻谷数万斤、大猪200多头，调大型粉碎机12台、大型打谷机2台等生产资料和工具，折款5150元；还拆了不少社员的围墙、门楼，把材料送去修建公社万头养猪场②。(3)取消了"劳动定额、按件计酬"的集体生产责任制，实行工资供给制，全村劳动力、半劳动力分成三级，其中一级劳动力月工资5元，二级劳动力月工资4.5元，半劳动力月工资4元；同时，食品供给采用食堂制，提出"吃饭不要钱、放开肚皮吃"的口号。与之相伴随，浮夸风盛行。这些做法导致了村域农业生产滑坡的局面，集体统一经营农业的制度亟须整顿和改进。

1959年2月末至3月初，中共中央政治局扩大会议再次在郑州召开，会议之后，即刻展开了"人民公社的整顿和巩固工作"（简称"整社"）。随后，《农村人民公社工作条例（草案）》（1961.3）颁布，又经过两次修订，1962年，中共八届十中全会通过了《农村人民公社工作条例修正草案》（简称"六十条"），规定"人民公社的基本核算单位是生产队"，"人民公社体的组织可以是两级，即公社和生产队，也可以是三级，即公社、生产大队和生产队"③。人民公社"六十条"，标志着农业公社化最终完成，标志着农村集体经济制度的成熟和定型。

农业公社化完成过程中，万秀村域集体经济制度不断变革：（1）理顺集体经济组织与社员之间的产权关系。清理、退赔公社化以来被无偿"平

---

① 指平均分配、调粮、调物质、收入现金上交公社。
② 苏树远、邓耀燊：《万秀村志》，广西人民出版社2009年版，第40页。
③ 国家农业委员会：《农业集体化重要文件汇编》（1958—1981），中共中央党校出版社1981年版，第628页。

调"的物资和被拆除的社员围墙。恢复农业生产合作社时期的"自留地"①,划出全村耕地总面积的 5%—7% 的土地,按照人口平均分配给农户,自留地所有权属于农民集体,使用权归农户,长期不变。允许社员利用房前屋后、路旁的零星土地种植农作物,饲养家禽;承认商品生产和商品交换关系存在,允许社员生产的多余农副产品上市交易。(2)逐步划小生产和核算单位。在整社过程中,恢复了高级农业生产合作社的规模,以当时的生产大队为核算单位,贯彻人民公社"六十条"时,又将生产和核算单位下沉到生产队一级,并将原 5 个生产队分成了 24 个生产队。(3)恢复集体生产责任制度,调整分配关系。这期间有 6 个生产队实行了包产到组,2 个生产队实行包产到户、以产计分。制度变革重新调动了社员生产积极性,自此,村域农业经济持续发展。

3. 万秀村域集体农业经济发展及效益评估

第一,村域集体农业经济在互助组和高级社阶段的发展

从互助组到高级社,万秀村域农业社会主义改造及集体经营管理农业生产的制度变革都是成功的。初级社时期,万秀村初级合作社的平均规模 57.4 户（7 个初级合作社 402 户）,生产规模适中;合并成一个高级合作社后,农业生产规模扩大了,但万秀村借鉴苏联集体农庄"分级定额、按件计酬"的管理方式,在高级合作社内部实行了集体责任制度,从而保证了集体经营农业的效益。互助组时期,万秀村农业、副业总产值为 14.309 万元（1953 年）;初级社时期,全村农副业总产值提升到 14.7967 万元（1955 年）,比互助组时期增长 3.4%;高级社时期,全村农副业总产值达到 20.6655 万元（1957 年）,比初级社时期增长了 23.4%②。万秀村的实践,佐证了林毅夫在《制度、技术与中国农业发展》一书中的结论:"……合作化的进程在其初始阶段无疑是成功的。"③ 可惜,合作社制度没有能够持续,就在迅速展开的农村人民公社运动中转变了。

第二,村域集体农业经济在人民公社体制下的发展

在"一平、二调、三收款"和浮夸风的严重影响下,万秀村出现了大

---

① 《农业生产合作社示范章程草案》规定:每人自留地最多不得超过当地人均耕地的 5%。人民公社化运动中,一些地方将自留地收归集体,1960 年以后逐步恢复。自留地的所有权属于农民集体,使用权归农户,长期不变。
② 苏树远、邓耀燊:《万秀村志》,广西人民出版社 2009 年版,第 40 页。
③ 林毅夫:《制度、技术与中国农业发展》,上海三联书店、上海人民出版社 1994 年版,第 19 页。

量抛荒田地、粮食减产、农业生产滑坡的局面。1959年夏天，全村便出现了粮食供给紧张的局面。到1960年上半年，万秀村即出现了农民上山挖野菜、食芭蕉根充饥的现象①。经过整社整风和贯彻人民公社"六十条"，集体经营农业的制度进行了改革和调整：一方面，在集体经济组织内部划小了生产和核算单位，实行了集体生产责任制度，调整了剩余分配关系；另一方面，允许社员保留少量自留地、小农具和有限的家庭经济，增加了农户收入，活跃了市场；加上社员在强大的政治动员中"被焕发"出来的热情。这三方面的条件保证了公社体制下的村域集体统一经营农业的制度得以正常运转。因此，万秀村的农业经济在历次政治运动（如1964—1965年的"四清"② 运动，1966—1976年的"文化大革命"）中一直保持增长态势。

1962—1974年，其水稻种植面积基本维持在1000亩左右，稻谷总产量和人均产量一路攀升（表9-2），蔬菜年产量始终维持在4200公斤左右。1974年以后，农业生产转向以蔬菜为主，粮食产量随之下降。1984年，万秀村200多亩蔬菜地被国家征收。随着耕地面积日趋减少，全村粮食和蔬菜产量才逐年下降。

表9-2　　　　1963—1980年万秀村域集体经济粮食生产情况

年份（年）	水稻面积（亩）	稻谷总产量（万公斤）	人均产粮（公斤）	年份（年）	水稻面积（亩）	稻谷总产量（万公斤）	人均产粮（公斤）
1963	1051	24.29	136.6	1972	1432	85.40	390.7
1964	1355	53.58	313.5	1973	1327	79.01	351.8
1965	1005	38.29	212.1	1974	1290	74.0	327.1
1966	1273	50.40	273.3	1975	972	55.84	243.5
1967	1374	55.56	300.2	1976	778	46.06	201.0
1968	1382	59.31	307.1	1977	800	40.01	173.2
1969	1119	53.02	266.0	1978	703	32.50	139.5
1970	1153	68.13	333.0	1979	569	22.55	95.80
1971	1448	74.90	350.7	1980	530	19.43	84.70

说明：从1981年起上级部门不再给万秀村下达上市生产任务。资料来源：苏树远、邓耀燊：《万秀村志》，广西人民出版社2009年版，第54页。

---

①　苏树远、邓耀燊：《万秀村志》，广西人民出版社2009年版，第41页。
②　万秀村于1964年5—6月是"清理账目、清理仓库、清理财物、清理工分"；1964年9月—1965年6月，转为"清政治、清经济、清组织、清思想"——引自苏树远、邓耀燊《万秀村志》，广西人民出版社2009年版，第43页。

农业经济稳定增长，促进了万秀村域集体总收入和农户从集体经济分配中所得收入都保持了增长趋势（表9-3）。

表9-3　1963—1980年万秀村域集体经济总收入、总支出和农民分配

年份（年）	全村总收入（万元）	全村总支出（万元）	农民分配	
			总分配（万元）	人均收入（元）
1963	16.24	2.64	11.97	70.74
1964	20.44	2.53	14.26	83.44
1965	29.41	8.59	20.43	113.0
1966	31.45	6.00	19.2	110.0
1967	32.15	6.11	23.03	116.20
1968	37.47	6.18	25.42	131.64
1969	39.99	7.73	25.89	129.90
1970	41.43	9.35	26.24	128.25
1971	45.90	9.96	29.84	139.70
1972	51.26	11.68	32.02	147.62
1973	49.81	12.05	30.37	136.37
1974	51.36	12.72	31.04	137.22
1975	51.17	14.85	28.27	123.28
1976	58.99	18.80	31.92	139.32
1977	61.23	19.06	33.85	146.53
1978	72.48	23.78	40.77	174.98
1979	114.44	47.96	52.14	221.49
1980	108.52	44.04	53.42	223.04

资料来源：苏树远、邓耀燊：《万秀村志》，广西人民出版社2009年版，第81页。

第三，万秀村域农业经济发展与我国农业经济发展的宏观趋势相吻合

1949—1978年，中国主要农产品产量出现过三次快速增长和两次波动（图9-1）[1]。万秀村域农业经济每一次增长和波动，与全国农产品产量变动的宏观趋势相吻合，每次增长和波动都是政策变动和制度变迁的真实记录：1949—1957年间的快速增长，证明了土地改革以及互助制度安排的效率；1958—1962年主要农产品产量急剧下滑，是公社初期"一大二公"的

---

[1] 王景新：《农村改革与长江三角洲村域经济转型》，中国社会科学出版社2009年版，第32页。

制度性失误和中国农业抗御自然灾害能力弱小的综合反映；1962—1965年的快速增长体现了"整社"及制度改进的效绩；1965—1970年的"文化大革命"初期，农产品产量仍然保持着增长趋势；1970—1978年再次出现快速增长趋势表明，直到改革前，公社体制下村域集体经营农业的制度安排还有保持农业经济增长的空间①。

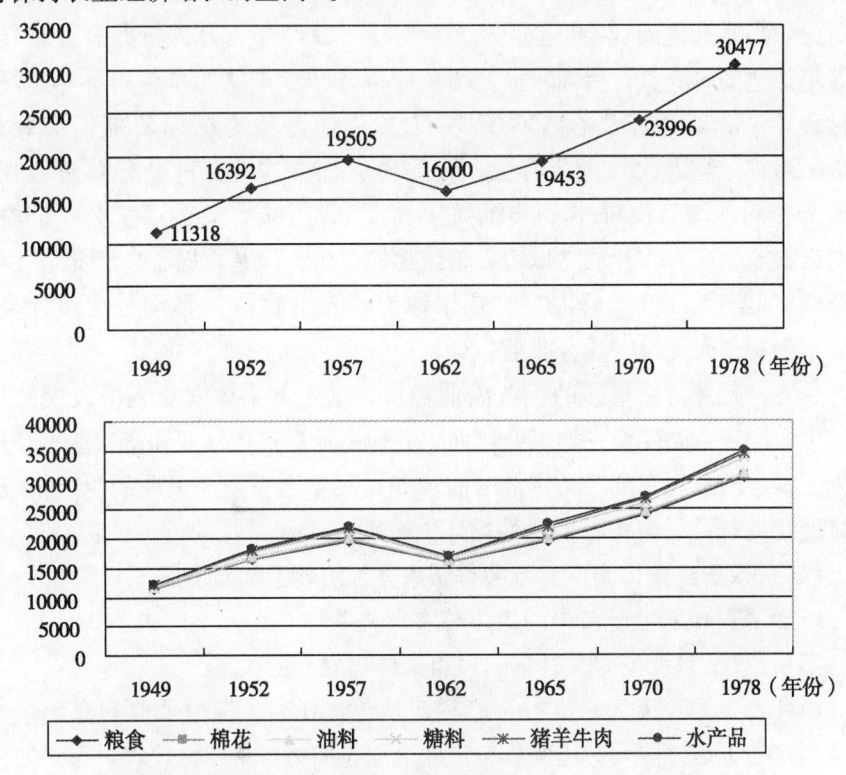

图9–1　1949—1978年粮食产量变化　单位：万吨

4. 公社体制下的村域集体工副业经济发展

万秀村高级农业合作社建立不久，于1956年开办了村域第一个工厂——酱料厂，主要生产酱油、腐乳、酸醋等产品。1960—1961年自然灾害中，工厂因主要原料黄豆、面粉等严重缺乏而被迫停产。1962年，酱料厂转产为生产白酒，也因粮食紧缺而于1964年停产。1975年上半年，为了促进村域养猪业的发展，万秀生产大队同上尧人民公社联合开办了粉丝厂。

---

① 王景新：《农村改革与长江三角洲村域经济转型》，中国社会科学出版社2009年版，第33页。

到1977年，村办企业发展到4家，全年产值达到2.54万元。

1978—1980年，是万秀村社队企业发展的顶峰。1978年，村域内企业达到9家，从业人数106人，工副业产值达到11.4万元。村域9家企业同存的格局一直维持到1980年，这一年，企业从业人数增加到135人，年产值达到135万元。但企业利润微乎其微，年均盈利率为6%左右①。

村域集体其他副业②也有所发展。1958—1959年，万秀村办有养猪场，饲养量曾达到300头，后因亏损倒闭。1976年以生产队为单位再办养猪场，全村合计，常年饲养量在1000头左右；集体养猪出栏率较低，一般为23%—30%，经济收入十分有限。万秀村有许多洼地，村民有养鱼习惯。1949年全村池塘面积96亩，有的属于农户个人所有，有的属于公堂公有。村高级农业生产合作社成立以后，曾组建渔业组，但基本属于自然养殖、粗放经营，亩产量150公斤左右，年末作为"春节物资"平均分配给社员，商品率为零，因此没有现金收益。

总之，万秀村域集体的工业副业经济，远不如集体农业经济发展的成功。工业经济主要停留在加工业层面，其他副业生产如渔业和畜牧业等，只是为了满足国家对农副产品供给的需求和村民生活需要而采取的生产措施，始终处在"开办、倒闭"的恶性循环中。

（三）双层经营体制下，万秀村域集体经济转型和新发展

1. 万秀村域农业经济中的集体与农户关系变动

第一，"家庭承包方式"下的村组集体与农户的关系

1981年8月，万秀村推行家庭联产承包责任制。耕地采取家庭承包方式，具体办法是：按人劳比例分包耕地，承包期为3年，承包农户每年向村组集体上交承包金25元/亩，作为村域集体公共积累和上缴农业税之资；鱼塘采取招标承包，标底由村集体按池塘的质量确定。1984年，万秀村根据"一号文件"精神，将耕地承包期限延长至15年。

1996年1月，万秀村完成了土地第二轮承包工作，承包期限再顺延30年，村域集体按每年80元/亩收取承包金③。从1991—2003年，万秀村域剩

---

① 苏树远、邓耀燊：《万秀村志》，广西人民出版社2009年版，第61页。
② 人民公社时期，粮棉油等主要农产品生产以外的统称为副业，包含农业生产中的畜牧业、渔业、林业，以及工业、商业、运输业等。
③ 苏树远、邓耀燊：《万秀村志》，广西人民出版社2009年版，第45页。

余的 1150 亩耕地①被国家征收完毕（表 9-4），由此结束了全村农业生产的历史，万秀村也早于全国其他村域终结了农户耕地承包金的上缴②，村域集体经济中不再有农户耕地承包金收入项目。

表 9-4　　　　　1991—1997 年万秀村耕地被国家征收情况　　　　　单位：亩

年份（年）	年末耕地面积	人均面积	当年国家征收	年份（年份）	年末耕地面积	人均面积	当年国家征收
1991	1150	0.3697	82	1998	319	0.092	46
1992	972	0.3079	178	1999	161	0.046	158
1993	756	0.2364	216	2000	73	0.021	88
1994	694	0.2142	62	2001	51	0.014	22
1995	476	0.1446	218	2002	16	0.004	35
1996	429	0.1285	47	2003	0	0	16
1997	365	0.1079	64				

资料来源：苏树远、邓耀燊：《万秀村志》，广西人民出版社 2009 年版，第 47 页。

统分结合的双层经营体制下，万秀村域集体耕地采取家庭承包经营方式，土地使用人向村域集体经济组织缴纳承包金，集体经济组织用承包金上缴国家农业税后，剩余部分在村域集体经济组织内部分配，其办法是：承包金税后剩余的 50% 归各村民小组集体，50% 归村级集体。经营耕地的承包农户，"交完国家的、留足集体的、剩余全都是自己的"。双层经营体制下的农户经营承包土地的收入，相当于集体土地经营收益分配所得，不过，不是产后剩余分配，而是产前的土地经营和收益权利分配。在这个意义上说，承包经营的农户经济是村组集体经济的一个层次，一种实现形式。自 2006 年废止农业税及其附加后，集体经济组织不再向农民收取耕地承包金，经营耕地的收益全部归承包农户。这种关系概括为：耕地资源按份共有、公有私营、收益全部归承包农户。

第二，"非家庭承包方式" 下的村组集体与农户的关系

万秀村域集体的非耕地和其他经济资源（包括水资源、村组集体经济历代积累额固定资产、社队企业遗产、集体资本金等），采用 "非家庭承包

---

① 1949 年，万秀村耕地面积为 5327 亩，人均 3.17 亩；随着村域人口、建设用地增加和国家征收，到 1991 年，全村耕地只剩 1150 亩。

② 《中华人民共和国农业税条例》自 2006 年 1 月 1 日起废止，同时废止征收农业税附加，至此，中国所有行政村不再向农民收取耕地承包金。

方式"。表9-5反映了万秀村域经济总收入、在村组集体和农户之间的分配和变动趋势。

表9-5　　1992—2007年万秀村域经济总收入在村组集体和
农户之间的分配及其变动　　　　　单位：万元

年份(年)	全村（大队）总收入	其中				村民人均收入（元）
		1. 村（大队）经营收入	2. 生产队（组）经营收入	其中社员承包上交	3. 社员家庭经营收入	
1992	1189	97	605	233	487	2814
1994	1703	126	739	288	838	4049
1996	2312	153	802	315	1357	5649
1998	3019	173	885	360	1961	7428
2000	3630	205	965	403	2460	8986
2002	4409	220	1280	465	2909	10129
2004	4820	246	1362	495	3212	11011
2006	5057	252	1425	525	3380	11497
2007	5315	255	1490	580	3570	11997

资料来源：苏树远、邓耀燊：《万秀村志》，广西人民出版社2009年版，第82页。

因为集体的非耕地及其他资源有差别占有，所以经营者必须向村域集体经济组织上交"承包金"，再由集体经济组织成员共享租金收益。这一特点概括为：非耕地和其他资源，公有民营、成员共享资源经营剩余索取权。特别要指出，不论是家庭承包经营方式，还是非家庭承包经营方式，在有效的合约制度安排下，农业经济得到了空前发展。

2. 双层经营体制下，村域集体工业经济的转型与发展

改革开放以来，万秀村域集体工业经济的发展一直处于波动状态。1981年，万秀村有2家小企业关闭。同年，村域集体经济组织又投资443.7万元，除继续办好酒厂、粉丝厂以外，在原有社队企业的基础上，建起了木器厂、纸箱厂、纸袋厂、地板砖厂、工艺品厂、羽绒厂。从1982年开始，村域集体企业再次衰减，到1986年，全村只剩下2家企业。1989年，村域集体企业又扩展到6家。这一年，村域集体企业从业人员达到241人，企业产值323.1万元，企业利润45.31万元[①]。这是万秀村域集体办工业的第二次

---

① 苏树远、邓耀燊：《万秀村志》，广西人民出版社2009年版，第60页。

高峰。在1990年国有企业改制的大背景下，万秀村域集体企业也进入改制阶段，到1996年，村域集体企业只剩下纸箱厂、工艺品厂。1997年，万秀村域集体经济组织不再办工业（表9-6）。

表9-6　　　　1981—1997年万秀村村办工业企业发展变化

年份（年）	企业个数（个）	企业人员（人）	企业产值（万元）	企业利润（万元）	企业名称
1981	7	137	36.89	—	粉丝厂、木工组、运输组、电机修理组、酒厂、布伞加工组、车缝组
1982	4	110	36.6	3.07	粉丝厂、酒厂、布伞加工组、木器厂
1983	4	137	52.95	—	粉丝厂、纸袋厂、布伞加工组、木器厂
1984	3	95	47.83	3.02	粉丝厂、木器厂、纸袋厂
1985	3	86	79.82	3.35	粉丝厂、木器厂、纸袋厂
1986	2	57	66.4	—	粉丝厂、纸袋厂
1987	3	82	159.58	10.95	纸袋厂、羽绒厂、纸箱厂
1988	4	113	245.76	17.38	纸袋厂、羽绒厂、纸箱厂
1989	6	241	323.11	45.31	纸箱厂、纸袋厂、地板砖厂、工艺品厂、羽绒厂、编织袋厂
1990	6	206	233.36	15.89	纸箱厂、纸袋厂、地板砖厂、工艺品厂、羽绒厂、编织袋厂
1991	5	136	217.4	13.36	纸箱厂、纸袋厂、地板砖厂、工艺品厂、羽绒厂
1992	4	108	186.7	11.15	纸箱厂、纸袋厂、工艺品厂、羽绒厂
1993	4	105	175.32	10.02	纸箱厂、纸袋厂、工艺品厂、羽绒厂
1994	3	81	138.13	8.12	纸箱厂、纸袋厂、工艺品厂
1995	2	54	45.2	2.71	纸箱厂、工艺品厂
1996	2	43	12.5	0.75	纸箱厂、工艺品厂

数据来源：苏树远、邓耀燊：《万秀村志》，广西人民出版社2009年版，第63页。

万秀村域集体工业经营效率一直较差。按照《万秀村志》记载，"从1977—1991年的15年中，村办工业有8年盈利，7年亏损，15年共盈利112.35万元，年均盈利率大约为6%左右"①。表9-6显示，1981—1986年，村办工业企业利润都低于4万元，其中3年无记录；1989—1993年是万秀村工业企业经营效益最好的年份，年利润超过了10万元，1989年最高，利润达45.31万元。万秀村办工业企业的产值、利润和利润率一直处在

---

① 苏树远、邓耀燊：《万秀村志》，广西人民出版社2009年版，第61页。

较大幅度的波动之中（图9-2）。

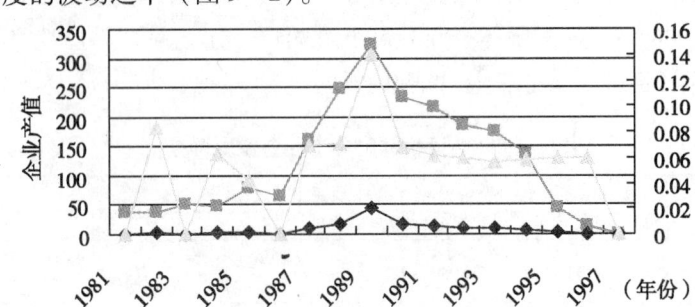

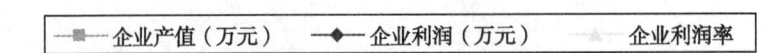

图9-2 村办工业企业经营业绩

3. 万秀村域集体经济的新发展：房地产租赁和服务业

随着城市扩张，万秀村变成了"城中村"，具备村域集体房地产租赁和服务业发展的有利条件：其一，房地产开发所需要的建设用地有两个来源，一是原来属于社区（村、组）集体公有的建设用地如公堂、办公场所、仓库、学校等；二是国家征收"城中村"土地过程中，按照地方政府的有关政策，返还给村组集体的建设用地。其二，房地产开发所需要的大量的现金投入，来源于村组集体从国家征收集体土地的补偿费、劳动安置费中提留的数量可观的现金资本。其三，具有房地产租赁和服务业发展的广阔市场。截至2010年底，全村有外来人口6万多人，大大超过本村户籍人口，外来人口的聚集不仅带动了村民家庭房地产租赁业的兴起，也给村域集体发展房地产租赁和社区服务业创造了条件。

万秀村域房地产租赁和服务业的发展起于1995年，当年，村集体投资330万元，修建了村民委员会综合大楼，然后全部出租给商人和民办学校，年租金50万元。2000年后，万秀村村级集体的房地产租赁收入以年均15%的速度递增。到2007年，村级集体累计投资3180万元，建成综合大楼、住宅楼、临街铺面、学校、商场、旅馆、市场、停车场等各种建筑物，总建筑面积达18000平方米，其中绝大部分用于出租，村集体房地产租赁收入达到1600万元[①]。

村民小组一级的房地产租赁同步发展。1995—2007年，各村民小组累

---

① 苏树远、邓耀燊：《万秀村志》，广西人民出版社2009年版，第65—66页。

计投资额达1445.3万元，房地产租赁收入稳步增长（表9-7）。

表9-7　　　　　万秀村各村民小组房地产资产及租赁收入

组名称	项目名称	建成年份（年份）	面积（m²）	总投资（万元）	年均收入（万元）
一组	综合楼	1999	8600	1463	120
	铺面改建	2006	2000	110	
	商用楼	2007		200	
二组	综合楼	2007	4900	1441	100
	汽车市场	2007		100	
三组	综合楼	2000	2500	470	22
	北湖路铺	2006	980	50	
	住宅楼	2007		200	
四组	综合楼	1994	5400	350	24
	公寓楼	2002	9800	900	52
	万安综合楼	2006	3000	250	21
	万顺综合楼	2007	1200	80	6
	万兴综合楼	2008	6500	555	50
	盛凯酒店	2007		300	
五组	秀厢综合楼	2006	3430	210	
	万吉市场	2007		100	
	大板市场	2007		80	
	A、B栋住宅楼	2007	1780	156	10.98
六组	北湖农贸市场	1987	7000	257	
	市场增建出租楼	1996		80	
	秀厢路铺面	2006	11000		
	百家惠超市	2007		1200	
	老人活动中心综合楼	2008	1100	120	4.32

数据来源：苏树远、邓耀燊：《万秀村志》，广西人民出版社2009年版，第67—68页。

2010年末，万秀村、组集体的房地产租赁合同收入为2000万元，实收资金1800万元，房地产租赁和服务业的发展，已经成为万秀村域集体经济收入最大来源。村组集体的房地产租赁收入，惠及村组集体和每一个社员，极大地提高了农户收入。

(四) 小结

传统中国，大多数村域都有集体经济的存在和发展，宗族公有和村社公有是村域集体经济的主要历史形态。"管公堂"是宗族公有的主要管理模式；村社公有一般以不同村社范围内全体成员公有共享为特征，以公地、塘堰、河流、公共设施等集体资产形式存在、经营和管理。宗族公有和村社公有是宗族共同体和村社共同体维系运转的历史产物。

万秀村农业经济发展的历史表明，农业公社化初期，"一平、二调、三收款"和浮夸风，导致了农业生产滑坡的局面。人民公社"六十条"颁布实施以后，在集体经济组织内部划小了生产和核算单位，实行了集体生产责任制度，调整了分配关系；同时允许社员保留少量自留地、小农具和有限的家庭经济发展；加上强大的政治动员，这三方面的条件使公社体制下的村域集体统一经营农业的制度正常运转，从而保证了村域农业经济在历次政治运动中一直保持增长态势。

比较而言，公社体制下的村域集体的工业副业经济远不如集体农业经济发展的成功。工业经济主要停留在加工业层面，其他副业生产如渔业和畜牧业等，只是为了满足国家对农副产品供给的需求和村民生活需要而采取的生产措施，始终处在"开办、倒闭"的恶性循环中。

农村改革以来，村域农业经济中的集体与农户关系发生了变动。双层经营体制下，承包经营的农户经济是村组集体经济的一个层次，一种实现形式，在有效的合约制度安排下，农业经济空前发展。

双层经营体制下，大多数的村域集体工业经济发展并不顺利，表明村域集体经济组织直接经营工业企业存在较大困难。随着城市化快速推进，房地产租赁和服务业上升为村域集体，尤其是城市文明辐射范围内的村域集体收入的主要来源。

二 村域集体经济现实发展——南宁、钦州调查报告

民族自治地区是中国区域经济中的特殊类型地区[①]之一。民族自治地区经济发展相对迟缓，农村贫困人口比例大、抗风险能力弱。2009 年，中国民族自治区（5 个自治区、50 个自治州、120 个自治县）的贫困发生率为16.4%，比全国（3.8%）高 12.6 个百分点；而且贫困人口继续向民族自

---

① 指干旱地区、沙漠化地区、民族自治区、陆路边境地区。

治地区集中，农村贫困人口占全国农村贫困人口（3597万人）的54.3%，比上年高1.8个百分点[①]，因此成为国家扶贫攻坚必须重点关注的地区。广西壮族自治区是中国5个民族自治区（省）之一，本课题组一直关注这里的村级集体经济发展状况。2011年10月下旬，在广西壮族自治区农业厅经管总站的安排和参与下，课题组先后到南宁市西乡塘区、钦州市钦南区、防城港市、东兴市等（市、区）开展调查。课题组先后与三个地级市、三个县级区（市）农业局分管领导及农业局经管站长座谈，了解所到地区农村集体经济发展的总体情况、做法、经验和问题；然后，在每个县域选择1—2个乡（镇）、每乡（镇）再选择1—2个行政村进村入户问卷调查。此外，本课题组于2011年暑期组织大学生在全国开展进村入户问卷调查，涉及广西壮族自治区2县、5镇及24户农户。这样，广西调查样本共涉及5个县（区、市）、8个乡（镇）、12个村、28户农户（表9-8）。

表9-8　　广西壮族自治区南宁市、钦州市与东兴市调查样本一览

县级样本（座谈）	乡级样本（座谈）	行政村及农户问卷、查阅会计资料和考察项目
东兴市（县级）	江平镇	交东村、吒祖村
钦州市钦南区	那丽镇	土地田村
南宁市西乡塘区	北湖街办	万秀村
大学生进村入户问卷	临桂县3镇4村12户、北流县2镇4村12户	

（一）广西村级集体经济运行的总体状况

在中国5个民族自治区经济板块中，广西处于中国大陆西南方和东、中、西三个地带交汇点，而且具有沿海、沿边、沿江等区位优势，随着中国—东盟自由贸易区的建立，广西成为连接西南、华南及东盟大市场的枢纽。"十一五"期间，经过广西壮族自治区各级党委、政府及全体人民的艰苦奋斗，注重发挥区位及经济地理优势的作用，全区经济加快发展，人均GDP由2006年的10121元，增加到2010年的20644元，五年间增长103.97%。但是，在5个民族自治区之间比较，广西的经济发展仍然处在后列。如果将2006—2010年间的人均GDP排名（表9-9），广西2006年第5名、2007—2010年始终处在第4名。

[①] 国家统计局农村社会经济调查司编：《中国农村贫困监测报告2010》，中国统计出版社2010年版，第57页。

表9-9　　　　"十一五"期间5个民族自治区人均GDP　　　　单位：人民币元

地区	2006年	2007年	2008年	2009年	2010年
广西	10121	12277	14652	16045	20644
内蒙古	20692	26777	35263	40282	47167
西藏	10422	12083	13824	15295	16917
宁夏	12099	15142	19609	21777	26086
新疆	15000	16999	19792	19942	24845

资料来源：《中国统计摘要2011》，中国统计出版社2010年5月版，第27、29、42页。

广西人均GDP与内蒙古、新疆和宁夏有较大差距，比西藏自治区略高（图9-3）。2010年，广西人均GDP（20644元）只相当于全国平均水平（29762元）的69.36%。人均GDP偏低反映了广西区域经济发展滞后的状况。

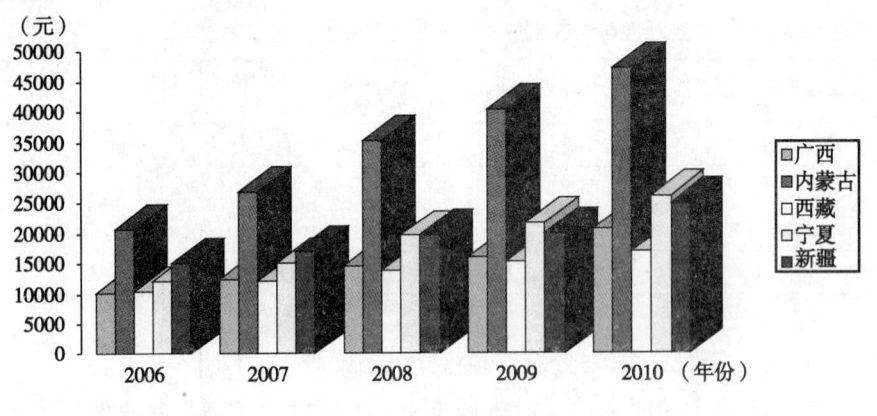

图9-3　"十一五"期间5个民族自治区人均GDP排序

广西区域经济发展的上述状况，既与广西农村经济发展滞后相关联，反过来也成为影响全区农村经济发展的重要因素，处在农村经济发展"边缘化"地位的村级集体经济运行就更加艰难。截止到2010年末，广西全区有1178个乡（镇）、15022个行政村，270016个村民小组，1410.50万农户，3938.10万亩耕地[①]，其中农户承包经营3372.72万亩，占全区耕地面积的85.64%，集体"机动地"面积12.52万亩[②]，占总耕地面积的0.32%。"机

[①] 广西壮族自治区统计局与国家统计局广西调查总队：《2010年广西国民经济与社会发展统计公告》。

[②] 农业部农村经济体制与经营管理司、农村合作经营管理总站：《2010年全国农村经营管理统计资料》，第29—30页。

动地"偏少,表明处于农村工业化和城镇化严重滞后地区村级集体控制的资源偏少,收入能力因此而偏低。

2010年,广西壮族自治区村级集体经济总收入、总支出和本年收益分别为17.09亿元、9.92亿元和7.17亿元,按汇入统计的总村数(12617个)平均,村均分别为13.55万元、7.86万元和5.69万元(表9-10),在4个(缺西藏)民族自治区中分别排名,村均总收入和总支出都是最后一名;但因为村均总支出偏小,本年收益在4个自治区中则名列第一。应该指出,村均总支出偏小,一方面证明广西农经管理特别是控制村集体支出上的有效性;另一方面反映出村级集体经济组织资金流量不足,从一个侧面证明了广西村域(社区)基础设施建设、基本公共服务水平及干部待遇偏低。

表9-10 2010年广西村集体经济与其他民族自治区及全国和发达省的比较   单位:万元

地区	村均总收入	村均总支出	本年村均纯收益	村均可分配收益
广西	13.55	7.86	5.69	8.57
内蒙古	15.19	14.21	0.98	2.65
宁夏	16.18	15.48	0.7	0.11
新疆	19.39	14.58	4.81	5.53
广东	281.5	126.46	155.04	178.06
浙江	74.9	38.1	36.8	49.44
全国	51.38	35.66	15.72	19.07

说明:根据农业部农村经济体制与经营管理司、农村合作经济经营管理总站《2010年全国农村经营管理统计资料(内部资料)》,第62—66页的数据整理。村均可分配收益=本年纯收益+年初未分配收益+其他转入收益。

还要看到,2010年,广西壮族自治区村级集体经济总收入、总支出和本年收益都只有同年全国平均水平的26.37%、22.04%和36.20%;与广东、浙江等农村集体经济比较发达的省域比较差距更加明显。比较而言,广西村级集体经济普遍贫穷的状况更加严重。按照村级集体经济组织当年有无"经营收益"[①] 来统计,2010年,广西壮族自治区当年无经营收益的村占当年农经统计汇总村数的52.93%,在有经营收益的村中,收入低于5万元的村4624个,占当年统计汇总村数的36.65%。用本课题组制定的极端贫困和绝对贫困村的标准衡量,到2010年,广西壮族自治区还有89.58%的村

[①] 农业部农经统计口径中,村集体经济组织当年经营收益是村集体的经营收入、发包及上交收入及投资收益之和,减去经营支出和管理费用后的余额。其结果小于等于零时,表明该村集体经济组织当年无经营收益。

处在集体经济贫困线①以下。这是区域经济发展滞后的结果，更是影响区域经济发展的重要原因。

（二）边境县域农村集体经济运行状况

东兴市（县级）是中国西南沿海、沿江、沿边的城市。该市与越南芒街市隔河相望，两城的市中心相距不足3公里，目前是中越边境上一对距离最近、城镇规模较大的边境城镇。东兴县域经济也是广西区域经济中发展比较好的县域经济区块之一。东兴市地处十万大山南麓，境内地势北高南低，北部和西部属于构造剥蚀低山地貌；中部地区属于丘陵地貌，其上常覆盖松林、杂木林、竹丛以及肉桂、八角、果树、橡胶、茶叶等经济林木；市境南面属于滨海平原，地势平坦，或略有起伏，滨海平原北部大多已开垦为稻田和耕地，这里阡陌纵横、水网交织，绿树丛中房舍错落，一派田园风光。到2010年末，东兴市辖3个乡（镇）、38个村，605个村民小组，2.32万农户，其中纯农户1.92万户，兼业户0.40万户，兼业农户占农户总数比例的17.24%，兼业农户比例过小反映了区域农户经营方式还处在以"农业生产经营"为主的低度发展阶段。

我们选择县域内与农村集体经济相关联的8项指标，即乡（镇）办企业经营收入、村组集体经营收入、村办企业收入、农民专业合作社经营收入、乡村集体所得、农民从集体再分配收入，通过近两年的数据变化来分析广西县域内的农村集体经济整体运行状况（表9-11）。

表9-11　　　　　东兴市集体经济发展水平数据表　　　　　单位：万元

指标名称＼年份	2009	2010	比上年±%
农村经济总收入	123930	135298	9.2
乡（镇）办企业经营收入	8746	5263	-39.8
村组集体经营收入	887	427	-51.9
其中：村办企业收入	517	210	-59.4
农民专业合作社经营收入	0	200	
可分配净收入总额	51867	60943	17.5
乡村集体所得	36	36	0
农民从集体再分配收入	319	346	8.5

数据来源：2010年东兴市农业局农经统计资料。

---

① 王景新：《村域经济转型发展态势与中国经验》，载《中国农村经济》2011年第12期，第4—13页。

数据显示：2010年，东兴市农村经济总收入、可分配净收入以及农民从集体再分配收入分别为135298万元、60943万元和346万元，分别比2009年增长9.2%、17.5%和8.5%，这是向好的趋势；但是，2010年，东兴县域内乡（镇）、村集体办企业的收入却分别比2009年下降了39.8%和59.4%，村组集体经济组织的经营收入也下降了51.9%，村组两级集体经济下滑的趋势明显。另外，在农村经济总收入中，集体经济所占份额也呈现下降趋势，2009年，乡镇办企业和村组集体经营收入之和为9633万元，占当年农村经济总收入的比重为7.78%；2010年，乡镇办企业和村组集体经营收入之和为5690万元，占当年农村经济总收入的比重只有4.21%，集体经济比重下降了3.57个百分点。另外，农民专业合作社（新型集体）经济在广西呈现增长趋势，但是总体规模较小，2010年收入200万元，占当年农村经济总收入的比重仅为0.15%。从可分配净收入看，农民从集体经济再分配收入占有份额太小，仅为0.07%。总之，县域内纵向比较，近两年来，东兴市农村集体经济运行的总体状况欠佳。

横向比较，东兴市村级集体经济整体状况好于广西壮族自治区平均水平（表9-12）。从村平均收支流量和本年收益看，2010年，东兴市村均总收入、总支出和本年收益分别为48.97万元、34.50万元和14.47万元，分别是广西壮族自治区平均水平的3.61倍、4.39倍和7.29倍；从村级集体经济组织自我发展能力看，加总村均经营收入、发包及上交收入、投资收益等内生效益，2010年，东兴市村均34.42万元，占本年总收入的比例为70.29%，显示出东兴市村级集体经济组织具有一定的自我发展能力。

表9-12　　　　东兴市村集体经济组织收支情况统计表　　　　单位：万元

年份 指标名称	2009 总量	2009 村平均	2010 总量	2010 村平均	
一、总收入	1719	45.24	1861	48.97	8.24
1. 经营收入	883	23.24	941	24.76	6.54
2. 发包及上交收入	348	9.16	367	9.66	5.46
3. 投资收益	0	0	0	0	—
4. 补助收入	168	4.42	217	5.71	29.18
5. 其他收入	320	8.42	336	8.84	4.99
二、总支出	1208	31.79	1311	34.50	8.52
1. 经营支出	582	15.31	618	16.26	6.21

续表

指标名称 \ 年份	2009 总量	2009 村平均	2010 总量	2010 村平均	
2. 管理费用	156	4.11	208	5.47	33.09
其中：①干部报酬	0		37	0.97	—
②报刊费	81	2.13	95	2.50	—
3. 其他支出	470	12.37	485	12.76	3.15
三、本年收益	511	13.44	550	14.47	7.66

说明：按照农业部门的统计规则，其他收入主要是指与村集体经济组织经营管理活动无直接关系的收入（下同）；本表数据来源于2010年东兴市农业局农经统计资料。

深入观察东兴市村级集体经济组织的当年经营收益分组情况（表9-13）。2010年，东兴市已经消除当年无经营收益的村，在当年有经营收益的村中，低于5万元的25个，占全市总村数的65.79%。村级集体经济贫困比例低于广西壮族自治区平均（89.58%）近24个百分点。

表9-13　　　　　东兴市村级集体贫困情况统计表　　　　　单位：个

指标名称 \ 年份	2009	2010
当年无经营收益的村	8	0
当年有经营收益的村	15	38
①5万元以下的村	2	25
②5万—10万元的村	6	6
③10万—50万元的村	7	7
④50万—100万元的村	0	0
⑤100万元以上的村	0	0

数据来源：2010年东兴市农业局农经统计资料。

但是，东兴市（县域）内村级集体经济发展很不平衡：大致状况是，滨海平原好于丘陵地区、丘陵地区好于山区。江平镇位于东兴市东部，南濒北部湾，北靠防城港区，西接东兴市区，被称为东兴市的"东大门"，全镇辖15个行政村和2个社区，46个自然村，259个村民小组，约4.5万人。该镇的万尾、巫头、山心三个村（岛）是京族在中国的唯一聚居地。这个滨海、傍市区的镇域经济是东兴市经济发展较好的区块，因此，该镇村级集体经济水平也高于全县平均水平（表9-14）。

表 9-14 2010 年江平镇村级集体组织收支情况统计表 单位：万元

指标名称 \ 年份	15 村合计	村平均
一、总收入	918	61.20
1. 经营收入	514	34.27
2. 发包及上交收入	162	10.80
3. 投资收益	0	0
4. 补助收入	110	7.33
5. 其他收入	132	8.80
二、总支出	664	44.27
1. 经营支出	336	22.40
2. 管理费用	95	6.33
其中：①干部报酬	0	0
②报刊费	95	6.33
3. 其他支出	233	15.53
三、本年收益	254	16.93

数据来源：2010 年东兴市江平镇经管站农经统计资料。

（三）村集体经济组织经营方式和收入水平案例比较

1. 村集体经济组织的主要经营方式及转型趋势

我们以 12 个调查村作为样本，进行村级集体经济组织经营方式和收入水平的比较。汇总 12 个村集体样本得到一组数据（9-15）。数据显示，2010 年，12 个样本村集体总收入 2098.8 万元、村均 170.90 万元，总支出 1132.59 万元、村均 94.38 万元。村级集体经济组织年度收支流量既大于广西壮族自治区的平均水平，也大于较发达县域内村级集体经济平均水平。这是因为样本包含了万秀村这样的极富型"城中村"。但是，这仍然不妨碍我们观察广西村级集体经济经营方式及其收入结构。

表 9-15 12 个样本村村集体经济收支状况（2010 年） 单位：万元

项目	合计	村均	比例	项目	合计	村均	比例
村集体总收入	2098.8	174.90	100	村集体总支出	1133.60	94.38	100
其中集体统一经营	2.2	0.18	0.10	其中村干部等工资	185.4	15.450	16.37
发包及上交	0.75	0.06	0.04	村内各项务工补贴	44	3.67	3.88
集体投资收益	5.75	0.48	0.27	村级组织办公费用	51.5	4.29	4.55

续表

项目	合计	村均	比例	项目	合计	村均	比例
来自企业的收入	24.4	2.03	1.16	环卫、治安费	116	9.67	10.24
土地租赁收入	1712.9	142.74	81.61	村民医疗、社保等	103.15	8.60	9.11
房地产租赁收入	101.5	8.46	4.84	文体活动费	42.45	3.54	3.75
转移支付收入	69.62	5.80	3.32	其他公益性支出	13.1	1.09	1.16
专项补助收入	110.95	9.25	5.29	农业生产服务支出	119.1	9.93	10.52
一事一议筹资	15	3.70	2.12	其他经营性支出	458.9	38.24	40.52
社会捐赠	55.49	4.62	2.64	—	—	—	—
其他收入	0.24	0.02	0.01	—	—	—	—

说明：土地征用补偿未计入本表；数据来源：本课题组广西村入户问卷。

第一，村级集体经济组织的经营方式多种多样、异常丰富。样本村的表现比农业局经管部门统计要丰富得多。在多样化的经营方式中，属于村级集体经济组织直接经营或管理方式有：集体统一经营、发包及上交收入、投资收益、来自企业的收入、土地和房地产租赁收入等。如果加总这五种经营方式，村均达到153.95万元，占当年村集体总收入的88.02%。样本村集体的自我发展能力比全区整体状况要高出许多，这可能是因为，政府参与调查的样本选择总是偏向那些发展较好的村域。

第二，投资收益并不是东部发达地区村级集体经济组织的"专利"，只要有投资条件，民族自治地区的农民也有能力通过投资获取收益。南宁市区的城中村、城郊村和其他经济中心区域的村级集体经济组织的经营方式中，投资经营方式开始出现，样本村中，村均投资收益0.48万元，占总收入的比例为0.27%，尽管比例偏低，但它却昭示着一种全新的经营方式进入民族自治地区的农村。

第三，经营集体土地及房地产而获取租金，在民族自治地区农村同样呈现上升趋势。样本村集体经济收入中，经营集体土地及房地产而获取租金收入比例最高，两项之和，村均达151.2万元，占当年村集体总收入的比例高达86.45%。根据东部发达省域的经验，随着工业化、城市化的推进，经营房地产和物业管理将越来越成为村级集体经济经营的主要方式。

第四，财政转移支付、现代农业基础设施及新农村建设专项补贴、一事一议筹资和财政奖补、社会捐赠等惠农支农措施，对支持当前中国农村集体经济发展、保障村级组织运转和村域社区基本公共服务有重要作用，在民族自治区、陆路边境地区尤其重要。

2. 村级集体经济经营方式的区域差异

第一，土地和房地产租赁收入高低与村域所处城市规模和距离正相关

广西南宁市西乡塘区北湖街办万秀村是个非常特殊的案例：这个昔日邕州和岭南西道节度使驻地外围的"城郊村"，直到1949年还保留着原始农村公社的痕迹；而今，南宁市的扩张早将万秀村变成了"城中村"，但该村建制及行政区划自1942年至今没有变更过，在不经意间为我们留下了中国近现代村落变迁的完整历史印记。南宁市区的"城中村"集体经济的经营方式和收入水平与全国其他地区的"城中村"几乎没有差异（专栏9-1）。

专栏9-1 土地和房地产收入高低与村域所处位置不同而变化

案例1，2010年，南宁"城中村"——万秀村集体经济

截至2010年，万秀村村域面积5.534平方公里，辖6个村民小组，农户1130户，户籍人口4500人，劳动力2600人，另有外来人口6万人。2010年农民人均纯收入为6000元。因为南宁市城市化发展，万秀村集体耕地已全部被征用完，其余农地已经全部转化为建设用地，主要是三次产业用地。到2010年末，村组集体经济组织共建成综合大楼、住宅楼、临街铺面、学校、商场、旅馆、市场、停车场等各种建筑物，总建筑面积达1.8万平方米，可用于出租建筑物及场地共19.8万平方米。2010年，万秀村、组集体的房地产租赁合同收入为2000万元，实收资金1800万元，房地产租赁和服务业的发展，已经成为万秀村村域集体经济收入最大来源。村组集体的房地产租赁收入，惠及村组集体和每一个社员，极大提高了农户收入。

万秀村的支出情况显示出城中村内干部待遇、农民福利及社区公共服务的水平。2010年共支出959万元，具体支出结构：村干部及社区固定服务人员工资支出为140万元，环境卫生及治安巡逻的费用为110万元，村民医疗、社会保险、困难户救助等支出为93万元，用于道路维修费用55万元，村、组级组织办公费用支出46万元，村类各项务工补贴40万元，村各类组织文化体育活动费用35万元，其他公益性支出10万元，其他经营支出430万元。

案例2，钦州市那丽镇郊村——土地田村集体经济

土地田村是钦州市郊区那丽镇一个相对贫困的村子。2010年末，全村

辖村民小组30个，自然村13个，农户962户，户籍人口3864人，外来户数约90户、200人。全村总劳动力1850人，其中常年外出人数300人。全村有耕地3300亩，其中20亩归村集体所有，3280亩归小组所有，现已全部承包给农户经营；所有权和使用权都属于村集体的林地2.8万亩，可养殖面积350亩。2010年，农民人均纯收入5600元。当年，村集体总收入12万元，其中：村集体经济组织利用城镇郊区的特点，在当地政府部门的支持下，经县工商局批准，村集体出资在那丽镇区农贸市场建有25个摊位，出租市场摊位，每年租金收入1.5万元；村集体50亩虾塘出租，年承包租金2万元。该村土地出租和厂房及设备租赁合计收入3.5万元，占村集体总收入的29.17%。另外，村集体木粉厂采用承包经营方式，承包期5年，年承包收入2.5万元。

万秀村集体经济经营方式有两大特点：其一，从1997年开始，万秀村集体经济的经营方式，基本完成了由村组集体办工业企业为主，转向以房地产租赁和服务业为主，村组集体经营方式主要有直接经营、集体土地和房地产租赁两种形式；其二，村、组两级集体分别经营各自的资源、资产和资本，实行村、组两级核算和分配制度。万秀村6个村民小组集体都有自己独立的集体经济组织，经济收支独立核算。2010年，六个村民小组集体的土地和房地产租赁收入分别是，一组260万元，二组200万元，三组200万元，四组300万元，五组200万元，六组500万元。

土地田村集体经济水平与万秀村存在极大差异。形成这种差距的主要原因在于村域所处位置与城市规模和距离。地、县级城市的工业、商业中心地位显然不如省会城市，同时，土地田村离地级市较远，这里的村级集体经济组织必须通过"异地置业"方式，拉近村域所处位置与城市经济辐射圈的距离，才能发展土地出租及房地产租赁经营方式，显然，集体土地和房地产租赁收入要受到多种因素的限制。

第二，农村腹地集体经济差异表现为村级组织资源配置和管理能力差异

农村腹地因处于工业化、城市化辐射范围以外，如果村域工商业发展也严重不足，村级集体经济组织的主要经营方式被局限在集体农业资源发包管理上。在"农不如工、工不如商、刺绣文不如倚市门"[①] 更加彰显的市场经济时代，仅靠农业资源发包收入微不足道，要保障村级组织正常运转及社区

---

① 沈德潜选编：《古诗源》（卷一），上海古籍出版社2002年版，第11页。

基本公共服务，就必须依靠财政转移支付和各类专向补贴。

案例（专栏9-2）显示，江平镇两个案例村对比，特点鲜明。吒祖村和交东村同属江平镇，村域所处的区位和农业资源差别不大，村域经济都是以农业经济为主，但是两村集体经济差异却比较明显。

专栏9-2　江平镇吒祖村和交东村集体经济比较

吒祖村。现有村民小组14个（其中自然村2个），农户512户，户籍人口1968人，劳动力1300人，其中，从事第一产业的990人，占76.15%；从事第三产业人数130人，占10%；常年外出人数180人，占13.85%。表明吒祖村域经济仍处在农业经济为主阶段。村域农业资源相对较富足，全村有山地和林地面积2.8万亩，耕地面积829亩，可养殖水面120亩，"四荒地"626亩。但是，农业资源未被有效利用，2010年，农民人均纯收入4560元，村集体收入7.81万元。其中：村域企业上交管理费0.6万元，村集体其他资源发包及上交收入0.05万元，补助（转移支付）收入6.92万元，其他收入0.24万元。补助（转移支付）收入占88.6%。村集体自我发展能力十分弱小。

交东村。村域总面积10平方公里，辖9个村民小组（其中3个自然村），农户301户，户籍人口1246人，外来人口68人，全村总劳动力765人，其中从事第一产业555人，占72.55%；从事第二产业92人，占12.03%；从事第三产业82人，占10.72%，常年外出36人，占4.71%。表明该村也属于农业型村域经济类型。交东村耕地面积1021亩，所有权归村民小组所有，耕地承包农户265户，承包总面积1021亩。林地面积7315亩，其中900亩集体经营，可养殖水面4215亩，集体建设用地136亩，其中可出租的面积80亩。2010年，农民人均纯收入7908元；集体经济总收入为101.04万元，其中土地租赁收入28万元（村集体600亩虾塘承包），转移支付收入1.2万元，专项补助收入70.95万元，单位扶持和社会捐赠0.89万元。

2010年，吒祖村集体总收入7.81万元，其中补助（转移支付）收入6.92万元，占村集体总收入的88.6%。同期，交东村集体总收入101.04万元，其中补助收入72.15万元，补助收入占村集体总收入的71.41%。进一步比较两村集体收入结构可知：吒祖村集体的发包及上交收入（包含企业上交的管理费在内）只有0.65万元，表明吒祖村数目可观的山林地、"四荒地"和可养殖水面等集体资源未有效配置或利用；交东村则完全不同，村集体600亩虾塘承包，年收入28万元，靠此项收入改变了村集体收入结构，也说明了吒祖、交东两村集体经济的差异所在。

实地调查还了解到，交东村600亩虾塘承包，每亩虾塘价格依据条件在4300元/亩至4500元/亩之间调整，承包期限5年，承包价格每五年上浮5%。这些做法表现出村级集体经济组织在配置和管理资源上所应有的市场经济知识和能力。当然，交东村集体经营的900亩林地和4215亩可养殖水面未见收益，村级集体经济组织扩大收入的空间还很大。

（四）小结与建议

第一，广西壮族自治区的区域经济发展水平，还处在5个民族自治区的后列，在这一背景下，广西壮族自治区内的村级集体经济不仅普遍落后，而且整体实力弱小，到2010年，广西壮族自治区村级集体经济总收入、总支出和本年收益都只有同年全国平均水平的26.37%、22.04%和36.20%；在4个（缺西藏）民族自治区中比较，除村均本年收益第一名以外，村均总收入和总支出都是最后一名。这是区域经济发展滞后的结果，更是影响区域经济发展的重要原因。事实再次告诫我们，支持西部民族自治地区的经济发展，绝不能忽视支持以村级集体经济为龙头的村域经济转型和发展。建议在国家"十二五"扶贫攻坚计划中，增加支持村级集体经济转型发展的相关政策，这不仅对区域农村经济发展有重要意义，而且，对于省域国民经济发展和边疆稳定都有重要意义，不可忽视。

第二，本课题组认为，广西村级集体经济收入结构中，补助收入比例过高，而且，其中属于新农村建设项目的专项补助收入占绝大部分份额。因为新农村建设工程专项补助具有阶段性、临时性，村级集体经济组织不可将其作为持续性的收入来源。因此建议：逐渐将公共财政对村级组织的补贴（转移支付）制度化、规范化。这样做的理由是：村级组织的基层治理职能和社区公共服务职能是县乡（镇）政府职能在农村的延伸，村级组织履行政府延伸职能的成本及干部报酬不能完全依赖村级集体经济组织微薄的收入，理应由公共财政支出。站在这个角度，财政转移支付中用于补助村级组织"基层治理与社区公共服务"的报酬，也应该属于村级集体的经营方式之一，而不是公共财政对村级组织的恩赐。

第三，交东村的案例再次证明，有效配置、经营和管理村级集体资源，仍然是当前中国农村工业化、城镇化发展滞后地区的村级集体经济发展的重要基础。建议：在加快农村产权制度改革的同时，清理村组集体资源、资产和资金，并通过培训提升村组集体经济组织负责人配置和管理集体"三资"的能力，紧紧依靠集体"三资"发展壮大集体经济；学习借鉴北京平谷地区的经验[1]，加快农村产权交易平台建设，促进农村集体资产的合理流通和高效使用。

第四，广西农村集体经营方式中的土地出租、房地产租赁和投资经营等方式，目前还停留在"城中村"、"城郊村"和其他一些经济中心区域。钦州市土地田村的案例告诉我们，在远郊农村也可以通过"异地置业"方式，让村级集体经济组织参与土地出租、房地产租赁、投资经营及物业管理，让集体经济组织在分享工业化、城市化成果过程中发展壮大。村级集体经济组织作为现代市场经济的主体之一，他们有权利要求政府在这方面的支持。

第五，在类似于南宁"城中村"——万秀村这类经济强村，加快村级集体经济组织产权制度改革，培育省域内一批经济强村，对全自治区其他村级集体经济发展起示范和引领作用。按有关研究，"广西也有过农村集体经济组织产权改革的尝试"，但推进进程太慢。自治区农业厅从2008年起在全区范围内全面开展农村集体经济组织产权改革，每个地级市建立1—2个试点，把这项工作列入全区社会主义新农村建设的内容。至2010年，有梧州市长洲区新兴村、竹湾村、柳州市磨滩村、南宁市原新城区津头乡埌西村四组、兴安县兴安镇桐木冲村、百色市利元村、柳州市驾鹤村、河池金城江区拉友村不同程度开展股份合作制工作。"十一五"期间，通过各级各部门的不懈努力，全区共建立农村集体经济组织产权制度改革示范点20多个[2]。产权制度改革实施的好，被证实能够极大促进村集体的转型发展。但我们在座谈的过程中了解到：在那些经济强村，村域内各村民小组集体的资源、资产和资金存有较大差距，很难在村级组建股份合作社。因此，我们建议：应该根据实际情况，适合于村级统一进行股份合作制改革的，就以村级为单位清产核资、量化和股份化、组建股份合作社；适合于在村民小组一级组建股份合作社的，应该允许其建立村民小组一级的股份合作社，同时，在行政村一级建立股份合作社联合社。

---

[1] 于丽爽：《北京近八成农村完成集体经济产权制度改革》，中国农经信息网，2011年10月（http：//www.caein.com/index.asp？xAction＝xReadNews&NewsID＝72625）。

[2] 苏世光：《广西农村集体"三资"管理"十一五"回顾与"十二五"展望》，中国农经信息网，2011年2月9日。详见http：//www.caein.com/index.asp？xAction＝xReadNews&NewsID＝61528。

本章参考文献

[1] 苏树远、邓耀燊:《万秀村志》,广西人民出版社 2009 年版。

[2] 孙达人:《中国农民变迁论——试探我国历史发展周期》,中央编译出版社 1996 年版。

[3] 国家农业委员会:《农业集体化重要文件汇编》(1949—1957),中共中央党校出版社 1981 年版。

[4] 国家农业委员会:《农业集体化重要文件汇编》(1958—1981),中共中央党校出版社 1981 年版。

[5] 林毅夫:《制度、技术与中国农业发展》,上海三联书店、上海人民出版社 1994 年版。

[6] 王景新:《农村改革与长江三角洲村域经济转型》,中国社会科学出版社 2009 年版。

[7] 国家统计局农村社会经济调查司编:《中国农村贫困监测报告 2010》,中国统计出版社 2010 年版。

[8] 王景新:《村域经济转型发展态势与中国经验》,载《中国农村经济》2011 年第 12 期。

[9] 沈德潜选编:《古诗源》(卷一),上海古籍出版社 2002 年版。

第十章

荒漠化地区村集体经济发展

——新疆和田调查报告[①]

和田地区是典型的荒漠化干旱区、少数民族聚居区、边疆和贫困区，但这里的村集体经济显现勃勃生机，为区域经济发展、农民收入增长、基层组织运转、社区稳定和边境安全提供了重要保障。本章描述了和田地区村级集体经济转型发展过程、现状及经营方式；通过案例研究，讨论了村集体经济有效发展的重要作用；揭示了"双层经营体制"下村集体经济组织与农户之间的三重关系，分析了政府推进农村集体经济发展的作用，阐述了样本的启迪和推广问题。

一 样本及其研究内容的阐释

"我国农村集体经济发展的有效实现形式研究"需要选择不同区域的样本。新疆维吾尔自治区是本课题组西北地区的样本省份之一。在调查准备阶段，新疆维吾尔自治区农业厅农经局的领导介绍，北疆地区经济较南疆发达，但地处南疆的和田地区村集体经济发展成效突出。鉴于此，课题组将新疆调查的重点放在和田地区。选择和田的第二个理由是，近几年作者数次进入和田地区洛浦县、和田县及皮山县调查[②]，本次调查仍然选择这3县（表

[①] 本章部分内容已发表。王景新、严海淼：《少边穷地区村集体经济有效发展研究——来自新疆和田地区的调查》，载《中国集体经济》2011年第30期，第18—24页；王景新、严海淼：《少边穷地区的村集体经济——新疆和田调查》，载《中国社会科学文摘》2012年第3期，第93—94页。

[②] 2009—2011年间，作者受中国—联合国开发计划署（UNDP）和商务部中国国际经济技术交流中心（CICETE）委托，主持"中国西部边穷地区绿色扶贫计划"（CPR/06/209）和田红柳大芸项目评估及后续研究，其间多次到洛浦、和田及皮山3县调查。

10-1）。对某一区域经济社会发展持续观察研究，有利于课题组融入其中，从而加深对当地农村集体经济经营方式及其转型发展的理解。

表10-1　　　　　　　　和田地区三县实地调查样本一览

县级样本（座谈）	乡级样本（座谈）	行政村（干部座谈）	农户（问卷）
皮山县	藏桂乡	亚博依村	亚博依村5户
洛浦县	恰尔巴格乡	加依托格拉克村	加依托拉克村3户
和田县	巴格其镇	巴格其村 恰喀尔村	巴格其村3户 恰喀尔村3户

课题组组织大学生暑假在全国各省进村入户问卷，其中新疆维吾尔自治区共16村48户。

新疆维吾尔自治区农业厅农经局局长王淑民；和田地区农经局副局长依沙木丁·沙吾提，科长马合木提·沙比尔；洛浦县农经局副局长马晓林，恰尔巴格乡农经站站长米吉提；和田县农经局局长孙永志，副局长海巴尔；皮山县农经局局长买合木提·艾山，藏桂乡农经站站长亚森·艾合买提，藏桂乡农办主任阿不都·买买提等分别参与座谈、实地调查，并提供了农经统计资料以及维汉语口译，在此表示衷心感谢！

和田地区位于新疆维吾尔自治区最南端，塔克拉玛干大沙漠①边缘，北部深入沙漠腹地与阿克苏地区相邻，南越昆仑山抵藏北高原，东部与巴音郭楞蒙古自治州毗连，西部连喀什地区的叶城、麦盖提、巴楚县，西南枕喀喇昆仑山与印度、巴基斯坦在克什米尔的实际控制区毗邻，边界线264公里。

和田地区是典型的荒漠性干旱区、少数民族聚居区、边疆及贫困地区。和田总面积24.91万平方公里，其中沙漠戈壁面积占63%、山地占33.3%，绿洲仅占3.7%，且被沙漠戈壁分割成300多块，人均耕地1.39亩。全地区年均降水量35毫米，年均蒸发量高达2480毫米，境内虽有大小河流36条，多为冰雪融化后的季节性河流，年径流量不大。和田地区聚居着22个民族，2010年末，户籍总人口203.96万人，其中维吾尔族196.49万人，占96.34%，汉族占3.5%，其他（回族、塔吉克、柯尔克孜等）20个民族占0.2%。和田地区农业社会特征明显，区域经济主要指标均低于全国平均水平，2010年末，全地区农业人口（170.15万人）占总人口的83.42%，城市化率16.58%；地区生产总值100.59亿元，人均GDP 5035元，仅为当年全国平均水平（29762元）的16.92%；第一、二、三产业比重为33.6%、19.1%、47.3%；农民人均纯收入3150元，只有全国平均水平（5919元）的53.22%，城镇居民人均

---

① 塔克拉玛干沙漠位于新疆的塔里木盆地中央，是中国最大、世界第二大的流动性沙漠。沙漠东西长约1000公里，南北宽约400公里，面积33万平方公里。

可支配收入12743.3元，只有全国平均水平（19109元）的66.69%[①]。

但就是这个旱少边穷地区，我们却看到了农村集体经济发展的勃勃生机。这里，从行署到各市县、各乡镇政府的主要领导，层层签订"发展壮大农村集体经济的责任状"，制定"农村集体经济发展（三年或五年）规划"；这里，从自治区至乡（镇），仍然保持着完整的农经管理网络和管理队伍，村级财务管理规范，有效促进了村集体收入增长；这里，村级集体经济稳步发展，为区域经济发展、农民收入增长、基层组织运转、社区稳定和边境安全提供了重要保障。

样本价值超出了课题组的预期。因此，本报告在描述分析和田地区村级集体经济转型发展的历程、现状及经营方式的基础上，通过案例研究以下问题：（1）村集体经济有效发展对保障村级组织运转、支撑村域农业生产以及社区公共服务和维护地区稳定方面的作用；（2）村集体经济组织与农户经济究竟是什么关系；（3）政府为什么重视或不重视农村集体经济发展，其动力或利益机制是什么，在发展壮大农村集体经济过程中政府如何发挥作用；（4）样本的经验和问题对旱少边穷地区推进村集体经济发展的启迪和推广价值。

二　和田地区村集体经济转型发展历程和现状

1. 村集体经济转型发展过程

新中国的农村集体经济自互助合作时期起步，到人民公社时期，农村经济是公社、生产大队、生产队三级分享的单一集体经济，农村其他经济成分都不存在了。农村集体经济被认为是中国社会主义公有制经济的重要组成部分而受到重视和追捧。但是，随着农村改革和家庭承包责任制度的推行，人们在克服和摒弃农村集体经济中长期存在的"吃大锅饭"、"管理过分集中"、"经营方式过于单一"等弊病的同时，许多地方也抛弃了农村集体经济。

对此，中央文件在改革之初就强调，"适于个人分散劳动的生产项目，可以包到劳、包到户；需要协作劳动的生产项目，可以包到组。……宜统则

[①] 国家统计局：《2010年国民经济和社会发展统计公报》，http：//www.gov.cn/gzdt/2011-02/28/content_1812697.htm；田地区统计局：《和田地区2010年国民经济和社会发展统计公报》，http：//www.xjht.gov.cn/Article/ShowArticle.aspx?ArticleID=102152。

统,宜分则分,通过承包把统和分协调起来,有统有包";强调"……农户和集体保持承包关系,由集体统一管理和使用土地……有一定的公共提留,统一安排烈军属、五保户、困难户的生活,有的还在统一规划下进行农业基本建设"①。在农村改革 30 多年里,中央文件一再重申"坚持统分结合的双层经营体制","发展壮大集体经济"。但是,"农村集体经济"这一概念,在许多官员和专家的理念中、在多数的区域经济发展战略中,还是被有意无意地遗忘了。

重新认识农村集体经济的重要性是在 21 世纪初。当人们的发展观由单纯的经济增长转变到"科学发展"、"改善民生"、"尊重人民主体地位和保障人民各项权利"时才恍然发现,"构建社会主义和谐社会","逐步实现基本公共服务均等化","构建城乡经济社会发展一体化新格局",都需要发展农村集体经济。

新疆维吾尔自治区及和田地区较早觉悟了这一点。从 1986 年开始,皮山县委、县政府就将发展农村集体经济当成农村经济工作的重点,从而扭转了村集体经济萎靡不振的局面,使"村两委"的干部工资、村民医疗、村小学教室这些过去号称"老大难"的问题都得到很好的解决(专栏案例 10-1)。

专栏 10-1 皮山县村集体经济在改革中稳步发展

皮山县以农牧业为主。2010 年末,全县 15 个乡镇,169 个行政村(场),678 个村民小组,县域面积 41700 平方公里,耕地 44.776 万亩,总人口 23.83 万人,其中农业人口占 85.7%。全县生产总值 105162 万元,人均 GDP 4140 元,第一、二、三产业的比重为 51.2∶10.2∶38.7,全年财政一般预算收入 6803 万元,农牧民人均纯收入 3076 元。

改革之初,皮山县村集体经济迅速瓦解。到 1987 年末,全县 198 个村的集体经济收入几乎都是"空壳",村集体固定资产总值 247.8 万元(村均仅有 1.25 万元),累积资金总额 78.9 万元(村均不到 4000 元),村集体的银行储蓄余额 17.2 万元。为改变这种状况,1986 年,皮山县组建了"皮山县农村经济经营管理站"(2004 年更名为"皮山县农村经济经营管理局"),同时颁发一系列文件,规范农村集体财务管理、土地承包、农民负担管理、

---

① 《中共中央批转〈全国农村工作会议纪要〉》,即第一个"中共中央一号文件",转引自中国农经信息网,http://www.caein.com/index.asp?xAction=xReadNews&NewsID=2826。

农村经济审计等工作，皮山县村集体经济至此开始稳步发展。到 2002 年末，全县村集体固定资产增加到 5585.9 万元（村均 28.21 万元），15 年间增长了 22.5 倍多，其中 154 个村有存款余额，其中木吉乡巴格拉村存款余额 34 万元。

2002—2003 年，新疆维吾尔自治区党委主要负责人数次就皮山县发展壮大村集体经济的做法和经验作出批示和指示，将皮山农村集体经济推向一个快速发展的阶段。到 2009 年末，全县 169 个行政村的集体经济总收入 1812.77 万元，村均 1073 万元；村集体固定资产 9259.89 万元，村均 54.79 万元；131 个村有银行存款，存款余额 563.23 万元，其中存款余额 10 万元以上的 21 个村。

皮山县的经验引起了领导高层重视。2002 年，中共中央政治局委员、新疆维吾尔自治区党委书记王乐泉批示"各地学习皮山县发展壮大集体经济的经验"。2003 年 4 月 11—15 日，王乐泉一行在和田地区进行"农业结构调整和集体经济发展"专项调研时再次强调："皮山发展壮大集体经济的经验十分宝贵。集体经济壮大以后，既减轻了农民负担，密切了干群关系，还有利于巩固基层政权。今后，和田地区要及时广泛地推广皮山经验，我相信自然环境这么差的皮山能干的，别人也能干。"[1]

自治区主要领导人的批示，激发了和田地区党委和行署抓村集体经济发展的热情，先后出台《和田地区乡镇级财务管理办法（试行）》（和行发〔2000〕37 号）、《和田地区村级财务管理制度（试行）》（和行办发〔2001〕13 号）、《关于发展壮大集体经济的意见》（和党办〔2003〕15 号）、《关于印发和田地区村级财务管理办法（试行）的通知》（和行办发〔2005〕66 号）、《关于加强村级组织建设的意见》（和党办〔2006〕17 号）等一系列文件及法规，将和田地区农村集体经济推向一个快速发展的阶段。

2. 村集体经济转型发展现状

2000 年以来，和田地区村级集体经济增长趋势明显。2001 年，全地区 1401 个行政村，村集体总资产 46867 万元，到 2008 年底，总资产达 62586 万元，增长了 33.53%；村集体在银行的存款也由 2001 年的 2425 万元增加到 3143 万元，增长 29.6%。

---

[1] 李劲松、王蓓：《王乐泉在和田调研时强调农业结构调整应走内涵挖潜为主道路》，载《新疆日报》2003 年 4 月 17 日。

但是，和田农村经济结构层次低。2010年，全地区农村经济总收入中，第一、二、三产业的结构为84.9∶6.7∶8.4。非农产业占农村经济总收入的比重仅15.1%。在农林牧渔业总产值（76.45亿元）中，农业产值（46.18亿元）占60.4%，林业产值（11.01亿元）占14.4%，牧业产值（17.77亿元）占23.2%，渔业产值（0.24亿元）占0.3%，农林牧渔服务业产值（1.25亿元）仅占1.6%[①]。农村非农产业严重滞后，远离经济中心城市，自然环境严酷，工业化、城市化整体水平低，严重制约了农村集体经济转型发展。

2010年，和田地区村均集体经济收入14.66万元，村均可分配收益2.11万元（表10-2）。从面上看，各项指标低于全疆平均水平，2010年，全地区无收益的村占51.6%（全疆平均26.8%），有收益的村占48.4%（全疆平均73.2%），村集体收入低于5万元的村35.4%（全疆平均36.8%），收入10万—50万元的村占4.3%（全疆平均16.3%），50万元以上较高收入的村0.1%（新疆平均2.4%）（表10-3）。

表10-2　2010年和田地区村级集体经济收入情况及其与全疆的比较

指标名称	和田地区 合计	和田地区 村均	新疆维吾尔自治区 合计	新疆维吾尔自治区 村均	和田相当于全疆（%）
行政村个数（个）	1396	—	8615	—	—
村集体总收入（万元）	20465.2	14.66	167006.3	19.39	75.4
#经营收入（万元）	2562.1	1.84	22536.9	2.62	69.9
#发包及上交收入（万元）	9774.7	7.00	73540.5	8.54	81.7
#投资收益（万元）	26.3	0.02	505.4	0.06	33.3
#补助收入（万元）	4268.4	3.06	36517.3	4.24	71.9
#其他收入（万元）	3833.7	2.75	33906.2	3.94	69.5
村集体总支出（万元）	17654.3	12.65	125616.5	14.58	86.8
本年收益（万元）	2811.0	2.01	41389.8	4.80	41.9
年初未分配收益和其他转入（万元）	131.3	0.09	7154.4	0.83	10.8
当年可分配收益（万元）	2942.3	2.11	48544.2	5.63	37.5

资料来源：新疆维吾尔自治区及和田地区《农经统计资料（2010）》。表中的经营收入包括农林牧业生产收入、资产销售收入、租赁收入、拖拉机收入、劳务收入等；发包及上交收入包括发包收入、企业上缴利润等；补助收入包括村干部工资、办公经费、空壳村补助、村阵地建设补助、五保户资金、村医务人员工资、十户联防工资等；其他收入包括利息收入、固定资产清理收入、奖金收入等。

---

① 和田地区农经局：《农经统计资料（2010）》。

表 10-3　　2010 年和田地区村集体经营收益状况及其与全疆比较　　　　单位：个

指标名称	和田地区 合计	和田地区 村均	新疆维吾尔自治区 合计	新疆维吾尔自治区 村均	和田相当于全疆（%）
行政村个数	1396	100.0	8615	100	—
当年无经营收益的村	720	51.6	2308	26.8	192.5
当年有经营收益的村	676	48.4	6307	73.2	66.1
#5 万元以下的村	494	35.4	3166	36.8	96.5
#5 万—10 万元的村	120	8.6	1529	17.7	48.6
#10 万—50 万元的村	60	4.3	1408	16.3	26.4
#50 万—100 万元的村	2	0.1	134	1.6	6.7
#100 万元以上的村	0	0.0	70	0.8	0.0

数据来源：新疆维吾尔自治区及和田地区《农经统计资料（2010）》。

3. 不同县域村集体经济比较

和田地区村集体经济收入的县域差距不大，2010 年全地区 7 县 1 市的村集体经济总收入在 1600 万—3500 万元之间，其中最高收入的是墨玉县（3417.5 万元），3 个样本县处在中上位次，都在 3000 万元左右，但利润率却有较大差别，洛浦县利润率高达 42.1%，和田市利润率却是 -33.8%（表 10-4）。和田市地处行署首府，并没有向其他城市的周边农村那样出现农村集体经济超常发展的情景，2010 年和田市村集体收入只有 1610.4 万元，可能是集中建设的原因，当年村集体总支出 2154.7 万元，是和田地区村集体经济唯一收不抵支的县域。正反两方面的经验证明，控制村集体开支就是增加收入。

表 10-4　　2010 年和田地区村集体经济组织收益分配统计表　　　　单位：万元

指标名称	地区合计	和田市	和田县	墨玉县	皮山县	洛浦县	策勒县	于田县	民丰县
村集体总收入	20465.2	1610.4	3146.1	3417.6	2720.4	2668.0	2188.2	2733.4	1981
#经营收入	2562.1	150.3	222.7	669.4	245.6	225.6	132.6	279.8	636.0
#发包及上交	9774.7	706.9	1374.1	1759.8	1686.9	1599.6	1040.1	789.4	817.6
#投资收益	26.3	0	0	0	26.3	0	0	0	0
#补助收入	4268.4	167.3	1283.8	548.3	279.7	393.7	644.4	827.0	124.2
#其他收入	3833.6	585.8	265.5	440.1	481.9	448.9	371.1	837.2	403.2
村集体总支出	17654.3	2154.7	2859.0	2332.5	2639.3	1544.6	2027.5	2394.9	1701.9
本年收益	2811.0	-544.3	287.2	1085.1	81.2	1123.4	160.7	338.5	279.0

续表

指标名称	地区合计	和田市	和田县	墨玉县	皮山县	洛浦县	策勒县	于田县	民丰县
盈利率	13.7	-33.8	9.1	31.8	3.0	42.1	7.3	12.4	14.1
年初未分配	131.3	0	0	0	0.2	0	0	131.2	0
当年可分配	2942.3	-544.3	287.2	1085.1	81.4	1123.4	160.7	469.7	279.0

和田地区村集体经济的经营方式县域之间少有差异，村集体收入结构（图10-1）表明，"机动地"和新开垦农地发包是主体（地区平均占47.8%），经营收入为补充（地区平均仅占12.5%），对各级财政及政府部门补助收入形成依赖（地区平均占20.9%），投资行为罕见，只有皮山县投资收益26.3万元。

深入到3个样本县观察，无收益和收入低于5万元的村比例大，中高收入村比例小，村均集体经济收入偏低（表10-5）。值得一提的是，样本地区重视村集体的银行储蓄。2010年，皮山、洛浦、和田3县村集体银行存款485万元、1092万元、349万元。村集体资金存入银行而非用于投资和资金互助，与当地经济社会发展状况和农经管理方式有关系。

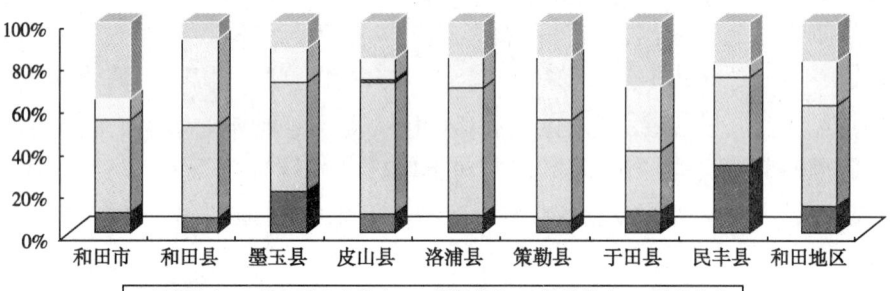

图10-1 和田地区及不同县域集体经济收入结构

表10-5　　　　　2010年和田样本县村级集体经济发展状况　　　　　单位：个

指标名称	皮山县 合计	皮山县 比例	洛浦县 合计	洛浦县 比例	和田县 合计	和田县 比例
行政村个数（个）	169	—	207	—	214	—
当年无经营收益的村（个）	74	43.8	58	28.0	145	67.8
当年有经营收益的村（个）	95	56.2	149	72.0	69	32.2
其中：5万元以下的村（个）	73	43.2	85	41.1	44	20.6

续表

指标名称	皮山县 合计	皮山县 比例	洛浦县 合计	洛浦县 比例	和田县 合计	和田县 比例
5万—10万元的村（个）	16	9.5	39	18.8	16	7.5
10万—50万元的村（个）	4	2.4	25	12.1	9	4.2
50万—100万元的村（个）	2	1.2	0	0.0	0	0.0
100万元以上的村（个）	0	0.0	0	0.0	0	0.0
村集体银行存款（万元）	485	—	1092	—	349	—
10万元以上的村（个）	21	12.4	26	12.6	5	2.3
5万—10万元的村（个）	26	15.4	52	25.1	9	4.2
5万元以下的村（个）	122	49.7	129	62.3	200	93.5

数据来源：根据样本县调查数据以及样本县农经局提供的农经统计数据。

4. 农户经济经营状况

"双层经营体制"下，农户经济是农村集体经济的一个层次。调查显示，和田地区农民人均纯收入逐年增加的趋势是明显的，但仍处于较低水平。1980—2010年，皮山县农民人均纯收入由46元增加到2010年的3076元，绝对数增长了65.9倍。这期间出现了1980—1998年、2002—2010年两个增长周期，后一阶段增长较快；1999年，农民人均纯收入降到675元，比1998年的873元下降了22.7%，2000—2001年出现恢复性增长，2002年再次超过1998年的水平（图10-2）[1]。这一趋势基本反映了和田地区农户经济变化的总体趋势。

样本县农民人均纯收入很低。对3个样本县汇总，2010年农民人均纯收入3320元。低收入与其结构有关。2010年，农民人均纯收入中，第一产业收入比重占62.55%，非农产业收入（第二三产业收入合计）占14.64%，外出务工收入占21.15%，集体再分配收入占1.66%，基本没有财产性收入（表10-6）。

---

[1] 图2-2中1987年收入数据经过了修正。皮山县农经统计中1987年人均纯收入是37元，低于1980年的46元，详查其原因，是因为当年人口统计误为935264人。实际是，皮山县农业人口1986年133134人，1988年137243人，1989年141356人，每年新增农业人口2000人左右。据此，我们将1987年的农业人口修正为135264人，人均纯收入修正为253元。

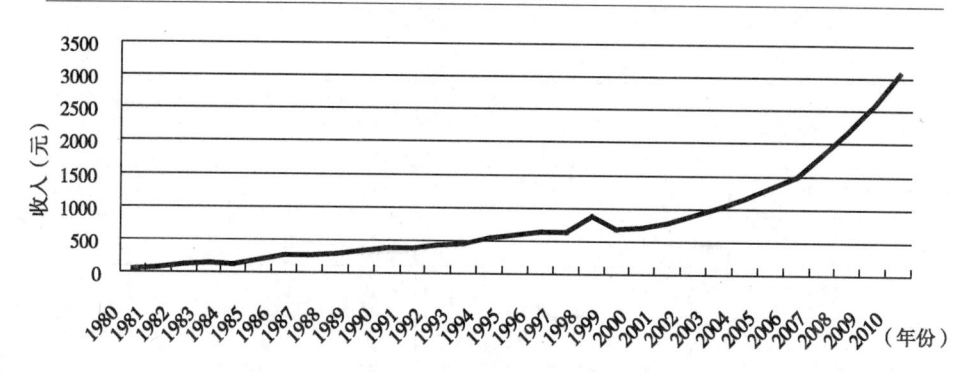

图 10-2　1980—2010 年皮山县农民人均收入变化

表 10-6　　　　　2010 年和田地区农户经营状况分析　　　　　单位：元

项目	皮山县	洛浦县	和田县	三县平均	人均收入结构
农民人均收入合计	3076	3118.24	3766.82	3320.36	100.00
一、第一产业收入	1997	1658.59	2575.01	2076.87	62.55
（一）农业收入	658	959.21	449.06	688.76	20.74
其中：粮食作物收入	111	304.31	139.13	184.81	5.57
（二）林果业收入	924	280.63	1852.17	1018.93	30.69
（三）畜牧业收入	415	417.95	271.10	368.02	11.08
（四）渔业收入	0	0.80	2.68	1.16	0.03
二、第二产业收入	88	310.92	272.14	223.69	6.74
三、第三产业收入	184	389.99	212.64	262.21	7.90
四、农民外出劳务收入	760	696.23	650.77	702.33	21.15
五、农民从集体再分配收入	47	62.51	56.26	55.26	1.66

数据来源：实地调查的 16 份农户问卷（其中两份废卷）以及收集的各县《2010 年农村经济情况统计表》。

样本地区农民生活质量不高。我们将农户问卷数据中的家庭总支出分为消费性支出、家庭经营支出、财产性支出、缴纳各种税收、社会保障支出、各种负担和摊派以及其他支出。问卷统计分析得出，和田地区农户家庭主要支出为消费性支出，其中食品支出占消费性支出的 59.48%（图 10-3），农村居民恩格尔系数为 59.48%，高于新疆（40.3%）和全国（41.1%）水平，反映了和田农村居民生活质量普遍偏低的情形。

农户收入低，资本积累远不能为农民创业提供支持，因而影响村域工商业发展；村域非农产业不发展，村集体经济经营方式转型缓慢，收入来源有限；农户经济和集体经济滞后，影响了区域经济的活力；区域经济增长乏力，反过来迟滞村域经济发展。这种不良循环使农户和集体经济长期陷入低收入困境。

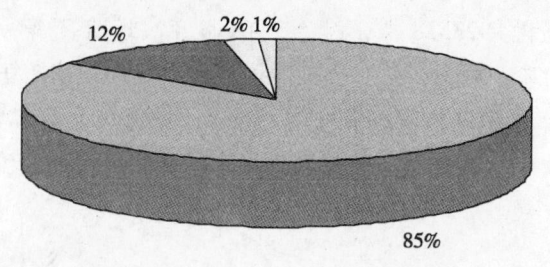

图10-3 2010年和田地区农户支出结构

三 和田地区村集体经济的经营方式

1. 直接经营

直接经营是指集体经济资源由村集体经济组织直接生产经营、管理和收益。和田地区调查发现，村集体直接经营的对象多数是集体的林木和果园。集体林木较少成片种植，多数是田间地头的防风林、村庄周边的绿化林带、行道树及道路两旁林带，以白杨树为主。

直接经营林木的案例，和田县巴格其镇巴格其村最为典型（专栏10-2）。到目前为止，巴格其村拥有3年、8年、15年树龄的林木计2.35万棵。该村为这些树分片登记，建立台账档案。2010年，该村集体总收入15.37万元，其中集体林木的直接收入经营1.62万元。村集体直接经营林木的方式在巴格其镇较普遍，目前，镇级集体经济组织拥有50公里林带，评估价值达600万元，这笔财产以及它所产生的经济效益，理论上属于全镇农民集体所有。

案例10-2 巴格其村集体种植了2.35万棵白杨树

和田县巴格其镇是和田地区最大的乡镇，全镇35个村，232个村民小组，11110农户，农业人口51520人，农地总面积76500亩，其中耕地面积

57500亩。

巴格其村是镇政府所在地，7个村民小组，农地面积2444亩，其中耕地2132亩，人均0.72亩，农户377户，1665人。村落周边、道路两旁、田间地头种植白杨树共23518棵，树龄3年、8年、15年不等，全部属于村集体所有，平均估价100元/棵，总值至少230万元。该村将每一颗白杨树都编号（用红色油漆将编号写在每一棵树上），按地块分类归档、建立台账，有计划地分片砍伐、再补种，交替利用林木的生态价值和经济价值，保证村集体经济持续发展。

2010年，巴格其村集体总收入15.37万元，其中"机动地"发包收入7.13万元，核桃树委托经营6.62万元，园林直接收入经营1.62万元；村农民人均纯收入5038元。

样本地区村集体林木和果园基本上采取直接经营方式。2010年，和田县村集体直接经营收入达98.95万元；洛浦县恰尔巴格乡村集体农业、林业、牧业等直接经营收入达12.39万元[①]。恰尔巴格乡加依托格拉克村，通过土地整理和复垦，种植了20亩核桃树，村集体直接经营。其中，果园开发的现金成本村集体承担，种植、管护及采伐所需要的劳动力，村集体采取低保户出义务工的办法。该村规定，本村低保户每月要完成1—2天义务工。2010年，该村用同样办法修建了8个蔬菜大棚，租赁给本村农户经营（专栏10-3）。

专栏10-3 恰尔巴格乡加依托格拉克村的集体经济

加依托格拉克村442户，5个小组，1670人，耕地2350亩，人均耕地1.4亩，全村现有低保户110户，265人。2010年，全村人均纯收入3147元。从2010年开始，村集体复垦土地种植核桃，投资4.4万元种植核桃20亩（3元/株，共3.5万株），由村集体直接经营；投资3.2万元建设了8个蔬菜大棚，租赁给农户经营，年租金0.56万元（年租金700元/棚）。

2010年，村集体经济总收入12.42万元，其中村集体"机动地"227.8

[①] 数据来源：《洛浦县恰尔巴格乡村级会计月报表》、《和田地区和田县村级会计明细科目分析表》。

亩，承包收入 4.03 万元（机动地承包每年平均 190 元/亩），内部往来收入 2.65 万元，转移支付（补助）收入 1.90 万元，其他收入 3.84 万元。

2. 委托经营

委托经营是指村集体土地，由村集体经济组织投资建设后，再委托给农户和其他人经营管理，其收益按照村集体与受托方按比例分成。在和田地区的农业产业开发中，土地整理和复垦、林木和果树种植、水利基础设施建设等环节，大多数是集体投资，统一开发建设，而后委托、租赁或承包给村民经营，包产分成（定额上交，超产归己），集体与经营者七三开或六四开[①]。另外，允许受托经营户在保证林木、果树正常生长的情况下，间作其他农作物，其收益归经营户。洛浦县、皮山县藏桂乡较为典型（专栏10-4）。

专栏10-4 样本县村集体经济组织直接经营和委托经营案例

Ⅰ 洛浦县有202个村的果园采用直接经营或委托经营

洛浦县8乡1镇，207个行政村，4.6万农户，19.5万农业人口，总耕地28.35万亩，人均1.45亩。2010年，全县农民人均纯收入3118.25元。为摸清全县村集体经济发展潜力，2010年，洛浦县农经局组织本系统逐村调查，结果显示：截止到当年7月底，全县村集体经济组织中，202个村种植了果木及其他农作物，种植面积达2796.98亩，其中：169个村（占总村数的81.6%）种植核桃树1678.36亩；40个村种植红枣410.65亩；12个村种植苗木47.87亩；6个村种植沙枣23.6亩。另外，杭桂乡23个村种植皮牙子518.7亩，多鲁乡6个村种植红柳大芸22.1亩，阿其克乡3个村种植枸杞子14.4亩。村集体林木果园已有效益，2010年收入53.82万元。预计到2012年，总收入865.91万元，总支出363.23万元，盈利可达502.68万元。

Ⅱ 皮山县藏桂乡10个村的集体果园果树采用委托经营

2010年末，皮山县藏桂乡10个村，40个村民小组，3249个农户，农业人口12308人，农地总面积41073亩，其中耕地29727亩，农民人均纯收

---

① 据介绍，和田地区的核桃种植每亩24—26棵，第2年嫁接，第3—5年挂果，挂果第1年产量可达100—300公斤/亩，平均25元/公斤，产值在2500—7500元之间，之后的产值每年增加300元/亩，最高可达1万/亩，成本占30%左右。

入 3414 元。果园果树总面积 635 亩另 11114 棵，其中核桃园 6 亩另 1043 棵，杏子园 502 亩另 55 棵，苹果、梨子、葡萄等成片果园 127 亩另 10016 棵。果园果树多数采用委托经营方式。经营收入上交村集体的标准是：核桃每亩 1167 元，每棵 64 元；杏子每亩 168 元，每棵 36 元；苹果每亩 55 元；葡萄每亩 1133 元。2010 年，全乡村集体经济总收入 193.99 万元，其中果园果树委托经营收入 26.67 万元，租地收入 167.32 万元。

典型案例显示，集体所有的土地，经村集体投资开发或建设后再委托他人经营的方式，一方面保证了村集体对资源使用、收益和处分的实际控制权，同时克服了村集体直接经营监督成本过高的弊端；另一方面又汲取了承包经营的优势，"交够集体的，剩余全是自己的"分配机制，极大地调动并保障了受托经营户利益，有利于形成村集体与受托经营户"双赢"局面。

3. 承包经营

和田地区村集体经济中的承包经营，主要表现为"机动地"和新开垦农地的发包与管理。"机动地"在未长期承包给农户之前，所有权和使用权都归属于村集体，村集体通过公开竞标方式，短期限发包"机动地"，从而获取收入。问题在于村集体是否拥有数量可观的"机动地"。

按照中国农村土地第二轮承包的有关政策规定，预留"机动地"面积不能超过总承包面积的 5%，目的是化解新增人口的土地矛盾。从 1997 年前后的第二轮承包至今的 15 年左右的时间里，随着村集体经济组织新成员的不断增加，"机动地"所剩无几。和田地区土地开垦潜力巨大，只要有水源、有资金就可大量开垦。基于新农村建设及边穷地区扶贫开发的机遇，乡、村集体都通过土地整理、复垦和开荒，新增了数量可观的农业用地，并将这些土地纳入"机动地"的管理范畴，以扩大集体经济收入来源。如：皮山县藏桂乡 10 个村，现有"机动地"扩大到 11852 亩，其中原有 668.4 亩，占全乡耕地总面积的（29727 亩）2.2%，未超过 5% 约束上限，新开垦耕地 11183.6 亩，村均"机动地"1184 亩；2010 年，洛浦县在册"机动地"37139 亩，村均 179.4 亩；和田县集体"机动地"15460 亩（2008 年），村均 72 亩。

和田地区 70% 左右的乡（镇）也以集体的名义开垦"机动地"，通过招标发包获取承包金，由乡（镇）财政所管理使用，如果能够通过加强监督，保证其收入用于本乡（镇）农民的生产与生活，亦无可非议。

"机动地"招标发包有两种情况,一种是"白地"①承包,皮山县藏桂乡"白地"承包,年承包金 300—350 元/亩;另一种是种植果树、林木和农作物后,采取"土地承包+附属物承包"方式,藏桂乡亚博依村种植红枣的土地承包给本村农户经营,年承包金 1200 元/亩。2010 年,亚博依村"机动地"发包收入 25 万多元,占村集体总收入的 74.5%(专栏 10-5)。其他县的村集体经济收入中,"机动地"发包收入也有较高的比例,如加依托格拉克村"机动地"承包收入 4.032 万元,占集体总收入的 32.47%;巴格其镇恰卡村"机动地"承包收入达 7.1697 万元,占比 39.33%。

专栏 10-5　皮山县藏桂乡亚博依村的集体经济

作者 2008 年 6 月调查亚博依村时,全村 488 户、1781 人,劳动力 630 人,其中外出打工 220 人(占 34%),耕地 6200 亩,由于风沙掩埋,实际耕作 4500 亩,其中承包给农户 3400 亩,1100 亩为村集体"机动地"。2011 年 7 月,作者再来该村时,农户减少为 454 户,人口增加到 1796 人(增加 15 人),劳动力增加到 718 人,外出打工减少到 130 人(减少 90 人)。可耕作面积增加到 5600 亩,增加的 1100 亩为新开垦耕地,均作为集体"机动地"管理,目前村集体"机动地"2062 亩,是藏桂乡"机动地"最多的村。

该村是 UNDP 项目点之一,2008 年种植红柳 3000 亩,其中接种大芸 1200 亩。项目实施改善了区域环境,村域内风沙明显减少,保护了耕地,提高了产出。2008 年,村集体可分配收入 24 万元,村民人均收入 3100 元。2010 年,村集体收入 38.06 万元,其中 34.06 万元来源于村集体的"机动地"(包含红枣园、杏子、葡萄)承包收入,占 89.5%;其余 4 万元是补助收入。

承包经营并不局限于"机动地",同时还包括集体所有的"四荒地"、林地、果园、草地、水面、牲畜承包经营等,2010 年和田县承包经营收入分类表,反映了这一面貌(表 10-7)。

---

① 和田地区的农民把未种植果树、林木或农作物的土地称"白地"。

表 10-7　　　　　　　　2010 年和田县承包经营收入状况　　　　　　　　单位：元

承包合同类型	承包合同款收入	占承包合同款总额的比例
"机动地"承包	4548910	67.28
核桃承包	1791629	26.50
果园承包	127015	1.88
葡萄承包	7912	0.12
牲畜承包	159135	2.35
芦苇承包	8000	0.12
鱼池承包	1200	0.02
其他承包	117333	1.74
合计	6761134	100

和田地区和田县农经局：《和田地区和田县村级会计明细科目分析表》。

4. 租赁经营

租赁经营是所有者或出租人将生产资料出租给承租人使用并收取租金的经营方式。租赁经营和承包经营都是在两权分离基础上进行的，但租赁与承包还是存在差别：一是对象不同，租赁对象是集体不动产和设备（如房地产、农机具等），而承包对象是与土地经营相关联成果（农产品）；二是所有权与经营权分离的程度不同，租赁经营是承包经营的深化和发展，是比承包经营的"两权分离"更为彻底，承租者自主经营权更大，承包经营权是在村集体经济组织的控制下行使的；三是对外开展业务的名义不同，租赁者以自己的名义进行经营活动，承包者以发包方的名义从事经营活动。

和田地区村集体租赁经营公开招标，同等条件下村集体经济组织成员优先承租。租赁经营对象为房地产、商店、拖拉机、水磨、大棚等，但其比例不大。据介绍，和田地区村集体有房地产和商店出租的村不超过10%；有农业设备租赁收入的村也不多，其收入比例相对于承包经营要低许多。2010 年，藏桂乡只有 3 个村有租赁收入（表 10-8），总额不到 5 万元；恰尔巴格乡 37 个村，村集体租赁收入只有 1.35 万元，占村集体经济收入总额（651.9 万元）0.21%，村均 365 元；和田全县村集体租赁收入合计 67 万元，占村集体经济收入总额（3150.8 万元）的 2.13%，村均 3131 元。

表 10-8　　　　　　　　2010 年皮山县藏桂乡租赁收入情况

单位	钢模 数量	钢模 租金（元）	商店 数量	商店 租金（元）	大棚 数量	大棚 租金（元）	合计（元）
库勒艾日克村	2	1000	0	0	0	0	1000
亚博依村	0	0	0	0	0	0	0
英其开艾日克村	0	0	0	0	0	0	0
亚村	0	0	0	0	17	34000	34000
塔提让村	0	0	0	0	0	0	0
兰干村	0	0	0	0	0	0	0
英吾斯塘村	0	0	5	13000	0	0	13000
布拉克村	0	0	0	0	0	0	0
库木博依村	0	0	0	0	0	0	0
亚曼亚（农场）	0	0	0	0	0	0	0
合计	2	1000	5	13000	17	34000	48000

5. 投资（资本）经营

投资行为在和田地区的村集体中极少见，2010 年，全地区只皮山县投资收入（26 万元）。地区经济欠发达、民间融资习惯未养成、投资渠道狭窄、投资风险大等原因，是制约和田地区村集体投资行为的主要因素。正因为如此，和田地区才一直强调村集体的银行储蓄增长，将此项指标作为农经局（站）和"村两委"干部年终考核指标，从而使村集体的银行储蓄不断增长。

村集体的银行储蓄所产生的利息收入有限。2010 年，皮山、洛浦、和田 3 县村集体银行存款分别为 485 万元、1092 万元、349 万元，其中和田县会计账反映的当年村集体利息收入 5.68 万元，照此计算，皮山县利息收入为 7.89 万元，洛浦县的利息收入 17.72 万元。

6. 补助收入

补助收入是村集体经济组织获得的财政等有关部门的补助资金。村级组织的基层治理职能和社区公共服务职能是县乡（镇）政府职能在农村的延伸，村级组织履行政府延伸职能的报酬理应由公共财政支出。站在这个角度，补助收入是政府必须支付给村级组织的劳动或"经营"报酬，因此也是村集体的经营方式之一。

在和田地区，补助收入来源于县乡党委部门、政府部门（如财政局所、农经局站)。2010年,和田地区村集体获取补助收入4268.4万元,占当年全地区村集体经济总收入的20.86%,村均3.06万元。

个案显示,补助收入中"村两委"干部工资补助占50.6%,生产补助(如核桃种子补助)占21.8%,壮大村集体经济专项补助占20.5%,远程教育经费占4.2%,经济薄弱村补助占2.5%,基层组织建设资金占0.5%(表10-9)。

表10-9　　　　2011年洛浦县各乡镇财政转移支付资金统计表　　　　单位:元

乡镇	合计	村干部工资	远程教育经费	经济薄弱村补助	核桃种子补助	壮大村集体经济专项	基层组织建设专项
		农经局	农经局	组织部	财政所	组织部	财政局
布亚乡	328890	297810	31080	—	—	—	—
纳瓦乡	427640	184440	18200	91000	119000	15000	—
山普鲁乡	466000	277140	28860	—	—	160000	—
恰尔巴格乡	1301464	466150	—	27200	—	784914	23200
杭桂乡	1365810	423630	42180	—	900000	—	—
多鲁乡	360360	325950	34410	—	—	—	—
洛浦镇	215070	195090	19980	—	—	—	—
拜什托格拉克乡	179080	161320	17760	—	—	—	—
阿其克乡	40110	37890	2220	—	—	—	—
合计	4684424	2369420	194690	118200	1019000	959914	23200
比例	100	50.58	4.16	2.52	21.75	20.49	0.50

7. 专业合作——新型集体经济组织的经营方式

专业合作社并不是村级社区性集体经济组织,也较少承担社区公共服务职能,据此,作者一直将其称为新型集体经济组织。

和田地区农民专业合作的领域包括棉花合作社、玫瑰花协会、石榴协会、葡萄协会、红柳大芸种植协会、水利协会、地毯协会等。据地区农经局调查统计,截止到2010年7月10日,全地区登记注册的农民专业合作社115个,其中种植业36个,畜牧业32个,林业19个,农产品加工20个,手工业7个,其他产业1个。专业合作社社员3804人,注册资金30817.2万元,带动农户19869户。

农民专业合作社的发展,有效地推动了农业产业化经营,增加了社员收入,同时,使专业合作社内的集体资本积累不断增加。2009年,和田地区农民专业合作社实现收入 4663.4 万元①。

四 需要研究和讨论的问题

1. 重新认识发展壮大村集体经济的重要性

盘点和田地区及样本县 2010 年村集体经济支出明细表，可以清楚看到，村集体经济有效发展在保障村级组织运转、支撑村域农业生产、公共服务和维护社区稳定方面发挥着不可替代的作用（表 10-10）。

表 10-10　　　　2010 年和田地区和田县村集体支出明细表

项目	和田地区 金额（万元）	和田地区 占比（%）	和田县 金额（万元）	和田县 占比（%）
总支出	17654.32	100.00	2859.03	100.00
一、经营支出	1745.00	9.88	130.06	4.55
（一）农业生产支出	—		27.02	—
（二）林业生产支出	—		59.24	—
（三）牧业生产支出	—		4.84	—
（四）其他经营支出	—		38.96	—
二、管理费用：	7987.56	45.24	1658.63	58.01
（一）村干部工资	3272.65		1112.26	
其中：村集体支付	—		183.96	
（二）办公费用	140.93		411.11	
（三）出差费	—		56.75	
（四）修理费	—		26.38	
（五）其他管理费用	4573.98		52.13	
三、其他支出①	7921.76	44.87	1070.34	37.44
其中：设施农业支出	—		35.1	
基础建设支出	—		163.41	

注：其他支出是指村集体经济组织与经营管理活动无直接关系的各项支出。
数据来源：和田地区和田县农经局：《2010 年 12 月村级会计明细科目分析表》。

---

① 和田地区农经局：《和田地区农民专业合作组织发展现状、存在的问题及对策——专题调研材料》2010 年 7 月。

保障村级组织正常运转离不开村集体经济。表10-10显示，2010年和田地区村集体总支出中，真正的生产经营成本（经营支出）仅占9.88%，管理费用占58.01%，主要是干部报酬、报刊费用及办公费用等属于村级组织的运转经费。2010年，全地区村集体补助收入4268.44万元，占当年村集体管理费用的53.44%，其余46.56%是由村集体经济支付的，村均26641.26元。

支撑基层治理和社区服务离不开村集体经济。表10-10中的"其他支出"包含了治安宣传与管理、宗教管理、贫困户救济、防洪抗旱、各种福利等。很明显，这些支出也是村集体承担基层治理和社区公共服务的支出。2010年，和田地区的"其他支出"7921.76万元，村均5.67万元，如果加上前述的管理费用，合计15909.32万元，村均8.34万元。典型案例也显示，2010年和田县村集体管理费和其他支出相加是2728.97万元，村均12.75万元；洛浦县恰尔巴格乡此两项支出相对较少，总计86.37万元，村均2.3万元，其中办公经费21.45万元，水电取暖费8.84万元，治安宣传和宗教管理支出24.57万元，防洪、贫困户救济和农业基地建设支出31.51万元。

村域农业生产服务、现代农业发展和农民收入增长也离不开集体经济。表10-10还显示，2010年和田县村集体经济支出中，设施农业建设和基础设施建设两项支出合计198.51万元，村均9276元。实地调查村的支出结构更加清晰地反映了这一点（表10-11），2010年4个村中，用于沟渠路维护农业基地建设的经费，最高的亚博依村22.69万元，最低的巴格其村3.55万元。

表10-11　样本村集体经济组织承担基层治理和社区公共服务情况　　　单位：万元

村名	总收入	总支出						
		合计	工资	办公费	治安环卫	社保救助	文体公益	沟渠路其他
亚博依村	38.06	38.48	0.97	2.64	2.67	0.58	8.93	22.69
加依托格拉克村	12.42	12.05	1.00	2.43	1.9	—	—	6.72
巴格其村	15.37	11.58	2.53	1.5	1.0	3.00	—	3.55
恰卡村	18.23	16.34	5.8	3.62	1.0	2.00	—	3.92

2. 重新认识村集体经济与农户经济的关系

"统分结合的双层经营体制"，不仅是中国农村的基本经济制度，也是中国农村集体经济基本实现形式。和田地区农村没有组建村集体经济组织，村民委员会代行其职能，村集体经济与村民的关系实际上就是村民委员会与村民的关系。调查显示，和田地区村集体与农户之间具有三重关系。

第一，"双层经营体制"中的发包管理者与被管理的承包者。自《中华人民共和国农村土地承包法》颁布实施，到取消农业税及其附加税，再到十七届三中全会提出"赋予农民更加充分而有保障的土地承包经营权，现有土地承包关系要保持稳定并长久不变"[1]，农户获得了更加完整、长久的土地承包经营权。至今，农户通过"家庭承包"方式所取得的土地权利基本上归于承包农户，按照法律规定，发包方（村集体）享有的权利是："（一）发包本集体所有的或者国家所有依法由本集体使用的农村土地；（二）监督承包方依照承包合同约定的用途合理利用和保护土地；（三）制止承包方损害承包地和农业资源的行为；（四）法律、行政法规规定的其他权利。"[2] 禁止承包土地行政调整，意味着村集体发包耕地的权利是一次性的，目前，发包方的权利主要集中在土地用途管制方面，加上取消农业税及其附加的因素，村委会不再具备以集体名义获取土地发包收入的权利。

第二，"双层经营体制"中的所有者代表与承包经营者。承包法规定，对"不宜采取家庭承包方式的荒山、荒沟、荒丘、荒滩等农村土地，通过招标、拍卖、公开协商等方式承包的……应当签订承包合同。当事人的权利和义务、承包期限等，由双方协商确定。以招标、拍卖方式承包的，承包费通过公开竞标、竞价确定；以公开协商等方式承包的，承包费由双方议定"[3]。和田地区村集体预留"机动地"、新开垦土地、宅基地复垦的耕地、"四荒地"等土地资源，都通过非"家庭承包"方式发包，竞价和协商确定土地承包费用。这种情况下，村委会或村集体经济组织代表村民享有所有者权能，承包或租赁农户享有经营者权能，"发包和上交"收入归村集体。

第三，"双层经营体制"中的利益代表和利益分享者。农村集体经济组织兼具经济和社会组织的双重功能，不仅为成员提供生产服务，对本组织的集体资金、资产和资源（"三资"）行使管理和经营权；而且为本组织成员提供生活服务和基本社会保障。这是村集体与成员农户之间的另一层关系。

---

[1] 《中共中央关于推进农村改革发展若干重大问题的决定》（2008年10月12日中国共产党第十七届中央委员会第三次全体会议通过）。
[2] 《中华人民共和国农村土地承包法》，第十三条。
[3] 《中华人民共和国农村土地承包法》，第四十四、四十五条。

在这一关系下，村委会或村集体经济组织代表全体村民，经营管理集体成员共有的"三资"财产，接受公共财政和政府部门的补助及社会援助，合理分配集体收入；成员农户则公平、公正地分享村集体经济的收益和服务。

3. 政府推进农村集体经济发展的作用和效率

首先，和田地区农村集体经济发展过程中的政府作用和效率是明显的。这是实地调查留给课题组的最强力感受。和田乃至新疆维吾尔自治区，农经管理队伍在全国都是最完整的。样本县中，皮山县农经干部92人，其中县农经局12人，15个乡（镇）农经站80人，平均每乡（镇）农经站5.5人；洛浦县农经干部编制共75人，其中县农经局12人，9个乡（镇）63人，平均每个乡（镇）农经站7人。这里的农经管理效率在全国也处在前列，农经管理在很大程度上促进了村集体经济发展，体现了"管理出效益"的法则（专栏10-6）。这一切源于政府的重视，那么政府的动力或利益机制又是什么？

专栏10-6　和田地区"村两委"干部考核及村级组织星级评定

和田地区各村都进行星级评定，分为领导核心、素质提高、民主管理、实力增强、为民服务、生活富裕、村容整洁、精神文明、平安和谐、清正廉洁等十个方面（十颗星），村"两委"成员的工资与村集体星级标准挂钩。

村两委的职务	工资标准
支部书记	达到10颗星，工资1000元/月；少于10颗星，以100元/颗递减
主任	达到10颗星，工资900元/月；少于10颗星，以100元/颗递减
副主任、副书记、村会计	达到10颗星，工资800元/月；少于10颗星，以100元/颗递减

调研表明：地方政府重视或不重视农村集体经济发展，主要取决于农业农村经济在区域经济中的地位。区域经济增长的压力下，地方政府总是把目光盯住那些在区域经济增长中占主体地位的产业。在大都市区和东部沿海发达的沿海省域，第一产业产值占地区生产总值的比重快速下降，2010年第一产业比重北京为0.6%，天津1.6%，上海0.7%，江苏6.2%，浙江5%，广东5%。这些地区，农业产值对于地区生产总值的影响微乎其微，农业农

村和农民问题事实上很难成为地方党政工作的"重中之重"。新疆及和田地区则不同。2010年全疆第一产业产值占地区生产总值19.9%，和田地区则为33.6%。而且和田地区的工业产值还不足20%，这种状况下，重视农村和农民，就是重视区域经济发展。

其次，边疆安全和社会稳定的压力，促使重视农村集体经济发展。和田地区的特殊性集中表现在荒漠、干旱、少数民族聚居、边疆等关键词上，这意味着和田地区的社会稳定更加重要也更加困难，在农业人口占绝大多数的地区（2010年农业人口占总人口的83.42%），地区稳定的要求，凸显出保障村级基层组织正常运转的重要性。

最后，上级党委和政府的重视和强力而有效率的推进，可以促进地方政府更加重视农村集体经济发展。新疆维吾尔自治区主要领导人的批示推进了和田地区农村集体经济发展的案例就是证明。

4. 和田地区村集体经济发展经验的启迪和推广

和田地区村集体经济转型发展的经验和问题，对推进荒漠性干旱区域、少数民族聚居区域、边疆和贫困地区村集体经济转型发展，加快农户经济转型和收入增长，具有重要启迪作用。

——必须重新认识农村集体经济转型发展的重要性。和田地区实践证实：集体资源、资产和资金的经营和管理、农民收入增长以及扶持贫困农民及弱势群体发展离不开集体经济；一家一户办不了、办不好或者办起来不经济的项目和农村基本建设需要集体经济；村域经济活动过程中的服务少不了集体经济；关注民生和弱势群体发展，必须发展农村集体经济；保障村级组织运转、巩固基层政权以及服务农民生产生活、逐步实现基本公共服务均等化依赖集体经济。因此，绝不能把农村集体经济当成"计划经济的产物"或"空想社会主义"加以批判，也不能把农村集体经济发展与区域经济社会发展对立起来。

——区域经济总体水平、经济结构等状况，决定着农村集体经济发展总体水平和经营方式。以农村集体土地资源发包收入为主体的单一集体经济结构，根源于区域工业化、城市化不足。因此，加快农村集体经济转型，拓展农村集体经济的经营方式，要从加快地区工业化、城市化抓起，从而带动农村第二、三产业的发展，才能为村集体经济转型发展拓展空间。

——坚持"双层经营体制"和保障农户的家庭承包经营权利前提下，应当允许村集体依法拓展资源控制权。和田地区通过整理复垦和新开垦土地，并将其作为集体"机动地"管理，为村集体经济发展创造和储备了资源。同时，认真管理"四荒地"、林地、果园、草地、水面、牲畜等集体资源，通过承包经营获取收入。这些做法，对于非农产业及不发展的农村地区，保障了村集体经济持续收入能力，进而保障了村级组织运转和村域社区基本公共服务的运行，其经验值得总结，在旱少边穷的偏远农村地区尤具推广价值。

——用好村集体的银行储蓄，使其为村域经济转型发展服务。比如，将其用于农民专业合作社等新型集体经济组织发展，用于支持创业农民创办农村非农产业，用于组建农民资金互助社扶持农户经济转型等。

——村财乡管或乡监督的制度在中国农村已经普遍建立起来。不可否认，这一制度对于农村"三资"保值增值，遏制无节制的乱开支和村官腐败、密切干群关系等，发挥着不可替代的作用。但是，也存在着剥夺村民自治权利的嫌疑，需要改进和完善。比如，超过村集体经济组织支出权利范围的大额开支，分别由村民大会、村民代表大会或村民理财小组讨论通过和审批，而不应由乡农经站或乡（镇）党委政府甚至县委、县政府审批。

第十一章

粮食主产区村集体经济贫困与干预发展

——湖北、黑龙江调查报告

村级集体经济普遍贫困，是中国经济发展中客观存在但却被遗忘了的问题。课题组选择湖北、黑龙江两大粮食主产区调查，先后发表了"村级集体经济的贫困与干预发展——来自湖北的调查"[①]，"粮食主产区农村集体经济经营状况及经营方式——黑龙江案例研究"[②]。前文描述了湖北省及样本县、乡（镇）和行政村的集体经济发展现状，总结了粮食主产区的村级集体经济经营方式，讨论村级集体经济干预发展的方式、成效及相关问题。后文以黑龙江省村级集体经济发展作为研究对象，阐述了该省村级集体经济发展现状，主要经营方式和收入来源，提出了加强粮食主产区村级集体经济有效发展的政策建议。

一 湖北省村级集体经济的贫困与干预发展

湖北是一个农业大省，是中国主要的商品粮基地之一。2010年，全省粮食种植面积406.84万公顷，粮食总产量2315.80万吨，总产量位居全国第10位。全省农村经济总收入6193.05亿元，其中农林牧渔业收入2332.12亿元，占总收入的37.7%，非农业收入占总收入62.3%，低于全国（84.2%）平均水平，表明湖北省农村非农产业发展相对滞后，这将影响全省农村集体经济的发展。课题组在湖北省农业厅的大力支持下，选择汉川市

[①] 郭海霞、陈敏、王景新：《村级集体经济的贫困与干预发展——来自湖北的调查》，载《广西民族大学学报（哲学社会科学版）》2012年第1期，第137—143页。

[②] 王蕊、郭海霞：《粮食主产区农村集体经济经营状况及经营方式——黑龙江案例研究》，载《中国集体经济》2012年第3期，第3—5页。以此文为基础，王蕊在导师王景新的指导下完成了硕士毕业论文《黑龙江省村级集体经济经营方式研究》（浙江师范大学硕士论文，2012）。

和老河口市的 4 个乡（镇）8 个行政村作为实地调查样本；另外，暑期组织大学生在全国开展的进村入户问卷调查中，涉及湖北省 13 个行政村 42 户农户。湖北调查样本总量达到 7 个县 10 个乡（镇）21 个村 44 户农户（表 11 -1）。本报告将通过典型案例，研究粮食主产区村级集体经济发展状况、做法、经验和问题，讨论粮食主产区地方政府应如何有效干预村级集体经济发展。

表 11 -1　　　　　　　湖北省汉川市、老河口市调查样本一览

县级样本（座谈）	乡级样本（座谈）	行政村干部问卷、查阅会计资料和考察项目
汉川市	马口镇	敖家村、高庙村
	刘家隔镇	码头村、西寺村、挂口村、刘姓塘村
老河口市	仙人渡	白鹤岗村
	李楼镇	朱楼村
大学生进村入户问卷	英山县 1 镇 3 村 12 户、阳新县 2 镇 3 村 9 户、襄州区 1 镇 3 村 9 户、浠水县 1 镇 2 村 6 户、天门县 1 镇 2 村 6 户	

（一）村级集体经济的现状评估

1. 村域经济水平评价标准

在反贫困研究中，关于贫困人口、贫困县的标准、瞄准机制和治理结构的研究成果汗牛充栋。2009 年，中国政府重新修订扶贫脱贫标准，将人均纯收入低于 1196 元的人口定为扶贫对象；国家级贫困县的标准确认，仍然采用"631 指数法"①测定。但是，却从来没有见到过学术界关于村集体经济贫困和贫困村域的评价标准。制定贫困村标准并予以扶持，是地方政府在"保障村级组织运转"的实践中首创的。比如：2008 年，浙江省级财政安排 6000 万元用于扶持 48 个县的 8000 个集体经济薄弱村的日常运转；江苏省对苏北农村村均补助 8 万元，保障村级组织运转。

把村域作为区域经济的最小单元来研究刚刚起步，因此尚无村域经济水平的评价标准。王景新曾根据长三角村域经济类型多样变化、水平多极化趋势，制定了村域经济发展水平分组标准（详见表 11 -2）：

---

① 贫困人口占 60%（占全国比例）权重（其中绝对贫困人口与低收入人口各占 80% 与 20% 比例）；农民人均纯收入较低的县数（占全国比例）占 30% 权重；人均 GDP 低的县数、人均财政收入低的县数占 10% 权重。其中：人均低收入以 1300 元为标准，老区、少数民族边疆地区为 1500 元；人均 GDP 以 2700 元为标准；人均财政收入以 120 元为标准。根据以上原则和方法，2001 年中国重新核定了 592 个国家扶贫工作重点县，至今十余年来未改变。

表 11-2　　　　　　　　　　村域经济水平分组

村域经济发展水平		村集体可分配年收入	村域农民人均年纯收入
贫困型	极度贫困	<1万元	<1200元
	绝对贫困村	1万—5万元	1200—2500元
	相对贫困村	5万—10万元	2500—4000元
温饱型	温饱型村域	10万—20万元	4000—5000元
小康型	总体小康村	20万—50万元	5000—8000元
	全面小康村	50万—100万元	8000—10000元
富裕型	富裕型村域	100万—500万元	10000—15000元
	巨富型村域	≥500万元	≥15000元

将贫困村分为三种类型，是根据王景新教授与农业部农村合作经济管理总站（司）以及浙江省农业厅合作研究村级公益事业建设和村级组织运转的实践得出的，其主要依据是：（1）村级集体无收益、有收益但低于1万元的村，村级组织基本无法运转；如果农民人均纯收入低于1200元（国家扶贫新标准相吻合）的人口比例过大，这样的村就是极度贫困村。（2）村集体可分配收入1万—5万元，在中西部地区可以勉强维持村级组织运转，在东部沿海地区维持村级组织运转至少不低于10万元的可分配收入[1]；如果村民人均纯收入低于2500元的比例过大，这样的村仍然属于绝对贫困的村，如果大多数村民的人均纯收入接近全国平均水平，这样的村属于相对贫困村。将绝对贫困标准定为农民人均纯收入低于2500元，目前看来偏高，但按2010年以来人民币兑美元的汇率折算，与世界银行每天1美元（1990年）的贫困标准吻合，况且，将农民人均纯收入低于2500元作为贫困对象加以扶持，已成为长三角地区政府扶贫政策之一。

2. 村级集体经济的贫困状况

为了简便，我们用上述关于村集体可分配年收入的标准评估调查样本，发现村集体经济普遍贫困是不争的事实（表11-3）。

---

[1] 在东部沿海和城市郊区农村，保障村级组织有效运转需要50万—100万元的可分配收入。

表 11-3　　　2010 年样本区及湖北省全省村集体经营收益状况　　　单位：个、%

指标名称	汉川市 合计	汉川市 比例	老河口市 合计	老河口市 比例	湖北省 合计	湖北省 比例
行政村个数	589	100	230	100	26464	100.0
无经营收益的村	0	0.0	42	18.3	11094	41.9
有经营收益的村	589	100	188	81.7	15370	58.1
其中：5 万元以下的村	255	43.3	92	40.0	8561	32.4
5 万—10 万元的村	280	47.5	62	27.0	4352	16.4
10 万—50 万元的村	35	5.9	32	13.9	1909	7.2
50 万—100 万元的村	14	2.4	2	0.8	280	1.1
100 万元以上的村	5	0.9	0	0.0	268	1.0

资料来源：汉川市"三农"发展综合考评数据统计表；老河口市经管局 2010 年农村经济基本情况统计表；2010 年全国农村经营管理统计资料。

2010 年，湖北省当年无经营收益的村 11094 个，占汇总村数的 41.9%。汉川市及老河口市村级集体经济发展相对较好，汉川市无收益的村为零、老河口市无收益的村占汇总村数的 18.3%。如果加总当年无收益和有收益但低于 5 万元的绝对贫困村，全省平均占 74.3%，汉川市占 43.3%，老河口市占 58.3%。实地调查样本的汉川和老河口市村级集体经济在省内相对较好，除了资源禀赋和区位优势外，还有一个原因是两市市委、市政府积极贯彻湖北省委、省政府关于发展壮大村级集体经济的文件精神，进行有效干预的结果。

村级集体经济贫困并非湖北一省，在本课题组已完成调查的黑龙江、海南、新疆、广西、浙江等省（自治区），2010 年，无经营收益和有收益但低于 5 万元的，分别占本省汇总村数的 74.2%、71.4%、63.5%、89.6%、71.1%，不论发达省份还是贫困省份，集体经济绝对贫困的比例都接近或超过 70%，而这一指标的全国数据则是 81.4%[①]。村级集体经济普遍贫困的现状令人震惊！

3. 村级集体经济的沉重负担

进一步分析发现，2010 年，湖北全省村集体总收入 1395666.1 万元，总支出 1134737.7 万元，当年可分配收益 260928.4 万元，按全省汇总的

---

① 农业部农村经济体制与经营管理司、农村合作经济经营管理总站：《2010 年全国农村经营管理统计资料》，内部资料，第 61 页。

26464 个行政村平均，村均 9.85 万元，如果加上年初未分配收入和其他转入，2010 年末，湖北全省村均可分配收益 11.87 万元，低于全国（19.1 万元）的平均水平。汇总课题组本次调查的 21 个村集体收支情况（表 11-4），当年末，村均可分配收益 21.52 万元，村均集体支出 71 万元。无论收入和支出都大大高于湖北全省的平均水平，这主要是因为调查样本比较集中于江汉平原等经济条件较好的地区。

表 11-4　　21 个样本村村集体经济收支状况（2010 年）　　单位：万元、%

项目	合计	村均	比例	项目	合计	村均	比例
村集体总收入	1943.0	92.5	100	村集体总支出	1491.8	71.0	100
其中：集体统一经营	11.4	0.54	0.6	其中：村干部等工资	438.9	20.9	29.4
发包及上交	1050.7	50.0	54.1	村内各项务工补贴	160.7	7.7	10.8
集体投资收入	1.6	0.08	0.1	村级组织办公费用	19.5	0.9	1.3
来自企业的收入	51.9	2.48	2.7	环卫、治安费	9.1	0.4	0.6
土地租赁收入	24.6	1.2	1.3	村民医疗、社保等	316.9	15.0	21.2
土地征用补偿	13.5	0.6	0.7	文体活动费	7.2	0.3	0.5
房地产租赁收入	93.3	4.4	4.8	其他公益性支出	51.9	2.5	3.5
补助收入	292.3	13.9	15	农业生产服务支出	477.8	22.8	32.0
专项补助收入	87.4	4.2	4.5	其他经营性支出	9.8	0.5	0.7
扶持和捐赠	113.5	5.4	5.8	—	—	—	—
一事一议筹资	77.6	3.7	4.0	—	—	—	—
其他收入	125.2	6.0	6.4	—	—	—	—

资料来源：本课题组调查及问卷汇总所得。

阅读 21 个样本村集体支出细目，在村均 71 万元支出中：工资性支出（含村域社区服务人员工资及误工补贴）28.6 万元，占 40.2%；办公费用 0.9 万元，占 1.3%；环卫及治安费用 0.4 万元，占 0.6%；村民医疗和社会保障性支出 15 万元，占 21.2%；文体活动及其他公益性支出 2.8 万元，占 4%；农业生产服务支出 22.8 万元，占 32%；其他经营性支出 0.5 万元，占 0.7%。这些费用主要涉及村域社区治理和基本公共服务费用。事实表明：村级集体经济的负担沉重，村级组织的正常运转严重依赖于村级集体经济的发展；村级集体经济组织在农业生产、农民生活和村域社区基本公共服务方面发挥着重要作用。

4. 村级集体经济的发展问题

第一，村级集体经济长期以来没有得到重视。农村改革和家庭承包责任制推行之初，人们在克服和摒弃"农村集体经济中长期存在的'吃大锅饭'的弊病"，纠正"长期存在的管理过分集中、经营方式过于单一的缺点"的同时，抛弃了农村集体经济。直到今天，仍然有许多人把集体经济与"人民公社体制"和"计划经济"画等号，认为市场经济条件下，农村集体经济没有必要发展或者不能有效发展。近几年，在中央政府的干预下，湖北省及地方政府逐渐认识到发展农村集体经济的重要性，但长期以来形成的偏见以及历史上农村集体经济发展的失误，仍然严重压抑着基层组织和农民发展村组集体经济的热情。

第二，劳务输出型农户经济，延缓了村域非农产业和新经济体的发育，制约了粮食主产区村集体经济发展。粮食生产比较效益低是一个公认的事实，粮食主产区的农户经济必须大量获取非农收入来弥补农业产出的不足，村域劳动力大量外出务工导致社区非农产业及公益事业的衰落，从而制约集体经济发展。2010年，湖北农村汇总劳动力2228万人，外出务工951.7万人，占全省农村总劳动力的42.7%，其中常年外出务工849.3万人，占全省农村总劳动力的38.1%。村域新经济体发展缓慢也影响村集体经济发展。在汉川、老河口两市的调查村中，村域企业成长缓慢（表11-5），除了敖家村、码头村（城郊村）外，其他几个村只有1个或2个企业，且规模都很小；农民专业合作社规模小、大部分专业合作社注册资本低于10万元，抗风险能力弱，经营效益有限。

表11-5　　　　汉川、老河口两市调查村域企业发展状况

市	村	村域企业个数	总就业人数
汉川市	挂口村	1	14
	刘姓塘村	1	36
	西寺村	2	20
	码头村	12	200
老河口市	敖家村	30	—
	白鹤岗村	3	120
	朱楼村	1	—

资料来源：根据本课题组调查问卷数据整理所得。

第三，村集体共同共有资源严重不足，制约集体经济发展。起始条件的

差异是导致今日村集体经济差异化的重要原因。村域经济转型起点上，湖北省农村集体经济资源、财产和资本的分割比较彻底，集体土地使用权按照成员人均分配，形成无差别"按份共有"格局。相当多的村域"先分土地、再分屋，仓库机器有新主，机耕道路种萝卜"。这种做法调动了农户生产积极性，却极大地削弱了村、组集体共同共有的实力。从现实看，调查村组集体预留"机动地"在人口不断增长的调剂过程中所剩无几；"四荒地"资源要么贫乏，要么无序开发，或被村域强势人群所占有；为数不多的属于集体所有、集体使用的土地资源，有的因为管理不善无收益，有的因为发包期限过长，前任"村两委"一次性收取了承包租金土地收益"卯粮"已被"寅吃"。这种状况下，要想发展集体经济，村组干部实在是"巧妇难为无米之炊"。

（二）村级集体经济的经营方式

1. 资源发包仍然是粮食主产区村集体经济的主要来源

集体以土地为主的资源发包多数存在于种植业和养殖业领域。从21个样本村的情况看，发包及上交收入村均50万元，占当年村均总收入的54.1%（表11-4）。调查显示，集体资源发包主要是本村共同共有的土地资源、水资源的发包。一个值得注意的趋势是，村组集体经济组织开始另辟渠道，开发村组集体新的共同共有资源，比如开垦或复垦"四荒地"、河滩地、旧宅基地等土地资源，不再平均分配给农户，将所有权和使用权集中于村组集体（共同共有），通过招标发包获取集体收益（专栏11-1）；有的则垄断集体砂石等建材资源获取集体收入。

专栏11-1 开发集体资源，集中所有权和使用权，发包经营

刘家隔镇刘姓塘村。全村7个村民小组，215户，984人，耕地1995亩，人均耕地2.02亩。该村以种植水稻为主，由于排灌设施差，加之大部分农田属低湖田，抗灾能力弱，村民收入较低，村集体经济一直无收益。2010年，该村开发村集体共同共有资源，推动村级集体经济发展。(1)复垦外迁户的宅基地和村集体空用地近200亩，通过置换集中连片，然后集中招标发包；(2)将位于汉北河边集体所有的30余亩老林场开挖成标准化的精养鱼池，承包给本村村民发展泥鳅养殖；(3)开垦汉北河刘姓塘段的河滩地近100亩招标发包。这些新开发的资源逐步产生效益，2010年村集体

经济纯收入 6.1 万元，农民人均纯收入 4300 元。

2. 集体土地入股，与投资商合作经营

土地入股合作经营方式主要存在于非农产业。村集体共同共有土地资源经开发整理后，以土地入股方式招商引资，村集体代表全体村民与投资商股份合作经营。刘家隔镇的码头村是一个典型案例，类似的还有老河口市李楼镇朱楼村（专栏 11 - 2）。

专栏 11 - 2　股份合作经营方式

汉川市刘家隔镇码头村。全村 6 个村民小组，330 户，1180 人，耕地面积 1680 亩。该村将开发的"四荒地"使用权集中于村集体，以土地入股方式招商引资，村集体与投资商股份合作、共同经营。2009 年始，该村已成功引进天仙纺织、圣帮服饰等企业，每年为集体创收 10 余万元。2010 年村级集体经济收入达 15 万元，农民人均纯收入 5788 元。

老河口市李楼镇朱楼村。该村计划将农民已经搬迁的空余宅基地 400 余亩复垦，再通过土地流转集中连片，以土地入股方式招商引资，目前正与一个园林公司洽谈。如果顺利，村集体年收入至少可增加 20 万元。但是，老宅基地复垦利用涉及多方利益，希望政府出台相关政策和制度予以规范。

3. 在尊重农民自主权的前提下，"反租倒包"可成为村集体经营方式之一

"反租倒包"是指村组集体经济组织将已经承包到户的土地通过租赁形式集中到集体（称为反租），进行统一规划和布局，有的还进行必要的整治，然后将土地的使用权通过市场的方式，承包给农业经营大户或者从事农业经营的公司（称为倒包）的土地经营方式。"反租倒包"因为常常侵犯农户土地承包经营权，一再被中央禁止[①]，但事实上，"反租倒包"现象在中国农村始终存在着。调查发现，在发展壮大村集体经济过程中，一些地方的村集体经济组织，确实尊重了农民自愿原则和自主权利，给予了农户高于当地市场价的租金，同时实现了规模经营，发展了现代农业（专栏 11 - 3），

---

① 赵俊臣、赵海兰：《农村"反租倒包"现象研究》，参见中国选举与治理网，http://www.chinaelections.org/newsinfo.asp? newsid = 209662。

形成不同参与方利益共享的利益联结机制。因此，在尊重农民自主经营权的前提下，应当允许集体经济组织利用这种经营方式发展集体经济。

专栏 11-3　白鹤岗村利用"反租倒包"方式发展集体经济

老河口市仙人渡镇白鹤岗村。全村8个村民小组，432户，1942人，耕地1744亩。2009年，该村将原有60亩零星地整合以每亩400元的价格发包给本村的农户，后来村集体经济组织与承包户协商，以每亩800元的价格从农户手中反租回来，再以每亩27000元的价格租给五鑫商贸公司和吉仙桃木文化有限公司，使用期为50年，一次性支付，村里再将这笔资金投资入股办企业，村集体每年分红收入5万元。

该村还依托砂石资源，引进丹富灰沙增压砖厂，村集体为砖厂提供青砂原料，加上土地租赁给砖厂，村集体年收入8万元；村集体的林地、鱼塘承包经营，发包收入每年2万元；村"两委"领办了精米专业合作社，为合作社提供场地和服务，每年取得收入3万元。2010年村级集体经济收入18万元，农民人均纯收入7020元。

4. 房地产租赁经营方式向远郊和腹地农村扩展

随着城市经济辐射范围扩大，以及村域创业型农民的成长，类似于城中村、近郊农村的房地产等租赁和物业管理经营方式在远郊和腹地农村出现，村集体闲置的村办学校和倒闭的村办企业厂房开始派上用场，村组集体经济组织有了房地产租赁收入（专栏11-4）。

专栏 11-4　房地产租赁经营方式向腹地农村扩展

马口镇高庙村，有10个村民小组，767户，2763人，其中劳动力1843人，外出务工经商人员427人，全村有耕地面积1481亩。该村集体收入主要来源于村里闲置资产的出租以及鱼池、茶场、果园的发包收入。90年代末期以来，村里先后办有电线厂、精纺厂等村办企业，后来因受市场冲击而被迫停产，从而厂房长期闲置。近几年，村里对闲置厂房、办公室、小学校舍进行公开招租，共获得租赁收入10.4万元。将村里70余亩低湖田改造成鱼塘发包出去，获得发包收入1.2万元；并将村里原有的茶场、果园承包出去，每年获得发包收入7.2万元。2010年村集体总收入23.8万元，农民人均纯收入10540元。

5. 转移支付、部门扶持和社会捐赠，也是村集体的"经营方式"之一

我们始终认为，"村级组织的基层治理职能和社区公共服务职能是县乡（镇）政府职能在农村的延伸，村级组织履行政府延伸职能的报酬理应由公共财政支出。站在这个角度，补助收入是政府必须支付给村级组织的劳动或'经营'报酬，因此也是村集体的经营方式之一"[1]。汇总21个样本村中的补助、专项补助、扶持和捐赠收入，三项合计村均23.5万元，占当年村均总收入的25.4%。汇总全省村集体补助收入，仅一项就有181796.1万元，占当年全省村集体总收入的13%。21个样本村集体经济支出项目证实，如果将村集体支出中的"其他经营性支出"算成村集体经济组织的经营成本，此项开支仅占总支出的0.7%，而村干部的工资（含误工补贴）、办公费、环卫、治安费、村民医疗、社保、文体活动、其他公益性支出和农业生产服务等项支出则占99.3%，这些支出要么属于上级政府应该支付给村级治理代理人的工资和办公费，要么是公共财政本应承担的基本公共服务职责。

6. 农户经济是集体经济的一个层次，但集体不再从中提取共有资金

"统分结合的双层经营体制"是中国农村的基本经济制度，据此，我们把家庭经营（农户经济）也作为村组集体经济的基本实现形式。集体成员共有土地，其使用权按照成员人均分配形成无差别"按份共有"格局后，理论上，土地使用人应该向土地所有人交租，土地所有人向国家纳税。社会主义初级阶段要减轻农民负担，国家免除了农业税收，因此土地所有者不再向使用者摊派农业税；在现代化社会，村域社区所需公共服务支出逐渐向公共财政转移，因此也不再向土地使用者摊派"村提留"之类的负担，所以按份共有的土地产出和收益完全归土地使用权人。但应该看到，农户从承包土地上所获得的收入，实质上是集体土地经营收益分配所得，不过分配的不是现金，而是土地经营和收益权利。

经过30多年的转型发展，农户经营方式发生了重要转变（表11-6），土地经营收益所占比重越来越小（仅占0.62%），劳务输出成为农户经济的重要经营行为，相应地，工资性收入也就成为农户经济的支柱（56%）。细

---

[1] 赵俊臣、赵海兰：《农村"反租倒包"现象研究》，参见中国选举与治理网，http://www.chinaelections.org/newsinfo.asp?newsid=209662。

分发现,农户在本乡(镇)内从业所得占比17%;同时,在家庭经营中,经营第二、三产业的农户比例扩大,收入比重达18.2%;农民在本乡内获得非农收入合计占35.2%。这意味着湖北省农村工业及其他非农产业发展加快,也表明粮食主产区农村经济非农化加速发展和外出务工农民具有回乡创业的趋势。

表11-6　问卷农户(44户)家庭经营状况统计表(2010年)　单位:万元、%

项目	合计	户均	比例	项目	合计	户均	比例
家庭纯收入合计	116.7	2.65	100	家庭支出合计	74.9	1.7	100
1. 工资性收入	65.4	1.5	56.0	1. 消费性支出	56.4	1.28	75.3
其中非企业劳动所得	3.3	0.08	2.8	其中食品支出	22.4	0.51	29.9
在本乡内劳动所得	19.8	0.45	17.0	衣住行医疗教育等	34.0	0.77	45.4
外出从业所得	42.3	0.96	36.2	2. 家庭经营费用	10.1	0.23	13.5
2. 家庭经营性纯收入	48.3	1.1	41.4	3. 财产性支出	0.3	0.01	0.4
其中经营第一产业所得	27.1	0.62	23.2	4. 缴纳国家税收	0.1	0.002	0.1
经营第二产业所得	4.0	0.09	3.4	5. 社会保障支出	1.1	0.03	1.5
经营第三产业所得	17.2	0.39	14.8	6. 各种负担和摊派	1.9	0.04	2.5
3. 财产性收入	0.0	0.0	0.0	7. 其他支出	5.0	0.11	6.7
4. 转移性收入	0.0	0.00	0.0	—	—	—	—
5. 其他收入	3.0	0.07	2.6				

资料来源:根据本课题组调查及问卷汇总。

(三)村集体经济干预发展及相关问题讨论

村级集体经济发展中的政府干预,并不完全同于政府对市场进行干预和调控,而更多的是出于政治建设和社会建设的考虑。"21世纪初,当人们的发展观由单纯的经济增长转变到科学发展、改善民生、尊重人民主体地位和保障人民各项权利时才恍然发现,构建社会主义和谐社会,逐步实现基本公共服务均等化,构建城乡经济社会发展一体化新格局,都需要发展农村集体经济。"[1] 村级集体经济是农村未来发展和农民共同富裕的重要物质基础,是加速现代化不可或缺的内容。恢复和弘扬村域的民主、合作、互助精神也需要保持集体经济实力[2]。这也是政府关注并积极干预村级集体经济发展的

---

[1] 赵俊臣、赵海兰:《农村"反租倒包"现象研究》,参见中国选举与治理网,http://www.chinaelections.org/newsinfo.asp?newsid=209662。

[2] 同上。

重要背景。

政府对村级集体经济发展的干预，主要采取以下方式：成立专门的干预发展组织，引导行政组织体系支持和保障村级集体经济发展；指导村级集体经济组织盘活集体资产、增强村级企业活力、发展村级合作经济等方式，激活村级集体经济自我发展活力；调整财政、金融、土地政策，扶持村集体兴办项目，拓展村级集体经济发展途径。

1. 建立干预发展的专门组织，引导行政组织体系支持和保障村级集体经济发展

2008年12月15日，中共湖北省委办公厅、湖北省人民政府办公厅颁发了《关于进一步发展壮大村级集体经济的意见》，之后各市、县也相继制定了同类文件。2010年3月8日，湖北省成立了"湖北省发展壮大村级集体经济工作领导小组"，各市、县政府（如汉川市、老河口等市）上下对口，相继成立发展壮大村级集体经济工作小组。4月15日，湖北省委、省政府在荆门市召开村级集体经济工作专题会议，部署发展壮大村级集体经济工作。这次会议，提出"到2012年底实现90%以上的村级集体经济年收入达到5万元以上，基本消除集体经济'空壳村'"。2011年8月8日，湖北省委、省政府在保康召开村级集体经济现场会，表彰25个发展壮大村级集体经济先进县（市、区）、50个先进乡镇、500个进步村和11个支持村级集体工作先进单位；动员全省上下进一步坚定信心、强化措施，推动村级集体经济又好又快发展，确保2011年底全省80%以上的村级集体经济年纯收入达到5万元以上。

实行部门与村结对帮扶。比如：汉川市实行"双联双帮"活动全覆盖。组织市乡625家单位与全市589个村结成帮扶对子，采取部门联村、村企结对、强村结对弱村的形式开展结对帮扶活动，充分利用部门、企业、经济强村的资金、信息、人才优势，从项目、技术、信息等方面，支持和帮助集体经济薄弱村发展村集体经济，改变了过去单一的"输血"帮扶方式，增强了空壳村的"造血"功能。

为激励行政组织体系支持村级集体经济发展，地方政府工作人员考核中增加了专门内容。2010年，汉川市委、市政府将发展壮大村级集体经济工作纳入乡村两级领导班子工作实绩考核评价体系，与乡镇签订责任状，年终严格考评，考评结果作为干部提拔使用和表彰奖励的重要依据。在2010年度三级干部和2011年度的农村工作会议上，市委、市政府拿出30万元，按照发展壮大村级集体经济"十强村"、"进步村"和发展项目先进村三个类

别给予重奖。同时在评先表模时设置门槛，村级集体经济年收入达不到 5 万元的村和村主职干部不予提名。

由党委、政府牵头组建专门机构，在一个省域范围内充分动员和引导行政组织体系支持和干预村级经济发展，在本课题组其他 10 多个省域调查样本中是绝无仅有的[①]。

2. 指导村级集体经济组织盘活集体资产、增强村级企业活力、发展村级合作经济等方式，激活村级集体经济自我发展活力

在盘活集体资产、增强村域企业活力方面：一是支持村集体盘活土地资源，汉川市对村集体通过土地整理、复垦、开发新增耕地达到 50 亩以上，有一半用于发展"绿色企业"的，除享受上级的奖励政策外，市政府另按每村 3 万元的标准给予奖励。二是对现有的村办企业厂房、机器设备以及鱼池、林场、闲置的校舍等村级集体资产加强管理，实现保值增值。汉川市马口镇高庙村将停产的高庙精纺厂原有的老化机械设备进行处理，通过公开招标变卖，增加村积累 55 万元；并于 2009 年对精纺厂闲置厂房维修后进行公开招标招租，引进企业，从而获得租赁收入。同时还将村里停产的电线厂闲置厂房及闲置小学进行招租。所调查的挂口村、刘姓塘村、朱楼村等都将村里的闲置小学进行招租以获得租赁收入。通过采取拍卖、租赁承包经营权等办法，充分开发利用现有荒山、荒滩、荒地、荒水等"四荒"资源，增加村集体经济收入。汉川市刘家隔镇刘姓塘村一方面充分利用沟、渠等零星资源，把村组集体的河滩利用起来；另一方面通过土地平整，增加村集体机动地，采取承包、租赁等形式，对外发包，每年增加集体收入 4 万元。

鼓励有条件的村充分利用集体或农户的土地、山林、水面等资源，以股份合作等形式，实现与工商企业在政策、资本、技术和信息方面长期而有效的对接，通过共建共兴农业农村经济发展项目增加集体可分配收入。汉川市刘家隔镇码头村通过合作的方式引进外资进村办厂，村里出地，外商出资，推行股份合作，双方共同经营，达到"双赢"目的，目前村上合作经营的有天仙纺织、圣帮服饰等企业，每年为集体创收数十万元。

3. 调整财政、税收、土地政策，扶持村集体兴办项目，拓展村级集体经济发展途径

[①] 长三角及西南地区的一些省份，对村集体发展干预，限于财政、金融、土地政策干预，未向湖北省那样建立专门干预发展组织；新疆和田地区建立了干预发展组织，但未普及全疆所有地区。

在财政和税收政策方面，一是拨出专门资金扶持村集体经济发展。从2009年起，湖北省财政每年安排500万元奖励资金，按每个村5万元的标准，奖励100个当年村级集体经济发展较好较快的村。汉川市每年安排100万元，设立扶持村级集体经济专项发展资金，对年收入5万元以下的村发展集体经济项目实行以奖代补；二是在减免税收上，实行村集体新办企业税收返还制度，没有条件新办企业的村，由村级通过招商引资落户在市三个工业园区的民营企业，按照省税收返还政策的50%，由汉川市财政出资奖励给村集体。

在土地政策方面：(1)积极鼓励村集体将符合规划、依法取得的非农建设用地以使用权入股、租赁等形式参与企业经营，获得稳定的土地收益。老河口市仙人渡镇白鹤岗村依托砂石资源，引进丹富灰沙旸压砖厂，为砖厂提供青沙原料，加上土地租赁给砖厂，每年为村集体创收8万元。(2)支持城区和城郊农村发展物业经济，如汉川市马口镇敖家村，依托城镇兴办标准厂房、仓储、市场等二、三产业载体，筑巢引凤，开展物业租赁经营，增加集体收入。(3)支持村集体开发和复垦耕地，比如汉川市刘姓塘村将汉北河刘姓塘段地块近100亩开发承包，村集体年创收入1万元；老河口市朱楼村将"空心村"和已经搬迁的农民宅基地复垦，通过置换集中连片后，集体向外发标，增加村集体收入数万元。

4. 村级集体经济发展干预需要讨论的问题

湖北省及其基层政府干预村集体经济发展是有成效的。比如调查样本汉川市，地方政府自2009年始对村级集体经济发展进行干预。截至2010年底，全市当年无收益的村为零，纯收入5万元以上的村达到334个，占总村数的56.7%，比全省平均水平（45.7%）高出11个百分点。2010年，全市共新上项目127个，新增集体经济纯收入400多万元，全市村级集体经济收入达到14322万元，村均24.3万元，比2009年增长11%。但是，不可忽视的是干预式发展中的问题，这里讨论其中的一些问题。

干预对象的认定和瞄准（贫困村标准）。前文所述的关于贫困村认定标准过于简单，需要制定一个比较科学、大家公认、可供实践操作的标准。评价指标选择可以参考中国国家级贫困县的制定标准，将村域经济主体的收入状况（农民人均纯收入、村集体可分配收入）、人均村域生产总值等指标纳入考核体系。

公共财政、帮扶部门及社会扶贫资源公平配置问题。首先是瞄准机制的公正问题，根据全国农村村级集体经济普遍贫穷这一现实①，继续贯彻《中国农村扶贫开发纲要（2001—2010）》中提出的"以整村推进、劳动力转移培训和产业化扶贫作为工作重点"的战略，将那些当年无收益的村作为扶贫重点，在东部发达地区，可以将村集体年可分配收入低于5万元的作为扶持重点。其次是内部成员公平分享扶贫资源的问题，保障贫困村全体成员平等、共享的公共财政和部门及社会的扶持资源。

干预发展与挖掘自主式发展的潜能。正如专家所指出的，"在经济发展史上，中国是干预式发展，国外是自主变迁。不同的道路决定了不同的模式"②。应该说，干预性和自主性要素的交织作用构成了中国当今农村发展的主旋律，但"随着乡村、城市二元性结构问题的触底，相当多的干预性措施正在背离中国乡村现代化转型的初衷，与自主性变迁力量相抵触"③。因此，干预式发展要想调动村域经济自主式发展的潜能，首先，要支持那些愿意发展的贫困村率先发展。实践证明，事后支持（以奖代补）比事前援助（无偿援助）要有效率；其次，将扶持重点由重项目开发转向重视和支持农民创业以及培育新经济体。

集体行动理念和次序的重建。需要从哲学上思考一个重要史实：自20世纪50年代互助合作始到人民公社前期，集体行动都比个体行动更有效率，因此社队企业初期能够顺利发展；自80年代以来，集体行动总是比不上个体行动，任何类型的企业，只要集体办都是失败的，直到今天，许多人谈集体经济而色变。首先需要思考，传统中国的村落社区尤其是血缘村落里，宗族和家族的祠堂庙产等共有经济为何能够长期存在，有哪些历史经验价值值得古为今用。村域集体经济并非社会主义所独有，不能将发展壮大农村集体经济当成"左"的思潮加以否定，需要的是重塑集体思想、集体观念和集体行动规范。

重建基层农经和财务管理队伍，创新村级集体"三资"管理制度。基层农经队伍散失，导致农村集体经济管理上的混乱，从而扩大了农民对集体经济的信任危机。在课题组调查样本中，新疆维吾尔自治区及湖北省农村集

---

① 农业部农村经济体制与经营管理司，农村合作经济经营管理总站：《2010年全国农村经营管理统计资料》，第61页。
② 李小云：《干预性与自主性变迁：中国农村发展的双重因素》，参见社会学视野网，http://www.sociologyol.org/yanjiubankuai/fenleisuoyin/fenzhishehuixue/nongcunshehuixue/2010-10-23/11319.html。
③ 同上。

体经济"三资"管理是较好的，但在有些地方，因为管理不善导致集体无收益的事例比比皆是；同时，"村财乡管"的体制机制，因为剥夺了村民自治权利而受到质疑，也需要在实践中完善和创新。

二 黑龙江省村级集体经济经营方式研究

黑龙江省是中国重要的粮食生产基地，为保障中国粮食安全作出了重要贡献。全省耕地11745.15万亩，占全国总耕地面积9.72%，是中国人均耕地资源最富足的省份之一。2010年，全省粮食作物播种面积17182.1万亩，粮食总产量突破千亿斤，达到5013万吨（1002.6亿斤），总量位居全国第二（河南省粮食总产量5437.1万吨），占当年全国粮食总产量的9.2%。为中国粮食实现"七连增"作出了重大贡献。与产粮大省紧密关联，黑龙江农村经济总收入中，农林牧渔业收入是主体，非农业收入比重过低。2010年，全省农村经济总收入2873.72亿元，其中农林牧渔业收入1587.3亿元，占55.2%，非农业收入的比重仅占44.8%，大大低于全国84.2%的平均水平。非农业产业发展严重滞后，深刻影响着村级集体经济经营方式及成效。为了了解粮食主产区村级集体经济发展现状，探索其有效发展的途径，课题组在黑龙江省农委法规处的支持与配合下，于2011年6月上旬，对哈尔滨市阿城区及肇东市进行了调查，取得了对东北粮食主产区农村集体经济经营状况和经营方式的初步认识。

（一）村域经济发展的总体状况

阿城区和肇东市都位于哈尔滨都市经济圈内。阿城区位于哈尔滨市东南23公里，面积2445平方公里，总人口58万。2010年，全区耕地面积119.4万亩，其中粮食种植面积106万亩（其中水稻21万亩、玉米75.7万亩、大豆9.3万亩）。粮食总产量11.49亿斤。肇东市是国家商品粮和畜产品的重要生产基地，它南距哈尔滨53公里，地处松嫩平原腹地，面积3905平方公里，总人口93万，其中农村人口63万，耕地面积378.5万亩，2010年，全市粮食作物播种面积378.69万亩，总产量53.8亿斤，位居黑龙江省县级首位，全国县级第三位。

样本县域经济中农业比重都比较大。2010年，阿城区地区生产总值190.85亿元，其中第一产业增加值25.42亿元，占13.3%；农村经济总收入90.3亿元，其中农林牧渔业收入21.9亿元，占24.3%，非农产业的比重高于全省平均水平，达到75.8%，但是仍然低于全国平均水平。2010年，肇东市位居全国县域经济百强第 87 位,该市地区生产总值 305.4 亿元,第一产业增加值 62.4 亿元,占 20.4%;综上所述,样本县域农村经济中的非农产业发展仍然相对滞后,这是研究样本地区村级集体经济经营方式及状况的重要条件或经济背景。

如果将村域经济主体分为农户经济、村级集体经济和村域新经济体(专业合作社等),调查发现:农户经济水平及农民人均纯收入都不低,村级集体经济普遍比较贫穷,专业合作社等新型集体经济尚处在发育过程中。

1. 家庭经营第一产业和外出务工是农户经济的两大主要经营方式

在"双层经营体制"下,农户经济也是农村集体经济的一个层面。农户经营状况及其方式可以通过农民人均纯收入及其结构指标而获得。近年来,样本地区农民人均纯收入实现快速增长,阿城区从 2006 年的 4768 元增长到 2010 年的 8588 元;肇东市由 2006 年的 4101 元,增长到 2010 年的 7898 元,而 2010 年人均纯收入均高于全国(5919 元)和全省(6210.7 元)的平均水平。

深入到调查村的农户问卷得到:样本地区户均人口 3.18 人,户均劳动力 2.27 人,劳动力平均赡养人口 1.4 人;户均承包耕地面积 26.14 亩(人均 8.21 亩),加上"四荒地"及土地流转因素带来的土地变动,户均实际经营土地面积 34.77 亩(人均 10.93 亩),在 22 户农家中,承包经营土地面积最多的一家为 74 亩(人口 4 人),最少的一户是 8 亩(人口 2 人)。这一组数据进一步证明,黑龙江省农村家庭承包经营的土地面积相对富足和成规模,一般情况下,通过土地经营即可基本保证家庭生活温饱需求。

农户家庭生产性资产已有一定的基础,根据问卷,每户平均拥有生产性固定资产原值 2.78 万元,其中生产性用房 1.38 万元,农业机械 0.69 万元,役畜 0.57 万元,其他 0.14 万元。从农户家庭经营方式看,家庭经营和外出务工是主要经营方式,家庭经营中又以经营第一产业占绝对优势(表 11 - 7)。样本地区农户经济温饱有余、富裕不足或小富即安的态势比较明显。

表 11-7　　　　问卷农户(22 户)家庭经营状况统计表　　　单位:万元、%

项目	数量	比例	项目	数量	比例
家庭总收入合计	130.9	100	家庭总支出	64.2	100
1. 工资性收入	57.9	44.2	1. 消费性支出	34.9	54.4
其中在本乡内劳动所得	20.0		其中食品支出	17.9	
外出从业所得	37.9		其他(衣住行医疗教育)	17.0	

续表

项目	数量	比例	项目	数量	比例
2. 家庭经营性纯收入	69.5	53.1	2. 家庭经营费用支出	16.0	24.9
其中经营第一产业所得	67.5		3. 财产性支出	4.0	6.2
经营第二产业所得	2		4. 缴纳国家各种税收	0.1	0.2
经营第三产业所得	0		5. 社会保障支出	1.8	2.8
3. 财产性收入	0.3	0.2	6. 各种负担和摊派	0	0
4. 转移性收入	0.2	0.2	7. 其他	7.4	11.5
5. 其他收入	3	2.3	—	—	—
户均收入	5.95		户均总支出	2.92	

2. 村级集体经济普遍贫穷，补贴、发包及"一事一议"筹资是主要来源

我们选择村域经济在当地县域经济中中等偏上水平的两个乡镇（街办）作深入调查，获知如下（表11-8）。

表11-8　2010年样本地区（双丰街道、昌五镇）村集体经营收益状况

指标名称	双丰街道 村数（个）	昌五镇 村数（个）	合计 村数（个）	占比（%）
行政村个数	9	12	21	100
当年无经营收益的村	5	6	11	52.4
当年有经营收益的村	4	6	10	47.6
其中5万元以下的村	2	2	4	19.0
5万—10万元的村	1	1	2	9.5
10万—50万元的村	1	2	3	14.3
50万—100万元的村	0	0	0	0.0
100万元以上的村	0	1	1	4.8

资料来源：样本乡镇（街道）农经统计资料。

2010年，阿城区双丰街道和肇东市昌五镇共21个行政村中，当年无经营收益的村11个，占总村数的52.4%。根据当前农村村域社区基本公共服务需求，村集体经济可支配收入低于5万元的村仍然属于贫困村，两镇（街道）当年经营收益在5万元以下的共4个村，占19.0%。当年经营无收

益和收益低于 5 万元的村合计达 71.4%，而 50 万元以上较高收益的村只占 4.8%。样本乡镇（街办）村级集体经济经营的这种状况，基本反映了近几年来黑龙江省域内村级集体经济的总体面貌。据了解，2010 年黑龙江全省共有 9033 个行政村，当年无收益的村 4496 个，占 49.8%，收益低于 5 万元的 2207 个，占 24.4%，两项合计 74.2%。

用阿城区、肇东市和海伦县村级问卷数据，可以获得更加详尽的关于村域经济基本情况以及村级集体经济运行的状况（表 11-9）。

表 11-9 样本村域经济基本情况

项目	胜祥村	爱民村	椴树村	一街村	二街村	六合村	双发村	共青团村	经建村
一、村域基本情况	—	—	—	—	—	—	—	—	—
村民小组（个）	10	17	18	6	12	8	8	6	7
自然村（个）	8	13	14	1	2	7	8	1	1
户籍农户数（户）	564	1026	1172	470	690	650	500	780	460
户籍人口（人）	2132	4054	4688	2602	3703	2900	2290	4282	1742
外来户数（户）	50	72	20	280	0	0	0	2	0
外来人口（人）	150	210	80	1120	0	0	0	7	0
全村总劳动力（人）	1353	1614	1320	1982	1030	1500	1700	2300	820
其中常年外出数（人）	880	492	600	968	210	600	200	1600	440
从事第一产业（人）	240	82	100	0	600	1100	1100	1030	390
从事第二产业（人）	400	100	250	0	220	600	200	1170	488
从事第三产业（人）	240	310	250	968	0	0	400	170	42
农民人均纯收入（元）	9800	8160	7000	8520	9200	5000	4300	4800	2890
二、土地资源情况	—	—	—	—	—	—	—	—	—
村耕地总面积（亩）	12500	17458	19720	7378	14500	15892	14920	24800	10505
现有机动地（亩）	350	120	800	820	1250	1000	620	0	505
其中发包（亩）	350	120	800	820	1250	1000	620	0	505
承包耕地农户（亩）	564	1026	1172	470	680	650	500	1126	460
承包耕地面积（亩）	12150	12430	18800	7078	14500	15892	14900	24800	9525
林地或山地（亩）	900	0	0	68	380	0	400	3000	180

续表

项目	胜祥村	爱民村	椴树村	一街村	二街村	六合村	双发村	共青团村	经建村
其中集体经营（亩）	200	0	0	0	80	0	0	0	0
四荒地面积（亩）	0	0	0	500	0	0	0	0	0
可养殖水面（亩）	8	20	50	0	0	0	30	0	0
三、村集体收入（万元）	97000	115000	120000	195000	533000	70000	170000	180000	200000
经营收入（万元）	0	0	0	0	48000	0	0	0	0
发包及农户（万元）	55000	10000	0	150000	325000	0	0	0	0
房地产租赁收入（万元）	2000	0	0	0	95000	0	0	0	0
上级补贴收入（万元）	40000	100000	120000	45000	65000	70000	80000	100000	80000
单位扶持和社会捐赠（万元）	0	5000	0	0	0	0	0	0	0
"一事一议"筹资（万元）	0	0	0	0	0	0	90000	80000	120000

表11-9显示：样本地区平均每村有10.2个村民小组、6.1个自然村、701.3户、3154.8人，外来农户47.1户、人口174.1人，表明黑龙江省村域规模普遍较大，外来人口占到一定的比例。从村域劳动力就业情况看，村均劳动力1513.2人，其中常年外出665.6人，占44%，从事家庭经营的占56%。从业结构同样反映出农户经济的两大经营方式。从土地资源占有情况看，村均耕地资源15297万亩，其中承包到农户的14452.8亩，占94.5%；村均机动地607.2亩；村均林地和山地面积547.6亩，其中集体统一经营31.1亩，占5.7%；村均四荒地资源55.6亩，可养殖水面12亩。从村集体经营收入看，村均18.7万元，其中统一经营收入0.5万元，占2.7%；发包及农户上交收入6万元，占32.1%；房地产租赁收入1.1万元，占0.6%；上级补贴收入7.8万元，占41.7%；单位扶持和社会捐赠0.06万元，占0.3%；"一事一议"筹资3.2万元，占17.1%。这表明粮食主产区村级集体收入主要依靠三大来源，一是上级补贴，二是土地发包及农户上交，三是"一事一议"筹资。

3. 村域专业合作社等新型集体经济尚在发育中

近年来，黑龙江省农民专业合作社发展迅速，全省约四分之一的农户通过各种方式参与到合作社的生产经营中。目前，黑龙江省在工商部门注册登记的农民专业合作社达1.43万个，其中从事种植业的合作社近7500个，养殖业的合作社近4000个。在调研的9个样本村中，只有二街村的合作社有一定的发展，共有玉米种植合作社、蔬菜合作社、养牛合作社和蛋鸡合作社四个合作社,分别有 100 户、30 户、30 户、70 户入社。

(二) 村级集体经济的经营方式

样本地区村级集体经济经营方式相对比较单一,表 11-9 已经清楚地反映出,村级集体经济经营方式单一,主要以土地发包经营为主,而集体直接经营较少。房地产租赁以及投资收益等经营方式,只存在于极少数村。

1. 集体资源发包经营

集体资源主要是"机动地"、"四荒地"、砖瓦窑厂、可养殖水面等资源。村级集体经济组织拥有这些资源的所有权、处分权和收益权,而其经营权则通过公开竞标的形式承包给农户或企业,发包价格随着市场价格变化而有所调整,承包期限一般为 3—5 年,个别情况下也有承包 20 年的。收费方式一般采取中标农户或企业在中标第一年一次性交清,也有按承包年限平均逐年交纳的。正因为如此,样本村集体经济组织都拥有或多或少的"机动地"或"四荒地"等资源,但却只有不到 50% 的村当年(2010 年)有发包及农户上交收入。比如:

胜祥村有"机动地"350 亩,承包期限 3 年,承包费 3 年 5 万元,一次性交清;另外该村还有一个砖瓦窑厂,承包期限 20 年,一次性付款 70 万元,这些收入前些年已经用于村级公路建设,因此,2010 年没有发包及上交收入。

爱民村有 400 亩"机动地",承包期限 3 年,承包费 3 年共 4 万元,分 3 年交付承包费,所以 2010 年该村有 1 万元的发包收入。

椴树村有 450 亩"机动地",按 20 年期限发包,2010 年没有发包收入。

一街村有"机动地"800 亩,三年一招标,每年 15 万元承包费,因此,村集体每年的发包和上交收入比较稳定。

二街村共有"四荒地"1800 亩,三年一招标,从 2009 年开始以招标形式发包,每年承包费 27.5 万元;另外有"机动地"200 亩,同样三年一招标,每年收入 5 万元。2010 年,该村集体经济仅资源发包收入就达到 32.5 万元。

上述案例告诉我们,村级集体经济资源的管理和经营方式,很大程度上决定着粮食主产区(非农产业不发展地区)村级集体经济的收入水平,只要抓住了这个环节,黑龙江农村及其相同地区的农村集体经济收入将实现较大增长。

2. 村集体直接经营

直接经营是指集体经济资源由村集体经济组织直接生产经营、管理和收益，村集体经济组织直接行使管理权。众所周知，自人民公社时期的社队企业至改革开放时期的村办企业，数次热潮数次衰落，不仅给村级集体经济组织留下巨额债务，而且给村组干部和农民群众留下严重的心理阴影——村集体办企业不可能成功，村办企业留下的不是财富而是债务。这种根据"历史经验"形成的否定认识，在黑龙江农村干部和群众中影响尤甚。我们调研访谈的村庄中，无论是村干部还是农民群众，都对村集体办企业的做法持否定态度。昌五镇干部反映，该镇以前各村都有村办企业，后来都垮了。因此，在样本地区村集体几乎都无直接经营企业的方式，3个县（市、区）9个村的问卷结果，只有二街村集体直接经营饲料加工企业，年收入4.8万元。

3. 房地产租赁经营

房地产租赁经营，是乡村工业化、城市化以及乡村非农产业发展的伴生物，因此，与粮食主产区乡村非农产业发展严重滞后的情况相一致，样本地区村级集体经济房地产租赁行为较为稀少。样本村中，胜祥村的冷库租赁，租赁期10年，每年有0.2万元房地产租金收入；二街村集体有20平米的街面房17间，每年租赁收入9.5万元。

4. 补贴收入

补助收入即政府转移支付，是村集体经济组织获得的财政等有关部门的补助资金。村级组织的基层治理职能和社区公共服务职能是县乡（镇）政府职能在农村的延伸，村级组织履行职能的报酬理应由公共财政支出。因此，应该把财政对村级集体经济组织的补助收入，看成政府必须支付给村级组织对基层治理和社区公共服务的报酬。在这个意义上，补助收入也是村集体的经营方式之一。

村级集体经济组织对村域社区生产、村民生活及社区公共服务发挥的作用是不可替代的。2010年，样本村平均每村集体经济总支出为14.3万元，其中村干部及社区固定工作人员的工资4.8万元、村内各项务工补贴0.8万元、村级组织办公费用4.3万元、环境卫生及治安巡逻费用0.7万元、村民医疗社保及福利2.3万元、文体活动费用0.1万元、用于村域农业生产服务（沟渠路维修水电等）1.3万元（表11-10）。在村域公共设施建设、村民福利等许多方面，公共财政的阳光尚不能完全覆盖。大多数情况下，只能依靠村级组织自己想办法解决，而村级的各项管理和服务最终只能由村级集体经济组织买单。

表 11-10 2010 年样本村集体支出情况 单位：万元、%

村名\项目	胜祥村	爱民村	椴树村	一街村	二街村	六合村	双发村	共青团村	经建村	村均
村集体年内总支出	8.5	11	12	5.8	19	17	17	18	20.5	14.3
固定工资	5	5	4	3.5	7	5	3	6	5	4.8
村内各项误工补贴	0.5	2	1	0	0	0	2	2	0	0.8
办公费支出	2.5	2	7	2	1	8	8	6	2	4.3
环境卫生及治安费	0.5	1	0	0	3	0	0	2	0	0.7
医疗等社保、救助金	0	0	0	0.3	2	4	4	2	8	2.3
文化体育活动费用	0	0	0	0	1	0	0	0	0	0.1
生产性服务支出	0	1	0	0	5	0	0	0	5.5	1.3

（三）促进粮食主产区村级集体经济有效发展的政策建议

首先，黑龙江农村村级集体经济发展内在动力不足，村干部积极性不高。集体经济与村民利益关联度尚不够紧密，村民尚未意识到发展集体经济对农户个体经济和村庄公共服务的推动作用。

其次，就黑龙江而言，村集体可用于经营和开发的资产少、价值低。实行家庭承包后，土地、山林等大都承包给家庭和个人，农村税费改革后，家庭承包已不向集体上交收入，集体可以用来发包、出租的资产主要是一些机动地、荒山等。我们调研的很多村庄甚至已没有可发包的资产，也就没有经营收入。

最后，就村级集体的资源管理而言，有的村集体资源发包期限过久，一承包出去就是 10 年或 20 年，一次性付费，结果不能根据市价及时调整承包费，也就无法增加村集体收入；就村级集体经济收入的经营方式而言，方式较为单一。目前阿城区和肇东市村集体经济来源主要是土地承包款、集体资产租赁和补助收入等。但集体资产租赁等收入并不是每个村都有，相当一部分村的收入来源主要是机动地的土地承包款，村集体经济收入来源相当狭窄。

因此，要促进粮食主产区村级集体经济的有效发展，建议如下：

第一，加大对农村集体经济的宣传力度，使村干部和农民了解到村集体经济的性质、作用和其所能带来的利益，明确自己在集体中的相关权利和责任。对于村集体经济的发展，地方政府要给予引导、鼓励和扶持。

第二，加快推进集体建设用地使用权的市场化改革进程，支持村集体在盘活土地资产和充分利用土地资源方面有更多的选择空间，使农村集体土地尽快转化为发展集体经济的物质基础。

第三，建议巩固现有的发展模式，积极拓宽集体经济收入来源渠道，努力探索集体经济发展的新形式。通过产业带动增收，把发展壮大集体经济与推进农业产业化、完善统分结合双层经营体制结合起来，兴办农民专业合作社，增加农民收入；通过承包、租赁等形式，创办形式多样的经济实体，增加村级经济收入。对空置的办公用房、旧厂房等进行改造利用，通过建设标准厂房，采用承包、出租等方式，取得长效收入；根据村庄的区位和资源特点，选取适合本村发展的产业，宜工则工、宜农则农、宜商则商，探索出适合本村集体经济发展的路径。实践证明，一个村庄如果没有自己的"造血"功能，而仅靠外部"输血"，是注定没有活力的，也是不可持续的。要有效地解决农村集体经济开发增源问题，必须要积极拓宽发展渠道。

本章参考文献

［1］中国（海南）改革发展研究院《反贫困研究》课题组：《中国反贫困治理结构》，中国经济出版社 1998 版。

［2］王景新：《农村改革与长江三角洲村域经济转型》，中国社会科学出版社 2009 年版。

［3］陈凤荣、赵兴泉、王景新：《村域发展管理研究》，中国社会科学出版社 2011 年版。

［4］王景新、严海淼：《少边穷地区村集体经济有效发展研究——来自新疆和田地区的调查》，载《中国集体经济》2011 年第 30 期。

［5］王景新、赵旦：《长江三角洲的村域集体经济》，载《中国社会科学文摘》2010 年第 4 期。

［6］齐晔、李小云等：《县域发展向国外学什么——十个焦点问题的中外比较》，载《人民论坛》2009 年第 13 期。

第十二章

山区和地震灾区村集体经济发展和重建

——云南、四川调查报告

本章汇集了两份调查报告。"云南腾冲：感受边境山区箐口村的绿色田园生活"，描绘了集体林权制度成功改革、促进村集体经济发展和农民收入增长的案例。需要指出，并非所有地区的集体林权制度改革都很成功，本章用注释专栏（见专栏 12-1）形式，反映了其他一些地方的集体林权制度改革存在的问题及对策建议。"四川理县：汶川地震灾区村级集体经济重建"，是对高山峡谷、生态脆弱地区（龙门山断裂带）的农村集体经济恢复重建及其发展现状的描述和分析。本章试图通过两个特殊案例，展示山区村域集体经济转型发展中面临的问题，找到一条能够实现"生态修复、区域发展与农民生计改善"多元目标的正确道路。

一 云南腾冲：感受边境山区箐口村的绿色田园生活[①]

（一）箐口村域经济小环境

箐口村隶属云南省保山市腾冲县猴桥镇。猴桥镇国土总面积1086平方公里，全镇辖9个村，110个村民小组，152个自然村，是保山市国土面积最大的乡镇。该镇情况比较特殊，在中国扶贫攻坚的四类特殊地区中包含三种类型：猴桥镇地处滇西山区，镇域内最高海拔3664米，最低海拔1040米，属于《中国农村扶贫发展纲要（2011—2020）》划定的14个集中连片

[①] 本章部分内容曾发表。参见王景新《边境山区村域的绿色田园生活》，载《中国经济时报》2012年8月24日第4版。

特困地区之一①；猴桥镇与缅甸山水相连，国境线长72.8公里，有7条通往缅甸的边境通道，是著名的史迪威公路通往印度支那半岛的要冲和最后一站，也是祖国西南丝绸之路的必经之地，属于陆路边境地区；猴桥镇原名古永傈僳族乡，是腾冲县两个民族乡之一，境内居住着汉、傈僳、回等民族，2010年末总人口为27952人，其中傈僳族1013户，4776人（17%）。

就是这样一个特殊地区，全镇人民在猴桥镇政府带领下，解放思想，找准发展思路，发挥自身优势，仍然获得了镇域经济社会和谐发展的局面。2010年，全镇工农业生产总值30920万元，其中第一产业产值14000万元，第二产业产值10579万元，第三产业产值6341万元，三次产业结构为45.3∶34.2∶20.5；财政总收入1838万元，其中一般预算收入完成1269万元；农民人均纯收入3562元，1/3的村集体经济收入高，在100万元左右，1/3的村集体收入较低，在5万元左右②。

箐口村是滇西边境山区、民族乡内以林业经济为主的村域。该村是猴桥镇的南大门，距离镇政府所在地11公里，距猴桥口岸（国家级一类对外开放口岸）30公里。箐口村是猴桥镇的一个较大的行政村，全村国土面积88平方公里（相当于东部地区一个乡镇的面积），平均海拔1750米，最高峰2200米，年平均气温12℃，年降水量2000毫米。该村辖河头、板桥、刘家寨、沙河、大树脚、小灰山、上箐口、下箐口、麻栗山9个村民小组，28个自然村，辖区居民543户，2435人，耕地3362亩。按说，箐口村既是陆路边境地区、山区，又是民族自治地区，理应是中国扶贫攻坚的重点对象。但是，箐口村农民却在这片土地上辛勤劳动、修复生态、积累山林资源，探索出一条"以林富民、以农稳民、教育兴民、治安乐民"建设新农村的路子，先后获得国家林业局"造林全面质量管理百家村"（1994）、"全国敬老模范村"（2006）、"全国绿色小康村"（2007），云南省"五好党支部"（2002）和"文明小康示范村"（2006）等荣誉称号。

（二）令人陶醉的边境山区村域绿色经济

2012年6月，作者读到云南省保山孙正虎撰写的《集体兴，百业兴——云南腾冲箐口村依托森林资源，壮大集体经济走出一条强村富民之

---

① 《中国农村扶贫纲要（2011—2010）》将六盘山区、秦巴山区、武陵山区、乌蒙山区、滇桂黔石漠化区、滇西边境山区、大兴安岭南麓山区、燕山—太行山区、吕梁山区、大别山区、罗霄山区以及西藏、四省藏区、新疆南疆三地州等14个集中连片特困地区作为扶贫攻坚主战场。

② 猴桥镇数据来源于镇政府工作报告以及与该镇党委副书记座谈记录。

路》① 的报道，慕名而至，在云南省教育厅、腾冲县教育局和猴桥镇党委的支持下，于2012年7月上旬进村调查。走进箐口村，扑面而来的是郁郁葱葱的林海、清澈的涧流，以及镶嵌在苍翠的大山脚下的聚落、聚落里冉冉升起的炊烟、被炊烟轻轻挽住的山间白云。这里远离城市的喧闹、浮躁和阴霾，这里没有边境的紧张和不安，这里只有山区居民如诗画般宁静的田园生活。

村支部书记、村委员主任王兴锐告诉笔者："到2011年末，全村已经培育出12.6万亩山林，名贵树林2170万株，森林覆盖率95.45%，村域经济总收入1700万元，其中，村集体收入117.25万元，农民分配1582.75万元，人均6500元。"取得如此成就，诀窍在于践行科学发展观、形成了符合山区村域发展的理念和战略，村民称之为"栽好'两片叶'、种好'两棵树'、管好大片林"。

栽好"两片叶"，是指农田种植结构调整中烟叶和油菜生产。箐口村有水稻田2458亩，旱地904亩，均属于村民小组集体所有，实行农户承包经营，采用两种基本耕作模式，"水稻—油菜（或少量小麦）"，"烟叶—油菜（或少量小麦）"。两种模式种植面积大约5∶4。烟叶每亩定植一般1100株，每株年产值约5元，亩产值5000余元，除去成本，纯收入在3000元左右。正常年景，村域承包农户经营耕地总产值约790万元，纯收入约450万元②。2011年，农民经营耕地人均纯收入1850元。

种好"两棵树"，是指村域"四荒地"上的特色林业——红花油茶和泡核桃的生产。箐口村"四荒地"约2.6万亩。箐口村成立了特色林业发展领导小组，经过几年努力，全村已拥有红花油茶15000亩（丰产期亩均产值500元），泡核桃7000亩（丰产期亩均产值1000元），到丰产期，村域"两棵树"年产值约1450万元。2011年，农民经营特色林业及林下种养殖业，人均纯收入1650元。

管好大片林，是指经营管理好12.6万亩山林。1998年村集体林权制度改革以来，农民植树造林、爱林护林、发展林下经济的积极性空前高涨，人工造林10.6万亩，占全村林地总面积的84.1%，十多年来，村域森林面积

---

① 中国农经信息网，http：//www.caein.com/index.asp? xAction = xReadNews&NewsID = 77934。
② 经营耕地纯收入：水稻生产，1000元×1800亩×0.5（利润率）＝90万元；烟叶生产，5000元×1000亩0.6（利润率）＝300万元；其他农作物，800元×560亩×0.5（利润率）＝22.4万元；油菜（复种），700元×900亩×0.6（利润率）＝37.8万元。

不断扩大、林木不断蓄积，为村域持续的绿色发展夯实了基础。2011年，箐口村农民经营林业人均纯收入已达3000元。

箐口村农民把村域山林比作"绿色银行"。经普查确认，目前全村山林中有秃杉410万株，文山杉40万株，华山松620万株，云南松900万株，桤木和桦树200万株，杂木1.7万亩。根据经验估算，这些名贵林木每生长一年分别增值10元、6元、2元、2元、8元，杂木每亩年增值100元。如果严格执行中央文件关于"依法进行抚育和更新性质的采伐"的要求，始终保持村域现有林木面积和木材的蓄积数量，形成循环林业生产机制，那么，村域山林每年可增值9930万元。另外，发展林下种养殖业，年产值可达180万元；再加上"两棵树"和"两片叶"年产值。预计到2020年，箐口村年总产值可达1.09亿元，人均（预测2500人）农林牧渔总产值4.36万元，人均纯收入超过1万元，从而实现农业现代化。

（三）集体经济勃兴，村域民生改善，社区和谐安定

箐口村集体经济收入源自集体林场。1962年，箐口大队贯彻《农村人民公社工作条例修正草案》（简称"六十条"），将大队的土地、劳力、牲畜、农具"四固定"到生产队时，大队保留了6万余亩林地。1978年第一轮土地承包时，又划出1.7万亩到相关生产队。1982年，为了改变农民"吃山不养山，山穷人更穷"的落后面貌，箐口村组建了集体林场，并逐步将林场职能以伐木为主转变为造林为主。至今，村集体林场仍然保有4.3万亩林地，职工16人，分成8个作业组，林场职工食住宿在农场，以种植、巡防、管护为主，大面积植树造林由村民委员会组织全村劳动力参与。近几年，箐口村获准采伐木材量指标大致为13000立方米/年，每立方米综合价约700元，年产值910万元，其中，农户和私人林场的采伐量占80%，其余20%约180万元属于村集体林场收入，其中可分配收入可保持在120万元左右。毫无疑问，这个边境山区的村级集体经济已跃入全国村级集体经济前列。

集体经济勃兴，为保障村级组织有效运转、改善村域生产生活设施、维持社区基本公共服务夯实了根基。（1）保障村级组织有效运转。箐口村用于村组干部和林场职工的工资、年终考核奖励、办公费、治安巡逻、消防安全、食品安全、村庄保洁等方面的开支，每年35万元左右。（2）改善村域生产生活设施。近几年，村域先后投入4000万元（其中上级补助1600万元，村集体投入1700万元，群众自筹及投工投劳折资700多万元）用于生产生活设施建设：新修和扩建林区公路190条、200多公里；修建护林防火

通道主干道 7 条，岔道 106 条；硬化村组道路 82 条，其中弹石路 3.1 公里，水泥路 3.7 万平方米，入户巷道块石路 2.5 万平方米，沙石路 11 公里；修建石拱桥 33 座；解决全村人饮用洁净自来水和牲畜饮水问题；修建沼气池 201 口，垃圾收储池 11 个。(3) 维持社区基本公共服务。投入 350 万元，修整和重建村域两所完小的教学楼，购置 200 多套课桌、2 套远程教育设备；投资 67 万元新建村卫生所，购置了 B 超及常规化验设备，奖励优秀老师和学生（凡被大专院校以上录取的学生每人给予 1000—5000 元）；投资 48 万元翻新和新建村级组织办公及村民活动（图书室、棋牌室、电教室、老年活动室）综合楼，同时在 9 个村民小组修建集图书室、健身和文体活动为一体的活动中心；建立村域福利及养老制度，年满 55 周岁的女性、60 周岁的男性领取养老金（30—480 元/月），"退休"村干部和集体林场职工月工资 2000 元。村级集体经济在维护边境平安、社区和谐安定方面发挥着不可替代的作用。

（四）林权制度成功改革是平衡修复生态和改善民生双重要求的根基

箐口村域经济发展，得益于起步早而成功的集体林权制度改革。1998 年，面对大片山地和越来越少的树林，箐口村率先将农村家庭承包经营制度从耕地向林地延伸，试行林权制度改革。其方式是：以 1962 年"四到队"的林地为边界，以 1982 年林业"三定"为依据，以村民小组为单元，按照基本"均山、均股、均利和有偿使用"的原则，将集体林地经营权和林木所有权落实到农户，并由镇政府颁发了承包经营合同。2006 年，箐口村通过组织勘界、登记，核发国家林业局统一印制的《中华人民共和国林权证》，再次将村集体林地经营权和林木所有权承包、确权到农户。通过林权制度改革，将村域林地 2730 宗共 8.3 万亩承包到农户经营，其余 5 宗 4.3 万亩由村集体林场统一经营。2008 年，在贯彻落实《中共中央国务院关于推进集体林权制度改革的意见》中，进一步完善了村域林权制度。

林权制度改革使承包农户吃了定心丸，完善的登记制度和档案（如《林权登记申请表》、《受理林权登记表》、《林权登记台账》、《林权证》及《林权证附图》等），真正做到了面积准确、四至清晰，"图、表、册一致，人、地、证相符"，提升了承包农户的信用等级，为承包农户长期投资创造了条件。2011 年，全村抵押农地 30 宗，获得贷款 2000 万元，解决了林业生产长期投入不足的矛盾。目前，全村有集体林场一个，农户家庭林场 16 个，通过林地流转建成股份林场 1 个，形成了林地集体所有、林木私人所有，多种形式经营的格局。

林业经济持续发展的关键是平衡修复生态、保持水土和改善民生、提高农民生活品质的双重要求。箐口村实现了这种平衡。自1982年转变林业经济方式以来，箐口村人工造林10.6万亩，占村域现有森林总面积（12.6万亩）的84.1%；全村依靠相对富足的人均（耕地1.38亩、林地51.33亩）农林业资源，不仅实现了当前的村域绿色小康生活，而且不断蓄积了巨大的森林资源（人均珍贵林木8911.7株）和极具潜力的林下经济发展空间。箐口村农民用实践证明：只要坚持科学发展、绿色发展理念，就能够保持修复生态、保持水土和改善民生、提高农民生活品质之间的平衡，既满足村域当前生活需要，又有效保障村域持续绿色发展，造福子孙。

（五）箐口村的做法和经验

依靠村集体经济，扶持和激励承包经营林地农户植树造林，参与生态修复，夯实持续发展基础。1998—2002年，村集体林场繁育或通过集体购买珍贵林木苗1700万株，无偿供给村域承包林地农户栽种；2003—2005年，村集体建立造林农户的奖金12.6万元。同时，鼓励外出打工农民回乡办家庭林场，如1997年，该村某农户外出打工，将自己承包的2600亩林地低价（370万元、11年期限）转让给外来投资者，期满后，村委会支持原承包户用1350万元的价格，收回这片林地的承包经营权，办起了大红樱桃林场。

发挥村域经济、社会组织的生产互助、社会化服务、监管和风险防范的功能。2007年，箐口村成立林业专业合作社（全村农户）、烤烟专业合作社（230户）、"三防"（防火、防盗、防治病虫害）协会（全村农户）。专业合作社的作用是：在村域范围内开展农业、林业生产互助及社会化服务（如统一林木采伐登记、审批和办证），提升村域农户经济的竞争实力；同时建立农业、林业生产风险应急处置基金，加入林业、烟叶专业合作社的农户，每户分别一次性缴纳会费10元，作为农业、林业生产中重大事故应急处理费用，该村自2007年以来没有发生生产事故，因此不再收取社员会费（一旦事故发生再继续按上述标准交会费）。"三防"协会的主要作用：一是监管，以协会为载体，建立村域森林资源保护与管理联防体系，形成了"村两委"、村民小组、林场和承包户联动的管防机制；二是成立村域林业发展基金，无论集体林场还是承包农户，每销售1立方米林木缴纳10元会费（全村13万元左右），主要用于林业生产中农户个体办不了、办不好和办起来不经济的建设项目。

依法经营，把好种植、采伐关，形成循环林业生产机制。1994年，箐口村集体林场经过保山地区批准获得了木材经营权。目前，箐口村林场里

《云南省木材经营许可证》（2011.5）、《企业法人营业执照》（2011.4）、《税务登记证》（2011.4）等证件一应俱全。在合法经营的基础上，再通过两种手段控制无序采伐：村域林木年度采伐量严格执行地方林业局下达的采伐指标，并按照中央文件关于"依法进行抚育和更新性质的采伐"的要求下达到承包经营户；鼓励集体林地经营权在成员内部流转，限制工商资本进入，限制流转期限（不超过40年，保证林木一个生产周期），从而堵住林地经营短期行为和林木过度采伐漏洞。目前全村林地流转7000余亩，流转林地上没有发生过掠夺性采伐事件。

集体林权制度改革并非在所有地方都是成功的（专栏12-1）。箐口村依靠林权制度成功改革，实现了修复生态、改善民生和发展壮大集体经济的双重目标，他们的经验弥足珍贵。

专栏12-1　集体林权制度改革存在的问题及建议

2011年4月，笔者参与全国人大环资委发展中国论坛联合调研组赴某省，就"加强生态文明建设，加快经济发展方式转变"课题进行调查，并已联合调查组的名义，向国务院呈送了《关于集体林权制度改革问题的几点建议》[①]。2011年9月4日，回良玉副总理批示："……所提建议国家林业局要予以认真研究。……"

这份报告认为："集体林权制度改革虽然得到了相当程度的认可，但存在的问题不容忽视"：一些地方在集体林权制度改革的取向上，偏向林业、林地的经济开发，完全忽略了生态效益、社会效益；一些地方没有按照《关于推进集体林权制度改革的意见》的要求，对集体林权制度改革进行分类指导、因地制宜地设计林业发展规划和林权管理体制；一些地方对承包林地的农民的自主经营行为缺乏必要的规范和指导，许多农民承包林地之后所做的第一件事，就是基本上把树砍光，然后放火"炼山"（把植被烧光），然后来种植经济林之类，导致"炼山"后的水、土、肥流失十分严重，同时，一些地方"炼山"之后引进澳大利亚桉树，而桉树对林地生态破坏严

---

① 这份《建议》由全国人大环资委副主任张文台（上将）、中央党校教授王瑞璞、全国人大环资委办公室巡视员尚莒城、国家行政学院教授周绍朋、民革中央办公厅副主任蔡永飞、浙江师范大学农村研究中心主任王景新、发展中国论坛秘书长庞波共同完成。在此向各位作者表示衷心感谢。出于尊重其他作者知识产权和保密需要，隐去了调查省份，并采用注释专栏形式引用其主要的观点。

重（称桉树为"抽水机"、"抽肥机"、"霸王树"）；一些地方林地承包权分配不公平，个别因为有权势低价承包、随后高价转包，以至于承包人不劳而获，辛苦劳动的人反而收益很少，导致上访不断。

针对上述问题，调研组提出的主要建议是：

第一，组织专家对南方省份的集体林权制度改革进行调研并重新论证。鉴于追求经济效益的取向与生态环境保护和建设存在着事实上的冲突，能否考虑不要将所有集体林地都承包给农民，而规定必须保留比如说80%的山地作为天然林保护区，通过封山育林来保护生态环境。已经承包出去的林地，政府有关部门对承包林地的农民的自主经营方式、经营项目等作出强制性的规范和审批。

第二，对山区、林区农民增收的途径、方法进行调查研究，提出引导这些地区的农民在不破坏生态环境的基础上发展生产、增加收入的政策措施，引导农民和其他社会成员牢固树立爱护保护生态环境的理念。

第三，有关部门要加强监管。如果出现森林破坏导致的严重后果，应当首先追究监管部门的责任。

第四，对林权承包纠纷问题，鉴于集体林权制度改革刚刚开始，有关地方和部门应发现一个解决一个，坚决避免久拖不决、积重难返。

第五，生态建设要遵循自然规律。像福建、广东、江西、浙江等雨水充足的自然条件下，建议采取飞播造林、封山育林的办法为好。……

二 四川理县：汶川地震灾区村级集体经济重建

理县隶属于阿坝藏族自治州，位于四川省西部，青藏高原东部，阿坝藏族羌族自治州东南缘。理县地质结构属于龙门山断裂带中段，是典型的中高山峡谷区，海拔1422—5922米。理县人民政府所在地杂谷脑镇（藏语直译，意为"藏龙卧虎的地方"），距成都202公里，据州府马尔康193公里，距汶川45公里。2011年5月下旬，距"5·12"汶川特大地震三周年之际，作者随"基础教育未来发展的新特征研究"[①] 课题组到理县调研，期间，作者抽出时间，对该县村级集体经济进行了专门调查，先后与分管农业的副县

[①] 裴娣娜主持的"基础教育未来发展的新特征研究"，国家社科基金教育学重点课题（批准号 AHA100002）。

长、县发展改革局、农业局、统计局、农工办、畜牧兽医局等单位的负责人座谈,并到甘堡乡甘堡村、古尔沟镇丘地村调查,希望弄清该县村级集体经济发展现状,为理县基础教育布局及进一步发展提供决策依据。

(一)理县经济特点及其震前和重建后的比较

理县疆域广,人口密度小,藏羌民族人口比例大。理县国土面积4318.36平方公里,辖9乡4镇,5个社区居委会、81个村民委员会、201个村民小组。截止到2010年末,全县总人口45601人,县域平均人口密度10.6人/平方公里,其中:最边远的米亚罗镇665.85平方公里,总人口2353人,人口密度3.53人/平方公里;朴头乡855.28平方公里,总人口3746人,人口密度4.38人/平方公里;古尔沟镇509.86平方公里,总人口2240人,人口密度4.39人/平方公里;夹壁乡362.84平方公里,总人口1168人,人口密度3.22人/平方公里。人口结构以藏、羌、汉为主体,其中藏族人口23639人(占51.8%),羌族15123人(占33.2%),汉族6564人(占14.4%),其他民族273人(占0.6%)。

县域经济中农业产值所占比例较大,人均GDP和纯收入都低于全国平均水平。全县耕地面积36882亩,按全县农业人口平均为1.06亩,耕地均为旱地,农作物冬季以小麦、洋芋、豌豆等为主,春夏季以玉米和薯类为主。县域人口结构是,农业人口34929人,占76.6%,非农业人口10672人,占23.4%;县域经济结构是,"5·12"汶川特大地震前(2007年),全县生产总值(GDP)63310万元,人均GDP13245元,相当于当年全国平均水平(20169元)的65.7%;三次产业结构为12:64.2:23.8,第一产业增加值占GDP的比例高于全国同期水平(10.8:47.3:41.9)1.2个百分点;城镇居民人均可支配收入9771元,农民人均纯收入2367元,分别相当于全国同期平均水平70.9%和57.2%[①]。本不富裕的县域经济,在"5·12"汶川特大地震中又受到重创,全县受灾面积达100%,累计死亡人数110人,伤2200人,失踪20人,直接经济损失180亿元。

县域经济重建是在中央和其他省市支持下进行的。截止到2010年末,全县灾后重建已经基本完成,国民经济得以恢复。

第一,农民生产、生活设施及其他物资条件超过了地震前,农村经济迅速恢复。(1)农业基础设施重建。到2010年末,新(改)建农村机耕道83

---

① 理县数据来源于《理县2007年国民经济和社会发展统计公报》,全国数据来源于《中国统计摘要2011》,中国统计出版社2011年5月版,第21—22、104页。

条225公里，土地复垦整理3.5万亩，土壤改良1.7万亩；安装输水管道2.8万米，农业灌溉渠系恢复26.8万米，全县有效灌溉面积达到1030公顷；新建无害蔬菜基地4240亩，培植各类水果25万株；林业方面，生态植被修复工程全面完成，完成集体林权制度改革109.1万亩。（2）农民住宅及村庄户间道路重建全面完成。特大地震后，理县农村住房需要恢复重建的总户数为8608户，需要国家补助资金12808.3万元。到2009年末，全县享受灾后重建国家资金补助的共有8608户，合计投资12808.3万元，其中：维修加固2916户，投入1391.2万元；重建5692户，11417.1万元。截至当年11月，民政部门已拨付国家补助资金12042.6万元到乡镇，占农民住房重建投入总资金的94%。此外，全县村庄户间道路建成1.97万平方米。（3）农业生产全面恢复。2010年，全县粮食总产量8633吨，农林牧渔业总产值1.83万元。2011年，粮食总产量8823吨、蔬菜总产量8.4万吨、肉类产量3048吨，农林牧业总产值2.05亿元，同比增长12%。近五年来，累计实现农林牧业总产值7.5亿元，年均增长9.7%。

第二，农村基础教育设置重建全面完成。汶川特大地震中，全县15所学校均受到不同程度的破坏；受伤教师5人，受伤学生13人，死亡学生2人；校舍倒塌454间，倒塌校舍面积13653平方米，形成危房2075间，危房校舍面积63715平方米；毁坏其他建筑面积38844平方米，毁坏教学仪器设备34757套（台件），毁坏课桌凳6200套，毁坏图书60178册，直接经济损失25660万元。经过三年来的灾后重建，目前全县所有的学校都拥有了现代化的教学设备，每个教室都配备了触摸屏教学设备，开通了国际互联网；学生入住了崭新的寄宿制公寓，理县农村学校的硬件建设已处于全国农村学校基础设施建设领先水平。

第三，县域经济全面恢复增长。2010年末，理县国民生产总值（GDP）9.14亿元，比2009年增长18.5%，人均GDP19522元（全国为29700），三次产业结构为12.8∶63.1∶24.1；县本级一般预算财政收入5773万元（比上年增长2211万元，同口径增长62.1%）。理县城市居民人均可支配收入15046元（全国为19109元），农民人均纯收入3520元（全国为5919元）。城乡收入比为4.3∶1，差距高于全国平均水平（3.2∶1）。2011年，理县地方生产总值12.64亿元，同比增长28.6%。其中，第一产业增加值1.38亿元，同比增长5.5%；第二产业增加值8.25亿元，同比增长33%；第三产业增加值3.01亿元，同比增长25.3%。三次产业结构为10.9∶65.3∶23.8，产业结构调整初见成效。农牧民人均纯收入4200元。增长15.5%，城镇居民人均可支配收入17100元，增长18.8%[①]。理县因此荣获四川省县域经济发展先进县和"三农"工作先进县等多项殊荣。

但要看到，理县经济仍然属于欠发达的县域经济。理县拥有相当于东部地区一个地区的国土面积，却只相当于1—2个乡镇的人口和财政收入，人均GDP只相当于全国平均水平的65.0%，农民人均纯收入相当于全国平均水平的59.5%，城市居民人均纯收入相当全国平均水平的78.7%。2010年，理县GDP和财政收入增长非常快，但这与灾后恢复重建有关，特别是财政收入比上年增长62.1%，如此高的速度要持续一段时间是需要持续的项目支持的。村级集体经济总体上还相当薄弱，只有不到12%的村级集体经济有当年经营收益。这是县域经济社会进一步发展的重要制约因素。

（二）理县村级集体经济发展的当前状况

恢复村级集体经济，是灾后重建的任务之一。理县按照"统一规划，连片集中，扶持集体、帮困济贫"的原则，采取"整村推进产业扶贫"的模式（专栏12-2），探索发展壮大村级集体经济的途径，使全县村级集体经济基本恢复到灾前的水平。我们考察的甘堡乡甘堡村、古尔钩镇丘地村，经过灾后重建，居民聚居点规划科学，民居宽敞整齐而极具民族特色，道路、电话、广播电视（包括党员干部远程教育网络）、电等村村通工程全部实现，村容整齐，村级组织健全、运转正常，治安管理井然有序、村风朴素和谐安详。

专栏12-2　理县整村推进产业扶贫黄牛养殖项目

整村推进产业扶贫黄牛养殖项目，落户在理县薛城镇塔子村。该项目投入资金400万元，其中国家财政试点资金100万元，整合部门资金300万元。项目分两个阶段实施：第一个阶段（2011—2012年），投入国家灾后扶贫项目资金100万元，用于修建牛圈，配备相关配套设施，培训饲养员和购买300头黄牛；第二个阶段（2013—2015年），整合其他项目资金300万元，滚动发展养殖项目，扩建牛圈，扩大黄牛养殖规模，培训饲养员。截止到2012年底，已经完成项目投资50万元。该项目的实施，将使村级集体有

[①] 理县经济数据来源：(1) 理县人民政府和统计局：《理县领导干部经济工作手册（2010）》；(2) 笔者调查时相关部门提供统计资料和座谈记录。

较为稳定的收入来源，为消除"空壳村"，实现"一村一品"奠定良好的基础。①

但是，理县村集体经济仍然比较贫穷（表 12-1）。2010 年，全县村均集体经济总收入只有 26.98 万元，村均集体总支出 22.96 万元，村均本年收益仅为 4.02 万元。而且，村均集体总收入中，补助收入 21.7 万元，占总收入的 84.4%，属于村级集体经济当年经营性收入（包括集体经营、发包和上交以及投资收益）仅占 15.6%，这意味着理县村集体经济对公共财政的依赖特别强。

表 12-1 理县村级集体经济状况（2010 年）

	集体经济总收入	其中				
		经营收入	发包及上交	投资收益	补助收入	其他收入
全县合计	2185.21	13.00	31.00	0	1757.73	383.48
（81 村）村均	26.98	0.16	0.38	0	21.70	4.74

	集体经济总支出	其中				
		经营支出	管理费用	其他支出	本年收益	可分配收入
全县合计	1859.77	0	67.84	1791.93	325.44	800.48
（81 村）村均	22.96	0	0.84	22.12	4.02	9.88

说明：（1）可分配收益 = 本年收益 + 年初未分配收益 + 其他转入；（2）数据来源：理县农业水务局经管股。

当年经营收益②是衡量村集体自我发展的重要指标，用这一指标评估，到 2010 年末，理县 81 个行政村中，当年无经营收益的村 72 个，占全县行政村总数的比例高达 88.9%，当年有经营收益的只有 9 个村，仅占全县行政村总数的 11.1%。在当年有经营收益的村中，5 万元以下的 4 个、5 万—10 万元的 3 个。按照东部标准，理县只有（2 个村）2.47% 的集体经济达到了温饱及以上水平，村集体经济贫困的比例高达（79 个村）97.5%。

课题组调查的理县甘堡乡和古尔沟镇的集体经济发展相对较好。主要因为这两个乡（镇）合理利用了丰富的旅游资源和水电资源，比如甘堡乡藏

---

① 资料来源：阿坝州政府信息化工作办公室，2012 年 12 月 29 日，网址：http://www.abazhou.gov.cn/fpkf/gzjzfpkf/201108/t20110818_420031.html。
② 按照农业部经管司的统计口径，当年经营收益 =（村集体经济组织）当年经营收入 + 发包及上交收入 + 投资收益 - 经营支出 - 管理费用。

羌文化走廊、甘堡藏寨的旅游开发，古尔沟镇的古尔沟温泉、小沟村渔海子、木城藏寨的旅游资源开发，以及九架棚沟电站、古尔沟电站、小沟村电站相继开发建设等。旅游资源和水电资源开发利用，为两乡（镇）村级集体经济发展带来了新的机遇。2010年：甘堡乡6个行政村，村集体经济总收入1110.75万元，总费用1224.9万元（主要为建设费用）[1]，当年经营收益114.15万元，加上年初转来未分配收入167.36万元，当年可分配收益53.21万元，村均8.87万元；古尔沟镇6个行政村，村集体经济总收入25万元，总费用12万元，当年收益13万元，加上年初未分配收入0.93万元，当年可分配收益13.93万元，村均2.32万元。

（三）理县村级集体重建的典型案例

1. 甘堡乡甘堡村集体经济重建

甘堡村（甘堡藏寨）历史悠久[2]，位于理县县城以东8公里，距成都162公里，全村3个村民小组，240户，976人，其中劳动力595人，外出务工经商100人；耕地450亩，人均0.46亩[3]。村域经济以种植农业为主、旅游业为辅。

甘堡村的农业主要种植大白菜、莴笋、洋葱等绿色蔬菜，盛产甜樱桃、葡萄、核桃等特色水果等，其中大白菜种植业是村域经济支柱产业，亩产量约1.5万斤，亩均纯收入约1500元，单靠农业，村域经济发展很难有新突破。好在甘堡村处于汉、藏、羌文化的结合部，旅游资源极具特色：悠久的屯兵文化，其中根据清朝屯兵演变形成的大型叙事锅庄"博巴森根"，被列为国家级非物质文化遗产；独特的石头和建筑文化，整个村寨依崖而建、幢幢相连，户户相通，体现了甘堡人精湛的建筑技艺；神秘的宗教文化，古老的农耕文化和具有浓郁的嘉绒藏族文化特色的服饰文化和习俗等。另外，村中有一条小河，自村寨后山穿村而过，称之为"日照沟"，把藏族村寨装点的更加具有特色。

汶川特大地震前，甘堡村的旅游业已有一定的发展，2008年"五一"黄金周期间，甘堡藏寨接待游客6000人次，旅游收入近10万元。"5·12"汶川大地震，甘堡藏寨遭受惨重损失，曾经雄伟、美丽的百户大寨沦为废

---

[1] 甘堡乡的村级集体经济收支流量大，是因为当年各项建设补贴就有1041.7万元。
[2] 甘堡藏寨古时称为"甘堡甲穹"，意为"山坡上的百户大寨"，是阿坝州最大、最集中的藏族村寨之一，有"嘉绒藏区第一寨"之称。
[3] 甘堡村数据及相关情况来源于笔者与村支部书记找平拉（藏族）座谈记录。

墟。地震后，在援建方——湖南省的大力支持下，理县对甘堡藏寨进行原址恢复重建、扩建，按4A级景区标准进行建设。先后投资6000万元（其中湖南援助4000万元），当地财政投入2000万元），已经将甘堡藏寨打造成为"嘉绒藏族藏区文化生态体验旅游最佳目的地"，旅游接待能力和服务水平超过震前水平。

但是，由于旅游管理体制制约，甘堡藏寨旅游收入与村域经济关联并不紧密。村集体经济利益主要体现为集体土地经营。一是村集体停车场（约10亩土地）收费收入，地震前年均收入约1.5万元，地震重建后，停车场经营已经恢复；二是村集体准备扩建"屯兵演艺广场"，作为村集体新的收入来源。2011年，甘堡村集体无经营收入，村寨建设、村级组织运转及社区基本公共服务，主要来源于专项建设经费和政府补助收入，2011年，甘堡村获得政府补助收入和其他收入合计396.58万元。另外，甘堡村还是中共中央组织部"特殊党费"援建单位之一，共援助72.6万元，帮助全村208户农户住宅重建，援建了村"两委"办公楼。

农户在村寨旅游资源开发中获利，体现为"藏家乐"经营收入。农户住宅重建后，村域民居形成了规格一致的藏式小楼。一般为两层（"戴帽"）半，具备了县旅游局经营"藏家乐"条件，登记后可从事"藏家乐"经营，为游客提供食住服务。2011年，甘堡村农民人均收入约3000元。课题组调查的农户经济案例中，有的农户收入较高（专栏12-3）。

专栏12-3 甘堡村农户经济调查笔记

调查人：王景新、裴娣娜、陈伟强等

调查农户：赵家（户主夫妻）

调查时间：2011年5月21日下午

调查记录整理：

赵家共有4人，即户主夫妇及2个女儿，承包村集体土地1.5亩。

住宅系灾后重建的藏寨风格的小楼，两层（"戴帽"）半，外加附属房，总建筑面积约400平方米，重建（含装修）投入共30万元。

2010年，家庭经营收入：（1）土地经营纯收入2000元；（2）户主夫妇的主要职业收入：丈夫担任村干部，工资性（县财政支付）收入10000元；妻子是县林业局兼职护林员，年收入5000元。（3）经营"藏家乐"，接待能力为10人，1名游客（包食住），每天收费80—160元不等，每年（旅游旺季）经营时间约为1个月，重建结束后"藏家乐"刚启动，2010年没有收入，2011年可望有20000元的收入。（4）养猪2头，自宰自食，没有现金收入。

综上，2010年，赵家经营纯收入合计16000元，人均纯收入4000元。2011年可增加到18000元，人均4500元。

2. 古尔沟镇丘地村集体经济重建

丘地村位于理县杂谷脑河上游，地处米亚罗红叶风景区腹地，距县城35公里。丘地村原来是一个半农半牧村，村民的主要收入是大白菜种植和畜牧业。2005年，因狮子坪电站建设的需要和牧民定居行动计划的实施，全村整体搬迁到现在的移民新村。至笔者调查时，全村2个村民小组，59户，261人，其中劳动力162人，外出（成都市或九寨沟）务工经商约70人。

丘地村搬迁前，村域经济以牦牛养殖为主。村集体依靠牦牛养殖，年均纯收入40余万元，比较可观；但是，牧民人均纯收入较低，人均只有1000元左右。村寨整体搬迁为村域经济进一步发展创造了机会，丘地村无论集体经济，还是农户经济，都获得了较大发展。

第一，村级集体经济在古尔沟镇名列前茅。古尔沟共6个行政村，2010年有经营收入的4个村，其中：丘地村收入20万元，名列第一；以下依次为沙坝村10万元，大沟村10万元，小沟村5万元。丘地村集体经济有较高的收入，主要得益于弘扬牦牛养殖传统和参与水电资源开发。（1）村集体经济组织发挥牧民养殖牦牛的传统，利用村域周边山脉海拔高（3500—4000米）的条件，村办牧场，发展牦牛养殖，由村民6人承包经营，养殖成本、牛奶收益等承包户自负盈亏，承包费按照每头牦牛200元/年上交村集体。到2010年末，牦牛（存栏）1200余头、年出售商品牛80余头，村集体收入22万元；承包人剩余利润每头约60元/年，承包农民人均纯收入12000元。（2）村集体和村民联盟参股水电开发。因为搬迁，原村庄旧址集体土地被水电站征用，按照规定，土地征用费的30%留作土地复垦，70%返还给村集体。水电站建设中，丘地村将土地征用费、加上村集体原有积累，再动员村民融资（每个村民2000元，合计50余万元），共集中了1025万元现金，全部投入九架棚电站开发有限公司，占该水电公司25%的股份。2011年，水电站试运行。水电站全部投入运用后，村集体分红年收入（预测）可达 150 余万元，村民人均增收 5000 元左右①。

第二，丘地村农户经济比未定居前大幅度提升了。（1）牧民定居后增加了农业收入。搬迁后通过对原住民弃耕地复垦，以及河滩地改造，获得耕地 120 亩，人均 0.46 亩。耕地主要用于蔬菜（大白菜）种植，每年种两茬，如果按照"丰收年—歉收年"平均，亩均纯收入约 2000 元。藏民定居后，依靠土地耕作就可以获得基本生活保障。（2）增加了"藏家乐"旅游收入。牧民定居新村统一规划，每户宅基地 220 平方米，其中正房占地 160 平方米，附属房占地 60 平方米，修建两层（"戴帽"）半的藏式小楼，人均房屋使用面积达到了 120 平方米，包括楼房装修，每户投资藏 40 余万元（其中 60% 来源于国家补偿，40% 农民负担）。目前，藏民楼房陈设富丽堂皇，房间干净整洁，户户都有标间客房、宽带上网和供客人使用的厨房，全村 59 户全部达到了县旅游局的标准，经登记成为"藏家乐"经营户。另外，村寨整体布局形成了"丘地村嘉绒一条街"，全村水、电、路等基础设施全面升级，村容景观、休闲广场、公共绿地等配套设施进一步完善，与"古尔沟温泉—丘地民俗生态观光游—登山基地户外行"连成一条旅游线路，拓展了村寨旅游产业。为了共同发展村域旅游业和规范管理，丘地村成立了"藏家乐"专业合作社。2010 年，全村农民人均纯收入 4100 元②。丘地村支部书记说："通过灾后重建，我们丘地村发生了巨大变化，房子越住越大，电视越看越大，冰箱越用越大，车子越开越小。老百姓的日子越过越富裕了。"

（四）小结与建议

理县处于龙门山断裂带中段，高山峡谷，农村地貌类型复杂，农业经济资源稀缺，农民生产、生活环境较差。"5·12"汶川特大地震后，人们对地质灾害预防和安全缺乏预期，走出大山的愿望比较普遍，这将带来农业劳动力和农村人才进一步流失，从而影响村域经济发展。因此，地方政府要把农民住房（尤其是原址重建的民居）安全和农村生态环境保护纳入议事日程。一方面，科学规划，综合考虑生态修复、区域发展与农民生计改善等多方面的需求，动员和组织农民植树造林、养山养坡，逐渐减弱脆弱生态环境的影响；另一方面，优化农民生产、生活方式，提升农民应对干旱、山洪、

---

① 丘地村数据资料来源于课题组该村支部书记三郎乓（藏族）、村民委员会主任板登尔甲（藏族）座谈记录。

② 人均纯收入 4100 元为报表数。据村支书和村委会主任介绍，人均纯收入 8000 余元。

泥石流等自然灾害冲击的能力，坚定农民热爱家乡、建设家乡以及与大自然和谐相处的信心。

理县经济结构不尽合理。三次产业结构不合理，2010年，工业增加值占全县生产总值的比重高达63.1%，但是，工业产品中矿产资源开发产品比重大，产业层次低，可持续性差；城乡居民收入差距过大，2010年，全县城乡收入比为4.3∶1（全国平均3.2∶1）。因此，应该尽早谋划县域产业结构调整，通过产业结构调整和产业扶贫方式，带动村级集体经济发展。

开发县域优势资源，推动村域集体经济和农户经济发展。(1) 开发县域优势农业资源（如林、果、蔬菜、花椒、药材和畜牧业），因地制宜，打造特色村域经济（一村一品）品牌；同时，扶持村级集体经济组织发展为特色村域经济发展提供有效服务，从而获得集体经济发展机会。(2) 开发县域内的优势水能资源（水电可开发量达104万余千瓦），县政府应该总结推广丘地村参与水电开发的经验，为那些有条件参与水电开发的村牵线搭桥，帮助更多的村级集体经济进入持续发展的轨道。(3) 发挥县域旅游资源优势，一方面，支持村集体经济组织参与自然生态景观旅游业开发，另一方面，推广甘堡村、丘地村发展"藏家乐"的经验，鼓励和支持村集体经济组织根据村域特点（如古羌文化、嘉绒藏族文化），发展村域人文景观旅游，在增加农民收入的同时提升村级集体经济收入水平。

第十三章

坚持和完善双层经营体制，推进村级集体经济发展[①]

自改革以来，中央一直强调"以家庭承包经营为基础、统分结合的双层经营体制……必须毫不动摇地坚持……现有土地承包关系要保持稳定并长久不变"[②]。党的十八大又把"坚持和完善农村基本经营制度"作为新阶段全面深化改革的重要任务之一。为全面了解"我国农村基本经营制度运行及双层经营体制下的微观经济主体发展状况"，近三年来，我中心课题组在相关项目的支持下进行了全国范围的跟踪调查：（1）在华北、东北、华东、中南、西南、西北6大区的17个省（市、区）53个县（市、区、农场）进行了实地调查，涉及66个乡（镇）、106个行政村；（2）组织大学生分赴中国20个省（自治区）的82个县124个乡镇问卷调查，获取217个行政村、679户的有效问卷；（3）选择中国共产党90多年历史的不同阶段产生过重大影响、带有鲜明时代标志的著名村落进行专题调研，已完成16个村的调查。调查发现：当前中国农村一些倾向对坚持双层经营体制"长久不变"构成挑战，影响农村基本经营制度的稳定。现就"影响我国农村基本经营制度稳定的几个问题"、"双层经营体制下农村微观经济主体转型发展态势"、"坚持和完善农村基本经营制度的建议"报告如下。

一 影响中国农村基本经营制度稳定的几个问题

1. 舆论越来越盯紧土地流转和规模经营，农民越来越担心土地承包经

---

① 本章是课题组呈送给中共中央农村工作领导小组办公室、农业部的一份建议报告，原文题为《影响农村基本经营制度稳定的几个问题和建议》，收入本书时保留原文，未作任何修改。
② 《中共中央关于推进农村改革发展若干重大问题的决定》，2008年10月12日中国共产党第十七届中央委员会第三次全体会议通过。

营权被剥夺

党的农村基本政策解读和主导舆论存在一些不确定性：宣讲农村基本经营制度和党在农村的基本政策时信誓旦旦，"坚持双层经营体制长久不变"；谈农业现代化时，重点又转向"土地流转"和"规模经营"。这种不一贯的表述为各方面解读中央政策留下了过多的空间：专家论证"家庭承包分散经营方式阻碍了现代农业发展"；舆论呼吁土地流转和规模经营；地方政府则强力推进"土地向规模集中"、培育种田大户和家庭农场等经营主体。这种状况下，农民对土地承包经营权的预期心里没了底，越来越担心土地承包经营权被剥夺，担心第二轮承包到期后的农村土地政策走向。

山西省农民反映，第二轮承包是1992年开始的，《土地承包法》规定的期限是30年不变，承包经营合同及经营权证的期限也是30年，承包到期后到底是执行《土地承包法》、承包合同，还是执行中央文件"长久不变"？其他省份的农民也反映：农村土地30年承包期限将陆续到期，到期后是否能够"长久不变"心里没有底。这种担忧已经开始影响承包农户尤其是种田大户等规模经营主体的长期投资信心。

2. 农村集体经济发展中的两种极端化倾向，正在削弱或动摇"坚持统分结合的双层经营体制长久不变"的信心

当今中国社会思潮中，人们对农村集体经济的误解越来越深。一方面，苏联和东欧解体及大规模私有化影响了社会主义农村集体经济的声誉；另一方面，双层经营体制下的家庭承包经营即农户经济水平普遍提升，而村级集体经济至今仍然普遍贫穷，双层经营主体"一强一弱"的局面，自改革以来一直没有实质性改变。这种状况给西方经济学家否定社会主义农村集体经济以口实，也造成国内许多研究者的认识偏差和实际部门的工作弱化：其一，全面否定农村集体经济。相当多的研究者把集体经济看成马列主义的产物、斯大林的发明创造、人民公社的遗产而严加讨伐；一些政策研究人员也以为集体经济与市场经济天然相悖，不愿意研究、讨论集体经济；相当多的地方领导认为，农村集体经济运行困难，无助于地区GDP增长，因此放弃农村集体经济发展。其二，把集体经济当成农业经济的唯一组织形式。一些研究者总认为"家庭承包责任制是临时性制度安排"，是"过渡形态"，现在农村经济发展了，"走农业集体化道路是时候了"。

3. "农村基本经营制度"遭遇"农业现代化"时总是"直不起腰来"

长期以来，学术界对马克思、恩格斯关于"小农经济"的局限性以及它"必然灭亡"的历史命运给予了过多的热情和关注，而对马克思关于在

一定的条件下,"小农"将表现出"它的天然的生命力"或"强大的生命力"①则研究不够。许多研究者总是批评"家庭承包责任制的局限性","小规模分散经营阻碍现代农业发展","走到了尽头"。很多地方把打破"小农经济"分散经营格局当成现代农业发展的"必由之路"和"必然选择",把"土地向规模经营集中"作为主要抓手,"坚持和完善农村基本经营制度"遭遇"农业现代化"时,理不直、气不壮。

4. 忽视农民发展、农民贡献和农民诉求,导致乡村治理的信任危机和集体行动无效率,反过来制约农村基本经营制度稳定运行

在"以人为本"、"科学发展"的执政理念下,重农业、农村,轻农民发展的倾向有所克服,但仍存在一些问题:农民反映:"中央一号文件"重点关注新农村建设、农田水利设施建设,农业综合生产能力和农村现代化,很少直接关怀农民发展或农民现代化。改革开放30多年的高速发展,中华民族复兴初露端倪,中国农村数千万创业农民和农民企业家到底为国民经济发展作了多大贡献,没有人能够说清楚;但是,2.5亿农民工支撑了"中国制造",农村留守劳动力支撑了粮食"九连增"却是明明白白的。看不到农民的贡献必定轻视农民的诉求:在一些地方,凡是遭遇违法(或低价)土地征收、强制土地流转、户口转移、住宅拆迁等诸多问题时,农民总是处于权益受损地位,但只要不演绎为社会事件,不惊动中央,就一定不会满足农民的诉求;一些地方的"维稳机制"反而限制了农民诉求的正常表达。

与忽视农民诉求相联系:相当多的基层干部对农民问题熟视无睹,在面对土地纠纷、"小产权房"交易、集体"三资"流失、村域污染及环境破坏、留守老幼妇孺无助等棘手问题时不作为,因此"小时拖大、大事拖炸"、干群关系拖垮;相当多的农民则对基层组织丧失信心,对基层民主决策和管理沉默无语,表现在村域经济发展上则凸显集体行动无效率;中南农村的一些地方,树砍了、山垦了、坟地平了、机耕道种地了、房前屋后的竹园毁了、村落破败了、古村古林木绝迹了……

二 双层经营体制下农村微观经济主体转型发展态势

1. "双层经营体制"已经演化为"三足鼎立"之势,新经济体发育成长为当前中国农民收入和集体经济双增长的重要源泉

统分结合的双层经营体制经历了创立、巩固和完善等不同发展阶段,已

---

① 《马克思恩格斯全集》第19卷,人民出版社1963年版,第431、433、434页。

经演化为农户（家庭经营）经济、村组集体经济和新经济体"三足鼎立"之势。新经济体是村域内既不属于农户经济，也不属于村组集体经济的新经济联合体，如农户经济联合体、农民专业合作社、私人企业（不含个体户）、股份制和股份合作制企业等，其中含有"部分劳动者共同所有"成分的新经济体，可视为村域新型集体经济。我们根据农业部农研中心固定观察点数据测算，中国村域分别属于农户经济、集体经济和新经济体所有的生产性固定资产结构，大体上为4：2：4。在收入结构上，东中西部差异明显：经济发展水平越低的区域，农户收入比重越高，新经济体收入比重越低；经济越发达的区域，农户收入比重越低、新经济体收入比重越高（参见图0-3）。这表明，村域经济主体结构变动与区域经济差异紧密关联，村级经济水平是影响区域经济差异的重要因素。

调研结果还证明：（1）村域经济发展水平取决于农户经济、村组集体经济和新经济体发育成长及经营方式转型程度。农户越早完成原始积累、采用先进科技和手段，就越早实现土地集约化经营，越早解放劳动力，就越快地促进村域农户创业、精英成长及新经济体发育。农户经济转型和新经济体成长，又是村组集体经济增长的源泉。村组集体经济增强对农户经济及新经济体转型发展具有反作用。在这个关系链中，农户经济是基础，村组集体经济是保障，新经济体发育成长是关键。（2）新经济体的发育成长，是当前中国农户收入和村集体经济双增长的重要源泉。一个普遍现象是：贫困村域只有集体和农户"双层经营"的经济主体，新经济体尚未发育或者成长缓慢；温饱村域或多或少出现了新经济体；富裕村域经济的活力主要源于新经济体快速成长。

2. 双层经营体制下的农户经济水平普遍提升，土地承包经营仍然是农民就业的重要渠道和农户最稳定的收入来源，其制度绩效并没有释放完毕

调查发现：无论东部沿海发达地区，还是西北荒漠化地区（如新疆）和西南民族自治地区（如广西），土地承包经营农户的经济水平普遍得到提升，只要无严重自然灾害，农户凭借土地承包经营就能获得家庭的基本生活来源。本次问卷217个行政村、679户，到2010年末，调查村平均：每村农户576户，其中有承包耕地的519户，占农户总数的90.1%；户均人口4.18人，劳动力2.54人，实际经营耕地面积11.27亩，承包期限25.88年，户均纯收入2.56万元（人均6124元，高于当年国家统计5919元，农民人均纯收入统计有偏低倾向）。

调查30多年来农户经营方式的变化，结果是：20世纪80年代初，主

要从事土地承包经营的 572 户，占 84.24%，户均承包耕地 8.45 亩，32 户从事工商业个体户，占 4.71%（其余 11.05% 的农户未回答）；到 2010 年末，仍有 37.7% 的农户以土地承包经营为主要职业，32.4% 的农户收入主要依靠土地承包经营（表 13-1）。这组数据表明，承包土地经营仍然是 1/3 的农民家庭劳动力就业的最主要渠道、经济收入的最稳定来源。

表 13-1　2010 年调查农户（679 户）的经营方式、收入来源及结构

		经营承包土地	以打工为主	以经商为主	其他
经营方式	农户数	257	271	98	55
	百分比	37.7	39.8	14.4	8.1
收入来源	农户数	220	300	98	61
	百分比	32.4	44.2	14.4	9.0

典型案例显示，土地承包经营制度为荒漠化地区的农民治沙、修复生态和发展绿色经济注入了强大动力。新疆和田地区自 2002 年始至 2009 年末，在塔克拉玛干大沙漠边缘开发沙地，种植红柳 26.8 万亩，其中接种大芸 17 万多亩，然后将红柳大芸承包给农户经营，农民人均纯收入增长明显：2008 年，3 个项目县的农民人均纯收入达到 1825—3100 元，其中，洛浦县杭桂乡伯克艾日克、通喀依艾日克、兰干艾日克、阿瓦米斯力木 4 村，2008 年与 2006 年相比较，人均分别增收 202 元、780 元、736 元、772 元，增长率分别为 9%、41%、38% 和 42%。另外，在红柳林的屏障下，3 个项目县的红柳大芸基地周边 4 万多亩耕地受到了有效保护，亩均可增产 20%—30%。

土地承包经营制度给农民带来了安定、就业和基本生活保障。家庭承包经营仍然是中国农户经济的基础，是保障农民就业、维持农户基本生活的重要来源，更是农村社会稳定的重要基础。家庭承包经营制度是农民最拥护的制度和政策之一。农民和农村干部都希望"坚持统分结合的双层经营体制长久不变"。

还要指出，当前中国农村涌现出越来越多的经济强村，这些村的共同特点就是："基本生活靠土地，社会保障靠集体，发家致富靠自己（农外就业、创业、创新）。"经济强村的发展格局，昭示着中国农村双层经营体制发展的未来方向和广阔前景！

3. 村级集体经济普遍贫穷，多极分化严重；但是，只要产权制度安排合理、村集体经济组织有效配置和管理集体资源，就能获得保障村级组织运

转和村域基本公共服务所需要的收入

当前中国行政村域已具相当规模。217 村问卷显示，2010 年末，调查村平均：每村有村民小组 11 个，户籍 576 户、2215 人，外来户 54 户、145 人（相当于村域户籍人口的 6.5%）；全村总劳动力 1213 人，其中外出劳动力数 457 人（占村域劳动力的 37.68%）；每村平均耕地面积 3531 亩，其中归村集体所有的 1418 亩（占 40.16%），归村小组集体所有的 2113 亩（59.84%）；每村集体的"机动地"72 亩，企业 1.06 个，就业 21.1 人；每村集体总收入 147.5 万元，总支出 30.05 万元，可分配收入 117.45 万元[1]。

跟踪调查发现，当前中国农村维持村级组织基本正常运转和村域社区基本公共服务供给所需要的支出呈现快速增长趋势。全国平均，每村每年最低支出不少于 10 万元。据此，课题组把村集体可分配年收入低于 10 万元的村作为贫困村，其中低于 1 万元的是极度贫困村，1 万—5 万元的是绝对贫困村，5 万—10 万元的是相对贫困村。按照这个标准，我们将问卷村 2010 年的可分配收入分组：低于 1 万元的（24 村）占 11.2%，1 万—5 万元的（45 村）占 20.4%，5 万—10 万元的（39 村）占 17.9%，可分配收益低于 10 万元（含无经营收益村）的贫困村占 49.5%；10 万—20 万元的（35 村）占 16.2%，20 万—50 万元的（33 村）占 15.4%，50 万元以上的（41 村）占 18.9%。

事实上，中国村级集体经济的贫困面要大大高于本次问卷比例[2]。本课题组与农业部经管司（总站）联合完成的冀、黑、浙、云、疆 5 省（区）跟踪调查中，2007 年，村集体经营收益低于 1 万元的村占 55.13%（其中无经营收益的村占 45.4%），1 万—5 万元的村占 12.78%；5 万—10 万元的村占 10.40%。10 万元以下的村合计占 78.31%。到 2010 年末，上述 5 省（区）当年无经营收益的村占 49.5%，有经营收益的村中，5 万元以下的占 27.0%，5 万—10 万元的村占 8.8%，贫困村（三项合计）占 85.3%，村集体贫困有扩大趋势。如果按照农经统计数据全国平均，2010 年无经营收益的村占 53%，有经营收益的村中，5 万元以下的占 28.4%；5 万—10 万元的占 7.9%，低于 10 万元的村合计占 89.3%。

---

[1] 调查村数据偏高。按农业部经管司（总站）农经统计，2010 年，全国村集体平均，每村总收入 51.4 万元，总支出 35.7 万元，可分配收益 19.1 万元（加上年结转收益）。

[2] 本次问卷数据比课题组以往调查和农业部经管司（总站）统计数据偏高，这是因为各地选择样本都偏重于经济强村的缘故。

研究"村级集体经济贫困及差异的原因"发现：

——村级集体经济贫困并非双层经营"制度缺陷"所致：农业自然资源及村域所处区位是村集体经济发展的重要条件但不是决定因素；地方政府是否重视、支持和有效监管，以及村集体产权制度安排差异和集体经济组织配置管理资源的能力差异，才是村级集体经济发展差异的决定性因素。东北某市的两个县，资源禀赋完全相同，多数的村集体保有40亩左右的"机动地"，其中一个县的每个村集体，靠"机动地"发包就获得10万元左右年收入；另一个县村集体却普遍没有收益。

——在农业经济条件下，村集体经济组织配置管理的主要是土地、水源和水利设施及绝对不动产资源，由于集体土地等资源发包主要遵循公平优先、兼顾效率原则，因此，村域产权制度安排及资源配置管理能力差异所导致的村级集体经济发展差异并不明显；只要产权制度安排合理、村集体经济组织有效配置和管理集体资源，就能获得保障村级组织运转及村域社区基本公共服务供给所需要的收入。在工业经济条件下，村集体经济组织配置管理由土地等农业自然资源拓展到厂房、机器设备等相对不动产及数量可观的资金，集体"三资"有条件转化为产业资本和金融资本。由此，村域经济活动范围及其利润空间极大拓展，村域产权制度安排及资源配置管理能力的差异所导致的村级集体经济发展差异凸显出来，从而涌现出类似江苏华西村、浙江滕头村、花园村、航民村，山西长治西沟村等一批著名经济强村。

——政府干预贫困村集体经济发展不仅必要而且可行。比如：湖北省委、省政府建立的各级农村集体经济发展领导小组，一方面通过调整财政、金融、土地政策，扶持村集体上项目，拓展村级集体经济发展途径；另一方面通过盘活集体资产、增强村级企业活力等方式，激活村级集体经济自我发展活力，极大减少了全省低收入村集体的数量，我们调查的汉川和老河口市，2010年，无经营收益的村仅占18.3%（其中汉川市为0），有经营收益的村中，低于5万元的村，汉川占43.3%，老河口市占40.0%。绝对贫困村的比例大大低于全国平均水平。新疆和田行署制定"农村集体经济发展（三年或五年）规划"，与各市县主要领导签订"发展壮大农村集体经济责任状"，有效促进了村级集体经济稳步发展，到2010年末，全地区1401个行政村平均，集体收入14.66万元，其中可分配收益2.11万元。全地区村集体总资产，由2001年的46867万元提高到2008年的62586万元，增长了33.53%；村集体在银行的存款，由2001年的2425万元增加到2010年的3143万元，增长29.6%。村集体经济为荒漠化区域经济发展、农民收入增长、基层组织运转、社区稳定和边境安全提供了重要保障。山西省长治市农经局通过建立阳光农廉监管中心和农廉网公示监督平台，加强对农村集体"三资"管理，全市3468个村的财务全部公开和全部审计，接受社会监督，从而促进了农民收入和村级集体经济和谐发展。

4. 农地规模经营有益于现代农业发展，但并不是现代农业发展的必备条件；农地分散经营条件下，通过农地制度改革和农业社会化服务体系建立，同样可以实现农业现代化

课题组选取黑龙江垦区查哈阳农场（"大农"）和浙江余姚市承包经营户（"小农"）案例，对"粮食产区的农地制度安排与现代农业发展"进行比较研究，测算两地"粮食生产现代化综合指标"实现程度，结果是：黑龙江垦区和浙江余姚市分别达到0.85和0.80，两地粮食生产现代化都达到了较高水平[①]。该项研究证实：

——若排除极差地租、地方政策差异性的影响，大规模农场经营与小规模家庭经营并没有在单位农地产量和收益上表现出明显差异。另外，由于现代农业机械的多样性和可分性，农地小规模经营并不排斥农业机械化，即农业机械化与家庭承包责任制相容；并且，小规模经营条件下农业机械可以替代农村劳动力，但较少排斥农村劳动力，相反，农地大规模经营条件下，农业机械作业优势明显，对劳动力有显著的排斥作用。

——农地充裕的国营农场更加有利于粮食生产的机械化程度提高，并呈现出向数字信息自动化操作方向发展的趋势。但是，农地规模大小并不是现代农业发展的必备条件，家庭承包责任制合约与农地规模化经营并不冲突。在农地面积狭小分散的地区，一方面通过农地流转形成了一批种田大户，提高了机械化作业水平；另一方面通过成立粮食生产专业合作社、农机服务和农资供应专业合作社构建完善的粮食生产及社会化服务体系，极大提升了小农经营条件下的农业现代化水平。

5. 农地制度产权安排的权利束中，农户对农地经营权、收益权的关注程度要远远高于对农地所有权的关注，坚持和完善农村基本经营制度，只能沿着"赋予农民更加充分而有保障的土地承包经营权"的思路展开

现阶段，由于废止农业税及其附加，农民在"免费租金"合约下，几乎享有农地产权的全部权能。只要"赋予农民更加充分而有保障的土地承

[①] 陈曦：《粮食产区的农地制度安排与现代农业发展——黑龙江垦区和浙江余姚比较研究》，浙江师范大学农村研究中心硕士毕业论文，2012年。

包经营权",农村土地集体所有就不会阻碍现代农业的发展,将农村土地私有化、国有化的主张都不可取。

三 坚持和完善农村基本经营制度的建议

1. 坚定"三个自信",从政策宣传、舆论引导和观念转变上夯实农村基本经营制度运行基础,按照"赋予农民更加充分而有保障的土地承包经营权"的思路和"长久不变"的原则,着手构建长久不变的制度体系

首先,把全党的认识统一到国家《宪法》和党的决定上来。贯彻十八大报告关于"坚持和完善农村基本经营制度,依法维护农民土地承包经营权、宅基地使用权、集体收益分配权,壮大集体经济实力,发展多种形式规模经营,构建集约化、专业化、组织化、社会化相结合的新型农业经营体系"不动摇,"全党要坚定这样的道路自信、理论自信、制度自信"[1]。

其次,倡导学术讨论"百花齐放、百家争鸣",但改革的主导舆论必须旗帜鲜明,始终如一的服从和服务于国家基本制度和中共中央关于"坚持统分结合的双层经营体制长久不变"的一贯政策,绝不能动摇"三个自信"。

最后,构建坚持和完善农村基本经营制度的体系。其一,农村土地确权、登记、颁证工作试点过程中,要着手更换农民《土地承包合同》、《土地承包经营权证》,逐步确认农民土地承包经营权利"长久不变"的法律地位。其二,尽快修订《土地管理法》、《农村土地承包法》、《物权法》等与农村土地制度有关的法律法规,同时清理和废止与"长久不变"相抵触的政策,保证党的政策和国家法律法规的一致性。其三,着手调查和研究第二轮土地承包到期后的过渡办法,比如有无必要开展第三轮土地承包?如果需要第三轮土地承包,应采用哪些政策和办法;如果不需要第三轮承包,又采取什么方式过渡。

2. 培育现代农业生产经营主体,一定要"守住底线",针对不同主体采取不同的政策措施

党的十七届三中全会《决定》提出的农业经营方式"两个转变"的历

---

[1] 胡锦涛:《坚定不移沿着中国特色社会主义道路前进 为全面建成小康社会而奋斗》,2012年11月8日。

史任务尚未完成。这是中国着手"构建集约化、专业化、组织化、社会化相结合的新型农业经营体系"面临的现实问题。培育现代农业生产经营主体,一定要"守住一条底线",即必须坚持和完善而不是动摇和削弱"统分结合的双层经营体制",应该针对农业生产经营的不同主体,采取不同政策措施;同时,要防止以"培育新型农业经营主体"为借口损害家庭承包经营制度。

"家庭经营要向采用先进科技和生产手段的方向转变。"普通承包农户仍然是当前中国农业生产经营主体中的主体,只能在保障农户土地承包经营权的基础上,通过区域化布局、组织化生产、社会化服务等方式,将其培育成现代农业生产经营主体;适度规模经营户,主要在增加优质劳动力、技术、资本等生产要素投入上下工夫;种田大户是中国农村双层经营体制发展一定阶段的必然产物,制度改革既要规范和保障原承包户的"土地承包权"和"土地流转权",又要规范和保障种田大户的"土地经营权"和"土地收益权",着力提高种田大户的集约化水平。

"统一经营要向发展农户联合与合作,形成多元化、多层次、多形式经营服务体系的方向转变。"应进一步支持农业专业合作社,尤其是生产合作社的发育发展;高度重视农业服务主体的培育,应该把基层政府及农机、农技部门的公共服务、村民自治组织和村集体经济组织的社区服务、专业合作社的内部服务、市场化服务整合成一个整体;加大对国营农场的改革力度,培育一批大规模、高技术的现代化农业经营主体;应该更加明确地限制和杜绝工商企业大面积、长时间租种农户土地。

3. 总结村域集体经济发展的中国经验,重塑集体行动理念

贯彻执行党的十八大关于"坚持和完善农村基本经营制度"的改革重任,是一项十分艰巨的任务。总结村域集体经济发展的中国经验,重塑集体行动理念对于坚持和完善农村基本经营制度具有基础性作用,本课题研究下列结论对于总结村域集体经济发展的中国经验和重塑集体行动理念非常重要。

第一,集体经济是人类历史上最古老的经济组织形式,也是人类社会发展各阶段都离不开的一种经济组织形式。马克思认为,"以群体的力量和集体行动来弥补个体自卫能力的不足"[1],是人类脱离动物状态以后学会的第

---

[1] 《马克思恩格斯选集》第4卷,人民出版社1972年5月版,第29页。

一个本领,"血缘家族是第一个社会组织形式"①。集体经济组织形式,在史前社会中循着"血缘家族公社→母系氏族公社→父系氏族公社→农村公社"的路径自然演进;在成文历史领域里,自上古社会、中世纪至近现代社会从来没有消失过,中国的"井田制"、村社公有、亲族伙有共耕、邻里互助合作经济的沿袭和发展充分证明了这一点。每一个时代,总有个体家庭单个力量"办不了、办不好或者办起来不经济"的事情,有如"资源稀缺性"一样:与适应大自然和满足人类无止境的欲望相比较,个体家庭的力量永远是弱小和不足的。在科学技术高度发达、生产力空前提升的现代社会,"群体力量和集体行动"仍然不可缺少。只有善于合作、善于利用群体力量和有效组织集体行动者,才能最大限度地获得发展的自由。集体经济伴随着史前人类和成文史以来人类社会发展的各个历史阶段一路走来,必将继续伴随人类社会经济发展的未来进程。

第二,集体经济长久存在是人类遵循适者生存法则自然选择的结果,而不是人们的行为偏好抑或意识形态的强制。集体经济是生产资料归一部分劳动者共同所有的一种公有制经济。从这个意义上,集体经济与合作经济是类同关系,集体经济的实质是合作经济,合作经济是集体经济的实现形式。但要看到,社会主义集体经济承载了更多的社会职能:一方面,通过合作社实现土地私有制向集体所有制过渡,吸引农民参与社会主义建设,是经典马克思主义和当代中国的马克思主义的共同选择;另一方面,社会主义集体经济承载着成员福利、社会保障及社区基本公共服务职能,是社会主义共同富裕、公平发展的重要体现和重要特色之一。但这并不能成为资本主义否定或攻击社会主义集体经济的借口。资本主义国家的合作经济制度和社会主义国家的集体经济制度,都是人类智慧的结晶,应该兼容并蓄而不应该厚此薄彼。

第三,发展集体经济不仅是农民发展生产、摆脱贫困的可靠保障,也是农民表达意志和保护财产及权利的重要基础和共同需要。农民无论发展生产、消除贫困、共同富裕,还是保护产权、表达诉求、消除国家权力和"它的直属机关的到处入侵",都必须发展集体经济。农民共同创造、代际传承、辛勤积累下来的村组集体成员共同所有的资源、资产和资金,凝聚了几代农民的贡献,是农民的共同财富,也是未来农村发展和实现农民共同富裕的重要物质基础,将其国有化、私有化都不公正,只能由集体经

---

① 马克思:《摩尔根〈古代社会〉一书摘要》,人民出版社1965年版。

济组织管理和经营。"集中力量办大事"是建设中国特色社会主义的宝贵历史经验,一家一户办不了、办不好或者办起来不经济的项目,仍然需要集体统一办理。在国家尚不富裕、公共财政尚不能完全覆盖农村的情况下,农民生产生活和基本公共服务以及村域社区治理和村级组织运转,都特别需要村组集体经济的支撑;恢复和弘扬村社民主、互助合作精神,扶持贫困群体,也需要保持集体经济实力。但是,这并不意味着集体经济就是社会主义农村经济唯一组织形式,农业、农村经济组织形式应该也可以多元化、多样化。

第四,必须重新认识和评价集体经济效率。(1)集体经济演变历史告诉我们:那些只能依靠"群体力量"来完成的生产或工程,必须采取"集体行动";评价集体经济的效率,不能单用投入产出比,或者交易成本与收益比之类的办法。中国四川都江堰、吐鲁番坎儿井、云南哈尼族人开垦的元阳梯田、人民公社时期中国各地兴起的大规模农田水利建设成果,这些劳动成果都是大规模集体行动的成果,无数劳动者为之付出了汗水甚至生命,不论后人赞赏其"功在当代、惠及万世子孙",还是咒骂其"劳民伤财",沉淀在这些成果中的巨大劳动积累至今仍在发挥巨大效益。(2)中国农业生产责任制度"三落四起"的历史充分证明:集体经济对生产责任制度有严重依赖;集体经济组织一旦形成,必然呼唤建立生产责任制度。只要顺应这一趋势,把集体生产责任制度和个体承包责任制度有机结合起来,就能保证集体经济效率。人民公社时期,划小生产核算单位,实行社队分权、多级分管,以及"四定"、"三包"到组的评工记分及奖惩制度,在一定程度克服了"一大二公"体制弊端,缓解集体生产中的"搭便车"或"窝工"现象;但是,停留在集体生产责任制度阶段是不够的,必须将集体责任制度延伸到个体责任制度,实行类似于石屋村那样的"五定"(定地段,定作物、定工分、定时间、定规格)到人责任制度,才能保证集体生产的效率。建立集体生产责任制度最彻底的办法就是"大包干",即今日中国农村行之有效的"以家庭承包经营为主体、统分结合的双层经营体制"。改革开放30多年来中国农村经济发展的巨大成就再次向世人证实:家庭承包经营责任制度是农业生产中最有效的责任制度;家庭承包经营是社会主义农村集体经济的一个经营层次,而不是像某些人所指责的"变相私有化"。集体生产中建立有效的责任制度,既是中国农业集体化时代(三年自然灾害除外)主要农产品产量始终保持增长趋势的重要保障,又是当今中国农村经济持续稳定发展的根本。

第五，追踪中国名村集体经济历史变迁过程发现：一些村曾经开了村庄自治和乡村建设先河，盛极一时，但很快归于平静，至今并不富裕；一些村在中国革命风暴的岁月里，不仅为支持革命战争胜利作出过重大贡献，而且成为探索新中国经济建设尤其是新农村建设的先驱，但终因种种因素制约，村域经济发展困难，有的至今还很贫穷；一些村自中共早期开始，伴随着中国革命和建设的艰难曲折路程一路走来，始终保持"明星村"的地位，战争年代是"模范村"、农业集体化时代是"样板村"、改革开放新时代又跻身于全国"著名经济强村"之列，其中突出的代表如西沟村、大寨村、华西村、刘庄等，半个多世纪以来红旗不倒。村域集体经济兴衰更替的原因，区域经济传统理论不能解释，村域集体经济兴衰的关键：村域是否有一个集政治家、企业家于一身的领头精英，是否培养了一个与领头人品格一致的创业农民群体；是否一以贯之地坚持集体发展、共同富裕的道路，一以贯之地带领村民艰苦奋斗；是否把村域经济的后来发展牢牢钉在先前发展的基础之上，有效利用先前资源、资金、资产积累，选择既符合时代特点，又适合本村实际的主导产业，循序渐进的扩张；是否始终把执行严格的生产责任制度与弘扬农民群体的集体主义精神、奉献精神有机结合，并将其转变为集体经济经营和管理绩效，克服不同实现形式和经营方式的弊端。如果回答是肯定的，村域集体经济必定长期快速发展；如果回答是否定的，村域集体经济必然滞后；如果哪一天具备这些条件，村域集体经济就发展，如果哪一天失去这些条件，村域集体经济就衰退。

4. 加快制度创新和政策调整，促进村级集体经济持续健康发展

发展壮大农村集体经济，必须建立在"坚持统分结合的双层经营体制"基础之上。双层经营体制下，集体耕地资源采用"家庭承包方式"，形成了集体耕地，成员按份共有、公有私营、收益归己（废止农业税后）的格局；集体非耕地和其他资源采用"非家庭承包方式"（招标），公有民营、集体索取剩余，成员共享。这是一套完整的集体经济组织及成员的利益分享机制，农户经济真正成为了集体经济的一个层次，一种实现形式，与土地私有化有本质的区别。发展壮大农村集体经济，绝不能以损坏家庭承包责任制度为代价。加快制度创新和政策调整，促进村级集体经济发展的主要政策建议如下：

第一，加快村集体产权制度改革，完善委托代理制度。通过对集体"三资"股份制改造，理顺村级集体经济委托代理关系，化解初始委托人缺位和委托代理成本过高等问题。允许村集体经济组织在保障家庭承包经营权

的前提下，依法拓展资源控制权。认真清理"四荒地"、林地、果园、草地、水面等集体资源，提升村级集体经济组织配置和管理资源的能力，增加集体收入。

第二，区域工业化和城镇化发展对村级集体经济发展影响重大。要进一步推进工业化发达区域的村级集体经济发展，盘活存量，开发集体可用的资源，引导村集体不动产经营方式升级，规范村集体资本运作，提升资金运营效率。加大支持工业化滞后地区工业化、城镇化发展的力度，为村集体经济转型发展拓展空间。应当允许贫困村集体经济组织，以土地等资源使用权置换方式，在中心城镇和经济开发区异地置业，开发房地产租赁市场，发展村级物业经济。

第三，重建基层农经管理队伍，创新"三资"管理制度。建议推广新疆、湖北、山西等地加强农村集体"三资"监督管理的经验，把重建基层农经管理队伍，创新"三资"管理制度提上议事日程。"村财乡管"的体制机制因为剥夺了村民自治权利而受到质疑，需要在实践中进一步完善和创新。

第四，鼓励村集体经济组织拓展农业社会化和社区公共服务获取集体收益。村级组织的基层治理职能和社区公共服务职能是县乡（镇）政府职能在农村的延伸，村级组织履行政府延伸职能的报酬理应由公共财政支出。补助收入是政府必须支付给村级组织的劳动或"经营"报酬，因此也是村集体的经营方式之一，政府支付应该制度化、规范化。

第五，政府应该加强对干旱地区、沙漠化地区、民族自治区、陆路边境地区贫困村的发展干预。要瞄准对象，公平配置公共财政、帮扶部门及社会扶贫资源；要把干预式发展与挖掘自主式发展的潜能结合起来，"支持那些愿意发展的村庄优先发展"，激发农民参与集体行动的热情，形成村级集体经济发展的竞争局面。

5. 启动农民创业创新计划，加快村域新经济体发展

建议国家启动农民创业、创新计划，将其当作为农村长远发展的重大战略决策。出台农民创业、创新相关支持政策，比如农民创业启动资金的金融支持，农民创业建设用地的土地支持，农民创办企业税收减免的政策支持等相关支持政策。动员高校及相关科研机构为农民创业、创新提供科学技术支持。

中国共产党90多年的历史上，先后涌现了一大批对中国革命和建设产生过重大影响、带有鲜明时代标志的模范村、样板村、著名经济强村（"明

星村"），这些村落的创业农民或农民劳模，把国家利益、集体利益看得高于一切，带领村民艰苦奋斗，创造了震撼时代的业绩。时过境迁，这些著名创业农民或农民劳模被新一代遗忘了，他们不再"感动中国"。建议采取适当方式，研究中国名村变迁以及老一辈创业农民带领农民发展壮大集体经济历史经验，宣传创业农民和农民劳模的伟大贡献，重塑劳动光荣和爱祖国、爱集体、爱劳动人民的风尚。

后　记

　　历经近3年时间，"我国农村集体经济发展的有效实现形式研究"课题终于可以结题了。作为国家社会科学基金（应用经济学类）重点项目，预期研究计划执行情况如何？成果的研究内容及方法的创新程度、突出特色和主要建树是什么？成果的学术价值、应用价值、社会影响和效益怎样？成果不足和尚需深入研究的问题还有哪些？这些问答都在结题总结中一一回答交代，不妨照搬至此以为"后记"。

　　应该肯定，本项目预期研究计划的执行情况良好。一是调研样本达到了预期要求。实地调查分区（六大片区）聚类（五种村域经济类型）取样，样本覆盖了17个省（自治区）、55个县或县级单位，68个乡（镇）或乡级单位，108个行政村（其中"历史名村"和当今"明星村"16个），超过了设计要求；进村入户问卷900份，其中村集体经济组织问卷217个村，农户问卷679户，覆盖中国大陆20个省、82个县（市、区）124个乡镇。因为大学生调查员分布不均，与"覆盖30省1000份问卷"的设计要求尚有一定差距。二是实际研究内容超过了设计要求。项目设计研究内容（思路）是：以"村域集体经济有效发展"为核心目标，从理论创新和微观基础重构、经营方式转变两个逻辑层面寻求答案，展开为四个研究专题。实际执行仍为理论和实践两个部分、四个专题（参见图1-1）。与原设计框架相比较：一是增强了村域集体经济基础理论和历史变迁研究，而减少了"农村集体产权制度改革和微观基础重构"的研究内容；二是更加注重有效发展研究，在处理不同区域、不同资源禀赋地区的村集体经济现实发展经验的总结上，逻辑比原设计更加清晰。减少"农村集体产权制度改革和微观基础重构"研究的分量，一方面是因为过多进行制度改革设计常常空泛和流于形式；另一方面，由我的学生陈志新完成的《城市化进程中农村集体产权制度改革》，作为本课题的阶段性成果，已经由化学工业出版社（2010年

10月）出版，没有必要再将其中的内容纳入本课题的最终成果。

关于成果的研究内容及方法的创新程度、突出特色和主要建树。应该说，本课题在探索和完善"经济人类学"（在经济学中引入田野调查方法）和"经济社会史"（经济史和社会史研究融会贯通）相结合的方法上有了新的进展，逐渐强化和提升了本团队农村研究的特色。在研究内容上，本成果深化和丰富了课题负责人开创的"村域经济发展"研究。至本课题结题止，本团队形成了包含"村域农户经济发展"、"村域集体经济发展"、"村域新经济体发展"在内的、比较完整的"村域经济发展"研究成果系列；同时，积累了包含较长历史空间（近现代）、较大地域空间（全国六大片区）、类别较齐全（两大类5个亚类）的"典型村域"转型发展样本库（见图0-2）。

关于本成果的特色：样本设计有一定特色。分区聚类取样，保证样本的代表性、科学性。按照（东北、华北、西北、西南、中南、华东）六大片区、每片区至少2省（区）、每省（区）再按五种村域经济类型（工业型、市场型、现代农业型、传统农业型含贫困村、旅游型含古村落）各选若干村；同时，十分注意特殊资源禀赋和特殊类型地区的样本。实地调查和进村入户问卷结合。通过问卷获取"面上"情况，通过实地调查获取典型经验。与历史对接，将"中国名村"纳入研究样本。比如：历史文化名村（如乡建发源地河北定州翟城村）；"中共历史名村"（包括苏区和根据地）"模范村"、农业集体化时代的"样板村"、改革开放时代崛起的著名经济强村（当今"明星村"）。研究内容也有一定特色。瞄准"村域集体经济发展"。农村集体经济继承了"人民公社三级所有"遗产，当前，乡（镇）集体所有大多散失和变异，本课题把研究对象瞄准村、组集体经济，同时关注村组范围内的新型集体经济，从而形成了"村域集体经济发展"体系。这样做，顺应了当前中国农村集体经济转型发展大趋势及其以村域社区为单元的基本公共服务均等化发展需求。基础理论研究和历史变迁研究区分两种类别：一是（适应于所有社会制度）集体经济发展演变一般规律；二是社会主义制度下的集体经济发展演变规律。现实发展研究样本聚类比较合理，按照不同区域（六大片区17省），不同产业（工业化成熟地区、粮食主产区），特殊类型（民族自治地区、荒漠化地区、山区、地震灾区）和不同经济水平（经济强村、城中村和城郊村、特贫村）分类。

如果一定要说本课题成果的主要建树，我觉得有下列方面：

第一，首创了"村域集体经济"概念，厘清了"集体经济发展"、"有效实现形式"、"经营方式"以及"双层经营体制下农户经济和集体经济利益关系及分享机制"等相关核心概念的结构和层次。本成果还通过分区聚类取样的合理安排，提供了不同区域、不同产业、特殊类型地区和不同经济水平的村域经济发展的典型案例，初步总结了村域经济发展的中国经验。

第二，深化了农村集体经济自然历史演进规律的认识。系统梳理了原始集体经济历史演进路径和脉络，认为：在史前社会自然演进的历史顺序中循着"血缘家族公社→母系氏族公社→父系氏族公社→农村公社"的路径演进；在成文历史领域里，"以群体力量和集体行动弥补个体力量不足"的原始共产制经济思想和生产方式，自上古社会、中世纪至近现代社会从来没有消失过。通过梳理集体经济的历史演进路径和脉络，从而阐明了"集体经济的产生和长期发展是人类遵循适者生存法则自然选择的结果，而不是人们的行为偏好抑或意识形态的强制（与'主义'无关）"。本成果断言："集体经济伴随着史前人类和成文史以来人类社会发展的各个历史阶段一路走来，必将继续伴随人类社会经济发展的未来进程；集体经济可能是一个永恒话题，但这绝不意味着集体经济是农业、农村经济的唯一组织形式，农业、农村经济组织形式应该是多元、多样的"。

第三，系统梳理"社会主义农村集体经济历史演变"并作了重新评价。包括"马克思主义集体经济理论再认识"、"苏联集体农庄的历史演变及重新评价"、"中共早期的互组合作运动及其制度探索"、"农业集体化时代镌刻在历史名村的印记"。在中共早期村域互助合作运动、农业集体化时代村集体经济发展、集体经济与生产责任制度的关系、历史名村兴衰更替规律、农业学大寨运动的功过等方面，得出了一些有价值的新结论。

第四，首次较完整地归纳了著名经济强村（当今"明星村"）的集体经济（三种）有效实现形式。其一，集体所有，所有权和经营权不分离，由村集体经济组织统一组织生产和管理。其下，或者由总公司与分公司签订合同集体专业承包经营（如刘庄农工商总公司），或者实行职业经理负责制，由村企集团（如方林集团有限责任公司）聘请职业经理人经营。无论采用哪种经营方式，其经营利润全部归村集体所有。其二，集体所有，集体办企业，所有权与经营权分离，村集体经济组织代表全体村民履行投资人权利和义务，村企集团独立经营。村企集团的经营利润或者按年度预算全部上缴村集体（如滕头村）；或者按集体股和个人股，由企业集团、村集体、村民、企业管理者和技术骨干按比例分红（如航民村）。其三，"村企一体"，村集体经济组织和村企集团的产权关系没有严格边界，企业集团按公司制治理结构经营管理,村民以股本、劳动力投入等方式介入企业经营管理和分红(如西沟村、大寨村、西王村);或者"村企分开",村集体提供企业发展所需要的土地、劳动力及其他社区资源,村企集团独立经营管理(如花园村)。无论"村企一体"还是"村企分开",产权关系是否明晰,村级党政企"三位一体"组织管理结构、千丝万缕的利益关联及浓浓的乡情,把村集体利益、村民利益和村企集团利益牢牢拴在一起,村集体、村民无保留地为村企集团提供一切发展条件;村企集团则无条件地保障村庄建设、村级组织运转、村域社区公共服务的供给,兴衰荣辱"村企一体化"。

成果的学术价值和应用价值的自我评价是:从学术价值看,"村域集体经济发展"研究,是农村区域经济学自身发展的内在逻辑延伸,村域经济和村域集体经济发展研究是被学术界长期忽视的问题,尤其是对社会主义农村集体经济的认识上,存在着太多的误解和偏见,本成果有所弥补并进行了较合理的阐述。集体经济发展是世界经济发展中客观存在、伴随人类社会发展始终的大课题,研究和总结村域集体经济发展的中国经验,是农村发展理论研究中具有世界意义的课题。从成果的应用价值看,"村域集体经济发展"研究,从其政治意义说,是彰显中国特色社会主义市场经济本质、完善双层经营体制、夯实农村基层组织经济基础的需要。从当前农村社会需求看,一方面,村组集体资源、资产和资金离不开集体经济组织的管理和经营,一家一户办不了、办不好或者办起来不经济的项目需要统一办理;另一方面,服务农民生产生活,逐步实现基本公共服务均等化,更需要村域集体经济支撑。

成果的社会影响和效益可以总结三点:一是向国务院领导、中央农村工作领导小组、农业部及相关调研省份呈送调研报告和政策建议报告多份。其中:《关于集体林权制度改革问题的几点建议》获得回良玉副总理(2011.9.4)批示;《坚持和完善双层经营体制,推进村级集体经济发展的建议》呈送中共中央农村工作领导小组和农业部,获得陈锡文同志(2013.4.25)的批示;《工业化发达区域的村集体经济经营方式及结构演变——浙江实证研究》、《民族自治地区村级集体经济发展——广西农村调查报告》等分别提交浙江、广西省委或省政府。二是公开发表论文、调研报告、论著16篇(部),其中权威期刊3篇,1级期刊4篇,2级期刊2篇,英文期刊1篇,一些阶段成果社会影响较好。三是利用本课题培养硕士生完成毕业论文6篇,除了已经公开出版的《城市化进程中农村集体产权制度改革》外,还有:《长江三角洲村域集体经济转型发展研究》(赵旦,

2011.6）；《苏浙地区农村资金互助合作组织的发展模式与运营机制研究》（李玲，2011.6）；《黑龙江省村级集体经济经营方式研究》（王蕊，2012.6）；《荒漠化地区的沙产业开发与村域经济发展》（严海淼，2013.5）；《村级集体经济的贫困与发展干预——湖北省实证研究》（陈敏，2013.5）。

　　成果不足和尚需深入研究的问题：一是村级集体经济组织和农户问卷设计不够科学，影响了收入、支出数据的采集，进而影响了对全国村级集体经济发展总趋势的准确把握。二是社会主义集体经济的历史演变研究中，中共早期和农业集体化时代的演变和发展研究比较厚重，农村改革开放30年来的转型和发展比较薄弱，比如：著名经济强村集体经济发展研究重现状而轻过程、重描述而轻规律提炼。这些都是作者应该在今后的研究中认真克服和提高的地方。

　　课题实地调查是课题组成员共同完成的，其中王景新（教授）、鲁可荣（教授）、郭海霞（博士）、金国锋（副教授）、陈林生（副教授）、刘励敏（博士）、李琳琳（博士生）以及硕士研究生赵旦、李玲、严海淼、陈敏、姜华荣、章艳涛等，参与了"中共历史名村"的调查。进村入户问卷是课题组在浙江师范大学内招募并培训100名大学生，于2011年暑假完成的，其原则是"自愿报名、课题组筛选、培训上岗、合理报酬"。为了学生安全和融入"熟人社会"，我们采取了"回乡"问卷形式。按照规定，调查员回家乡，就近选择2个乡（镇），每个乡（镇）选择2个村，对每个村的集体经济发展情况进行问卷调查，同时在每个村选择3个农户，各完成1份问卷，每个调查员要完成4个村12个农户共16份问卷。新学期开学时回收问卷，按质量支付报酬。

　　最终成果撰写主要由课题负责人王景新完成，课题组成员主要参与调查及调研报告撰写。其中，第一章至第四章由王景新完成，李金宁和王蕊参与了第四章的资料收集。第五章由王景新、郭海霞完成；第七章由王景新、贺军伟、赵旦、骆鹏完成；第八章由王景新、严海淼、陈敏完成；第九章由王景新、余勇亮完成；第十章由王景新、严海淼、李琳琳完成；第十一章由王景新、郭海霞、陈敏、王蕊、陈曦完成；第十二章由王景新、陈伟强完成，第十三章（政策建议报告）凝结了浙江师范大学农村研究中心团队的集体智慧，车裕斌（教授）、鲁可荣（教授）、黄中伟（教授）、林燕（教授）、葛深渭（教授）、麻勇爱（副教授）、金国锋（副教授）、郭海霞（博士）、刘励敏（博士）；王静（助理研究员）等，多次参与讨论。在此，本课题负责人向上述各位参与者表示衷心感谢！向接受本课题调查并提供了无私帮助的 17 省（自治区）农业厅局系统、农办系统的领导，以及接受本课题实地调查和问卷的村干部和农户，表示深深的敬意和诚挚感谢！

2013 年 4 月 18 日，于浙江师范大学农村研究中心